날마다 하나님께 나아가는
365일 가정예배

머/리/말

21세기를 포스트모더니즘(postmodernism)시대라고 합니다. 포스트모더니즘 사회의 종교적 특징으로는 '종교다원화'라고 할수 있습니다. 그래서 그런지 오늘날 많은 종교단체에서 종교일치운동을 하고 있습니다. 과연 종교가 하나가 될 수 있을지가 의문스럽습니다. 이와 같은 종교, 사회, 문화적 상황에서 교회는 과연 어떻게 변해가고 있을까요? 예배의 권위가 점점 약해지고 있다는 느낌을 받습니다. 예배의 위기는 교회의 위기입니다. 예배의 위기는 곧 사회의 위기입니다. 교회에서 예배가 무너지면 다 무너진다고 보아도 과언이 아닙니다. 그러나 다행스럽게도 아직 이 나라에는 수많은 하나님의 백성들이 가정에서 예배를 드리므로 교회에서 드렸던 예배의 불씨를 꺼뜨리지 않고 있습니다. 필자가 가정예배서를 집필하게 된 이유도 바로 이런 가정들이 있기 때문입니다. 가정에서 일어나는 예배운동은 앞으로 우리의 자녀들을 세상에서 강력한 리더십을 발휘하여 하나님의 나라를 확장시킬 것입니다. 사단의 거센 도전들 앞에서 결코 굴하지 않는 다니엘과 요셉 같은 믿음의 용장들로 양육 되어질 것입니다.

가정의 마래는 곧 교회의 미래요, 교회의 미래는 이 나라의 미래임을 우리는 기억하여야 합니다. 능력있는 가정은 곧 능력있는 교회를 의미합니다. 이 예배서를 통해서 이땅의 모든 크리스챤 가정이 예배가 회복되어지기를 간절히 소망하며 교회의 활력이 되기를 기대해 봅니다.

가정예배서를 집필할수 있도록 인도해 주신 하나님께 무한 감사를 드리며 먼저 지난 한해동안 기독교신문에 연재해 주신 기독교신문 관계자 여러분께도 감사를 드립니다. 가정예배서가 잘 편집 될 수 있도록 수고해 주신 엘멘출판사 이규종 장로님께도 감사를 드립니다. 아울러 불철주야 종을 위해 기도해 주신 상록수명륜교회 모든 성도님들과 장로님, 제직들께도 감사를 드리며, 사랑하는 아내와 장모님께도 감사를 드립니다. 종의 사역을 언제나 신실하게 돕는 부교역자들과 자료를 위해 수고해 주신 본교회 부목사님으로 수고하시는 최이삭 목사님에게도 깊은 감사를 드립니다. 가정예배서가 한국교회와 모든 한국교회 성도님들의 가정에 참된 하나님의 말씀의 부흥이 있기를 소원하며 다시 한번 하나님께 감사를 드립니다. 할렐루야!

2007년 12월
그리스도의 작은 종 이상철 목사

♣ 이 책을 사용하시는 분들께

   현재 출간된 가정예배서는 지난2007년 기독교신문에서 연재되었던 내용을 보다 보완하여 가정에서 예배를 드릴수 있도록 설교형식으로 집필되었습니다. 가정예배를 가정에서 은혜롭게 드릴수 있도록 예배시 주의해야 할 사항과 예배 순서를 정리하였습니다. 가정예배를 잘 드리기 위해서는 예배 모범에 맞게 예배를 드려야 합니다. 아래의 예배 순서와 참고사항을 확인하시고 참고하시어 가정에서 은혜로운 예배가 드려질수 있기를 바랍니다.

1. 먼저 예배 인도자를 정해야 합니다. 가급적 매일 드리는 예배이니 부부중 한 사람을 정하여 놓고 예배를 드리고, 기도는 가족중에 미리 정하여 진행하도록 합니다.
2. 예배는 하나님께 드리는 것이므로 자녀들에게 예배가 경건해야 함을 강조하여야 합니다. 뿐만 아니라 부모가 최선을 다하는 예배의 본을 보여야 합니다.
3. 예배를 인도하는 사람은 경어체를 사용하여야 합니다.

〈예배순서〉

신 앙 고 백	··	다 같 이
	(다같이 하나님께 우리의 신앙을 고백드리겠습니다)	
찬　　　송	**찬송가 000 장**	다 같 이
	(다같이 찬송가000장을 부르신후 000가 기도해주시겠습니다. 사회자가 대표기도를 하는 경우 생략)	
기　　　도	··	맡 은 이
성 경 봉 독	**000장 00절**	사 회 자
	(다같이 은혜 받으실 하나님의 말씀은 구약000장00절입니다)	
설　　　교	··	설 교 자
주 기 도 문	··	다 같 이
	(다같이 주님 가르쳐주신 기도로 예배를 마치겠습니다)	

날마다 하나님께 나아가는

365일 가정예배

이상철 지음

엘맨

 # 순종

"내가 너로 큰 민족을 이루고
네게 복을 주어 네 이름을 창대케 하리니 너는…"

(신)찬 347장	제 1 주						창12:2
(구)찬 382장	월	화	수	목	금	토	

누구나 복있는 사람이 되길 원하지만 누구나 복있는 사람이 되는 것은 아닙니다. 그러나 누구나 복있는 사람이 되는 길은 있습니다. 그것은 바로 '순종'입니다. 하나님의 말씀에 순종하는 사람은 누구나 복있는 사람이 될 수 있습니다. 순종은 기적을 창출합니다. 여리고성도 가나의 혼인잔치도 나아만 장군도 순종할 때 기적이 일어났습니다. (삼상15:22)은 "순종이 제사보다 낫고 듣는 것이 숫양의 기름보다 나으니"라고 했습니다. 하나님은 순종하는 사람에게 다음의 몇가지를 요구하십니다.

첫째, 순종하는 사람에게 하나님은 결단을 요구하십니다.

하나님의 말씀을 순종하기 위해서는 포기할 것은 과감하게 포기해야 합니다. 그래야 순종할수 있습니다. 복의 사람 아브라함에게도 하나님은 결단을 요구하셨습니다. 본토와 친척과 아비집을 떠날것을 하나님은 요구하셨습니다. 어려운 결단이었습니다. 그러나 아브라함은 포기하고 결단을 내렸습니다. 이때 아브라함은 하나님께로부터 복받는 사람이 되었습니다.

둘째, 순종하는 사람에게 하나님은 행동을 요구하십니다.

아브라함은 결단만 잘하는 사람이 아니었습니다. 그것을 행동으로 옮기는 사람이었습니다. 본토는 자기의 고향입니다. 친척과 아비집은 삶의 중심이 되었던 것들입니다. 그러나 하나님은 아브라함에게 떠나라고 요구하셨습니다. 이때 아브라함은 결단하고 그곳을 떠났습니다. 결심한 것을 행동으로 옮긴 것입니다. 복있는 사람, 복받는 사람, 땅에서 잘되는 사람이 되길 원한다면 순종하는 삶을 살아야 합니다.

 오늘의 기도

주님 복있는 사람으로 살아갈수 있도록 순종할수 있는 믿음을 주옵소서, 예수님의 이름으로 기도드립니다. 아멘

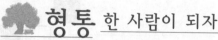

형통한 사람이 되자

*"여호와께서 요셉과 함께 하시므로
그가 형통한 자가 되어 그 주인 애굽 사람의..."*

신)찬 93장	제 1 주						
구)찬 93장	월	화	수	목	금	토	창39:2

본문의 '형통'이라는 말은 성공과 밀접한 단어입니다. 형통이라는 말의 의미는 '번성케하다'라는 의미를 가지고 있기 때문입니다. 오늘날 현대인들은 누구나 성공을 꿈꾸고 살아갑니다. 그렇지만 누구나 그 꿈을 현실로 만들수는 없습니다. 왜냐하면 성공이라는 꿈이 현실이 되기 위해서는 준비해야 할 것들이 많기 때문입니다. 엄청난 노력과 인내를 필요로 합니다. 때로는 뜻하지 않은 역경이 불청객처럼 불쑥 찾아오기도 합니다. 설령 수많은 노력과 인내 그리고 역경을 극복했다 하더라도 반드시 성공하는 것은 아닙니다. 그래서 성공이 힘든 것입니다.

첫째, 하나님이 형통케 하시면 상황은 달라질수 있습니다.

그러나 누군가 성공할 수밖에 없도록 번성케하면 상황은 달라질수 있습니다. 성경에 나오는 형통이 바로 그런 것입니다. 믿음의 사람에게는 번성케하시는 하나님의 형통함이 있습니다. 이 세상을 믿음의 기준으로 살아간다면 우리도 요셉이 경험한 형통의 복을 경험할수 있을 것입니다.

둘째, 하나님이 형통케하시면 다른 사람들도 그것을 알게 됩니다.

요셉의 형통의 특징은 다른 믿지 않는 사람들까지도 하나님이 형통케 하신다는 것을 알았습니다. 오늘날 성도들이 하나님이 주신 형통의 복을 받으면 믿지 않는 사람들이라고 할지라도 그것이 하나님이 주신 것임을 알게 됩니다. 요셉은 바로 그런 복을 받은 사람이었습니다. 믿는 사람에게는 이와 같은 형통함이 있어야 합니다.

오늘의 기도

주님 오늘도 우리의 삶에서 하나님의 형통함이 임하게 하옵소서, 예수님의 이름으로 기도드립니다. 아멘

영적 싸움에서 승리하는 비결

"이스라엘의 하나님 여호와께서 이스라엘을 위하여
싸우신고로 여호수아가..."

(신)찬 358장	제 1 주						
(구)찬 400장	월	화	수	목	금	토	수10:42

전쟁에서 가장 중요한 것은 '승패' 입니다. 지기 위해서 하는 전쟁은 없습니다. 전쟁은 반드시 이겨야 하는 필연성을 가지고 있습니다. 특히 성도가 영적싸움에서 절대 져서는 안됩니다. "마귀의 궤계를 능히 대적하기 위하여 하나님의 전신갑주를 입으라"(엡6:11) 라고 말씀하고 있습니다.

첫째, 마귀는 온갖 궤계로 성도를 대적합니다.

영적싸움에서 가만히 있다가는 모두 망하고 말 것입니다. 그래서 성경은 성도로 하여금 하나님의 전신갑주를 입으라고 말씀하고 있습니다. 그러나 이렇게 힘들고 어려워 보이는 전쟁에서 아주 쉽게 승리할수 있는 비결이 있습니다. 그 비결은 바로 내가 싸우지 않고 모든 싸움에서 다 이길수 있는 누군가가 대신 싸워 주는 것입니다. 본문말씀은 그 어렵던 가나안 정복전쟁에서 너무나 쉽게 승리하는 이스라엘을 볼수 있습니다. 그 이유가 바로 100% 승률을 자랑하는 하나님께서 대신 싸워주셨기 때문입니다.

둘째, 하나님께서 대신 싸워주시면 마귀와의 영적싸움에서 항상 이길수 있습니다. 오늘날 성도의 영적싸움도 그리스도의 군사인 우리를 위하여 하나님께서 대신 싸워주시면 마귀와의 영적싸움에서 항상 이길 수 있습니다. 절대로 질수 없는 싸움을 할 수 있습니다. 다행히도 성경은 '임마누엘' 즉, 하나님께서 언제나 우리와 함께 하시겠다고 말씀하고 있습니다. 그러므로 성도는 이 영적싸움의 승리의 비결을 알고 항상 믿음으로 살아 가야 합니다.

오늘의 기도

주님 오늘도 마귀와의 영적싸움에서 승리할수 있도록 함께 하여 주옵소서, 예수님의 이름으로 기도드립니다. 아멘

말씀 중심으로 살아가라

"예수께서 대답하여 가라사대 기록되었으되
사람이 떡으로만 살것이 아니요... "

신)찬 285장	제 1 주							
구)찬 209장	월	화	수	목	금	토		마4:4

　오늘날 현대인들은 '자아상실'의 시대에 살아가고 있다고 해도 과언이 아닙니다. 진정한 자신의 정체성을 잃어버린 채로 살아가고 있습니다. 그러다 보니 당연히 삶의 기준으로 삼아야 할 삶의 가치나 목표, 삶의 우선순위들이 혼돈되고 있는 것은 당연한 것입니다. 그리스도인이라고 예외는 아닐 것입니다. 그저 바쁘게만 살다보니 주일날 겨우 발도장만 찍는 경우도 허다합니다. 우선순위가 뒤바뀐 채로 그리스도인의 신분만 유지하여서 사는 것이 얼마나 잘못된 일인지도 모르고 신앙생활을 하고 있는 것입니다.

첫째, 바쁠수록 가치관을 분명히 하고 살아야 합니다.

　열심히 사는 것보다 정확히 살아야 합니다. 그리스도인의 삶의 우선순위는 '그리스도인'이라는 말처럼 예수그리스도이어야 합니다. 이 사실을 정확히 해야 합니다. 그럴려면 말씀의 가치를 바로 알고 말씀이 인도하는 대로 예수그리스도를 따라가야 합니다. 그리스도인이라면 세상의 그 어떤 가치나 기준보다 말씀의 기준대로 살아야 합니다. 성경의 많은 인물들이 그렇게 살았습니다. 예수님도 그렇게 사셨습니다.

둘째, 중요한 것은 희생을 각오하더라도 바꾸지 말아야 합니다.

　오늘날 현대인들의 특징 가운데 하나는 손해보지 않으려는 심리입니다. 내것은 절대 손해보지 않겠다는 이기심이 갈수록 사람들의 마음을 사로잡고 있습니다. 그러나 하나님의 말씀은 내것을 손해보더라도 지켜야 합니다. 내것을 손해보지 않고 하나님의 말씀을 지킬수는 없습니다. 내 시간, 내 건강, 내 돈, 모두 중요한 것들이지만 말씀 앞에 이런 것은 희생할수 있어야 합니다. 그래야 믿음이 온전히 세워질수 있습니다.

　　오늘의 기도

주님 오늘도 말씀대로 살아가도록 인도하여 주옵소서, 예수님의 이름으로 기도드립니다. 아멘

보화 를 사는 지혜

"천국은 마치 밭에 감추인 보화와 같으니
사람이 이를 발견한 후 숨겨두고..."

(신)찬 246장	제 1 주						마13:44
(구)찬 221장	월	화	수	목	금	토	

어느 영화에 나오는 이야기입니다. 한 백인이 아프리카의 숲속 어느 마을을 여행하다가 아이들이 공기놀이 하는 것을 보았습니다. 노는 모습을 한참 지켜보다가 그는 깜짝 놀랐습니다. 그 공기는 다름아닌 다이아몬드였던 것입니다. 그리고 한참후 그는 마을의 추장을 찾아가 담배 한상자를 건네 주었습니다. 그러자 그 추장은 다이아몬드로 된 공기돌을 건네 주는 것이었습니다. 담배 한상자와 다이아몬드의 가치가 같이 취급받는 순간이었습니다. 이 이야기는 가치를 모르는데서 생긴 에피소드라고 볼 수 있습니다. 그런데 성경은 천국을 마치 밭에 감추인 보화와 같다고 하고 있습니다. 그 가치를 인정하고 알아보는 사람만이 그 보화를 가질 수 있다고 말합니다. 보화의 가치를 알고 차지하기 위해서는 기억해야 할 것들이 있습니다

첫째, 보화의 가치를 아는 사람이 되어야 합니다.
천국은 그 어느것과도 바꿀 수 없는 보화중에 보화입니다. 세상의 그 어느 것과도 비교할수 없는 것임을 알아야 합니다. 세상에 있는 것이 아무리 귀한들 천국과는 비교조차 할 수 없습니다. 가치를 아는 사람이야 말로 가치있는 것을 소유할 수 있습니다.

둘째, 자기것을 희생할줄 알아야 합니다.
보화의 가치를 아는 사람은 자기것을 투자하여 그것을 마련합니다. 천국도 그렇습니다. 자기에게 있는 귀한 것을 투자하지 않고는 그것을 차지할 수 없습니다. 성경 본문에도 농부는 그 보화의 가치를 알아보고 자기의 소유를 다 팔아 그 밭을 샀다고 말씀합니다. 농부는 자기의 것을 아낌없이 투자한 것입니다. 우리는 천국의 가치를 어느 정도로 여기고 있습니까? 자신의 모든 것을 다 팔아서라도 그것을 소유할만한 가치가 있다고 생각하십니까? 그렇다면 자신의 가장 소중한 것을 아낌없이 투자하시기 바랍니다. 그리고 천국을 소유하는 지혜로운 성도가 되시기 바랍니다.

🍀 ～오늘의 기도

주여 천국을 소유할 줄 아는 지혜로운 성도가 되게하여 주소서, 예수님의 이름으로 기도드립니다. 아멘

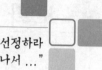

받을 기업을 그리는 지혜

"너희는 매 지파에 삼인씩 선정하라
내가 그들을 보내리니 그들은 일어나서 ..."

신)찬 521장	제 1 주						
구)찬 253장	월	화	수	목	금	토	수18:4

여호수아는 가나안 정복전쟁을 하면서 머뭇거리는 백성들에게 매 지파에 삼인씩 선정하여 그들이 얻을 땅을 그려오도록 했습니다. 왜 여호수아는 이런 명령을 하였을까요?

첫째, 약속으로 받을 땅도 문제앞에 머뭇거렸기 때문입니다.

가나안땅은 하나님의 약속의 땅입니다. 광야1세대들은 그 약속의 땅을 악평함으로 모두 광야에서 죽고 말았습니다. 그리고 광야2세대들이 요단을 건너 가나안 정복전쟁을 할때에는 문제가 있을때 마다 머뭇거리는 모습을 보여주고 있습니다. 약속의 땅은 장애물이 있어도 반드시 하나님은 주십니다. 이런 믿음이 없기 때문에 이스라엘 백성들은 주저하고 있는 것입니다.

둘째, 약속의 땅에 대한 자신감이 없기 때문입니다.

믿음의 사람에게 자신감은 굉장히 중요합니다. 무엇보다 약속의 말씀에 대한 신뢰와 자신감은 무엇보다 중요합니다. 약속의 말씀은 반드시 성취될 것이라는 믿음을 가져야 합니다. "예수께서 이르시되 할수 있거든이 무슨 말이냐 믿는자에게는 능치 못할 일이 없느니라"(막9:23)고 하셨습니다. 그러나 이스라엘 백성들은 이런 자신감이 부족했습니다.

셋째, 기업에 대한 확신이 없었기 때문입니다.

여호수아는 이스라엘 백성들이 보다 명확한 목표와 확신을 가질수 있도록 그들이 얻을 땅을 그려오라고 했습니다. 확신이 없다면 명확하게 그려올 수 없는 상황입니다. 자신들이 얻을 기업에 대한 확신이 있는 사람이 될 것을 여호수아는 원했던 것입니다. 우리에게도 동일한 축복이 있습니다. 믿음으로 받을 기업을 그릴 수 있어야 합니다. 받을 복에 대한 확신이 있어야 합니다.

 오늘의 기도

주여, 받을 기업을 믿음으로 바라보게 하옵소서, 예수님의 이름으로 기도드립니다.
아멘

복있는 사람의 조건

"복있는 사람은 악인의 꾀를 좇지 아니하며
죄인의 길에 서지 아니하며 ..."

신)찬 28장	제 2 주						
구)찬 28장	월	화	수	목	금	토	시1:1-2

시편의 첫장인 1편은 복있는 사람에 대해 말씀하고 있습니다. 여기에서 말씀하고 있는 '복'은 '에셰르'라고 합니다. 구약성경에서 이 단어는 45회나 나옵니다. '행복' 또는 '복'으로 번역합니다. 이 말과 동의어는 '아샤르'입니다. 이 말의 뜻은 '똑바로 나아가다'란 뜻을 가지고 있습니다. 그러므로 복있는 사람이란 복있는 사람답게 올바로 행동하라는 뜻입니다. 그러면 어떤 행동이 복있는 사람의 올바른 행동일까요?

첫째, 악인의 꾀를 좇지 말아야 합니다.

악한 사람은 그 생각도 악합니다. 그리고 그 하는 말도 악합니다. 말은 생각으로부터 시작됩니다. 생각이 악하면 하는 말도 악하게 되어있습니다. 그래서 성경은 악인의 꾀를 좇지 말라고 말씀하고 있습니다.

둘째, 죄인의 길에 서지도 말고 교만하지도 말아야 합니다.

죄인의 길은 죄인들의 습관, 그들이 하는 일을 뜻합니다. 사람은 습관이 중요합니다. 죄인과 가까이하면 죄인의 습관을 배우게 되어있습니다. 오만한 사람이란 남을 무시하고 교만한 사람을 말합니다. 하나님은 교만한 사람을 싫어하십니다. 이런 사람들을 가까이 하면 그들의 습관이나 행동을 배우게 되어있습니다. 그러므로 이들을 멀리하는 가장 좋은 방법은 아예 가까이 하지 않는 것입니다.

셋째, 하나님의 말씀을 기쁜 마음으로 날마다 묵상하여야 합니다.

하나님의 말씀은 성도의 올바른 행실의 가장 좋은 길잡이가 됩니다. 무엇을 생각하고 무엇을 행해야 할지 성경은 분명히 말씀하고 있습니다. 그러나 아무리 좋은 말씀이라도 기쁜 마음으로 대하지 않으면 행동으로 옮기기 싫어집니다. 그러나 기쁜 마음으로 대하면 언제든지 그 말씀을 행동으로 실천할 수 있습니다.

오늘의 기도

주여, 복있는 사람이 될 수 있도록 지혜를 주옵소서, 예수님의 이름으로 기도드립니다. 아멘

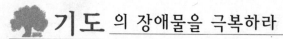

기도의 장애물을 극복하라

"주께서 또 가라사대 불의한 재판관의 말한 것을
들으라 하물며 하나님께서..."

(신)찬 361장	**제 2 주**							
(구)찬 480장	월	**화**	수	목	금	토	눅18:6-7

성도에게 기도 생활이 힘든 이유는 '낙망'이라는 장애를 극복하지 못하기 때문입니다. 어려운 일이 생기면 쉽게 낙심하고 낙망하므로 지속적인 기도 생활을 하지 못하는 경우가 많이 있습니다. 그러므로 기도하는 성도는 다음의 몇가지를 꼭 기억해야 합니다.

첫째, 환경을 두려워하지 말아야 합니다.

불의한 재판관에게 간청하는 과부에게 있어 정말 중요한 문제는 자신의 문제보다 공정하게 재판해야할 재판관이 공정하지 못하다는 데 있었습니다. 과부에게는 그것을 바로잡을 힘이 없었습니다. 그러나 과부는 이런 환경을 절대 두려워하지 않았습니다. 재판관이 불의한지 알고 있었지만 그리고 자신에게 그것을 바로잡을 능력이 없다는 것을 알았지만 끝까지 자신의 문제를 포기하지 않고 두려워하지 않았습니다.

둘째, 끈기를 가지고 도전해야 합니다.

"인내와 끈기는 역경의 쇳덩이를 녹이는 가장 강력한 힘이다"라는 말이 있습니다. 무슨일을 하든 끈기있게 인내심을 가지고 해야 합니다. 기도도 마찬가지입니다. 인내심을 가지고 끈기게 해야 합니다. 하다보면 안될때도 있습니다. 그렇다고 포기하면 안됩니다. 과부의 간청이 바로 그런 것이었습니다. 불의한 재판관의 마음을 동하게 만든 결정적인 이유가 바로 과부의 끊임없는 간청이었습니다.

셋째, 응답에 대한 확신을 가져야 합니다.

예수님께서 이 비유를 통해 말씀하시고자 하는 것은 하나님은 기도에 반드시 응답하시는 분이시라는 것입니다. 이런 확신이 없이 기도하는 것을 하나님은 기뻐하지 않습니다.

"그러므로 내가 너희에게 말하노니 무엇이든지 기도하고 구하는 것은 받은 줄로 믿으라 그리하면 너희에게 그대로 되리라"(막11:24)

🍀 오늘의 기도

주여, 문제가 다가 와도 쉽게 낙심하지 않고 기도하게 하여 주옵소서, 예수님의 이름으로 기도드립니다. 아멘

 인내 의 열매

"나의 가는 길을 오직 그가 아시나니
그가 나를 단련하신 후에는 내가..."

신)찬 545장	제 2 주							욥23: 10
구)찬 344장	월	화	수	목	금	토		

성경에서 욥처럼 고난받은 사람은 그리 흔치 않습니다. 고난 받을 이유가 없었지만 욥은 고난받았습니다. 재산과 자식을 잃어야 할 이유가 없었지만 그는 모든 것을 잃었습니다. 이런 상황에서 믿음을 지킨다는 것은 참으로 힘든 일입니다.

오늘날 우리 성도의 삶이 이렇다면 우리는 어떻게 반응할까요? 욥은 이 질문에 대답이라도 하듯 성경을 통하여 우리에게 그 본을 보여주고 있습니다. 그것이 바로 인내입니다.

첫째, 욥은 자신의 삶을 하나님께 맡기면서 인내했습니다.

욥은 어느날 찾아온 자신의 고난을 원망하지 않았습니다. 그리고 하나님께서 자신의 모든 고난을 알고 있을 것이라고 믿었으며 고난에는 분명히 하나님의 뜻이 있을 것이라고 믿었습니다. 그래서 욥은 인내할수 있었던 것입니다. 이유없는 고난을 당하면서도 욥이 인내할수 있었던 것은 하나님께 자신의 삶을 맡겼기 때문입니다.

둘째, 욥은 고난후에 다가올 축복을 믿었기에 인내할 수 있었습니다.

'고진감래' 라는 고사성어가 있습니다. 예부터 우리 조상들은 뜻하지 않은 어려움이 올때 어려움 뒤에는 반드시 기쁜일이 있을 것이라고 생각하고 어려움을 극복했습니다. 어떻게 보면 이런 생각들은 성경적 사고방식이라고 생각할수 있습니다. 욥의 고백이 바로 그러했습니다. 고난을 잘 참고 인내하면 고난당하기 전보다 훨씬 유익한 복이 임할 것을 믿었습니다. 신약성경은 성령의 아홉가지 열매에 대해 말씀하고 있습니다. "오직 성령의 열매는 사랑과 희락과 화평과 오래 참음과 자비와 양선과 충성과 온유와 절제니 이같은 것을 금지할 법이 없느니라"(갈5:22-23)고 하였습니다. 본문에 나타난 9가지 중에 오래참는 다는 것은 인내를 말합니다. 그러므로 인내는 성도의 신앙생활의 중요한 덕목입니다.

🍀 오늘의 기도

주님, 인내의 열매가 있는 성도가 되게 하여 주옵소서, 예수님의 이름으로 기도드립니다. 아멘

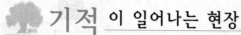

기적 이 일어나는 현장

"무리를 명하여 잔디 위에 앉히시고
떡 다섯 개와 물고기 두 마리를 가지사…"

신)찬 134장	제 2 주						마14: 19-21
구)찬 84장	월	화	수	목	금	토	

무슨 일이든 사람이 할 수 있는 일에는 한계가 있습니다. 예나 지금이나 이 사실은 변함이 없습니다. 상대적으로 생각하면 과거나 오늘이나 기적이 필요한 세대라는 말이 되기도 합니다. 그러나 기적은 원한다고 아무곳에서 언제든지 일어나는 것은 아닙니다.

기적은 필요충분조건이 채워져야 일어납니다.

첫째, 기적은 필요로 하는 사람들이 있어야 일어납니다.

예수님의 제자들은 오천명이 더 되는 사람들을 먹일 양식이 그들에게 없다는 것을 알았습니다. 그러나 어떤 방법으로 그 많은 사람들을 먹일수 있을지는 몰랐습니다. 그러나 분명한 것은 사람들에게는 지금 먹을 것이 필요하다는 것이었습니다. 예수님께서도 제자들에게 사람들에게 먹을 것을 주라고 말씀하셨습니다. 필요로 하지만 그것을 충족시킬 수 없는 상황이 되고만 것입니다. 그때 예수님께서는 기적을 일으키셨습니다.

둘째, 기적을 필요로 하는 현장에 예수님이 계셔야 합니다.

오천명도 더 되는 사람들이 모인 현장에 만일 예수님께서 계시지 않았더라면 어떻게 되었을까요?

아마도 기적은 일어나지 않았을 것입니다. 그 누구도 물고기 두 마리와 보리떡 다섯 개로 그 많은 사람을 먹일 수 없었을 것입니다. 그러나 예수님이 계신 현장이라면 상황은 달라질 수 있습니다. 예수님이 계셨기 때문에 오병이어의 기적은 가능했습니다.

우리의 삶의 현장에도 예수님이 계시면 언제든 이런 기적은 가능합니다.

오늘의 기도

주여, 오늘 우리의 삶의 현장에도 기적이 일어나게 하여 주옵소서, 예수님의 이름으로 기도드립니다. 아멘

기도 의 3단계

"구하라 그러면 너희에게 주실 것이요 찾으라
그러면 찾을 것이요 문을 두드..."

(신)찬 526장	제 2 주							마7:7-8
(구)찬 316장	월	화	수	목	금	토		

 예수님께서는 산상수훈의 말씀을 통해서 기도에 대한 중요한 교훈을 말씀해 주시고 있습니다. 그것은 바로 기도는 하면 된다는 것입니다.
첫째, 기도는 구해야 합니다.
 구한다는 것의 의미 중에는 요구한다는 뜻을 포함하고 있습니다. 하나님께 구할때는 자신있게 당당하게 요구해야 합니다. 우리가 그렇게 해도 되는 이유는 우리는 이미 신분상의 변화를 가져온 사람이기 때문입니다. 전에는 죄인이었지만 예수그리스도로 말미암아 우리는 자녀의 신분으로 거듭났습니다. 그러므로 하나님께 구할때는 자녀의 신분으로 아버지께 당당하게 요구할수 있는 것입니다.
둘째, 기도는 찾아야 합니다.
 찾는다는 것은 발견하거나 얻기위해 찾는 것을 의미합니다. 다시 말하면 원하는 것을 얻기 위해서는 당연히 거기에 맞는 노력이 있어야 함을 말하는 것입니다. 기도하는 사람이 그것을 얻기위해 아무런 노력을 기울이지 않으면 안된다는 것입니다.
셋째, 기도는 두드려야 합니다.
 두드린다는 말은 '노크하다' 라는 의미도 있지만 '때리다', '치다' 의 의미도 가지고 있습니다. 위의 두가지 표현보다 조금 강한 표현이기도 합니다. 그러므로 기도는 계속적인 시도가 있어야 합니다. 기도하는 사람이 이런 자세를 가지고 기도하지 못하면 기도를 응답 받을 수 없습니다. 분명히 기도는 하면 됩니다. 구하고,찾고,두드리면 반드시 응답은 될 것입니다.

오늘의 기도

 주여, 오늘도 우리의 기도에 응답하여 주옵소서, 예수님의 이름으로 기도드립니다. 아멘

하나님을 의지하는 사람

"나의 힘이 되신 여호와여 내가 주를 사랑하나이다
여호와는 나의 반석이..."

(신)찬 550장	제 2 주						
(구)찬 248장	월	화	수	목	금	토	시18:1-2

하나님이 사람에게 주신 특별한 재능 가운데 하나는 문학적 재능입니다. 구약성경에서 다윗은 이런 문학적 재능을 아주 탁월하게 잘 사용하여 하나님을 찬양하고 있습니다. 다윗이 하나님을 찬양한 이유는 그가 하나님을 의지하고 있었기 때문입니다.

첫째, 하나님을 의지하는 사람은 하나님을 믿고 신뢰해야 합니다.

하나님을 의지한다는 것은 신뢰가 없이는 불가능한 일입니다. 믿음이 없이는 하나님을 신뢰할수 없습니다. 그러므로 다윗은 하나님을 누구보다 믿고 신뢰하고 의지했습니다. 그것은 다윗의 신앙고백을 통하여 잘 나타나고 있습니다. 어떤 위기 가운데서도 다윗은 하나님을 믿고 신뢰 했습니다.

둘째, 하나님을 의지하는 사람은 하나님을 사랑해야 합니다.

시편 18편의 처음 시작은 하나님을 사랑한다는 고백으로 시작하고 있습니다. 다윗은 언제나 하나님을 사랑한다는 고백을 잊지 않았습니다. 성도에게 이 고백은 반드시 있어야 합니다.

예수님도 베드로에게 말씀하시기를 "요한의 아들 시몬아 네가 이사람들 보다 나를 더 사랑하느냐" 라고 물으셨습니다.

셋째, 하나님을 의지하는 사람은 하나님을 찬양할 수 있어야 합니다.

구약성경에서 하나님을 누구보다 잘 의지했던 다윗은 누구보다 하나님을 많이 찬양했습니다. 찬양이란 하나님을 높여 드리는 행위를 말합니다. 다윗은 자기가 할 수 있는 모든 것으로 하나님을 찬양 했습니다. 시와 찬미로 하나님을 찬양했습니다. 언제나 하나님을 찬양하는 것을 잊지 않았습니다. 하나님을 의지하는 사람에게 이 세가지 요소는 꼭 있어야 할 것입니다.

🍀 오늘의 기도

주여, 오늘도 하나님을 찬양하며 의지하게 하소서, 예수님의 이름으로 기도드립니다. 아멘

인생의 광야에도 만나는 있다

"만나는 깟씨와 같고 모양은 진주와 같은 것이라
백성이 두루다니며 그것을..."

신)찬 546장	제 3 주						민11:7-9
구)찬 399장	월	화	수	목	금	토	

이스라엘 백성들이 모세의 인도로 광야로 나갔을때 가장 큰 문제는 식량의 문제였습니다. 광야에서 수십만 아니 수백만의 사람이 먹을 식량은 실로 상상을 초월하는 것이었습니다. "모세가 가로되 나와 함께 있는 이 백성의 보행자가 육십만명이온데 주의 말씀이 일개월간 고기를 주어 먹게 하겠다 하시오니 그들을 위하여 양떼와 소떼를 잡은들 족하오며 바다의 모든 고기를 모은들 족하오리이까"(민11:21-22) 에서는 백성들이 고기가 먹고 싶다고 할때 하나님께 고하였더니 하나님은 그들에게 일개월간 고기를 먹이겠다고 하셨습니다. 이때 모세는 보행자가 육십만명이라고. 합니다. 그리고 모세는 하나님께 "그들을 위하여 양떼와 소떼를 잡은들 족하오리이까"라고 합니다. 이 엄청나게 많은 사람들을 하루 이틀도 아닌 40년을 어떻게 식량난을 해결할수 있겠습니까? 바로 그 해결책이 본문에 나오는 만나였습니다.

인생의 광야에도 만나의 기적은 일어날 수 있습니다.

만나의 특징은 광야에서만 내린다는 것입니다. 왜 만나는 광야에서만 내렸을까요? 그 이유는 광야같은 상황에서는 만나가 아니면 해결책이 없기 때문입니다. 만나는 광야에서만 일어난 기적입니다. 우리 인생의 어려움에서 해결책이 없고 돌파구가 없을때 바로 그때가 하나님이 내리시는 만나의 기적이 필요한 때인 것을 알아야 합니다. 하나님은 인생의 광야에서도 만나를 내리시는 기적을 내리실 수 있습니다.

바랄 수 없는 중에 바랄 때 만나의 은혜를 경험할 수 있습니다.

만나는 하나님이 아니고서는 그 누구도 할 수 없는 일입니다. 그러나 이런 일은 실제로 일어나지 않으면 쉽게 잘 믿어지지 않습니다. 그러나 만나의 은혜를 경험하려면 아브라함처럼 바랄 수 없는 중에 바라는 믿음을 가져야 합니다. 현재 불가능해 보인다고 하나님께도 그것이 불가능한 것은 아닙니다. 환경의 열악함을 극복할 수 있는 것은 바로 소망입니다. 이 소망은 바랄 수 없는 중에 바라는 믿음입니다. 이런 사람은 하나님의 은혜를 깊이 있게 경험할수 있습니다.

오늘의 기도

주님, 인생의 광야에서 만나 같은 은혜를 날마다 경험하게 하여 주옵소서,
예수님의 이름으로 기도드립니다. 아멘

믿음 의 눈으로 바라보라

"롯이 아브람을 떠난 후에 여호와께서 아브람에게
이르시되 너는 눈을 들어…"

(신)찬 545장	제 3 주						
(구)찬 344장	월	화	수	목	금	토	창13:14-15

  사람이 살아가면서 필수적으로 선택 해야 될 때가 있습니다. 때론 어느 것을 선택하느냐에 따라 결과는 이루 말할 수 없이 달라지기도 합니다. 본문의 롯과 아브라함도 어느날 땅을 놓고 선택의 문제에 맞닥뜨렸습니다. 그것은 '다툼' 이라는 문제 때문이었습니다. 아브라함은 롯과 자신만은 다투지 않고 땅의 문제를 해결하기를 원했습니다. 아브라함은 땅의 선택권을 롯에게 먼저 주었습니다. 서로 다투지 않겠다는 의도였습니다. 마침내 땅의 선택이 끝났을때 롯은 아브라함을 떠났습니다. 그러나 결과는 하나님이 보시기에 너무나도 달랐습니다.

첫째, 사람의 눈에 좋은 것이 하나님이 보시기에 좋지 않을수도 있습니다.

  롯의 선택은 철저하게 육신의 정욕과 안목의 정욕, 이생의 자랑에 의한 것이었습니다. 롯은 눈으로 보기에 좋은 것을 선택했고 육신이 살기에 편한곳을 선택했습니다. 그러나 롯이 실수한 것은 하나님이 보시기에도 좋은지를 생각하지 않았다는 것이었습니다. "소돔 사람은 악하여 여호와 앞에 큰 죄인이었더라"(창13:13)라고 했습니다. 롯이 선택한 땅은 하나님이 보시기에 악한 곳이었습니다. 그 이유는 모든 기준을 철저하게 사람의 보기에 좋은 것으로 선택했기 때문입니다.

둘째, 하나님이 보시기에 좋은 것을 택할줄 아는 안목을 가져야 합니다.

  하나님은 조카 롯이 떠난후에 아브라함에게 "눈을 들어 동서남북을 바라보라"라고 말씀하십니다. 사람의 기준으로 동서남북을 바라보면 롯이 선택한 땅보다 더 나은 땅은 없었습니다. 그러나 소돔과 고모라는 곧 망할 땅이지만 하나님이 보시기에 좋은 땅은 망하지 않습니다. 하나님은 그런 이유로 아브라함에게 눈을 들어서 동서남북을 바라보라고 하신 것입니다. 믿음의 눈으로 하나님이 보시기에 좋은 땅을 선택하면 망하는 법이 없습니다. 그러므로 믿음은 선택의 문제에서 중요한 변수로 작용합니다. 우리 믿음의 사람들은 믿음의 안목을 가져야 합니다.

 오늘의 기도

  주님, 믿음의 눈으로 바라볼수 있는 영적 안목을 주옵소서, 예수님의 이름으로 기도드립니다. 아멘

합심 하여 기도하라!

"진실로 다시 너희에게 이르노니 너희 중에 두 사람이
땅에서 합심하여 무엇..."

신)찬 263장	제 3 주						
구)찬 197장	월	화	수	목	금	토	마18:19

오늘날 사회가 다양화 되어지고 개인주의가 심화되면서 이런 사회적 영향이 개인의 신앙생활에도 영향을 미치고 있습니다. 그것은 개인주의적 신앙생활입니다. 함께 하는 공동체로서의 신앙생활이 아니라 자신의 기호에 맞게 신앙생활을 하는 것입니다. 그러나 예수님은 합심기도의 중요성을 성경을 통해 말씀하고 계십니다.

왜 합심기도를 해야 합니까?

첫째, 하나님이 원하시기 때문입니다.

구약성경에는 엘리야가 하나님께 기도하는 내용중에 "저가 대답하되 내가 만군의 하나님 여호와를 위하여 열심이 특심하오니 이는 이스라엘 자손이 주의 언약을 버리고 주의 단을 헐며 칼로 주의 선지자들을 죽였음이오며 오직 나만 남았거늘 저희가 내 생명을 찾아 취하려 하나이다"(왕상19:10) 라고 하였습니다. 이때 하나님은 말씀하시기를 "그러나 내가 이스라엘 가운데 칠천 인을 남기리니 다 무릎을 바알에게 꿇지 아니하고 다 그 입을 바알에게 맞추지 아니한 자니라"(왕상19:18) 라고 하셨습니다. 하나님은 기도하는 공동체를 남겨두셨던 것입니다. 그러므로 하나님은 믿는 사람이 함께 연합하여 기도하는 것을 기뻐하십니다.

둘째, 합심하여 기도할 때 응답이 빨리 임합니다.

두세 사람이 연합하여 기도하는 합심기도는 하나님께서 속히 응답하십니다. 에스더는 유다의 백성이 하만의 간계로 다 죽게 되었을때 모르드개에게 금식하며 기도할 것과 백성이 함께 연합하여 기도할 것을 요구하였습니다. 결국 모든 백성들의 합심기도를 통해 에스더는 하나님께로부터 응답을 받고 하만의 간계를 물리칠 수 있었습니다. 이처럼 합심기도는 빠른 응답을 받을 수 있습니다. "한 사람이면 패하겠거니와 두 사람이면 능히 당하나니 삼겹줄은 쉽게 끊어지지 아니하느니라"(전4:12) 라고 하였습니다. 이처럼 합심하여 기도하는 것이 성도의 기도생활에 유익임을 깨닫고 실천하여야 합니다.

오늘의 기도

주님, 합심기도의 능력을 나타내는 성도가 되게하여 주옵소서, 예수님의 이름으로 기도드립니다. 아멘

여리고 성과 승리하는 인생

> "이스라엘 자손들로 인하여 여리고는 굳게 닫혔고
> 출입하는 자 없더라..."

신)찬 257장	제 3 주						
구)찬 189장	월	화	수	목	금	토	수6:1-5

구약의 여리고는 '달의 성읍'이라는 뜻을 가지고 있습니다. 지형적으로는 요단계곡 남단에 위치해 '달의 성읍'이라는 뜻처럼 비옥하였으며 가나안으로 들어가는 입구와도 같은 곳이었습니다. 이스라엘 백성들은 요단강을 건너기전에 정탐꾼을 보내 여리고를 미리 정탐했습니다. 그러나 이미 이스라엘 백성들이 요단을 건넜다는 소문을 들은 여리고성 사람들은 문을 굳게 잠그고 전쟁을 준비했습니다. 그러나 하나님은 이미 이 전쟁의 승리를 위해 모든 것을 준비하셨습니다.

첫째, 승리에 대한 확신을 주셨습니다.

하나님께서는 굳게 닫힌 여리고를 향하여 "여리고와 그 왕과 용사들을 네 손에 붙였으니"(수6:2) 라고 하셨습니다. 아직 전쟁이 시작되지 않았지만 하나님은 전쟁에서 승리할 것이라는 확신을 주셨습니다. 하나님이 주신 승리의 확신은 승리의 보증수표입니다. 하나님의 백성들이 구할 때 하나님은 당연히 이런 보증을 해 주십니다.

둘째, 승리의 방법을 알려주셨습니다.

전쟁에서 이기고 지는 것은 무기도 중요하지만 전략과 전술이 중요합니다. 하나님은 이스라엘 백성에게 여리고와의 전투에서 어떻게 해야 이길 수 있는지 그 방법을 자세히 알려주시고 있습니다. 하나님이 친히 모사가 되신 것입니다. 하나님이 모사가 되시는데 무엇이 두렵겠습니까?

셋째, 완전한 승리에 대한 보장을 주셨습니다.

이스라엘 백성들이 여리고를 점령하기 위해서 해야할 일들은 유독 7이라는 숫자와 많은 연관성을 가지고 있습니다. 일곱양각나팔, 일곱번, 칠일째 등은 모두 7의 숫자입니다. 이는 하나님께서 어떠한 승리로 그들을 이끄실지 보여주는 것입니다. 바로 완벽하고 완전한 승리입니다. 하나님은 이스라엘 백성들을 위해서 완전한 승리의 보장을 해 주신 것입니다.

오늘의 기도

주님, 날마다 주의 이름으로 승리하는 인생이 되게 하여 주옵소서, 예수님의 이름으로 기도드립니다. 아멘

# 오직주만!

"구스 사람 세라가 저희를 치려하여 군사 백만과 병거 삼백승을 거느리고..."

신)찬 258장	제 3 주							
구)찬 190장	월	화	수	목	금	토	대하14:9-15

구약의 아사왕은 르호보암의 손자로 남조 유다의 3대 왕이었습니다. 아사왕은 친 어머니 마아가가 아세라 우상을 만들었다는 이유로 태위를 폐위 시킨 왕으로 유명합니다. 본문의 사건은 구스사람 세라가 군사 백만과 병거 삼백승을 거느리고 유다를 치러왔을때의 이야기입니다. 생각보다 엄청난 군대앞에 아사왕은 위기를 느꼈습니다. 그러나 아사왕은 다른 것은 생각하지 않았습니다.

첫째, 오직 여호와께만 부르짖었습니다.

여호와여 강한자와 약한 자 사이에는 주 밖에 도와 줄 이가 없사오니 우리 하나님 여호와여 우리를 도우소서..."(대하14:11) "라고 했습니다. 아사왕은 문제 앞에 오직 하나님께만 부르짖었습니다. 오직 하나님만 문제를 해결할 수 있다고 믿었기 때문입니다. 다윗은 골리앗과의 싸움에서 "너는 칼과 창과 단창으로 내게 오거니와 나는 만군의 여호와의 이름 곧 네가 모욕하는 이스라엘 군대의 하나님의 이름으로 가노라"(삼상17:45) 라고 했습니다. 아사왕도 다윗도 오직 여호와께만 의지하고 부르짖었습니다.

둘째, 오직 여호와만 의지하여 승리를 경험했습니다.

유다왕 아사는 구스사람 세라의 백만의 군대를 오직 여호와를 의지함으로 승리를 경험하였습니다. 하나님만 의지하는 사람은 이런 승리를 경험할 수 있습니다. 구약의 대표적인 믿음의 사람 다윗, 요셉, 엘리사 같은 사람도 이런 승리의 경험을 하였습니다. 오직 하나님만 의지하는 사람에게는 이런 승리가 주어질 수 있습니다. 사람을 의지하는 것보다 하나님을 의지하는 것이 낫습니다.

셋째, 여호와만 의지하여 임마누엘의 복을 받았습니다.

아사왕의 승리는 임마누엘의 승리입니다. 하나님이 함께하셨기 때문에 승리한 것입니다. 또한 하나님이 함께 하시는 사람은 재물과 능력도 얻게 됩니다. 성도들은 이와같은 은혜와 복을 받아야 합니다. 하나님이 주시는 복을 받는 사람은 마르지 않는 샘과 같습니다. 늘 퍼내어도 항상 넉넉히 차고 넘치게 되어 있습니다.

오늘의기도

주님, 오직 주만 바라봄으로 믿음의 승리를 경험하게 하여 주옵소서, 예수님의 이름으로 기도드립니다. 아멘

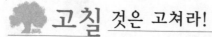

고칠 것은 고쳐라!

"여호와께서 아사에게 평안을 주셨으므로
그 땅이 평안하여 여러해 싸움..."

신)찬 279장	제 3 주						
구)찬 337장	월	화	수	목	금	토	대하15:1-8

　　왕국 분열 후 남조 유다의 제3대 왕이었던 아사는 아비얌의 아들이며, 그의 모친은 압살롬의 딸 마아가입니다(왕상 15:9,10). 아사는 부왕 아비얌과는 정반대로 그 조상 다윗과 같이 여호와 보시기에 정직하게 행하였습니다. 이 외에도 아사는 하나님께 은혜와 복을 받을수 있는 장점이 몇가지 있었습니다.

첫째, 우상을 철폐하였습니다.

　　하나님이 가장 싫어하시는 것 중 하나가 바로 우상을 섬기는 것입니다. 아사왕은 그의 모친 마아가가 아세라상을 만들었다는 이유로 태위를 폐위시켰습니다. 비록 어머니라고 할지라도 아사는 하나님 보시기에 옳지 않은 것은 용납할 수 없었던 것입니다. 그리고 모든 성읍에서 하나님이 싫어하시는 산당과 태양상을 없이 했습니다 어머니가 만들었던 아세라도 찍어버렸습니다. 성경은 분명히 "너는 나 외에는 다른 신들을 네게 있게 말찌니라"(출20:3) 그리고 "너를 위하여 새긴 우상을 만들지 말고..."(출20:4) 라고 하였습니다. 우상은 그 어떤 경우에라도 만들거나 그것들을 섬겨서는 안됩니다. 그것은 하나님이 가장 싫어하시는 것입니다.

둘째, 백성들이 하나님을 구하게 하였습니다.

　　우상을 섬기는 일에서 돌아서서 하나님만 섬기도록 율법과 그 명령만 행하도록 하였습니다(대하14:4). 왕의 이와 같은 결단은 나라를 살리는 결단입니다. 중요한 것을 알고 행한 결단이었습니다. 오늘날 그리스도인들도 이와 같은 영향력을 행사할 수 있어야 합니다. 그것이 바로 복음 증거의 삶입니다.

오늘의 기도

　　주님, 온전치 못한 것은 믿음으로 고치게 하여 주옵소서, 예수님의 이름으로 기도 드립니다. 아멘

성도 에게 복이 되는 것

"너희가 만일 내가 오늘날 너희에게 명하는
너희 하나님 여호와의 명령을 ..."

신)찬 28장	제 4 주						
구)찬 28장	월	화	수	목	금	토	신11:27

하나님의 말씀의 특징은 그것을 지킬때 유익이 된다는 것입니다. 아무리 좋은 말씀이요, 복된 말씀이라고 할지라도 그것을 지키지 않으면 아무 소용이 없게 됩니다. 그래서 하나님은 이스라엘 백성에게 율법을 지키라고 말씀하고 있습니다. 오늘날 성도의 삶도 그렇다고 볼 수 있습니다. 하나님의 말씀은 지키라고 있는 것입니다. 지킬 때 그 말씀이 성도에게 유익이되고 복이 됩니다. 그러므로 말씀을 지킬 때의 유익을 잠시 묵상해 보면 다음과 같습니다.

첫째, 남들 보다 뛰어나게 됩니다(신28:1).

구약성경에서 사울이 이스라엘의 초대 왕이었지만 그가 실패한 이유는 자기보다 뛰어난 다윗을 시기 했기 때문입니다. 남이 나보다 잘되는 것을 두고 보지 못하는 사람은 교만한 사람입니다. 그렇다고해서 그사람이 결코 남보다 더 잘되는 것은 아닙니다. 그러나 하나님이 높여주시면 상황은 달라질 수 있습니다. 이런 사람은 사람이 낮추려고 해도 결코 낮아질 수 없습니다.

둘째, 하나님이 기뻐하시는 일을 할 수 있습니다(딤후3:17).

사람이 선한 일을 하고 싶어도 자기 마음대로 잘 되지 않는 이유에 대해 "내가 원하는 바 선은 하지 아니하고 도리어 원치 아니하는 바 악은 행하는도다"(롬7:19) 라고 했습니다. 그 이유가 무엇때문일까요? 그것은 바로 인간의 죄 때문입니다. 그러나 하나님의 말씀을 지키면 죄로부터 멀어지고 성령과 더 가까워질 수 있습니다. 이런 사람은 자신의 의지로 일을 하는 것이 아니라 성령의 인도를 받아서 일을 행하게 됩니다. 그러므로 당연히 하나님이 기뻐하시는 일을 할 수 있게 되는 것입니다.

🍀 오늘의 기도

주님, 하나님 보시기에 복있는 성도가 되게하여 주옵소서, 예수님의 이름으로 기도드립니다. 아멘

유익 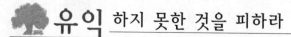 하지 못한 것을 피하라

"내 사랑하는 형제들아 너희가 알거니와
사람마다 듣기는 속히 하고 말하기는..."

| (신)찬 200장 | 제 4 주 |
| (구)찬 235장 | 월 | 화 | 수 | 목 | 금 | 토 | 약1:19-20 |

한국 사람들의 조급증은 세계적으로 유명합니다. 외국인 근로자들이 우리 나라에 와서 일을 하면서 가장 먼저 배우는 말이 "빨리! 빨리!"라고 합니다. 무엇이든지 빨리하려는 한국사람들의 조급증을 잘 보여주는 예라고 볼 수 있습니다. 그러나 신앙생활에서는 이런 조급증을 멀리 하라고 야고보는 권면하고 있습니다. 이 외에도 야고보는 야고보서를 통해 성도의 신앙생활에 유익하지 못한 몇가지를 충고하여 권면하고 있습니다.

첫째, 듣고 말하는 것에 대한 권면입니다.

신앙생활에서 말의 중요성을 강조하는 권면입니다. 듣는 것은 속히하라고 합니다. 그리고 말하는 것은 더디하라고 합니다. 그 이유는 남의 말을 들을 때는 판단하지 말고 그사람의 말에만 집중하라는 뜻입니다. 그러나 남의 말을 할때는 그 사람에게 과연 합당한 말인지 생각하고 말하라는 뜻입니다. 믿음의 사람은 다른 사람의 말을 듣는 자세부터 달라야 합니다. "우리가 다 실수가 많으니 만일 말에 실수가 없는 자면 곧 온전한 사람이라 능히 온 몸도 굴레 씌우리라"(약3:2) 라고 했습니다. 들을 때 주의해서 잘 들어야 말의 실수를 줄일 수 있습니다.

둘째, 화를 내는 것에 대한 권면입니다.

사람이 살다보면 화를 낼 수 밖에 없는 상황에 처할 때가 있습니다. 이런 충동이 생길때 믿음의 사람들은 그 상황을 어떻게 다루어야 하는지에 대하여 야고보는 "함부로 화를 내지 마라"라고 권면하고 있습니다. 화를 내야 할 상황이지만 그것을 절제하라는 것입니다. 빨리 화를 내다보면 돌이킬수 없는 결과를 초래하는 경우가 많이 있습니다. 엎질러진 물을 다시 주워 담을 수 없듯이 화를 내는 것도 마찬가지입니다. 화를 쉽게 내는 것은 자신에게도 좋지 않습니다. "분을 그치고 노를 버리라 불평하여 말라 행악에 치우칠 뿐이라"(시편37:8) 라고 했습니다. 곧 이 말씀은 화를 내지 말고 격분을 가라앉히라는 뜻입니다. 함부로 화를 내는 것은 하나님이 기뻐하시지 않습니다.

🍀 오늘의 기도

주님, 유익하지 못한 것은 피하는 삶이 되게하여 주옵소서, 예수님의 이름으로 기도드립니다. 아멘

하나님이 가까이 하시는 사람

"여호와는 마음이 상한 자에게 가까이 하시고
중심에 통회하는 자를 구원..."

(신)찬 270장	제 4 주						시34:18
(구)찬 214장	월	화	수	목	금	토	

'근묵자흑[近墨者黑]' 이라는 말이 있습니다. 먹을 가까이 하면 같이 검게 된다는 뜻입니다. 이와 비슷한 말로 '싱크로니 경향' 이라는 말이 있습니다 이 말은 좋아하는 사람끼리 닮아가는 현상을 말합니다. 사람이 무엇을 가까이 하느냐에 따라 그 사람은 그 영향을 받게 되어있습니다. 하나님은 하나님을 가까이 하라고 말씀하고 있습니다. 하나님을 가까이 할 때 하나님의 성품을 닮아갈 수 있고 하나님의 은혜를 입을 수가 있습니다. 본문의 말씀은 하나님이 가까이 하시고 싶어하는 사람에 대해 말씀하고 있습니다.

첫째, 마음이 상한 사람을 가까이 하시고 싶어하십니다.

'상한'의 원문 단어는 '샤바르' 입니다. 이는 '깨뜨리다', '깨트려 산산 조각내다'의 뜻을 가지고 있습니다. 곧 이말은 다른 누군가로부터 상처를 받아 마음이 산산히 부서진 상태를 나타내는 말입니다. 하나님은 다른 사람으로부터 실망하고 낙심하여 마음이 무너진 사람, 마음이 부서진 사람을 가까이 하시고 싶어하십니다. 그 이유는 마음이 상한 사람을 위로 하시고 싶어 하시기 때문입니다. 하나님의 위로가 있는 사람은 상한 마음을 회복 할수 있습니다.

둘째, 중심에 통회하는 사람을 가까이 하시고 싶어하십니다.

통회 한다는 말은 회개한다는 의미입니다. 하나님은 회개하는 사람을 가까이 하시고 회개하는 사람을 건져주십니다. 왜 하나님은 회개하는 사람에게 은혜를 베푸실까요? 그 이유는 그 사람은 자신의 잘못을 깨달은 사람이기 때문입니다. 그리고 이미 그 죄에서 돌이킨 사람을 뜻합니다. 하나님은 자기 죄를 깨닫고 죄에서 돌이킨 사람의 죄는 다시 기억하지 아니하십니다. 그런 사람에게는 하나님이 은혜를 베푸십니다. 통회하는 마음, 회개하는 마음은 하나님을 가까이 하는 통로가 됩니다. 하나님도 역시 그 통로를 통하여 가까이 하심을 분명히 알아야 합니다.

오늘의 기도

주님, 하나님이 보시기에 가까이 할 수 있는 성도가 되게하여 주옵소서, 예수님의 이름으로 기도드립니다. 아멘

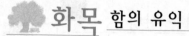

화목함의 유익

"마른 떡 한조각만 있고도 화목하는 것이
육선이 집에 가득하고 다투는 …"

(신)찬 360장	제 4 주							잠17:1
(구)찬 402장	월	화	수	목	금	토		

하나님이 싫어하시는 것중 하나는 바로 다툼입니다. 그러나 사탄이 좋아하는 것중 하나도 다툼입니다. 다툼을 하나님은 싫어하시지만 사탄은 다툼을 조장하고 서로 다투도록 만듭니다. 그래서 하나님은 할 수만 있으면 화목하라고 말씀하십니다. 가정도 화목해야 하고 교회도, 사회도 화목해야 합니다. 화목해야 하나님의 뜻을 이룰 수 있습니다. 뿐만 아니라 하나님과도 화목해야 합니다.

첫째, 우선 하나님과 화목해야 합니다.

하나님과 화목할 때의 유익으로 하나님은 개인의 삶에 평안을 주십니다. 사람은 천만금을 가져도 평안하지 못할때가 있습니다. 그러나 하나님과 화목한 사람은 평안을 누릴 수 있습니다. 그 평안은 위로부터 오는 것이기 때문입니다. 위로부터 임하는 평안이야 말로 참된 평안이라고 할 수 있습니다. 사람이 아무리 평안하려고 노력해도 때로는 사람의 힘으로 평안하지 못할때가 있습니다. 그러나 하나님과 화목함으로 위로부터 임하는 평안이 임하면 어떤 상황에서도 평강을 누릴 수 있습니다. 이것이 하나님과 화목한 사람에게 주어지는 복입니다.

둘째, 하나님과 화목하면 원수가 없어집니다.

구약의 5대 제사 중에는 화목제가 있습니다. 말 그대로 화목함을 위해 드리는 제사입니다. 왜 하나님과의 화목이 중요합니까? 하나님과 화목해야 사람과 화목할 수 있기 때문입니다. 하나님과는 화목하지 않은데 사람과 화목하다는 것은 있을 수 없는 일입니다. 뿐만 아니라 하나님과 화목하면 하나님은 원수와도 화목하게 되는 은혜를 베풀어주십니다. 그러므로 성도는 다른 어떤 것보다 하나님과 우선적으로 화목하기를 힘써 노력해야 합니다.

오늘의 기도

주님, 위로는 하나님과 아래로는 사람과 화목함이 있게 하여 주옵소서, 예수님의 이름으로 기도드립니다. 아멘

연단 속에 있는 하나님의 뜻

"다만 이뿐 아니라 우리가 환난 중에도 즐거워하나니
이는 환난은 인내를 ..."

(신)찬 303장	제 4 주							
(구)찬 403장	월	화	수	목	금	토	롬5:3-4

성도의 신앙생활뿐만 아니라 믿지 않는 사람들에게도 '환난'은 불청객과 같은 존재입니다. 불청객은 그야말로 초대받지 못한 손님입니다. 누구도 '환난'이라는 불청객을 좋아하는 사람은 없습니다. 그러나 성도는 환난을 대하는 자세가 달라야 합니다. 시험과 어려움이오면 대부분의 많은 사람들은 불평하고 원망하지만 하나님은 불평하기 보다 환난속에 있는 하나님의 뜻을 찾기를 원하십니다.

첫째, 하나님은 환난 중에 즐거워하기를 원하십니다.

환난중에 즐거워 한다는 것은 사실상 상식적으로 이해가 되지 않는 것입니다. 그러나 환난에도 하나님의 뜻이 있다고 믿는 사람들은 즐거워할수 있습니다. 초대교회 성도들은 이루 말할 수 없는 고난 속에서도 그들만의 즐거움을 누렸습니다. 환난중에 하나님의 뜻이 있음을 믿었기 때문입니다.

둘째, 하나님은 환난 중에 인내하기를 원하십니다.

환난중에 가장 중요한 신앙의 덕목은 인내입니다. 인내가 없이는 환난을 이길수 없습니다. 하나님은 환난중에 인내하기를 원하십니다. 신약성경 (갈 5:22)은 성령의 아홉가지 열매에 대해 말씀하고 있습니다. 그 가운데 네 번째 열매가 '오래참음'입니다. 오래참는 다는 것은 인내를 뜻합니다. 인내할 줄 아는 사람이야 말로 감사함으로 하나님의 뜻을 분별하고 그뜻을 행할수 있습니다.

셋째, 하나님은 연단을 통해 소망을 이루어 주십니다.

구약성경의 인물 욥은 그의 가장 극심한 고난의 날에 이렇게 고백했습니다. "나의 가는 길을 오직 그가 아시나니 그가 나를 단련하신 후에는 내가 정금 같이 나오리라"(욥23:10). 욥은 연단을 통해 하나님이 이루실 뜻이 있다는 것을 분명히 믿었습니다. 그리고 연단을 통한 분명한 소망을 가지고 있었습니다. 이런 신앙의 자세야 말로 오늘날 환난을 당한 성도에게 가장 필요한 자세라고 할 수 있습니다.

오늘의 기도

주님, 연단을 통한 하나님의 뜻을 분별하게 하여 주옵소서, 예수님의 이름으로 기도드립니다. 아멘

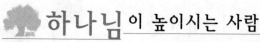

하나님이 높이시는 사람

"하나님이 가라사대 저가 나를 사랑한즉
내가 저를 건지리라 저가 내 이름..."

신)찬 79장	제 4 주						
구)찬 40장	월	화	수	목	금	토	시91:14

　신약성경의 "누구든지 자기를 높이는 자는 낮아지고 누구든지 자기를 낮추는 자는 높아지리라"(마23:12)는 이 말씀은 사람들의 높아지고 싶어하는 심리에 대하여 하신 말씀입니다. 일반적으로 사람들은 권세와 명예에 관심이 많습니다. 권세와 명예는 다른 사람들보다 높아지려고하는 욕심입니다. 사람이 높아지려고 하면 결국 낮아질 때가 있습니다 .그러나 하나님이 높이시면 아무도 낮출 사람이 없습니다. "오직 재판장이신 하나님이 이를 낮추시고 저를 높이시느니라"(시75:7) 라고 하셨습니다. 성도는 하나님이 높이시는 사람이 되어야 합니다.

첫째, 하나님을 사랑하는 사람을 하나님은 높이십니다.
　하나님이 높여 주시는 사람과 사람이 높이는 사람은 분명 차이가 있습니다. 사람이 높이는 사람은 때가 되면 낮아지게 되어있습니다. 그러나 하나님이 높여주시는 사람은 하나님이 낮추시기 전까지는 절대로 낮아지지 않습니다. 자자손손 하나님은 높여 주십니다. 그럼 하나님은 어떤 사람을 높여 주실까요? 하나님을 사랑하는 사람입니다. 하나님을 사랑하는 사람을 하나님은 높여 주십니다.

둘째, 겸손한 사람을 높이십니다.
　"그러므로 하나님의 능하신 손 아래서 겸손하라 때가 되면 너희를 높이시리라"(벧전5:6) 라고 하였습니다. 하나님이 어떤 사람을 높여주시는지를 잘 나타내 보여주는 성경입니다. 하나님은 겸손한 사람을 높여 주십니다. 그러므로 성도는 어떤 경우에라도 겸손해야 합니다. 자신을 드러내고 높이는 것보다 스스로 낮추고 겸손할 때 하나님은 때가 되면 그 사람을 높여 주십니다. 왜냐하면 그것이 하나님의 뜻이기 때문입니다.

　　오늘의 기도

　주님, 겸손함으로 하나님을 높일줄 아는 성도가 되게 하여 주옵소서, 예수님의 이름으로 기도드립니다. 아멘

주께 맡기는 신앙

"너희 염려를 다 주께 맡겨 버리라
이는 저가 너희를 권고 하심이니라"

(신)찬 240장	제 5 주						벧전5:7
(구)찬 231장	월	화	수	목	금	토	

'염려' 라는 단어 '메림나' 는 '불안스러운 두려움' 이라는 뜻을 가지고 있습니다. 그러므로 염려는 신앙생활에 절대 유익하지 않습니다. 하나님은 성도가 두려워하면서, 걱정하고 염려하는 것을 기뻐하시지 않습니다. 그래서 오늘 본문 말씀은 염려에 대한 해결책으로 염려를 맡겨버리라고 말씀하시고 있는 것입니다. 맡기는 것을 잘해야 신앙생활을 잘 할 수 있습니다. 특히 염려를 잘 맡겨야 합니다. 하나님께 맡기기를 잘하는 신앙생활을 하려면 다음의 몇가지를 꼭 기억해야 합니다.

첫째, 염려로부터 오는 부정적인 생각을 바꾸어야 합니다.

염려가 생기면 우선 부정적인 생각을 먼저 합니다. 부정적인 생각에 사로잡히면 상황을 제대로 파악할 수 없게 됩니다. 이스라엘 백성들이 40년동안 광야에서 유리하는 백성이 된 이유는 12명의 정탐꾼 파송사건 때문입니다. 가나안을 정탐한 12명의 정탐꾼중 10명은 가나안에서 일어날 수 있는 부정적인 생각을 보고하였습니다. 이것이 결국 전염병처럼 번졌고 대부분의 모든 백성은 부정적인 생각에 전염되어 버렸습니다. 염려는 부정적인 생각과 직결되어 있습니다. 그러므로 염려가 생기면 먼저 부정적인 생각부터 긍정적인 생각으로 바꾸어버려야 합니다.

둘째, 하나님을 신뢰해야 합니다.

어떤 상황에서도 성도는 하나님을 신뢰해야 합니다. 왜냐하면 하나님은 불가능을 바꾸어놓을 수 있는 전능하신 하나님이시기 때문입니다. "사람으로는 할 수 없으되 하나님으로서는 다 할 수 있느니라"(마19:26) 라고 말씀하고 있습니다. 사람의 할 수 없는 것을 하나님이 하실 수 있다고 믿어야 합니다. 이것이 바로 믿음입니다. 믿음은 신뢰입니다. 누구를 향한 신뢰입니까? 하나님을 향한 신뢰입니다. 하나님을 신뢰하는 사람은 염려로부터 자유로울 수 있습니다.

오늘의 기도

주님, 염려나 근심으로부터 자유로운 성도가 되게하여 주옵소서, 예수님의 이름으로 기도드립니다. 아멘

여호와를 의지하는 자가 복이 있다

*"삼가 주의 말씀에 주의하는 자는 좋은 것을 얻나니
여호와를 의지하는 자가..."*

신)찬 28장	제 5 주						
구)찬 28장	월	화	수	목	금	토	잠16:20

성경은 복있는 사람에 대해 말씀하고 있는 부분이 많이 있습니다. 그 가운데 솔로몬은 잠언서를 통해 어떤 사람이 복이 있는 사람인지 언급하고 있습니다. 그 사람은 "여호와를 의지하는 자"라고 하였습니다. 하나님을 의지하는 사람 이야 말로 가장 복있는 사람이라는 것입니다. 그 이유가 무엇일까요?

첫째, 여호와를 의지하면 대적을 이기게 됩니다.

믿음의 조상인 아브라함은 창22장에서 하나님께 순종하여 이삭을 드릴때 하나님은 아브라함에게 '대적의 문'을 얻게 하겠다는 약속을 주셨습니다. 대적의 문을 얻겠다는 뜻은 전쟁의 승리를 의미합니다. 성도의 삶에도 원수같은 문제, 또는 원수같은 사람이 반드시 있기 마련입니다. 때로는 의도적으로 상대를 괴롭히는 사람을 만나기도 합니다. 하나님을 의지하면 이런 대적들로부터 반드시 승리할수 있습니다.

둘째, 여호와를 의지하면 땅을 기업으로 얻습니다.

하나님이 주시는 복을 두가지로 나누면 하늘의 복과 땅의 복, 두가지로 나눌수 있습니다. 땅의 복은 땅을 기업으로 받는 복입니다. 예수님은 마태복음 5장에서 산상수훈의 8복을 통해서 온유한 자는 땅을 기업으로 받는다고 하셨습니다. 하나님이 아브라함에게 주신 복도 땅의 복이 포함되어 있습니다. 가나안은 땅의 복입니다. 하나님은 여호와를 의지하는 사람에게 땅의 복을 주십니다.

셋째, 여호와를 의지하면 후손의 복을 받습니다.

대를 잇는다는 것은 후손의 복을 말합니다. 사람은 후손이 잘되는 복이 있어야 합니다. 자신의 세대에서 출세해도 후손이 없거나 후손이 불안하면 그 복은 온전치 못하다고 볼 수 있습니다. 그러나 하나님을 의지하는 사람은 후손의 복을 받습니다. 원래 아이를 낳지 못하던 아브라함은 하나님께서 복을 주시므로 이삭이라는 축복의 후손을 얻을 수 있었습니다. 그 이유는 아브라함이 하나님을 신뢰하고 의지했기 때문입니다.

🍀 오늘의 기도

주님, 항상 믿음으로 여호와를 의지하게 하여 주옵소서, 예수님의 이름으로 기도드립니다. 아멘

은혜 를 베푸시는 하나님

"하나님은 아프게 하시다가 싸매시며 상하게 하시다가
그 손으로 고치시나니…"

신)찬 197장	제 5 주							
구)찬 178장	월	화	수	목	금	토	욥5:18-19

'은혜'라는 말은 신약에서는 '카리스'라고 합니다. '호의' 또는 '친절'이라고 합니다. 구약에서의 '은혜'는 '헨'이라고 합니다. 헬라어와 히브리어의 차이입니다. 뜻은 마찬가지로 '호의'라는 뜻을 포함하고 있습니다. 그러므로 하나님은 하나님 편에서 사람에게, 특히 하나님의 백성에게 은혜 베풀기를 좋아하십니다. 본문에서는 다음의 세가지를 소개하고 있습니다.

첫째, 싸매시는 은혜 입니다.

싸맨다는 것은 치료하는 행위를 나타냅니다. 상처는 제때에 치료하지 않으면 심각하게 커져서 걷잡을 수 없게 될 수도 있습니다. 그러나 하나님은 제때에 싸매여서 더 이상 상처가 커지지 않도록 하십니다. 뿐만 아니라 상처가 완전히 아물도록 치료하십니다. 하나님은 성도의 영육간의 모든 상처를 싸매셔서 치료하십니다.

둘째, 고치시는 은혜 입니다.

본문에서 사용된 고친다는 단어는 '여호와 라파'의 은혜를 말합니다. 치료해서 건강하게 되는 은혜입니다. 하나님은 어느 누구라도 건강하게 하실 수 있습니다. 치료도 중요하지만 곧 회복되어서 건강하게 되는 것도 중요합니다. 하나님은 치료와 회복, 건강을 주도하시는 분이십니다.

셋째, 환난에서 구원하시는 은혜 입니다.

환난은 인생에서 해롭고 나쁜 것을 말합니다. 환난속에 있는 하나님의 뜻을 제외하면 환난 자체는 우리 인생에게 아무런 유익이 되지 않습니다. 그래서 하나님은 구원하여 주시기를 원하시는 것입니다. 사람의 힘으로도 이길 수 있는 환난이 있지만 사람의 힘으로 역부족일 때는 하나님의 도우심이 없으면 안됩니다. 하나님은 환난중에 구원하시고 건지시는 분이십니다.

오늘의 기도

주님, 항상 은혜 베푸시는 하나님을 잊지말게 하여 주옵소서, 예수님의 이름으로 기도드립니다. 아멘

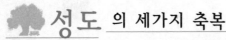

성도 의 세가지 축복

"사랑하는 자여 네 영혼이 잘됨같이
네가 범사에 잘되고 강건하기를 내가…"

신)찬 342장	제 5 주						
구)찬 395장	월	화	수	목	금	토	요삼1:2

"돈을 잃으면 조금 잃은 것이고, 명예를 잃으면 많이 잃은 것이며, 건강을 잃으면 모든 것을 잃은 것이다"라는 말이 있습니다. 사람에게 건강이 가장 중요한 것임을 잘 강조한 말입니다. 그래서 사람들은 건강에 많은 것을 투자합니다. 건강이 우선이고 다음으로 명예, 돈입니다. 돈이 가장 중요한 것 같지만 건강을 잃어보면 건강이 가장 중요하다는 것을 인정하게 됩니다. 그러나 성도의 신앙생활의 우선순위는 이와는 다릅니다

첫째, 영혼이 잘되는 축복입니다.

 영혼이 잘되는 것이야 말로 성도의 가장 큰 축복입니다. 신앙생활의 본질은 영적생활이기 때문입니다. 영적생활에서 가장 중요한 것이 영혼이 잘되는 것입니다. 성도는 이 축복을 받아야 합니다. 영혼이 잘되어서 복받은 사람은 성경에 많이 있으며 그 대표적인 사람이 바로 아브라함입니다. 하나님은 영혼이 바로 세워진 사람을 축복하시는 분이십니다.

둘째, 범사가 잘되는 축복입니다.

 범사가 잘 된다는 것은 모든 일이 다 잘된다는 것을 의미합니다. 사람이 살면서 모든일이 다 잘 되기는 힘이 듭니다. 그러나 하나님이 잘 되게 하시면 가능합니다. 영혼이 잘 되기를 추구하는 사람에게는 범사도 잘 되는 은혜가 있습니다. 왜냐하면 하나님이 그것을 원하시기 때문입니다.

셋째, 강건한 축복입니다.

 강건한 축복은 건강의 복입니다. 사람의 건강은 사람이 지킨다고 해서 지켜지는 것이 아닙니다. 건강을 위해서 노력하는 것도 중요하지만 그렇다고 반드시 건강한 것은 아닙니다. 아무도 장담할수 없습니다. 사도요한은 영혼이 잘된 사람은 범사가 잘되고 강건할 것이라는 것을 믿었습니다. 그것은 하나님이 주시는 영적축복이기 때문이었습니다. 그러므로 내가 지키는 것보다 하나님이 지켜주시는 건강의 복을 받아야 합니다.

오늘의 기도

 주님, 항상 주안에서 형통한 사람이 되게하여 주옵소서, 예수님의 이름으로 기도드립니다. 아멘

 선한 청지기

"서로 대접하기를 원망없이 하고 각각 은사를 받은대로
하나님의 각양 은혜를..."

신)찬 354장	제 5 주						벧전4:9-10
구)찬 394장	월	화	수	목	금	토	

신약성경의 "인자가 온것은 섬김을 받으려 함이 아니라 도리어 섬기려 하고 자기 목숨을 많은 사람의 대속물로 주려 함이니라"(마20:28) 라고 예수님께서 말씀하셨습니다. 예수님의 삶이 섬김의 삶이었다는 것을 말씀하시는 대목입니다. 성도의 삶도 이와 같아야 합니다. 초대교회의 지도자 베드로는 예수님의 섬김을 근거로 성도들에게 섬김과 봉사에 대해서 권면하고 있습니다.

첫째, 원망없이 서로 대접해야 합니다.

'대접'이라는 것은 남을 환대하는 것을 의미합니다. 다른 사람을 원망하고서야 어떻게 환대할수 있습니까? 원망없는 마음이어야 사람을 진심으로 대할수 있습니다. 특히 교회 안에서는 원망없이 남을 대하는 것이 정말 중요합니다. 원망은 내탓이 아닌 남을 탓하는 마음으로부터 비롯됩니다. 문제의 원인이 다른 사람에게 있다고 생각하기 때문에 원망이 생기는 것입니다. 그러나 다른 사람을 보는 시각을 내가 먼저 바꾸면 상황은 달라지게 되어있습니다. 원망이 없어질 수 있습니다. 이때야 비로서 진심으로 다른 사람을 대할 수 있습니다.

둘째, 각각 은사대로 섬겨야 합니다.

주는 같으나 은사는 여러 가지입니다. 그 이유는 교회의 유익을 위해서입니다. 한사람이 많은 일을 하는 것보다 다양한 많은 사람들이 협력해서 일을 해야 훨씬 능률이 오르고 유익하기 때문입니다. 각자 자기에게 주신 은사를 바로 깨닫고 잘 활용해야 합니다. 하나님이 은사를 주신 이유는 섬김을 위해서 주신 것입니다. 은사는 자신이 잘할 수 있는 그것이 바로 은사입니다. 자신이 가장 잘할 수 있는 그것으로 남을 섬겨야 합니다.

셋째, 선한 청지기 같이 섬겨야 합니다.

청지기는 종의 신분이지만 주인의 것을 관리하는 사람입니다. 선한 청지기는 주인의 것을 잘 관리합니다. 내것이 아닐지라도 주인에게 손해를 입히지 않고 유익하게 하는 사람입니다. 교회는 이런 사람이 많아야 합니다. 교회 안에서는 어느것도 내것이라고 할 수 있는 것이 없습니다. 모두 하나님의 소유입니다. 그러므로 하나님의 것을 맡은 사람은 정직하고 성실하게 봉사하며 관리해야 합니다.

오늘의 기도

주님, 선한 청지기로서의 사명의 감당하게 하여 주옵소서, 예수님의 이름으로 기도드립니다. 아멘

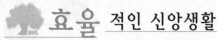 **효율** 적인 신앙생활

"지금까지는 너희가 내 이름으로 아무것도 구하지
아니하였으나 구하라 ..."

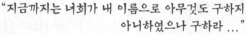

(신)찬 585장	제 5 주						
(구)찬 384장	월	화	수	목	금	토	요16:24

일을 효과적으로 하기 위해서는 방법이 중요합니다. 18-19세기에 영국에서 '공업화' 라고도 불리우는 산업혁명이 일어났습니다. 산업혁명의 가장 큰 특징은 분업과 기계화를 통한 일의 효율성이었습니다. 일의 효율성이 좋아진 이유는 방법이 달랐기 때문입니다. 신앙생활도 마찬가지입니다. 방법이 다르면 신앙생활을 효율적으로 하기 힘듭니다. 본문의 말씀은 예수님께서 잘못된 기도생활을 지적하시고 있습니다. 예수님이 하시는 말씀대로 하면 기도를 효율적으로 할 수 있습니다. 기도생활을 중심으로한 효율적인 신앙생활은 다음의 두가지입니다.

첫째, 응답을 받으면서 신앙생활 할 수 있습니다.

예수님의 이름으로 기도한다는 것은 '예수' 라는 이름이 하나님이 주신 이름이기 때문입니다. 그 이름을 믿는 다는 것은 예수님을 믿는다는 뜻입니다. 예수님을 믿는 사람은 예수님이 하신일과 예수님이 하실 일들을 믿는 사람입니다. 그래서 예수님의 이름으로 기도하는 것이 중요한 것입니다. 예수님을 인정하지 않고 예수님이 하신 일들을 믿지 않고서는 아무리 기도해도 소용이 없습니다. 그 이름을 믿고 기도할 때 기도의 응답이 있습니다.

둘째, 기쁨을 누리면서 신앙생활 할 수 있습니다.

신앙생활을 하면서도 기쁨이 없는 사람들이 의외로 많이 있습니다. 신앙생활이 주는 유익을 제대로 누리지 못하기 때문입니다. 예수님의 이름을 믿고 기도생활을 제대로 하면 신앙생활의 기쁨을 얼마든지 누릴 수 있습니다. 믿고 구하는 사람에게는 반드시 응답이 있기 때문입니다. 구하여도 응답이 없기 때문에 사람들은 신앙생활을 힘들어 합니다. 그러나 제대로만 신앙생활을 한다면 기쁨이 있는 신앙생활을 할 수 있습니다.

오늘의 기도

주님, 하나님 보시기에 합당한 신앙생활이 되게하여 주옵소서, 예수님의 이름으로 기도드립니다. 아멘

# 부지런한 신앙인

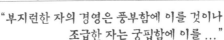"부지런한 자의 경영은 풍부함에 이를 것이나
조급한 자는 궁핍함에 이를 ..."

(신)찬 320장	제 6 주						잠21:5
(구)찬 350장	월	화	수	목	금	토	

동양속담에 "일하는 개가 게으름 피우는 사자보다 낫다"라는 말이 있습니다. 부지런함의 중요성을 잘 표현하는 속담인 것 같습니다. 남보다 앞서길 원한다면 남보다 먼저 움직일 줄 아는 부지런함이 있어야 합니다. 성도의 신앙생활도 마찬가지입니다. 성도도 영적생활에 부지런해야 합니다. 세계에서 새벽예배가 가장 잘 조직화된 나라는 우리나라입니다. 한국교회의 부흥은 새벽부흥에서 비롯된 것이라고 해도 결코 과언이 아닐 것입니다. 부지런했기 때문에 선교100여년의 역사에도 불구하고 세계적으로 괄목할 만한 부흥과 성장을 이룰수 있었습니다. 그러므로 부지런한 성도는 영육간의 유익함을 누릴 수 있습니다.

첫째, 부지런해야 많이 기도할 기회를 잡을 수 있습니다.

요즘 현대인들에게서 나타나는 특징 가운데 하나는 바쁘다는 것입니다. 맞벌이 부부가 늘어나는 것을 보아도 그것을 잘 알수 있습니다. 그러다 보니 신앙생활하는 사람들은 기도할 기회를 놓치는 경우가 많이 있습니다. 기도할 기회는 부지런해야 잡을 수 있습니다. 예수님도 부지런하셨습니다. "새벽오히려 미명에 예수께서 일어나 나가 한적한 곳으로 가사 거기서 기도하시더니"(막1:35) 라고 했습니다. 새벽을 깨우는 부지런하신 예수님의 모습을 통해 성실함과 부지런함을 배울수 있습니다.

둘째, 부지런해야 물질의 복을 받을수 있습니다.

"게으른 자는 그 잡을 것도 사냥하지 아니하나니 사람의 부귀는 부지런한 것이니라"(잠12:27) 라고 했습니다. 이와같이 부지런한 사람에게 하나님은 재물얻을 기회를 주십니다. 무엇보다 부지런하시기 바랍니다.

셋째, 부지런해야 하나님께 인정받는 신앙생활을 할 수 있습니다.

"부지런하여 게으르지 말고 열심을 품고 주를 섬기라"(롬12:11) 라고 했습니다. 하나님을 섬기는 사람이 부지런해야 된다는 것입니다. 하나님은 부지런하고 성실한 신앙인을 좋아하십니다. 게으른 사람은 하나님께 인정을 받을 수가 없습니다.

오늘의 기도

주님, 언제나 부지런하여 게으르지 않게 하여 주옵소서, 예수님의 이름으로 기도드립니다. 아멘

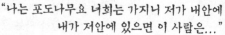

신)찬 189장	제 6 주						
구)찬 181장	월	**화**	수	목	금	토	요15:5

　가지의 생명은 원 나무에 잘 붙어 있는 것입니다. 가지가 나무에 잘 붙어 있지 않고서 어찌 잎을 내고 열매를 맺을 수 있겠습니까? 특히 열매가 있는 과실수들은 이 사실이 더 중요합니다. 건강한 가지가 되어서 실한 열매를 맺으려면 무엇보다 가지는 견고하게 나무에 잘 붙어 있어야 합니다. 예수님도 이런 사실을 너무 잘 아시고 포도나무와 가지의 비유를 통해 굳게 붙어 있으라고 권면하고 있습니다.

첫째, 포도나무에 굳게 붙어 있어야 영양분을 공유할 수 있습니다.

　가지는 뿌리를 가진 나무를 통해서 영양분을 공급받을 수 있습니다. 굳게 붙어 있을때 가지는 나무의 영양분을 함께 공유할 수 있는 것입니다. 그리스 도안에 성도가 굳게 붙어 있어야 예수님과 같은 성품을 공유하게 되고 예수님처럼 성령의 인도를 받으며 그 능력도 함께 공유할 수 있습니다. 예수님은 성도들과 자신의 것을 함께 공유하고 나누길 원하십니다.

둘째, 포도나무에 굳게 붙어 있어야 열매를 기대할 수 있습니다.

　가지는 나무에 붙어 있을때 때가 되면 열매를 바라고 기대할 수 있습니다. 열매는 가지에게 중요한 것입니다. 열매없는 가지는 무익합니다. 주인도 그 가지는 존귀하게 여기지 않습니다. 성도가 그리스도안에 굳게 붙어 있지 않으면 열매를 기대할 수 없습니다. 하나님은 열매가 있어야 그 성도를 귀하게 보십니다. 그러나 열매 없는 가지, 병든 가지는 주인에게 인정을 받을 수 없습니다. 열매없는 성도는 하나님께서 귀하게 여기시지 않습니다.

셋째, 포도나무에 굳게 붙어 있어야 보호를 받을 수 있습니다.

　가지에게는 많은 위험과 도전들이 있습니다. 벌레와 거친 비바람은 위험한 도전들이요 견디기 힘든 악조건 들입니다. 그러나 주인의 보호아래 있는 가지들은 이런 위험으로부터 보호를 받을 수 있습니다. 예수님이 붙어 있으라고 하신 이유는 이런 이유들 때문이기도 합니다. 열매를 기대하려면 이런 악조건을 잘 견뎌야 합니다. 주인의 보호를 받는 가지들은 다양한 위험들로부터 보호를 받을 수 있습니다.

🍀 오늘의 기도

　주님, 언제나 주만 붙들게 하여 주옵소서, 예수님의 이름으로 기도드립니다. 아멘

믿음 으로 의롭게 되는 성도

"그러므로 사람이 의롭다 하심을 얻는 것은
율법의 행위에 있지 않고 믿음..."

신)찬 268장	제 6 주							롬3:28
구)찬 202장	월	화	수	목	금	토		

수 없이 많은 시행착오를 겪어도 잘 안되는 것이 있다면 그것은 바로 의롭게 되는 행위입니다. 이에 대하여 성경은 "의인은 없나니 하나도 없으며"(롬3:10)라고 했습니다. 행위로 의롭게 인정받는 다는 것은 불가능 한 일입니다. 그래서 하나님께서는 다른 방법으로 의롭게 되는 방법을 제시해 주셨습니다. 그것이 바로 믿음으로 의롭게 되는 것입니다. 이것을 '이신득의(以信得義)'라고 합니다. 그러므로 오늘날 많은 이단사설들이 성도와 교회를 유혹하는 이때에 성도의 행위로 의로워질수 없음을 반드시 알고 흔들리지 말아야 합니다.

첫째, 율법의 행위로는 결코 의롭게 될 수 없습니다.

바울의 선교여행에서도 자주 만났던 문제는 율법주의를 지향하는 행위론자들이었습니다. 때로는 바울의 사도권을 의심하면서 바울이 전한 복음에 의문을 던졌습니다. 그러나 바울은 성경을 통하여 분명히 말하고 있습니다. 율법의 행위로는 절대로 의롭게 될 수 없다는 것이었습니다. 그 이유는 불완전한 율법을 완전케하기 위해서 예수님이 오셨기 때문입니다. 이미 예수님이 오셨는데도 불완전한 율법으로 사람들을 현혹한다는 것 자체가 하나님의 뜻에 맞지 않는 것입니다. 하나님은 예수님을 인정하는 것만으로도 의롭다고 여겨 주시기를 원하셨습니다. 이것이 바로 복음입니다. 그러므로 사람이 의롭게 되는 것은 절대로 행위에서 나지 않습니다. 바로 예수님의 보혈의 공로를 인정하고 믿을때 의롭게 됨을 분명히 알아야 합니다.

둘째, 믿음으로 의롭게 됨을 확신해야 합니다.

구약성경은 "아브람이 여호와를 믿으니 여호와께서 이를 그의 의로 여기시고"(창15:6) 라고 했습니다. 하나님은 아브라함의 믿음을 보시고 우리의 믿음의 조상으로 삼으셨습니다. "믿음이 없이는 기쁘시게 못하나니 하나님께 나아가는 자는 반드시 그가 계신 것과 또한 그가 자기를 찾는 자들에게 상주시는 이심을 믿어야 할지니라"(히11:6) 라고 했습니다. 사람이 의롭게 되는 것은 오직 믿음으로만 가능합니다. 그래서 바울은 "만일 누구든지 너희의 받은 것 외에 다른 복음을 전하면 저주를 받을지어다"(갈1:9) 라고 했습니다. 성도는 이 분명한 사실은 명확히 기억해야 합니다. 그리고 흔들리지 말아야 합니다.

오늘의 기도

주님, 믿음으로 의롭게 됨을 감사로 여기고 살게하여 주옵소서, 예수님의 이름으로 기도드립니다. 아멘

심령 이 가난한 자와 애통하는 자의 복

"심령이 가난한 자는 복이 있나니
천국이 저희 것임이요, 애통하는 자는 ..."

신)찬 534장	제 6 주						마5:3-4
구)찬 324장	월	화	수	목	금	토	

　산상수훈으로 유명한 마태복음 5장은 팔복으로 시작하고 있습니다. 팔복은 말 그대로 8가지 복에 관한 말씀입니다. 이 말씀은 천국 시민의 대헌장이라고도 합니다. 천국 시민의 요건과 그에 대한 상급에 대해 자세히 말씀하고 있습니다. 그러므로 성도는 천국 시민으로서 이 말씀에 대해 분명히 이해하고 기억해야 합니다.

첫째, 심령이 가난한 자의 복은 천국을 소유할수 있습니다.

　심령이 가난한다는 뜻은 말 그대로 '궁핍', '가난'을 뜻합니다. 그렇다고 이 말씀이 반드시 가난해야 된다는 뜻은 아닙니다. 물질적 의미에서만 가난을 뜻하는 것은 아니기 때문입니다. 하나님 앞에 영적상태로서 영적 빈곤이나 고통중에서 오직 하나님만 바란다는 뜻입니다. 이런 사람을 하나님은 복 있는 사람이라고 말씀하신 것입니다. 오직 하나님만 의지하기 때문에 천국을 소유할 수 있는 자격이 주어지는 것입니다. 어떤 환경이나 상황에서 오직 하나님만 의지한다는 것은 쉬운 일이 아닙니다. 그러나 자신을 절제하고 한 분 하나님만 바랄 때 하나님은 천국의 시민권을 주십니다.

둘째, 애통하는 자의 복은 위로를 받을 수 있습니다.

　애통한다는 의미는 먼저 자신의 죄에 대하여 슬퍼 한다는 뜻입니다. 자신의 죄에 대한 자각이 없는 사람들은 다른 사람들의 죄에 대해서도 무감각한 경우가 많이 있습니다. 성도는 자신의 죄 뿐만 아니라 다른 사람의 죄도 함께 슬퍼할 줄 알아야 합니다. 그런 사람에게는 위로의 복이 임한다는 것입니다. '위로' 라는 말은 말 그대로 위로의 의미를 가지지만 '초청하다', '격려하다' 라는 뜻을 가지고 있습니다. 그러므로 하나님의 위로는 하나님께로 초청하여 하나님의 위로를 전한다는 뜻입니다. 하나님의 위로는 세상이 줄 수 없는 위로요 기쁨입니다. 성도는 하나님의 위로를 받는 사람이 되어야 합니다.

 오늘의 기도

주님, 팔복의 복을 누리며 살게하여 주옵소서, 예수님의 이름으로 기도드립니다.

아멘

온유한 자와 의에 주리고 목마른 자의 복

"온유한 자는 복이 있나니 저희가 땅을 기업으로
받을 것임이요, 의에 목마른…"

신)찬 84장	제 6 주						
구)찬 96장	월	화	수	목	금	토	마5:5-6

구약성경에서 온유한 사람의 대표적인 사람은 모세입니다. "이 사람 모세는
온유함이 지면의 모든 사람보다 승하더라"(민12:3) 라고 했습니다. 모세처
럼 성경에서 크게 쓰임 받은 사람은 드뭅니다. 모세가 하나님 앞에 크게 쓰
임 받은 이유는 여러 가지가 있지만 그중에서 모세의 인격은 특히 온유했다
고 성경은 기록하고 있습니다. 예수님도 산상수훈의 팔복 중에서 온유한 사
람의 복에 대해 말씀하시고 있습니다. 구체적으로 온유한 사람과 의에 주리
고 목마른 사람이 받는 복은 어떤 복일까요?
첫째, 온유한 사람은 땅을 기업으로 받는 복을 받습니다.
　온유하다는 말은 고통을 받을 때 오래 참음으로 인내하는 부드럽고 온화한
마음의 자세를 말하는 것입니다. 이에 대해 칼빈(Calvin)은 '온유란 부드러
운 마음으로 살며 노하기를 더디하며 절제할 수 있는 것'이라고 했습니다.
특히 예수님의 삶은 무력으로 사람들의 주목을 끈 것이 아니라 오래참고 인
내하시며 절제하심으로 사람들의 주목을 끌었습니다. 이런 예수님의 성품을
닮아가는 사람들은 땅을 기업으로 받습니다. 여기서 '땅' 이라는 것은 우리
육신이 속한 땅으로도 볼 수 있지만 나아가 하나님은 하나님이 약속하신 약
속의 땅을 주시기를 원하십니다.
둘째, 의에 주리고 목마른 사람은 배부른 복을 받습니다.
　'의' 라는 말의 의미는 '올바른 행동'을 의미합니다. 올바른 행동을 하기
위해 힘쓰고 애쓰라는 말입니다. 성도는 올바른 행실을 가져야 합니다. 이것
을 위해서 노력해야 합니다. 하나님께서도 자기 백성의 삶에 올바른 행실이
있기를 원하셨습니다. 그래서 율법을 주신 것입니다. 율법은 하나님의 백성
들이 올바르게 살아야 할 도리에 대해 말씀하신 것입니다. 하나님 앞에서 사
람 앞에서 올바르게 살아야 합니다. 하나님의 백성으로 온전한 삶을 살도록
몸부림 치는 것이 바로 의에 주리고 목마른 사람입니다. 이런 사람은 만족함
을 얻습니다. '배부른'의 의미가 바로 그런 뜻입니다.

 오늘의 기도

주님, 말씀을 따라 온전히 살게하여 주옵소서, 예수님의 이름으로 기도드립니다.
아멘

긍휼히 여기는 자와 마음이 청결한 자의 복

"긍휼히 여기는 자는 복이 있나니
저희가 긍휼히 여김을 받을 것임이요..."

(신)찬 423장	제 6 주						
(구)찬 213장	월	화	수	목	금	토	마5:7-8

구약과 신약을 한 단어로 요약하면 '사랑'이라고 말할수 있습니다. 하나님은 자비와 긍휼을 베푸시는 분이심을 잘 표현한 말입니다. 그러나 예수님께서는 성도들이 하나님의 성품을 닮아 다른 사람을 긍휼히 여기라고 말씀하시고 있습니다. 마음의 청결 역시도 마찬가지입니다. 하나님은 이세상 그 누구보다도 깨끗하신 분입니다. '거룩'이라는 표현은 하나님의 깨끗함을 표현해 주는 말이기도 합니다.

이와 같은 성품을 가진 사람들은 예수님께서 다음과 같은 복을 받는다고 말씀하셨습니다.

첫째, 긍휼히 여기는 사람은 긍휼히 여김을 받는 복을 받습니다.

긍휼히 여긴다는 뜻은 타인에 대한 관용하는 마음과 가난하고 궁핍한 사람들에 대하여 동정하는 마음을 표현한 말입니다. 그러나 이런 마음은 그리스도의 성품을 닮지 않으면 사실상 힘이 듭니다. 그리스도의 성품을 닮은 사람들은 남을 긍휼히 여길 수 있습니다. "너희 안에이 마음을 품으라 곧 그리스도 예수의 마음이니"(빌2:5)라고 했습니다. 그리스도의 마음을 품은 사람이 이웃을 긍휼히 여길 수 있다는 뜻입니다. 이런 사람은 자신도 긍휼히 여김을 받을 수 있습니다. 사람뿐만 아니라 하나님으로부터 긍휼히 여김을 받을수 있습니다.

둘째, 마음이 청결한 사람은 하나님을 보게 되는 축복을 받습니다.

마음이 청결한 자에게 주어지는 복은 하나님을 보게 되는 복이라고 하였습니다. 여지껏 하나님을 본 사람은 아무도 없었습니다. 그렇다면 아무도 마음이 청결한 사람이 없었기 때문일까요? 그것은 아닙니다. 마음이 청결한 사람은 하나님을 그대로 받아 들입니다. 보지 않아도 믿기 때문에 보는 것이나 보지 않는 것이나 이런 사람에게는 일반입니다. 예수님도 보지 않고 믿는 사람이 복되다고 하셨습니다. 보지 않고 믿는 사람은 마음이 깨끗하고 청결한 사람입니다.

🍀 오늘의 기도
주님, 말씀을 따라 그리스도의성품을 본받게 하여 주옵소서, 예수님의 이름으로 기도드립니다. 아멘

화평케 하는자와 의를 위하여 핍박 받는 자의 복

신)찬 311장	제 7 주						
구)찬 185장	월	화	수	목	금	토	마5:9-10

　　예수님께서는 팔복의 말씀을 통해서 화평의 중요성과 의를 위하여 핍박을 받는 사람에 대해서 말씀하시고 있습니다. 화평은 예수님께서 특히 강조하신 말씀입니다. 그리고 의를 위하여 핍박도 감수할 것을 말씀하시고 있습니다. 왜 그렇게 말씀하셨을까요? 그 이유는 복이 따르기 때문입니다.

첫째, 화평케하는 사람은 하나님의 아들이라 인정을 받는 복을 받습니다.

　　예수님께서 이땅에 오신 이유 가운데 하나는 화목제물이 되시기 위함입니다. 죄로 인간과 하나님이 원수가 되었던 상황에서 예수님이 아니고는 그 누구도 하나님과의 관계에서 화목함을 회복시킬 수 있는 방법이 없었습니다. 예수 그리스도로 말미암아 하나님과 인간은 비로소 화목함을 누릴 수 있게 되었습니다. 그래서 하나님은 화목을 중요시 여기시는 것입니다. 뿐만 아니라 예수님의 그 사역을 닮아서 마땅히 하나님의 자녀된 사람들도 서로를 화평케하고 화목케하라고 말씀하시고 있습니다. 사람이 서로 원수가 되는 것은 하나님의 뜻이 아닙니다. 그러나 서로 화평케 되는 것은 하나님의 뜻입니다. 화평케하는 역할을 감당하는 사람에게는 하나님은 아들과 같이 귀히 여겨 주십니다.

둘째, 의를 위하여 핍박을 받은 사람은 천국을 소유할 수 있는 복을 받습니다. 핍박을 받는 다는 것은 별로 그리 달가운 일이 아닙니다. 그러나 복음을 위하여 핍박을 받는다면 이것은 기쁘게 여길 수 있어야 합니다. 본문은 핍박에 대하여는 과거형으로 말씀하고 있습니다. 이미 핍박을 받은 경험이 있는 사람을 뜻합니다. 핍박을 받았어도 여전히 복음을 기쁘게 여기고 감사함으로 살아가는 사람은 영원한 하나님의 나라인 천국을 소유할 수 있는 복을 받을수 있다고 말씀하시고 있습니다. 왜냐하면 그것이 하나님이 보시기에 옳은 일이기 때문입니다.

 오늘의 기도

　　주님, 오늘도 팔복을 따라 살게하여 주옵소서, 예수님의 이름으로 기도드립니다.
아멘

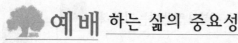

예배 하는 삶의 중요성

"사무엘이 젖 먹는 어린 양을 취하여
온전한 번제를 여호와께 드리고 이스라엘..."

신)찬 254장	제 7 주						
구)찬 186장	월	화	수	목	금	토	삼상7:9

이스라엘의 마지막 사사요, 제사장이요, 선지자였던 사람이 바로 사무엘입니다. 사무엘의 삶의 특징이 있다면 그것은 예배하는 삶입니다. 사무엘은 어디를 가던지 제일먼저 하나님께 단을 쌓았습니다. 단을 쌓았다는 것은 예배를 드렸다는 뜻입니다. 사무엘의 삶의 중심은 예배였습니다. 왜 사무엘은 이와 같이 예배를 귀하게 여겼을까요?

첫째, 하나님이 예배를 원하시기 때문입니다.

구약 성경에서 제사제도는 하나님이 허락하신 제도이지만 그렇다고 형식과 습관으로 드리는 제사는 하나님이 기뻐 받으시지 않습니다. 가인은 하나님께 제사를 드리다가 시험에 들어 동생 아벨을 돌로 쳐죽이고 말았습니다. 하나님이 가인의 제사를 받지 않으셨기 때문입니다. 왜 하나님은 가인의 제사를 받지 않으셨을까요? 그 이유는 하나님이 원하시는 제사가 아니었기 때문입니다. 그러나 본문의 사무엘은 언제나 하나님이 기뻐하실 수 있도록 예배를 드렸습니다. 하나님이 원하시는 것을 하나님이 기뻐하실 수 있도록 드린 것입니다. 하나님은 오늘날도 참된 예배는 기뻐받으시길 원하십니다. "하나님은 영이시니 예배하는 자가 신령과 진정으로 예배할지니라"(요4:24)

둘째, 예배가 회복이 되어야 삶이 회복되기 때문입니다.

구약 시대에 이스라엘 백성들이 망할 수밖에 없었던 이유, 그들의 삶이 실패할 수밖에 없었던 이유는 하나님과의 관계성이 회복이 되지 못했기 때문입니다. 깨어진 관계의 회복은 무엇으로 회복할 수 있습니까? 바로 제사입니다. 그러나 제사장이 타락하고 제사가 변질 되었기 때문에 이스라엘 백성들은 하나님과의 관계를 회복할 수 없었습니다. 제사장의 타락, 제사의 변질, 예배의 변질은 곧 사람의 변질을 의미합니다. 하나님의 백성들의 타락은 회개와 올바른 제사를 통해서만이 회복될 수 있었습니다. 예배가 회복되고, 제사가 회복되면 당연히 백성들의 삶은 회복되게 되어져 있습니다. 성도의 삶도 마찬가지입니다. 참된 예배의 회복이 우선입니다. 예배의 참된 회복이 있을때 성도의 삶은 축복된 삶이 될 수 있습니다.

오늘의 기도

주님, 예배를 회복하는 삶이 되게하여 주옵소서, 예수님의 이름으로 기도드립니다.

아멘

귀중히 여김을 받는 비결

"인자와 진리로 네게서 떠나지않게 하고
그것을 네 목에 매며 네 마음판에 …"

신)찬 303장	제 7 주							
구)찬 403장	월	화	수	목	금	토	잠3:3-4	

예수님의 사역의 특징 가운데 하나는 겸손입니다. 겸손은 남보다 자기를 낮추는 것입니다. 남을 자기보다 귀중히 여기기 때문에 겸손할수 있는 것입니다. 하나님은 성도를 귀중히 여겨 주시기를 원하십니다. 높여주시기를 원하십니다. 그러나 아무나 귀히 여기시고 높여주시는 것은 아닙니다. 하나님의 말씀대로 살며 순종하는 사람을 하나님은 높여 주시고 귀히 여겨주십니다.
첫째, 말씀대로 사는 삶의 노력을 기울여야 합니다.
성도의 많은 노력가운데 가장 중요하고도 많은 노력은 하나님의 말씀을 실천하는데 두어야 합니다. 하나님의 말씀을 실천하며 말씀대로 사는 삶을 훈련하며 살 때 하나님의 말씀의 뜻에 가깝게 살아 갈 수 있으며 결국은 말씀대로 살아굴 수 있게 됩니다. 이스라엘 백성들의 실패는 하나님의 말씀을 실천하지 못한데 있었습니다. 말씀대로 살지 못했기 때문에 그들의 삶에 위기가 오고 어려움이 온 것입니다. 그러므로 하나님의 자녀인 성도는 말씀대로 사는 노력을 게을리 하지 말아야 합니다.
둘째, 말씀을 떠나지 않는 삶을 살아야 합니다.
말씀을 떠나지 않는다는 의미는 어떤 의미입니까, 항상 하나님의 말씀을 묵상하고 하나님의 말씀을 가까이 하는 것을 의미합니다. 이런 사람은 하나님을 욕되게도 하지 않으며 하나님의 영광을 가리지도 않습니다. 오히려 하나님의 뜻을 나타내며 하나님의 자녀로서 부끄럽지 않은 삶을 살아갑니다. 이런 사람은 하나님께 귀히 여김을 받습니다.

🍀 ᄋᆞ늘의 기도

주님, 언제나 주께 귀히 여김을 받는 성도가 되게하여 주옵소서, 예수님의 이름으로 기도드립니다. 아멘

여호와의 이름을 찬송하라

"너희는 먹되 풍족히 먹고 너희를 기이히 대접한
너희 하나님 여호와의..."

신)찬 304장	제 7 주						
구)찬 404장	월	화	수	목	금	토	욜2:26

원수는 돌에 새기고 은혜는 돌에 새긴다는 말이 있습니다. 그러나 하나님을
섬기고 예수님을 구주로 영접한 성도의 삶은 달라야 합니다. 오히려 "은혜는
돌에 새기고 원수는 물에 새기는 삶을 살아야 합니다. 하나님은 하나님의 은
혜를 잊어버리지 말 것을 당부하셨습니다. 그리고 그 하나님을 찬송하라고
하십니다. 그런 사람에게 하나님은 또 다른 은혜를 베푸셔서 그를 귀히 여기
시겠다고 하셨습니다. 그러므로 성도는 하나님을 찬송해야 합니다. 그리고
그 은혜를 잊어버리지 말아야 합니다.

첫째, 하나님은 풍족히 은혜 베푸시는 분이십니다.

'풍족히'는 동사로서 '만족하다, 포식하다. 실컷먹어 물리다,'의 의미를
가지고 있습니다. 왜 본문은 풍족히 먹으라고 말씀하고 있을까요? 만족하도
록 실컷먹고 물리도록 먹어도 남도록 주셨기 때문입니다. 하나님은 적당히
주시는 분이 아닙니다. 은혜 베푸실 때도 적당히 베푸시는 것이 아니라 풍성
하게 베푸십니다. 베드로가 그물을 던져 물고기를 잡을때도 말씀대로 그물
을 던졌더니 물고기가 차고도 넘쳤습니다. 은혜 베푸시는 하나님의 전형적
인 모습을 보여준 예입니다. 이처럼 하나님은 은혜 베푸시되 차고도 넘치도
록 넉넉히 베푸시기를 원하시는 하나님 이심을 믿어야 합니다.

둘째, 성도는 은혜 베푸시는 하나님을 찬송해야 합니다.

하나님의 자녀인 성도들은 베푸신 하나님의 은혜를 찬송해야 합니다. 은혜
를 받아도 감사할줄도 모르고 찬송할줄도 모른다면 이는 하나님 보시기에
합당치 않습니다. 하나님은 그의 자녀들이 하나님의 베푸신 은혜를 생각하
면서 감사하기를 원하시고 다윗처럼 찬송하기를 원하십니다. 왜냐하면 하나
님은 찬송받으실 분이시기 때문입니다.

 오늘의 기도

주님, 하나님의 베푸신 은혜를 잊지말고 찬송하며 살게하여 주옵소서, 예수님의 이
름으로 기도드립니다. 아멘

하나님이 주시는 은혜

"여호와께서 복을 주시므로 사람으로 부하게 하시고
근심을 겸하여 주지 아니..."

(신)찬 310장	제 7 주						
(구)찬 410장	월	화	수	목	금	토	잠10:22

'生死禍福' 이라는 말이 있습니다. 이 말은 사는 것과 죽는것 그리고 재앙과 복을 의미하는 말입니다. 이 네가지는 사람의 힘으로 되는 것이 아닌 오직 하나님의 주관속에 있는 하나님께 속한 것입니다. 그러나 때로 사람들은 이와 같은 것들을 자기 힘으로 주장하려고 할 때가 있습니다. 하지만 성도들이 분명히 알아야 될 사실은 하나님이 복의 근원이시라는 명확한 사실입니다. 그리고 하나님이 주시는 복에는 근심이 없습니다. 그러므로 성도들은 하나님이 주시는 복을 받아야 합니다.

첫째, 하나님께서는 부하게 하는 복을 주십니다.

사람들은 누구나 성공에 대한 기대감을 가지고 살아갑니다. 일반적인 사람들의 성공은 물질과 밀접한 연관을 가지고 있습니다. 가난한 성공을 꿈꾸는 사람은 아무도 없습니다. 무엇을 하든 물질의 보상이 따르는 성공을 꿈꿉니다. 그런데 성경에서는 하나님께서 하나님의 자녀인 성도들에게 복을 주실 때 부하게 주시겠다고 하십니다. 부하게 주신다는 것은 풍성하게 많이 주신다는 의미입니다. 하나님의 자녀인 성도들은 하나님께서 부하게 하시는 복을 받을 때 참된 성공을 기대할수 있습니다.

둘째, 하나님은 근심을 겸하여 복을 주시지 않습니다.

물질이 많아도 근심이 많은 경우가 있습니다. 그래서 생겨난 말이 천석꾼은 천가지 근심이 있고 만석꾼은 만가지 근심이 있다는 말입니다. 그러나 하나님이 주시는 복은 다릅니다. 하나님이 주시는 복에는 근심이 없습니다. 이것이 하나님이 주시는 복의 특징입니다. 하나님의 자녀인 성도들은 이런 복을 받아야 합니다. 근심이 없는 복을 받아야 행복한 삶을 살아갈 수 있습니다.

오늘의 기도

주님, 하나님이 주시는 참된 복을 누리는 성도가 되게하여 주옵소서, 예수님의 이름으로 기도드립니다. 아멘

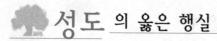 성도 의 옳은 행실

"그런즉 사랑하는 자들아
이 약속을 가진 우리가 하나님을…"

신)찬 500장	제 7 주						고후7:1
구)찬 258장	월	화	수	목	금	토	

전통적으로 유교국가였던 우리나라는 '동방예의지국' 이라고 불릴만큼 예의가 바른 나라였습니다. 특히 아랫사람이 윗사람에 대한 예의가 깍듯이 바른 나라였습니다. 성경 신,구약을 보면 하나님도 성도들에게 하나님의 백성으로서 지켜야 될 도리가 있음을 말씀해주고 있습니다. 하나님을 아무렇게나 질서없이 섬겨서는 안된다는 것입니다. 바로 이와 같은 것을 성도의 옳은 행실이라고 표현할수 있습니다.

첫째, 성도는 자신을 깨끗하게 구별해야 합니다.

성도는 하나님을 섬길때 두려워하는 마음을 가지고 섬겨야 합니다. 또한 자신의 삶을 거룩하고 깨끗하게 구별해야 합니다. 이것이 성도의 옳은 행실의 기본입니다. 자신의 삶을 구별하지 못하고 하나님을 섬긴다는 것을 있을 수 없는 일이니다. 하나님의 자녀는 하나님의 자녀 답게 거룩하게 자신을 구별하고 깨끗하게하여 하나님께 나아가야 합니다. 하나님도 그것을 원하십니다.

둘째, 성도는 약속을 가진자 답게 행동해야 합니다.

성경은 하나님의 자녀인 성도들을 '약속을 가진자' 라고 하였습니다. 하나님의 약속은 일반 사람의 약속과는 전혀 다른 것입니다. 하나님의 약속에는 권세와 영광이 있습니다. 이 약속을 가진 사람들은 하나님의 약속을 가진자 답게 행동해야 합니다. 세상의 더러운 것과도 구별되어야 하고 육의 일로부터도 구별되어야 합니다. 이것이 약속있는 자의 삶이요 행실입니다.

오늘의기도

주님, 성도로서 옳은 행실을 가지게 하여 주옵소서, 예수님의 이름으로 기도드립니다. 아멘

 # 솔로몬의 축복

"솔로몬이 이것을 구하매
그 말씀이 주의 마음에 맞은지라..."

(신)찬 384장	제 8 주						왕상3:4-14
(구)찬 434장	월	화	수	목	금	토	

솔로몬(BC 990년경- 932년경)은 이스라엘의 제 3대왕(재위 BC 973년경- 932년경)으로서 이스라엘의 역대왕들 가운데 가장 많은 복을 받은 사람 가운데 한 사람입니다. 하나님이 솔로몬에게 많은 복을 주신 이유는 본문을 보면 두가지로 요약됩니다.

첫째, 일천번제입니다.

구약성경 "이튿날 여호와께 제사를 드리고 또 번제를 드리니 수송아지가 일천이요 수양이 일천이요 어린 양이 일천이요 또 그 전제라 온 이스라엘을 위하여 풍성한 제물을 드리고"(대상29:21) 라고 했습니다. 이것은 다윗이 아들 솔로몬과 이스라엘을 위하여 드린 제사입니다. 그러므로 솔로몬이 드린 일천번제는 아버지의 영향을 받은 것이라고 볼수 있습니다. 다윗이 하나님을 섬기는 것처럼 그 아들 솔로몬도 하나님께 번제를 드린 것이 바로 일천번제입니다. 솔로몬은 아버지 다윗의 말을 순종하여 하나님을 섬긴 것입니다. 하나님은 솔로몬의 일천번제를 통해 솔로몬의 중심을 보신 것입니다.

둘째, 기도입니다.

솔로몬은 하나님께 "지혜로운 마음을 종에게 주사 주의 백성을 재판하여 선악을 분별하게 하옵소서"(9절) 라고 합니다. 이 기도에 대하여 성경은 "그 말씀이 주의 마음에 맞은지라"라고 합니다. 이 본문에 사용된 '맞은지라'에 사용된 원문은 '야타브'라는 말입니다. 이 말의 뜻은 '선하다,' '좋다', '잘하다' 라는 뜻입니다. 하나님은 솔로몬의 고백을 선하게 여기시고 그것을 좋게 여기신 것입니다. 성도의 기도가 하나님 보시기에 선하면 하나님은 반드시 응답하십니다.

오늘의 기도

주님, 솔로몬이 받은 축복처럼 축복받는 성도가 되게하여 주옵소서, 예수님의 이름으로 기도드립니다. 아멘

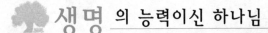

생명 의 능력이신 하나님

"여호와는 내 생명의 능력이시니
내가 누구를 무서워하리요..."

신)찬 257장	제 8 주						
구)찬 189장	월	화	수	목	금	토	시27:1-3

누군가를 두려워하거나 무서워하는 것은 자신이 그것을 감당할 자신이 없을때 생기는 마음입니다. 그러나 항상 자신이 있고 무엇이든 감당할 수 있을 때는 그런 마음이 들지 않습니다. 그러나 사람은 어쩔수 없이 다가오는 힘들고 어려운 상황에서 절망할 때가 있습니다. 감당하지 못하여 좌절할 때가 있습니다. 이런 상황에서 정말 필요한 것은 무엇일까요?

첫째, 빛되신 하나님의 도우심입니다.

빛의 속성은 어두움을 밝히는 것입니다. 어두움은 빛이오면 흔적도 없이 사라집니다. 아무리 칠흑같이 어두운 밤이라도 아침에 동이 터오면 감쪽같이 사라지고 맙니다. 이것이 빛의 위력입니다. 성도의 삶의 어두움을 몰아낼 수 있는 것은 오직 빛되신 예수그리스도 전능하신 하나님 한분 뿐이십니다.

둘째, 어떤 상황에서도 건지시고 구원하시는 하나님의 도우심 입니다.

(민11:23)은 "여호와께서 모세에게 이르시되 여호와의 손이 짧아졌느냐 네가 이제 내 말이 네게 응하는 여부를 보리라"라고 하셨습니다. 하나님은 어떤 상황에서도 어떤 위험에서도 건지실 수 있는 분이십니다. 어떤 죄악으로부터도 구하실 수 있는 능력있는 분이십니다. 이와 같은 하나님의 도우심을 받으면 어떤 위험에 처해도 결코 두렵지 않습니다.

셋째, 어떤 대적으로부터도 생명을 지킬 수 있는 하나님의 도우심입니다.

하나님께 붙들린바 되면 이세상 그 누구도 그 생명을 해할 자가 없습니다. 하나님의 손에서 생명을 취할 사람이 누가 있겠습니까? 욥이 심한 고난을 당할때에도 사단은 그 생명까지도 넘보았지만 하나님은 절대로 욥의 생명을 해하지 말라고 하셨습니다. 하나님의 허락이 없이는 그 누구도 하나님의 백성의 생명을 건드릴 수 없습니다. 그 능력이 항상 성도의 삶에 있기를 구해야 합니다.

오늘의 기도

주님, 생명의 능력이신 주님을 항상 기뻐하게 하여 주옵소서, 예수님의 이름으로 기도드립니다. 아멘

예수 그리스도의 이름의 능력

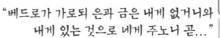
"베드로가 가로되 은과 금은 내게 없거니와
내게 있는 것으로 네게 주노니 곧…"

신)찬 439장	제 8 주						
구)찬 496장	월	화	수	목	금	토	행3:1-10

옛말에 "호랑이는 죽어 가죽을 남기고 사람은 죽어 이름을 남긴다"라는 말이 있습니다. 이름은 명예입니다. 이름은 실제 현재 어떤 능력을 행하지는 못합니다. "산 개가 죽은 사자보다 나음이니라"(전9:4) 라고 했습니다. 죽은 사자의 이름값 보다는 차라리 산 개의 영향력이 크다는 말입니다. 그러나 '예수 그리스도'라는 그 이름은 다릅니다. '예수 그리스도'의 이름은 언제나 그 능력이 동일합니다.

첫째, 예수그리스도의 이름을 믿는 사람은 환경 때문에 실망하지 않습니다.

베드로와 요한은 본문에서 자신들에게 금과 은이 없다고 말하고 있습니다. 다시 말하면 그들은 가진 소유가 없었다는 말입니다. 성전미문의 앉은뱅이도 마찬가지입니다. 가진 소유가 없기 때문에 걸인의 생활을 할 수밖에 없었습니다. 그러나 베드로와 요한에게는 가진 소유가 없어도 기죽지 않을 수 있는 이유가 있었습니다. 자신들의 환경 때문에 주눅들지 않는 분명한 이유가 있었습니다. 그 이유는 다름아닌 '예수그리스도' 이 이름을 소유했기 때문이었습니다. '예수그리스도' 이 이름을 소유한 사람은 베드로와 요한 처럼 환경 때문에 실망하지 않습니다.

둘째, 예수 그리스도의 이름을 믿는 사람에게는 능력이 나타납니다.

제구시 기도 시간에 베드로와 요한이 성전으로 기도하기 위해 올라가면서 만난 걸인은 나면서부터 앉은뱅이된 사람이었습니다. 그리고 성전 미문에서 구걸을 하였으므로 모든 사람들은 그 걸인이 절대로 일어설 수 없음을 잘 알고 있었습니다. 그러나 베드로와 요한은 모든 상황을 잘 알고 있었음에도 불구하고 앉은뱅이를 향하여 '일어나 걸으라' 라고 선포하고 있습니다. 그 선포의 중심에는 '나사렛 예수 그리스도의 이름'이 있었습니다. 베드로와 요한은 예수 그리스도의 이름의 능력을 믿었기 때문에 나면서부터 앉은뱅이된 사람에게 담대하게 선포할 수 있었습니다. 예수그리스도의 이름은 죽은자도 살리며 병든자를 일으키는 능력의 이름임을 믿는 사람에게는 오늘날도 이와 동일한 역사를 경험할 수 있습니다.

오늘의 기도

주님, 예수 이름의 능력이 항상 있게 하여 주옵소서, 예수님의 이름으로 기도드립니다. 아멘

아무 것도 염려하지 마라

"아무것도 염려하지 말고
오직 모든 일에 기도와 간구로 너희구할 것을 …"

신)찬 401장	제 8 주						
구)찬 457장	월	화	수	목	금	토	빌4:6-7

감사와 불평의 공통점은 아무리 작고 사소한 것이어도 그 작은 것을 통해서도 할 수 있다는 것입니다. 염려도 마찬가지입니다. 반드시 문제가 크다고 염려가 되는 것은 아닙니다. 사소한 것에서도 사람의 염려는 시작될 수 있습니다. 그러나 성경은 염려나 근심, 불평과 원망은 하나님의 뜻이 아니라고 분명히 말씀하고 있습니다. 특히 기도하는 사람에게 염려는 치명적입니다. 본문에서는 염려를 극복하고 기도할 수 있는 방법을 소개하고 있습니다.

첫째, 모든 일에 감사함으로 기도해야 합니다.

감사로 기도한다는 것은 염려조차도 감사의 조건으로 생각하고 기도하는 것입니다. 그것이 가능한 이유는 하나님은 염려조차도 감사의 조건으로 바꾸실 수 있기 때문입니다. 근심거리,낙심거리가 있다고 걱정할 필요가 없는 것입니다. 모든 생각을 감사로 바꾸는 일에 익숙해지기를 훈련하면 언제나 우리는 염려로부터 자유로울 수 있습니다. 모든 상황을 염려함으로 극복할 수 있다면 염려는 해가 아니라 유익입니다. 그러나 염려는 문제나 상황을 극복하고 해결하는데 조금의 도움도 되지 않습니다. 차라리 염려를 감사로 여기고 기도하는 것이 훨씬 성도의 신앙 생활에 유익합니다.

둘째, 감사의 결과를 기대해야 합니다.

모든 일에 감사로 기도하는 사람에게는 하나님의 평강이 주장하여 역사합니다. 하나님의 평강이 주장할 때 예수안에 있는 우리에게 마음과 생각을 지켜주십니다. 염려는 마음과 생각에서부터 오기 때문에 마음과 생각을 지키신다는 것입니다. 이 얼마나 놀랍고 신비한 일입니까? 그러므로 성도는 모든 일을 감사함으로 하나님께 나아갈 때 하나님이 주시는 이와같은 은혜를 기대해야 합니다. 염려가 원천적으로 사라지고 근심이 사라지는 기대감을 가져야 합니다. 하나님은 분명히 역사하실 것입니다.

🍀 오늘의 기도

주님, 주를 의지함으로 염려가 없게 하여 주옵소서, 예수님의 이름으로 기도드립니다. 아멘

성도 의 도움이신 하나님

"하나님은 우리의 피난처시요
힘이시니 환난중에 만날 큰 도움이시라"

(신)찬 258장	제 8 주						
(구)찬 190장	월	화	수	목	금	토	시46:1

영국의 어떤 과학자가 학생들에게 무신론을 가르치려고 분필로 칠판에다가 이렇게 써놓았습니다. "NO WHERE IS GOD." 그 뜻은 "하나님은 어디에도 없다." 는 말이었습니다. 그러나 학생들 중에 믿는 사람이 나오더니 과학자가 써놓은 것을 "NOW HERE IS GOD." 라고 띄어쓰기를 고쳐놓았습니다. 이는 "하나님께서 지금 여기에 계시다.""는 뜻이었습니다. 하나님을 믿지 아니하는 사람에게는 없어 보이지만, 믿는 사람에게는 반드시 계신 것입니다. 성경은 바로 그 하나님이 성도의 삶에 어떤 어려움에도 함께 하시고 도움이 되신다고 말씀하고 있습니다.

첫째, 하나님은 피난처요 힘이 되십니다.

피난처는 어려움을 만난 사람들에게는 너무 좋은 곳입니다. 그곳에서 잠시라도 쉴 수 있고 재기를 도약할 수 있는 장소입니다. 하나님을 의지하는 우리 인생들에게 하나님은 이와 같은 피난처가 되신다고 말씀하고 있습니다. 뿐만 아니라 환난과 어려움을 극복할 수 있는 힘을 공급해 주신다고 말씀하고 있습니다. 환난을 만난 사람이 의지를 상실하고 절망하고 낙심한다면 다시는 일어설 수 없습니다. 그러나 하나님은 그때를 극복할 수 있도록 힘을 공급해 주신다고 말씀하고 있습니다.

둘째, 하나님은 환난중에 도우시는 분이십니다.

열왕기상 17장에는 사르밧에 있는 한 과부의 이야기가 나옵니다. 몇해 동안 지속되어지는 가뭄과 기근으로 먹을 것이 없어지자 과부는 막다른 골목에 부딪힘과 같은 어려움에 처해졌습니다. 이때 하나님은 엘리야를 그곳에 보내셨습니다. 엘리야를 만난 사르밧의 한 과부는 엘리야를 대접함으로 가뭄이 끝날때까지 양식이 떨어지지 않는 은혜를 경험하였습니다. 과부에게 그 사건은 인생에서 만난 가장 큰 도우심의 사건이었습니다. 하나님은 이와 같이 인생의 막다른 길목에서도 은혜를 베푸실 수 있는 분이십니다. 그 하나님을 의지하는 것이야 말로 인생의 광야를 지나는 가장 안전한 보루입니다.

 오늘의기도

주님, 언제나 함께 하시고 도움이 되어 주시옵소서, 예수님의 이름으로 기도드립니다. 아멘

 **인생** 의 복된 만남

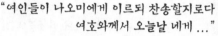
신)찬 204장	제 8 주						
구)찬 379장	월	화	수	목	금	토	룻4:14

마태복음1장에는 예수님의 계보가 나옵니다. 그 계보에는 본문에 나오는 나오미의 며느리 룻의 이름이 언급되고 있습니다. 이방 여인으로서 하나님께 놀라운 복을 받았던 사람이 '룻'입니다. 시어머니인 나오미는 며느리였던 룻으로 인하여 남편과 두 아들을 잃어버린 인생의 슬픔과 가난한 시절을 벗어나게 됩니다. 성경 본문에는 베들레헴 여인들이 나오미를 보고 나오미와 그 가정을 축복하신 하나님을 찬양합니다. 베들레헴 여인들이 나오미를 부러워하고 나오미의 손자를 축복한 이유는 하나님이 어려운 중에 그들을 축복하시는 것을 보았기 때문입니다. 나오미에게 임한 복중 가장 큰 복은 바로 만남의 복이었습니다.

첫째, 나오미는 '룻'이라는 만남의 복을 받았습니다.

룻은 고향이 모압입니다. 이방여인인 것입니다. 그러나 나오미의 아들과 결혼하면서 자연스럽게 하나님을 알게 되었습니다. 하나님을 알게되면서 룻은 모압에서 섬기던 우상을 버렸습니다. 하나님만 섬긴 것입니다. 나오미의 두아들이 다 죽고 며느리들이 다 과부가 되어서 각자 자기들 고향으로 보내어질때 룻은 나오미를 떠나지 않았습니다. 뿐만 아니라 언제부터였는지 하나님을 섬기는 신앙으로 변화되어져 있었습니다. 룻은 가정에 어려움이 닥쳐왔을때 시어머니인 나오미를 모른척하지 않았습니다. 하나님은 이런 룻을 기억하시고 복을 주신 것입니다.

둘째, 나오미는 '보아스'라는 만남의 복을 받았습니다.

나오미의 만남 중에서 두 번째 귀한 만남은 나오미의 기업 무를자가 되는 보아스와의 만남입니다. 나오미가 찾아갈 의도와 목적을 가진 것도 아니고 자연스럽게 보아스와의 만남이 이루어졌습니다. 보아스는 부자였을뿐 아니라 인격자요 성품이 좋은 사람이었습니다. 보아스보다 가까운 친족이 기업 무르기를 거절할 때 보아스는 기꺼이 기업무를자가 되어서 룻을 받아 들이고 룻과 나오미의 평생을 책임지게 되었습니다. 나오미의 삶에 봄이 찾아온 것입니다. 나오미의 좋은 만남이 나오미의 노년의 삶을 바꾸어 놓은 것입니다. 성도는 바로 이런 복을 받아야 합니다.

🍀 오늘의 기도

주님, 우리의 인생에 항상 복된 만남이 있게하여 주옵소서, 예수님의 이름으로 기도드립니다. 아멘

하나님 의 본심

"주께서 인생으로 고생하며
근심하게 하심이 본심이 아니시로다"

(신)찬 134장	제 9 주						
(구)찬 84장	월	화	수	목	금	토	애3:33

인간은 첫 사람인 아담의 타락으로 인해 어쩔수 없이 땀 흘리지 않고는 땅의 식물을 먹을 수 없는 존재가 되고 말았습니다. 죽도록 고생해서 창고에 곡식이 가득하고 무언가를 쌓아 놓아야 비로소 안심하는 사람이 되어버리고 말았습니다. 어쩔 수 없이 인생은 고생과 근심을 늘 가까이 할 수밖에 없는 상황이 되어 버렸습니다. 그러나 여기에 대해서 하나님은 말씀하십니다. 인생이 고생하는 것이 하나님의 본심이 아니라고 하십니다.

첫째, 하나님은 사랑이시기 때문입니다.

하나님의 본질은 사랑입니다. "하나님이 세상을 이처럼 사랑하사 독생자를 주셨으니 이는 저를 믿는자마다 멸망치 않고 영생을 얻게하려하심이니라" (요3:16) 라고 했습니다. 인간이 죄를 짓고 하나님으로 부터 멀어져 갔을 때도 하나님은 다시 회복시킬 계획을 가지고 계셨습니다. 왜냐하면 하나님은 사랑이시기 때문입니다. 사랑이신 하나님은 불순종의 대가로 영원한 형벌 대신 독생하신 예수 그리스도를 이땅에 보내시고 그를 희생하심으로 희생으로 용서를 택하신 분이십니다. 죄인들을 위해 참으시되 오래참으시고, 죄인들이 회개하고 돌아오기를 기다리시되 오래 기다리시는 분이십니다. 하나님이 사랑이시기 때문에 가능한 일입니다.

둘째, 하나님은 좋은 것을 주시고 싶어하시기 때문입니다.

하나님은 말씀으로 천지를 창조하시고 창조하신 모든 것들을 다 인간을 위하여 내어 주셨습니다. 땅에 있는 모든 것을 다스리게 하셨고 정복하게 하셨습니다. 인간을 만드실때도 하나님은 자신의 형상을 따라 인간을 만들었습니다. 하나님은 자신의 형상을 따라 지음을 받은 사람에게 모든 것을 다 주시고 싶어하셨습니다. 지금도 하나님은 모든 것을 다 주시고 싶어하십니다. 그것이 하나님의 본심이시기 때문입니다.

오늘의 기도

주님, 하나님의 본심을 깨닫고 살아가는 성도가 되게하여 주옵소서, 예수님의 이름으로 기도드립니다. 아멘

붙드 시는 하나님

"여호와여 나의 발이 미끄러진다 말할때에
주의 인자하심이 나를 붙드..."

실수나 갑작스런 상황변화에 의해 실족하게 되었을 때 당사자에게 절대적으로 필요한 것은 그를 붙잡아주는 도움입니다. 위기때 이런 도움을 받을수 있다면 그는 운이 좋은 사람입니다. 뉴스를 보면 종종 실족사에 대한 보도가 나는 것을 볼 수 있습니다. 2004년도에도 인천 어느 바닷가에서 슈퍼모델이 사진촬영을 하다가 실족사한 사건이 있었습니다. 아무도 붙잡아 주지 못했기 때문에 생긴 사고입니다. 그러나 하나님은 우리를 어떤 위험 가운데서도 붙드실 수 있는 분이십니다.

첫째, 삶의 어떤 시험에서도 붙들어 주십니다.

사단이 주는 시험과 하나님이 주시는 시험에는 분명한 차이가 있습니다. 사단이 주는 시험의 목적은 죽이고 도적질하고 망하게 하는 것입니다. 그러나 하나님은 성도의 신앙의 성숙을 위해 시험하시는 분이십니다. 시험자체가 목적이 아닌 것입니다. 그래서 하나님은 시험하실 때도 피할길을 내시고 시험하시는 것입니다(고전10:13). 성경은 "여호와께서는 모든 넘어지는 자를 붙드시며"(시145:14) 라고 했습니다. 하나님은 넘어지는 자를 붙드시기를 원하십니다. 성도가 하나님을 의지할 때 붙드시는 하나님의 은혜를 경험할수 있습니다.

둘째, 어떤 위기 가운데서도 붙들어 주십니다.

다윗왕은 자신의 인생에서 여러번 죽음의 고비를 넘겼습니다. 사울이 자신을 시기하여 다윗을 죽이려고 할때 그는 죽음의 위기를 수차례 맞이했습니다. 이런 위기 가운데 어떤때는 사울의 아들이요 다윗의 절친한 친구였던 요나단이 그를 위기 가운데서 구해주기도 하였고, 광야에서는 하나님의 은혜와 도우심이 다윗을 죽음의 위기를 넘기게 하였습니다. 역시 사울에게 쫓겨 블레셋으로 도망을 갔을때에도 하나님은 이방인으로부터 그 생명을 안전하게 지켜주셨습니다. 하나님은 다윗뿐만 아니라 하나님의 사랑하는 백성들 모두를 이와 같이 안전하게 붙들어 주시기를 원하십니다.

오늘의 기도

주님, 언제 어느곳에서나 붙드시는 주의 은혜가 있게하여 주옵소서, 예수님의 이름으로 기도드립니다. 아멘

성도 가 경계해야 할 것

"노하기를 더디하는 자는 크게 명철하여도
마음이 조급한 자는 어리석음을..."

(신)찬 26장	제 9 주						
(구)찬 194장	월	화	수	목	금	토	잠14:29

　심리학자인 왓슨은 인간의 감정은 3가지 밖에 없다고 하였습니다. 공포,분노,애정(사랑), 그러나 어떤 학자들은 인간의 기본 감정을 6가지로 보기도 하고 8가지로 보기도 합니다. 이러한 인간의 기본 감정중에 분노가 있습니다. 분노는 본문에서 말하는 노하는 것입니다. 노하는 것은 하나님이 기뻐하지 않는 인간의 기본 감정중 하나입니다. 하나님은 '절제' 라고 하는 의지를 통해서 가급적 노하지 말것을 말씀하시고 있습니다. 그러므로 성도는 분노의 감정, 노하는 것을 경계해야 합니다.

첫째, 화를 쉽게 내는 사람은 하나님의 뜻을 발견하지 못합니다.

　구약성경 민수기 20장에는 모세가 하나님께 범죄하는 장면이 나옵니다. 광야에서 물이 없어 불평하는 이스라엘 백성들을 향하여 하나님께서 반석에서 물을 내라고 하시자 모세는 백성들 앞에서 혈기를 부립니다. 하나님은 이를 기뻐여기지 않으셨습니다. 결국 이 일로 모세와 아론은 하나님이 약속하신 약속의 땅이었던 가나안 땅에 들어갈 수 없었습니다. 쉽게 화를 내고 분을 냄으로 하나님의 뜻을 분별하지 못한 까닭입니다. 성도는 어떤 일이 있어도 화를 쉽게 내어서는 안됩니다.

둘째, 쉽게 화를 내는 사람은 이웃과의 관계를 멀어지게 합니다.

　복음서를 보면 하나님은 이웃과의 관계에 대해서 "네 이웃을 네몸과 같이 사랑하라 " 라고 하셨습니다. 이웃은 사랑으로 대하여야 할 대상인 것입니다. 사랑으로 가까이 하고 사랑으로 관계를 유지해야할 대상이라고 말씀하고 있습니다. 그러나 이웃과의 관계에서 쉽게 화를 내고 분을 품으면 절대로 그 관계는 오래 지속될수 없습니다. 창세가 34장에는 야곱의 딸 디나가 세겜땅에서 부끄러운 일을 당하였을때 야곱의 아들들은 화를 냈습니다. 그리고 결국 거짓말로 그들을 죽이는 결과를 초래했습니다. 결국 세겜 사람과의 관계는 영원히 깨어지고 멀어지고 말았습니다. 하나님은 사람이 이처럼 쉽게 노하는 것을 결코 기뻐하지 않으십니다.

오늘의 기도

주님, 성도로서 경계해야 할 것을 경계하며 살게하여 주옵소서, 예수님의 이름으로 기도드립니다. 아멘

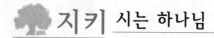

지키시는 하나님

"여호와께서 그를 황무지에서 짐승의 부르짖는 광야에서 만나시고 호위..."

(신)찬 263장	제 9 주						
(구)찬 197장	월	화	수	목	금	토	신 32:10

 구약성경에 다윗은 시편139편에서 이렇게 고백합니다. "내가 주의 신을 떠나 어디로 가며 주의 앞에서 어디로 피하리이까" 라고 했습니다. 어디서든 하나님이 계시다는 것을 고백한 것입니다. 다윗이 경험한 하나님은 오늘 우리의 하나님이십니다. 오늘날도 하나님은 여전히 어디서든 계십니다. 하나님은 '무소부재(無所不在)하시기 때문입니다. 하나님의 이와 같은 속성은 하나님의 자녀인 우리에게는 엄청난 은혜입니다. 왜냐하면 언제 어디에나 존재하시기 때문에 하나님의 자녀인 우리를 어디서나 지키실 수 있기 때문입니다.

첫째, 하나님은 위험한 광야에서 동행하여 주시기를 원하십니다.

 인생을 흔히 광야로 비유하기도 합니다. 광야는 나그네에게 별로 달갑지 않은 환경입니다. 들짐승과 맹수들이 있는 곳이요 쉴만한 쉼터도, 안전하지도 않은 곳이 광야입니다. 이런 광야를 가장 안전하게 지나갈 수 있는 방법은 광야의 지리에 익숙한 가이드와 함께 가는 것입니다. 가장 안전하고 가장 힘들지 않은 길로 안전하게 인도할 수 있는 사람이 바로 가이드입니다. 하나님은 우리 인생에서 이와같은 안내자로 친절한 동행이 되어주시기를 원하십니다.

둘째, 하나님은 언제나 지켜 주시기를 원하십니다.

 시편기자는 고백하기를 "하나님은 나를 지키시는 방패시오"(시7:10) 라고 했습니다. 하나님이 지켜주시는 특별한 은혜를 경험했기에 할 수 있었던 고백입니다. 오늘날도 하나님은 여전히 하나님의 자녀들을 지켜주시기를 원하십니다. 어떤 환난이나, 어떤 가난이나, 어떤 질병이나, 삶의 온갖 위험으로부터 지켜 주시기를 원하십니다. "여호와를 경외하는 너희는 여호와를 의지하라 그는 너희 도움이시요 너희 방패시로다"(시115:11) 라고 했습니다. 하나님을 의지하는 사람에게 하나님은 그 어떤 요새보다 견고하게 지켜 주시기를 원하십니다.

오늘의 기도

주님, 항상 지켜 주심을 감사드립니다. 예수님의 이름으로 기도드립니다. 아멘

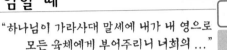

주의 영이 임할 때

"하나님이 가라사대 말세에 내가 내 영으로
모든 육체에게 부어주리니 너희의 ..."

(신)찬 257장	제 9 주						행2:17
(구)찬 189장	월	화	수	목	금	토	

하나님은 마지막 때에 약속하신 것이 있습니다. 그것은 바로 하나님의 영이신 성령을 보내주시는 것입니다. 이 약속은 이미 1세기 오순절 마가의 다락방에서 이루어졌습니다. 성령이 오셔서 성도에게 유익한 것이 있다면 영적인 삶에 변화가 일어난다는 것입니다. 젊은 사람들과 노인, 아이들까지 다양한 계층의 사람들에게 이 변화는 나타납니다. 이런 변화는 세상 사람에게는 있을 수 없는 경험이요 변화입니다. 그러나 하나님의 백성인 사람들에게는 세상이 경험할 수 없는 놀라운 경험을 할 수 있는 것입니다. 영적 세계에 유익한 변화의 경험을 주의 영인 성령이 오시면 경험할 수 있습니다.

첫째, 자녀들이 예언을 합니다.

자녀들에게 인생에 중요한 것이 있다면 그것은 바로 꿈을 갖는 것입니다. 이런 맥락에서 보는 예언의 유익은 비전을 보는 것입니다. 예언을 통해 사람은 비전을 가질 수 있습니다. 성령의 사역 가운데 하나가 성도들로 하여금 예언을 하게 하는 것입니다. 예언은 분명히 미래에 대한 비전을 품게 만듭니다.

둘째, 젊은이들은 환상을 보게 됩니다.

환상이 중요한 이유는 보지 못하던 것을 보기 때문에 확신을 가지게 됩니다. 많은 구약의 선지자들이 환상을 보고 하나님이 하시는 일에 대한 확신을 가졌습니다. 확신있는 삶은 젊은이들에게 중요한 문제입니다. 확신없이 사는 젊은이 보다 미래에 대한 비전을 품고 확신을 가지는 젊은이를 하나님은 쓰실 것이기 때문입니다.

셋째, 늙은이들은 꿈을 꾸게 됩니다.

노인들의 꿈은 젊은 자를 지혜롭게 합니다. 노인이 되면 쉽게 소외감을 가지게 되는 경우가 있습니다. 그러나 하나님이 주시는 꿈을 꾸는 노인들은 다릅니다. 확신을 가지고 자녀들을 지도하며 젊은 사람들을 훈계합니다. 이와 같은 것이 주의 영이 임할 때 노인들에게 주시는 하나님의 은혜입니다.

오늘의 기도

주님, 성령의 임재가 있는 믿음의 삶이 되게하여 주옵소서, 예수님의 이름으로 기도드립니다. 아멘

주께  의지하라

"여호와 하나님은 해요 방패시라
여호와께서 은혜와 영화를 주시며 정직히…"

일반적으로 사람들은 자신이 부유하여 재산이 많으면 자신이 가진 물질을 의지하게 됩니다. 또는 권력을 가진 사람들은 자신이 가진 권력을 의지하게 됩니다. 사람들은 자신이 가진 것을 의지하게 마련입니다. 그러나 물질이나 권력 또는 자신의 힘을 의지하는 사람에게는 반드시 한계에 부딪치게 됩니다. 돈으로 할 수 있는 일에는 한계가 있고 권력으로 할 수 있는 일에도 한계가 있기 때문입니다.

첫째, 믿음의 사람은 믿음의 방법으로 살아야 합니다.

세상 사람과 믿음의 사람 사이에 차이점이 있다면 아마도 삶의 방식의 차이일 것입니다. 세상 사람들은 절대로 세상의 논리와 이치로 문제를 해결하려 듭니다. 그러나 믿음으로 사는 사람들은 믿음의 방법으로 해결하려고 노력합니다. 믿음의 사람들이 세상의 논리와 이치로 문제를 해결하려 한다면 낭패를 당하기 쉽습니다. 그렇다고 무조건 다 무시하라는 것은 아닙니다. 그러나 무엇이든 먼저 하나님께 기도하므로 문제에 다가가야 합니다. 이것이 믿음으로 사는 사람의 삶의 자세라고 할 수 있습니다.

둘째, 믿음의 사람은 주를 의지하며 살아야 합니다.

믿음의 사람은 무엇보다 주를 의지해야 합니다. 물질로 또는 명예로 권세로 문제를 해결하려드는 사람들이 있습니다 이는 세상사람들이 문제를 해결하는 방식입니다. 물질을 의지하기 때문에 물질로 문제를 해결하려 들고 명예나 권세를 의지하기 때문에 이와 같은 것들로 문제 해결을 시도합니다. 그러나 아무리 물질이나 명예, 권세가 있어도 믿음의 사람들은 이것들보다 주를 의지해야 합니다. 이것이 참된 그리스도인의 삶의 자세입니다.

오늘의 기도

주님, 주를 의지함이 삶의 능력이 되게하여 주옵소서, 예수님의 이름으로 기도드립니다. 아멘

 **겸손**한 사람

"겸손과 여호와를 경외함의 보응은 재물과 영광과 생명이니라"

신)찬 268장	제 10 주						잠22:4
구)찬 202장	월	화	수	목	금	토	

　현대는 '마케팅의 시대' 라고도 할 수 있습니다. 이제는 자신을 적극적으로 알리고 홍보해야 살아남을 수 있는 시대입니다. 기업도, 학교도 사회도 마케팅 없이는 사람들에게 존재가치를 알리기 힘듭니다. 양보의 미덕과 '아닙니다', '괜찮습니다', '먼저하시지요' 라는 겸손의 미덕은 이제 설땅이 줄어드는 것 같습니다. 그러나 성경은 그럴수록 겸손의 가치를 살리라고 말씀하고 있습니다. 예수님 자체가 겸손이시기 때문입니다. 겸손하셨기 때문에 예수님은 하늘 보좌를 버리실수가 있었습니다. 나보다 남을 가치있게 여기셨기 때문에 십자가를 지실 수 있었습니다. 예수님을 닮는 사람은 이런 겸손의 삶부터 배워야 합니다.

첫째, 겸손한 마음으로 하나님을 경외하는 사람에게는 재물을 주십니다.

　구약에서 손꼽히는 부자가 있습니다. 첫째는 아브라함이요, 둘째는 바르실래입니다. 아브라함은 하나님의 말씀에 순종하여 거부가 되었고, 바르실래는 어떻게 그가 부자가 되었는지는 알 수가 없지만 다윗이 압살롬의 반역때 도망하여 그의 집에 이르렀을 때에 정성껏 다윗왕을 공궤하여 섬깁니다. 그 공로를 인정하여 다윗이 그를 예루살렘으로 초청할 때에 바르실래는 겸손함을 보입니다. 둘다 하나님을 경외한 사람들이었고 겸손한 사람들이었습니다. 그 결과로 하나님은 이들에게 엄청난 재물을 주셨습니다. 오늘날도 하나님을 경외하고 겸손함으로 믿음의 삶을 사는 사람들에게는 이런 복을 주십니다.

둘째, 겸손한 마음으로 하나님을 경외하는 사람에게는 영광을 얻게하여 살게 하십니다.

　하나님이 높이시고 싶어하는 사람은 겸손함으로 하나님을 섬기는 사람입니다. 다윗이 하나님께 합당했던 이유는 그가 겸손할뿐 아니라 하나님을 경외했기 때문입니다. 하나님이 다윗을 사울 다음으로 이스라엘 2대왕으로 기름부으시고 그를 세우셨을 때 아무도 그를 낮출 사람이 없었습니다. 다윗을 시기하고 질투하는 모든 무리들로부터 하나님은 지키셨습니다. 하나님이 영광을 얻게하시고 높이시는 사람은 사람이 어찌할 수 없습니다. 하나님이 다윗의 삶을 높이시고 영광을 얻게하신 것처럼 오늘날도 겸손함으로 하나님을 섬기고 경외함으로 하나님을 섬기는 사람을 높이시고 영광을 얻게하실 것입니다.

🍀 *오늘의기도*

주님, 겸손을 잃지 않는 성도가 되게하여 주옵소서, 예수님의 이름으로 기도드립니다. 아멘

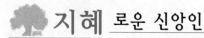

지혜로운 신앙인

"지혜로운 자의 마음은 그 입을 슬기롭게 하고
또 그 입술에 지식을..."

(신)찬 288장	제 10 주							
(구)찬 204장	월	화	수	목	금	토		잠16:23

　지혜는 성도 뿐만 아니라 모든 사람에게 다 필요한 삶의 필요입니다. 그러나 그리스도인인 사람에게는 필요한 정도가 아니라 없어서는 안되는 꼭 필요한 삶의 필요충분조건입니다. 예수님께서도 제자들을 파송하시면서 지혜로울 것을 권면하셨습니다. 특히 구약성경에는 지혜로운 사람에 대해서 많이 언급하고 있습니다. 지혜는 하나님의 은사라고도 합니다. 성도는 다른 많은 것을 구하는 것보다 하나님께 지혜를 구해야 합니다. 하나님이 주신 지혜로 하나님의 일을 하고 하나님이 주신 지혜로 하나님의 뜻을 분별해야 합니다.
　첫째, 지혜로운 사람은 분별력 있는 말을 합니다.
　슬기롭다는 뜻은 '통찰하다' 는 의미도 가지고 있습니다. 자신의 감정에만 충실하여 다른 사람을 배려하지 않는 사람이 아니라 상황을 분별하고 남을 배려하며 상황에 맞는 말을 한다는 뜻입니다. 이처럼 지혜로운 사람의 장점은 바로 말에 있습니다. 야고보 사도는 "우리가 다 실수가 많으니 만일 말에 실수가 없는 자면 곧 온전한 사람이라"(약3:2) 라고 했습니다. 사람이 가장 많이 하는 것 중 하나가 말의 실수입니다. 그러나 지혜로운 사람은 말의 실수를 줄이고 하나님의 뜻을 잘 드러냅니다. 그러므로 지혜를 은사로 주시기를 위해 많이 기도해야 합니다.
　둘째, 지혜로운 사람은 지식의 중요성을 압니다.
　옛말에 '아는 것이 힘이다' 라는 말이 있습니다. 아는 것의 중요성을 강조한 말입니다. 오늘날과 같은 정보화 시대에 아는 것의 중요성은 그 어느때보다 중요합니다. 지식이 없이, 아는 것이 없이 경쟁사회에서 살아가기는 힘이 듭니다. '전문화 시대' 라는 말의 의미는 아는 것이 많은 사람, 지식이 많은 사람이 성공할 확률이 많다는 뜻입니다. 성도 마찬가지입니다. 신앙생활에 성공하려면 많은 것을 알 필요가 있습니다. 성경에 대해서 알아야 하고, 하나님에 대해서 알아야 하며 그밖에 신앙생활에 필요한 모든 것을 알기를 힘써야 합니다. 지혜로운 사람은 지식의 중요성을 자연스럽게 알기 때문에 아는 것에 힘씁니다.

오늘의 기도

　주님, 지혜를 잃지 않는 성도가 되게하여 주옵소서, 예수님의 이름으로 기도드립니다. 아멘

주의 뜻을 구하라

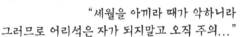

"세월을 아끼라 때가 악하니라
그러므로 어리석은 자가 되지말고 오직 주의..."

(신)찬 540장	제 10 주						
(구)찬 219장	월	화	수	목	금	토	엡5:16-17

누가복음 15장에는 두 아들의 이야기가 나옵니다. 흔히 이 이야기를 '돌아온 탕자의 비유'라고 합니다. 이 이야기에서 정말 성도가 이해해야 될 핵심은 무엇일까요? 탕자처럼 아버지를 떠나 모든 재산을 허비하고 회개하고 돌아온 아들일까요? 아닙니다. 이 이야기의 비유의 핵심은 아들이 아닌 아버지입니다. 아버지에게 두 아들이 있었지만 그 아들중 아무도 아들을 향한 아버지의 참뜻을 이해하는 아들은 없었습니다. 오늘날도 마찬가지입니다. 성도는 하나님 아버지의 뜻을 구할 수 있었어야 합니다. 그리고 이해할수 있어야 합니다. 이와 관련하여 바울은 말세의 성도에게 두가지 신앙의 자세를 요구하고 있습니다.

첫째, 세월을 아끼라고 권면하고 있습니다.

왜 세월을 아껴야 할까요? 그 이유는 때와 관련이 있습니다. 악한 때에는 악한 일을 하는 사람이 많아지게 마련입니다. 이들과 가까이하면 악한 일을 도모하고 악한 일을 하게 되어 하나님의 뜻과는 거리가 먼 생활을 하게 되는 것입니다. 시간을 아끼며 일하는 것과는 무관한 삶을 살게 될 가능성이 많아집니다. 그래서 세월을 아끼라는 것입니다. 하나님의 일만 하며 살아도 시간이 많지 않다는 뜻입니다. 세상 일에 한눈 팔며 주의 일을 멀리하지 말라는 뜻입니다. 세월을 아껴야 합니다.

둘째, 주의 뜻을 이해 하라고 권면하고 있습니다.

말세에는 하나님의 뜻보다는 사람의 뜻을 중요시 여깁니다. 이런 사람을 어리석은 사람이라고 말합니다. 어리석은 사람은 하나님의 뜻을 중요시 여기지 않습니다. 주변의 환경을 중요시하며, 사람의 생각에 영향을 받고, 하나님의 뜻을 이해하려고도 구하려고도 하지 않습니다. 그러나 믿음의 사람은 달라야 합니다. 항상 삶 가운데 있는 주의 뜻이 무엇인지를 분별하기를 위해 힘쓰고 애써야 합니다. 하나님의 뜻을 알고 이해해야 하나님이 기뻐하시는 삶의 모습으로 살아갈 수 있습니다.

오늘의 기도

주님, 주의 뜻을 따라 구하는 믿음이 되게하여 주옵소서, 예수님의 이름으로 기도드립니다. 아멘

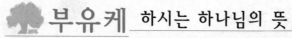

부유케 하시는 하나님의 뜻

"우리 주 예수 그리스도의 은혜를 너희가 알거니와
부요하신 자로서 너희를..."

(신)찬 204장	제 10 주						
(구)찬 379장	월	화	수	**목**	금	토	고후8:9

한국 교회의 문제점으로 어떤 사람들은 '기복신앙' 이라고 합니다. 우리 나라의 기복신앙은 샤머니즘적 요소가 강하다고 비판하고 있습니다. 복 자체가 목적이 되고 복 받기만을 위해서 신앙생활을 할때 이것은 기복신앙이 되지만 신앙생활을 하는 과정에서 하나님의 뜻 가운데 복을 받는 것은 기복신앙과는 절대 거리가 멀다고 볼 수 있습니다. 예수님께서도 성도가, 하나님의 백성이 땅에서 잘되고 부유하게 살기를 원하고 계십니다. 예수님은 원래 가난한 분이 아니시기 때문입니다.

첫째, 예수님은 처음부터 부유하신 분이었습니다.

"태초에 말씀이 계시니라 이 말씀이 하나님과 함께 계셨으니 이 말씀은 곧 하나님이시니라"(요1:1-2) 라고 했습니다. 말씀은 예수그리스도입니다. 그러므로 예수님은 만물을 창조하신 창조주 하나님이십니다. 만물의 모든 것이 예수님의 것입니다. 이보다 더 부유한 사람이 이 우주에 또 있을까요? 이 세상 어디에도 예수님보다 부자는 없습니다. 모든 것을 다 가지신 만물의 주인이 예수그리스도이십니다. 가난과는 거리가 멀어도 너무 먼 분이십니다. 가난할래야 가난하실 수 없는 분이 예수님이신 것입니다.

둘째, 예수님은 자기 백성을 부하게 하시려고 가난하게 되셨습니다.

예수님은 처음부터 부유하셨지만 하나님께 불순종으로 인해 찾아온 인생의 불행과 인생의 가난함 때문에 예수님은 이땅에 오셨습니다. 인생의 가난을 대신 지시기 위해서입니다. 누군가 인생의 저주와 가난을 대신 지셔야 인생이 그로인해 하나님이 주시는 축복과 부유함을 누릴 수 있기 때문에 스스로 가난하게 되신 것입니다. 이것은 실로 인류에게는 엄청난 축복입니다. 누구도 인생에게 찾아온 저주와 질병, 가난의 굴레를 벗어나게 할 수 없습니다. 그러나 예수님은 창조주 이시기 때문에 가능합니다. 이 축복의 은혜를 놓치지 않고 누리는 하나님의 백성이 되어야 합니다.

오늘의 기도

주님, 주의 주시는 복으로 부유한 인생이 되게하여 주옵소서, 예수님의 이름으로 기도드립니다. 아멘

기쁨이 충만한 성도

"내가 이것을 너희에게 이름은 내 기쁨이
너희 안에 있어 너희 기쁨을..."

신)찬 535장	제 10 주						요15:11
구)찬 325장	월	화	수	목	금	토	

예수님은 늘 기쁨이 충만하신 분이셨습니다. 기쁨이 충만하셨기 때문에 어떤 상황에서도 여유를 잃지 않으셨습니다. 갈릴리의 거센풍랑이 불어 올때 제자들은 무서워하였지만 예수님은 조금도 두려워하거나 무서워하시지 않았습니다. 상황을 보고 염려하거나 근심하신 분이 아니셨습니다. 오히려 언제나 기쁨이 충만하신 분이셨습니다. 예수님은 항상 사람들과 제자들을 만나면 "너희가 평안하냐"고 물으셨습니다. 예수님속에 있는 그 기쁨을 예수님은 백성들이 소유하시기를 원하셨습니다. 성도는 예수님처럼 기쁨을 소유한 사람이어야 합니다.

첫째, 기쁨이 있어야 근심과 염려를 극복할 수 있습니다.

슬픔의 반대 감정은 기쁨입니다. 근심과 염려도 마찬가지입니다. 기쁨은 부정적 사람의 내적 감정과 차원이 다른 감정인 것입니다. 기쁨이 있을 때는 슬픔이나 근심, 염려의 감정이 전혀 문제가 되지 않습니다. 근심이나 염려의 감정은 상황을 올바로 볼 수있는 안목을 흐리게 만듭니다. 그러나 기쁨은 그런 상황을 극복할 수 있는 에너지를 공급해 줍니다. 그러므로 성도는 항상 기쁨이 있어야 삶의 상황을 긍정적으로 몰고 갈 수 있는 것입니다.

둘째, 기쁨이 있어야 예수님을 닮아갈 수 있습니다.

예수님은 자신에게 있는 기쁨이 제자들에게 있기를 원하셨습니다. 예수님 안에 있는 기쁨이 제자들 속에 있으면 예수님처럼 생각하고 예수님처럼 행동할 수 있기 때문입니다. 예수님은 그냥 기쁨이 있기를 원하신 것이 아니라 충만하기를 원하셨습니다. 충만이라고 하는 것은 충만할 때 다른 생각이 들어오지 않기 때문입니다. 기쁨이 충만하면 기쁨 이외에는 다른 것이 들어올 수 없습니다. 염려나 근심이 비집고 들어오지 못한다는 뜻입니다. 예수님의 삶이 긍정적이고 슬픔이나 근심, 염려와 거리가 멀었던 것은 항상 기쁨이 충만하셨기 때문입니다. 그러므로 성도는 이 기쁨이 충만하면 예수님을 닮는 삶을 살아갈 수 있습니다.

오늘의 기도

주님, 주로 인하여 기쁨을 잃지 않는 성도가 되게하여 주옵소서, 예수님의 이름으로 기도드립니다. 아멘

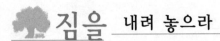

짐을 내려 놓으라

"수고하고 무거운 짐진 자들아
다 내게로 오라 내가 너희를 쉬게 하리라"

(신)찬 516장	제 10 주							
(구)찬 265장	월	화	수	목	금	토	마11:28

'수고' 라는 단어는 '코포스' 라는 단어에서 유래했습니다. 이 단어는 노력과 수고의 행위, 그리고 피곤하게 하는 과정을 나타낼 뿐만 아니라 그 결과인 피곤, 극도의 피로를 나타냅니다. 예수님이 보시기에 사람들이 지고가는 짐이 너무 피곤해 보이고 지쳐 보였습니다. 그리고 예수님은 그들이 쉬기를 원하셨습니다. 다른 곳에서는 쉼을 얻지 못하지만 예수님께오면 쉼을 얻을수 있다고 말씀하십니다. 인생이 정말 힘들고 지칠때 어디에서 쉼을 얻을 수 있을까요? 그것은 예수님께로 갈때에야 비로소 참된 쉼을 얻을수 있습니다. 예수님이 그것을 원하시기 때문입니다.

첫째, 사람들은 자신도 모르는 인생의 짐이 있습니다.

우리나라 사람들이 힘들 때 자주 하는 말은 '죽겠다' 라는 말입니다. '아이고 힘들어 죽겠네' 라고 말을 합니다. 사람들이 살면서 힘들다고 자주 말하는 이유는 자신도 모르는 인생의 짐이 있기 때문입니다. 그러나 성경적으로 보면 그것은 바로 죄의 짐입니다. "모든 사람이 다 죄를 범하였으매 하나님의 영광에 이르지 못하더니"(롬3:23) 라고 했습니다. 자신도 모르는 죄의 짐입니다. 그러나 예수님께로 가면 이 짐을 내려 놓을수 있습니다.

둘째, 예수님만이 쉬게 하실수 있습니다.

"그러므로 이제 그리스도 예수안에 있는 자에게는 결코 정죄함이 없나니 이는 그리스도 예수 안에 있는 생명의 성령의 법이 죄와 사망의 법에서 너를 해방 하였음이라"(롬8:1-2) 라고 했습니다. 예수님은 생명의 성령의 법으로 하나님의 백성을 자유롭게 하고 쉬게 하시기를 원하십니다. 생명의 성령의 법은 예수님께만 있는 법입니다. 이세상에 많은 종교와 많은 우상들이 있지만 예수님 외에는 죄의 짐을 내려놓게 하고 인생의 무거운 짐으로부터 쉬게 할수 있는 것은 어디에도 없음을 알아야 합니다. 오직 예수님만이 그렇게 하실 수 있습니다.

오늘의 기도

주님, 인생의 무거운 짐을 주께 내려놓게 하여 주옵소서, 예수님의 이름으로 기도 드립니다. 아멘

말씀 을 의지하라

*"지금 내가 너희를 주와 및 그 은혜의 말씀께
부탁하노니 그 말씀이 너희를..."*

(신)찬 520장	제 11 주						행20:32
(구)찬 257장	월	화	수	목	금	토	

'불가항력(不可抗力)'이라는 말이 있습니다. 이 말은 사람의 힘으로는 도저히 해결할 수 없는 문제에 부딪쳤을 때 하는 말입니다. 벌률관계에서는 외부에서 발생하는 일 때문에 어떤 방법을 동원해도 손해를 막을 수 없는 상황을 말합니다. 이와 같은 상황을 만났을 때 사람들은 대부분 포기라는 절망적 상황을 선택을 합니다. 그러나 성경은 어떠한 경우에라도 포기하지 말라고 말씀합니다. 왜냐하면 말씀을 붙들면 되기 때문입니다. 말씀을 붙들면 어떤 상황에라도 넘어지지 않습니다. 포기하지 않는 담대함이 생깁니다. 그러므로 성도는 말씀을 굳게 붙들고 살아야 합니다. 이것이 삶을 승리로 이끄는 비결입니다.

첫째, 말씀을 의지하면 담대함을 얻습니다.

"우리를 좌절 시키는 것은 실제 존재하는것이 아니라 바로 우리 머리속에서 만들어 지는 것이다"라는 말이 있습니다. 두려움은 사람을 실패로 몰고 갑니다. 좌절과 절망을 안겨줍니다. 그러나 담대하면 마음속의 무력감과 좌절감을 이길수 있습니다. 하나님의 말씀을 의지하면 어떠한 상황에서도 두렵지 않습니다. 왜냐하면 담대함이 생기기 때문입니다. 말씀은 성도로 하여금 담대함을 줍니다. 두려운 상황을 극복할 힘은 담대함에서 나옵니다.

둘째, 말씀을 의지하면 하나님이 일하십니다.

성경의 위대한 신앙의 사람들은 한결같이 하나님이 일하심을 경험한 사람들입니다. 여호수아가 태양을 멈추게 한 사건도 하나님이 여호수아를 위하여 하신일입니다. 엘리야가 가뭄을 끝내고 마른 하늘에서 비가 오게 할때도 역시 하나님이 일하신 것입니다. 엘리사가 물에 빠진 도끼를 떠오르게 한것 역시 하나님이 하신 일입니다. 그러나 상황을 뒤집어 놓고 보면 사람이 할 수 있는 일은 아무것도 없습니다. 하지만 하나님은 하십니다. 하나님이 일하심은 이처럼 놀랍고 위대한 것입니다. 성도가 하나님을 의지하고 말씀을 의지하면 사람이 할 수 없는 일을 행하심을 도와주십니다.

오늘의 기도

주님, 말씀만 의지하여 살게하여 주옵소서, 예수님의 이름으로 기도드립니다. 아멘

즐거움으로 예물을 드리는 성도

"각각 그 마음에 정한대로 할 것이요
인색함으로나 억지로 하지 말지니..."

신)찬 50장	제 11 주						
구)찬 71장	월	화	수	목	금	토	고후9:7

　신앙생활을 하다 보면 가끔 물질 때문에 시험이 들었다는 사람들을 종종 만나는 경우가 있습니다. 교회에서 돈 얘기를 한다는 둥, 십일조를 강요한다는 둥 하면서 갖은 핑계를 대면서 자신이 하나님께 감사함으로 헌금을 드리지 못하는 것을 합리화 시키는 경우를 보게 됩니다. 이것은 사단의 교묘한 책략입니다. 마음이 있으면 얼마든지 감사함으로 드릴 수 있습니다. 마음이 없기 때문에 헌금 얘기를 하면 싫어하는 것입니다. 곧 이 마음은 인색한 마음인 것입니다. 하나님은 인색한 마음을 싫어하십니다. 즐거운 마음으로 즐겨내는 사람을 사랑하십니다. 이런 사람은 하나님을 사랑하기 때문에 인색한 마음으로 드리지 않습니다.

첫째, 믿음의 분량대로 드려야 합니다.

　'정한대로'는 '선택하다', '결정하다'라는 뜻입니다. 마음으로 결정한대로 드리라는 뜻입니다. 마음으로 결정하고도 드리지 못하는 경우가 있습니다. 그러나 하나님께 드리는 예물은 자신이 선택하고 결정을 했으면 드려야 되는 것입니다. 왜냐하면 이것은 누가 강요하거나 부추긴 것이 아니기 때문입니다. 자원하는 마음 즉, 자발적인 믿음의 상태이기 때문입니다. 하나님은 자발적인 마음으로 예물을 드리는 사람을 기뻐하십니다. 곧 이런 마음은 자신의 믿음의 상태를 나타냅니다. 하나님은 그래서 정한대로 드리라는 것입니다.

둘째, 즐거운 마음으로 드려야 합니다.

　'즐겨'라는 말은 '힐라로스'입니다. 이 말은 '즐거운'이라는 뜻입니다. 하나님께 예물을 드릴때는 즐거운 마음으로 드리라는 뜻입니다. 곧 이 말은 즐거운 마음으로 예물 드리는 사람은 예물 자체에 목적이 있는 것이 아니라 하나님 자체가 목적이기 있기 때문에 하나님을 기뻐하여 예물을 드리는 것입니다. 하나님을 기뻐하기 때문에 예물도 드리는 것입니다. 기쁨의 표현이 예물인 것입니다. 그래서 하나님은 즐겨내는 자를 사랑하신다고 하신 것입니다. 하나님을 사랑하는 사람은 예물을 드릴때도 즐거운 마음으로 구별되게 즐겨 드립니다.

 오늘의 기도

　주님, 감사함과 즐거움으로 예물드리게 하여 주옵소서, 예수님의 이름으로 기도드립니다. 아멘

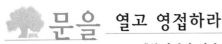 **문을** 열고 영접하라

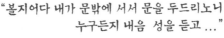 "볼지어다 내가 문밖에 서서 문을 두드리노니
누구든지 내음 성을 듣고 ..."

(신)찬 502장	제 11 주							계3:20
(구)찬 259장	월	화	수	목	금	토		

예수님은 신성과 인성을 함께 가지신 분이십니다. 인성을 가지셨다는 것은 인격적인 속성을 가지셨다는 뜻입니다. 인격적이신 예수님은 성도가 자원하는 마음으로 모셔들이거나 영접하여 인격적인 교제를 나누기를 원치 않을때 강압적으로, 억지로 함께 있기를 싫어하시는 분이십니다. 양이 목자의 음성을 듣는 것처럼 예수님의 음성을 알고, 들으며 마음을 열고 인정하여 인격적으로 모셔들이고 환영하는 것을 좋아하시고 기뻐하십니다. 자원하는 마음으로 예수그리스도를 영접하는 사람에게 항상 함께 하시는 것입니다.

첫째, 예수님은 밖에서 두드리시는 분이십니다.

성경은 주께서 문밖에서 문을 두드리는 분으로 묘사하고 있습니다. 이 말씀의 뜻은 예수 그리스도는 먼저 영접하지 않으면 강제로 들어가시지 않는다는 말입니다. 예수님은 항상 사람들에게 다가가기를 원하시지만 영접하지 않는 사람에게는 강압적으로 들어가시지 않는 분이십니다. 인격적인 분이시기 때문입니다.

둘째, 예수님은 그의 음성을 듣기를 원하십니다.

양이 목자의 음성을 듣는 것처럼 하나님은 목자되신 예수님의 음성을 듣기를 원하십니다. 양이 딴길로 가는 이유는 목자의 음성을 듣지 않기 때문입니다. 그러므로 성도가 목자의 음성을 듣는 한 절대 딴길로 가지 않습니다. 그러므로 성도는 오늘도 말씀하시는 목자의 음성에 귀를 기울여야 합니다.

셋째, 예수님은 함께 교제하시기를 원하십니다.

하나님은 임마누엘의 하나님이라고 말씀하셨습니다. 이 말씀은 하나님이 우리와 함께 하신다는 의미입니다. 왜 함께 하시길 원하실까요, 함께 교제하시기 위해서입니다. 하나님의 백성과의 교제를 통해서 하나님은 하나님의 뜻을 계시하시고 세상에서 보다 구별된 사람으로 살아가면서 하나님께 영광을 돌릴 수 있도록 인도해 주십니다.

🍀 오늘의 기도

주님, 믿음으로 주를 섬기는 것을 쉬지 말게 하여 주옵소서, 예수님의 이름으로 기도드립니다. 아멘

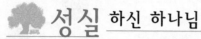

성실 하신 하나님

"하나님은 인생이 아니시니 식언치 않으시고
인자가 아니시니 후회가 없으시…"

신)찬 496장	제 11 주							
구)찬 260장	월	화	수	목	금	토	민23:19	

　미국 경량철골 분야에서 시장 점유율 60%를 차지하는 큰 기업을 일궈낸 백영중 회장이 성공을 꿈꾸는 이 땅의 젊은이들에게 이렇게 충고하고 있습니다. "도산 안창호 선생의 가르침처럼 정직과 성실을 바탕으로 정도를 걸으라" 이것이 백회장의 메시지입니다. 사람들이 자신의 삶에 가장 중요한 자산으로 삼아야 할 것은 바로 '성실' 입니다. 하나님도 성실한 사람을 좋아하십니다. 왜냐하면 하나님 자신도 성실하시기 때문이다.

첫째, 하나님은 성실하게 말씀하시는 분이십니다.

　'성실' 이라는 말은 구약에서 '에메트' 라고 합니다. 이 말은 '아만' 에서 유래했으며, '신실(성), 성실(성), 충실함, 확고함, 확실함, 진리, 진실'을 의미합니다.

하나님은 자신의 백성들에게 신실하고 충실하십니다. 확고하여 흔들리지 않는 분이십니다. 그리고 하나님은 진리이십니다. 그래서 하나님은 주의 백성들이 부르짖을때도 그 응답으로 성실하게 답변하시는 것입니다. "너는 내게 부르짖으라 내가 네게 응답하겠고"(렘33:3) 라고 하셨습니다. 성실히 응답하시겠다는 것입니다.

둘째, 하나님은 성실하게 약속을 지키시는 분이십니다.

　사람들은 지키지 못할 약속을 하는 경우가 종종 있습니다. 그럴 의도는 없었지만 어쩔 수 없이 약속을 지키지 못하는 경우가 발생하기 때문입니다. 이럴때 사람들은 '어쩔 수 없었다' 라고 합니다. 하지만 하나님은 그 어떤 경우에라도 자신이 한 약속을 반드시 지키시는 분이십니다. 하나님이 약속을 지키지 못하셔서 어려움을 당한적은 없습니다. 자신의 약속에 대하여 성실하신 분입니다. 그래서 하나님의 자녀들은 하나님의 약속을 믿어야 하는 것입니다. 약속의 말씀을 믿어서 실망하는 경우는 없습니다.

🍀 오늘의 기도

주님, 언제나 성실하신 주님께 영광돌리며 살게하여 주옵소서, 예수님의 이름으로 기도드립니다. 아멘

채워 주시는 하나님

"나의 하나님이 그리스도 예수 안에서 영광 가운데
그 풍성한대로 너희..."

신)찬 521장	제 11 주						빌4:19
구)찬 253장	월	화	수	목	금	토	

　가난하고 궁핍하다는 것은 필요할 때 부족하기 때문에 쓰는 표현입니다. 언제든 원하는 때에 쓸 수 있는 물질이 넉넉한 사람은 '가난하다' 라는 표현을 쓰지 않습니다. 부족하기 때문에 그렇게 표현합니다. 달리 부족함을 채울 수 있는 다른 방도가 없기 때문입니다. 하지만 하나님은 항상 풍성하고 풍족하여 모자름이 없는 분이십니다. 아무리 써도 하나님의 풍성함에는 변함이 없습니다. 늘 부족함을 느끼는 인생들과는 차원이 다른 분이십니다. 그런데 이 풍성하신 하나님이 자신의 풍성함으로 채워주고 싶어하는 사람이 있습니다. 바로 하나님의 자녀된 사람들입니다. 하나님의 자녀들에게는 필요에 따라 모든 쓸 것을 넉넉히 채우시기를 원하십니다.

첫째, 필요에 따라 구하여야 합니다.

　예수님께서 가르쳐주신 기도문의 내용에는 이런 기도가 나옵니다. "일용할 양식을 주옵시고..." 여기서 일용할 양식은 풍성히 쌓아 놓는 양식이 아닌 필요에 따라 구하는 것을 말합니다. 항상 쌓아 놓아야 안심하는 사람들이 있습니다. 욕심을 가지고 기도하지말고 삶의 필요를 따라 하나님께 구하여야 합니다. 하나님은 반드시 채워주십니다. "좋은 것으로 네 소원을 만족케 하사"(시103:5) 라고 하셨습니다. 하나님은 구하는 자에게 좋은 것으로 필요를 채워주시는 분이십니다.

둘째, 채워주시는 하나님을 믿어야 합니다.

　열왕기상17장의 사르밧의 과부는 엘리야를 처음 만났을때 그 집에는 가루 한웅큼과 병에 기름 조금 밖에 없었습니다. 엘리야에게 그것을 대접했을 때 여러날 동안 그 집에는 가루와 기름이 마르지 않는 놀라운 역사가 있었습니다. 그 이유는 하나님께서 날마다 채워주셨기 때문입니다. 하나님의 채우심은 이와같이 놀랍습니다. 가루와 기름뿐만 아니라 하나님은 우리의 모든 필요를 채워주시는 분이심을 믿어야 합니다. 그리고 하나님이 채우실 수 있도록 믿음을 가지고 기도해야 합니다. 그리할 때 우리는 채우시는 하나님의 역사를 날마다 경험할 수 있습니다.

오늘의 기도

주님, 언제나 채우시는 하나님께 감사드립니다. 예수님의 이름으로 기도드립니다. 아멘

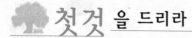 첫것 을 드리라

"네 재물과 네 소산물의 처음 익은 열매로
여호와를 공경하라 그리하면 네..."

(신)찬 496장	제 11 주						잠3:9-10
(구)찬 245장	월	화	수	목	금	토	

구약의 사람들은 추수때에 하나님께 예물을 드리는 규범이 있었습니다. 그것은 본문에서 말씀하고 있는 것처럼 첫 것을 드리는 것이었습니다. 아무것이나 하나님께 드리는 것이 아닌 처음익은 열매와 소산물의 첫 것을 드리게 되어있었습니다. 첫 것을 하나님께 드리는 행위가 중요한 이유는 하나님이 땅의 주인임을 인정하는 행위이기 때문입니다. 또한 재물과 소산물의 첫 것은 만물의 주인이 하나님이심을 인정하는 행위입니다. 또한 그것을 주신 하나님께 감사하는 행위이기 때문입니다. 성도는 삶에서 누리는 모든 것이 하나님의 것임을 인정해야 합니다. 그리고 그것을 감사히 여겨야 합니다. 이와같은 믿음의 행동을 통해 하나님은 더 많은 것으로 풍성하고 넉넉하게 채워 주십니다.

첫째, 첫 것을 드린다는 것은 하나님께 대한 감사의 표현입니다.

농사하는 농부에게 있어 수확의 첫 것은 남다른 감회가 있습니다. 일년동안 수고한 것에 대한 기쁨을 첫 것을 보면서 느낍니다. 그러나 믿음의 사람들은 첫것을 보면서 자신의 노력고 수고에 대한 감회에 젖어 기뻐하기 보다는 첫 것을 수확할수 있도록 모든 환경을 다스려주신 하나님께 감사하는 마음을 가집니다. 그러므로 농부가 첫 것을 드린다는 것은 하나님의 은혜를 먼저 생각하고 감사한다는 뜻입니다. 굳이 농사일 뿐 아니라 만물의 모든 이치를 이렇게 생각하고 감사해야 합니다.

둘째, 첫 것을 드린다는 것은 하나님이 만물의 주인이심을 인정하는 행위입니다.

신약성경 누가복음 12장에 한 부자의 이야기가 나옵니다. 그 해의 소출이 심히 많아 그 부자는 곡간을 더 짓고 그 쌓아 놓은 창고의 곡식들을 바라보면서 매우 흡족해하고 기뻐합니다. 그러나 하나님은 이 부자를 향하여 이렇게 말씀하십니다. "어리석은 자여 오늘밤에 네 영혼을 도로 찾으리니 그러면 네 예배한 것이 뉘 것이 되겠느냐" 왜 하나님께서 이렇게 말씀하셨을까요? 그 이유는 부자가 하나님께 영광을 돌리지 않았기 때문입니다. 풍성한 수확을 주신 분이 하나님이신 것을 인정하지 못했기 때문입니다. 만물의 모든 것이 하나님의 것임을 인정하는 행위는 바로 첫 것을 드리는 행위입니다.

오늘의 기도

주님, 하나님이 기뻐하시는 구별된 예물을 드리게 하여 주옵소서, 예수님의 이름으로 기도드립니다. 아멘

허물을 덮어주는 사랑을 하라

"허물을 덮어주는 자는 사랑을 구하는 자요
그것을 거듭 말하는 자는 친한 ..."

신)찬 521장	제 12 주						
구)찬 231장	월	화	수	목	금	토	잠17:9

싸움과 다툼은 상대방의 허물을 참지 못하는데서 오는 결과입니다. "손뼉도 마주쳐야 소리가 난다" 라는 말이 있습니다. 다른 한쪽이 상대방의 허물을 감싸주면 싸움은 일어나지 않습니다. 그러나 다툼과 싸움을 피하고 상대방의 허물을 감싸주고 덮어주기 위해서는 필요한 것이 있습니다. 그것은 사랑입니다. 사랑의 마음이 없이는 남을 용서할 수도, 이해할 수도, 허물을 덮어줄 수도 없습니다.

첫째, 사랑은 하나님의 성품입니다.

하나님은 사랑이시기 때문에 인류의 죄를 그리스도의 보혈로 덮어 주신 것입니다. 하나님은 하나님의 백성인 성도들이 이와 같은 사랑의 마음을 품기를 원하십니다. "미움은 다툼을 일으켜도 사랑을 허물을 가리우느니라"(잠 10:12) 라고 하였습니다. 하나님의 형상을 닮은 성도들은 하나님의 성품도 닮아가야 합니다. 서로 사랑하는 것이야 말로 하나님의 성품을 닮아간다는 증거입니다. 사랑이 없이 하나님의 백성이라고, 하나님의 자녀라고 할수 없습니다. 세상과 구별된 삶을 살아가는 거룩한 백성들의 삶의 모습에서 하나님의 사랑이 나타나는 것은 지극히 당연한 결과입니다.

둘째, 하나님의 사랑은 덮어주는 사랑입니다.

예수님의 십자가의 죽으심을 통해서 인류의 죄가 사함을 받을 수 있는 근거는 그 피가 사람들의 죄를 덮어주기 때문입니다. 잘잘못을 따져서 용서해주는 것이 아니라 그냥 덮어줌으로써 사랑을 보여주셨습니다. 따지기를 잘하는 사람은 덮어주는 사랑을 실천하기 힘듭니다. 그러나 남의 허물을 덮어주는 사람은 그냥 덮어줍니다. 허물은 감싸주고 덮어주어야 합니다. 따져서 해결될 문제는 그리 많지 않습니다. 그러나 예수님처럼 덮어주면 문제는 해결되게 되어 있습니다. 허물을 덮어주고 감싸주는 것은 하나님의 뜻입니다. 왜냐하면 하나님이 사랑이시기 때문입니다.

오늘의 기도

주님, 허물을 덮어주는 사랑을 하는 성도가 되게하여 주옵소서, 예수님의 이름으로 기도드립니다. 아멘

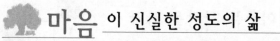

마음 이 신실한 성도의 삶

"두루 다니며 한담하는 자는 남의 비밀을 누설하나
마음이 신실한 자는 ..."

신)찬 184장	제 12 주						
구)찬 173장	월	화	수	목	금	토	잠11:13

 본문에 나오는 '한담'은 원어로 '라킬'이라는 말입니다. 이 말은 '중상', '험담', '비방', 이라는 뜻을 가지고 있습니다. 그러므로 한담하는 사람은 남을 비방하는 사람, 중상모략 하는 사람, 다른 사람을 험담하는 사람을 말합니다. 이런 사람은 남의 비밀을 발설합니다. 결코 하나님 보시기에 옳은 사람이고 볼 수 없습니다. 성도도 이런 사람이 되지 않기를 힘써야 합니다. 그래서 성경은 상대적으로 신실한 사람에 대해서 말씀하고 있는 것입니다. 신실하다는 것은 영어로는 'belive' 즉, 믿을 수 있는 사람을 말하는 것입니다.
 첫째, 성도는 하나님 보시기에 믿을 수 있는 사람이어야 합니다.
 성도의 정직과 신뢰의 기준은 바로 하나님입니다. 하나님앞에서 정직한 사람, 신실한 사람이 정말 믿을 수 있는 사람이라고 할 수 있습니다. 성경에 많은 믿음의 사람이 있지만 하나님께 인정받은 사람은 그리 많지 않습니다. 그러나 하나님께 인정받은 사람은 한결같이 하나님께 높이 쓰임을 받았음을 알 수 있습니다. 다윗이 하나님께 높이, 그리고 귀하게 쓰임받을 수 있었던 이유는 그가 하나님 앞에서 정직하고 신실했기 때문입니다. 하나님은 하나님 보시기에 정직한 사람을 신뢰하십니다.
 둘째, 성도는 사람들 보기에도 믿을 수 있는 사람이어야 합니다.
 하나님과 올바른 관계에 있는 사람들은 사람과의 관계에서도 올바름을 추구해야 합니다. 하나님 앞에서만 올바르면 된다고 하는 생각은 편협한 생각입니다. 이는 자칫 교만으로 이어질 수 있습니다. 하나님은 네 이웃을 네 몸과 같이 사랑하라고 하심으로 이웃과의 관계 즉, 사람과의 관계도 중요시하셨습니다. 그러므로 사람들과의 관계에서도 성도는 신뢰를 형성하고 믿을 수 있는 사람이어야 하나님께서도 이를 기뻐하시고 은혜를 베푸십니다.

오늘의 기도

 주님, 주님이 신실하신 것처럼 우리도 신실하게 하여 주옵소서, 예수님의 이름으로 기도드립니다. 아멘

변함 없는 믿음

"각양 좋은 은사와 온전한 선물이 다 위로부터
빛들의 아버지께로서 내려..."

(신)찬 254장	제 12 주						
(구)찬 186장	월	화	수	목	금	토	약1:17

"노인은 추억에 산다"라는 말이 있습니다. 왜 그럴까요? 추억은 그 사람의 머릿속에서 변하지 않는 기억이기 때문입니다. 고향에 대한 추억, 첫사랑에 대한 추억, 이런 것들은 세월이 지나도 변하지 않습니다. 10년이면 강산도 변한다는 말이 있듯이 너무 많이 변하는 것들을 보면서 사람들은 변하지 않는 것을 붙들고 싶어합니다. 성경은 하나님에 대해서 말씀하기를 하나님은 세상과는 상대적으로 변치 않으신다고 말씀하고 있습니다. 하나님이 가지고 계신 속성 가운데 하나가 '불변'이기 때문입니다. 변하지 않는다는 의미입니다.

첫째, 성도의 믿음도 변함이 없어야 합니다.

하나님이 자신의 백성을 향한 사랑이 변함이 없으신 것처럼 하나님의 자녀 역시도 하나님께 대한 믿음이 변함이 없어야 합니다. 성도들의 믿음이 변하는 이유는 그 믿음이 성장하지 않기 때문입니다. 믿음은 성장해야 합니다. 성장하지 않는 믿음은 쉽게 변합니다. 하나님은 성도가 하나님을 향하여 변하지 않기를 원하십니다. 그러므로 성도는 변하지 않는 믿음이 되도록 그 신앙이 날마다 성장하도록 힘써야 합니다.

둘째, 성도의 행실도 변함이 없어야 합니다.

사람들 중에는 만남도 좋고 헤어짐도 좋은 사람들이 있습니다. 그러나 만남은 좋지만 헤어짐은 나쁜 사람들이 있습니다. 변함이 없는 사람들은 만남도 좋고 헤어짐도 좋지만 감정의 기복이 심하여 수시로 변하는 사람들은 사람들과 좋은 관계를 맺을 수 없습니다. 하나님은 성도들이 하나님께 대하여 변함없이 신실하기를 원하십니다. 믿음도 변함이 없으며 행함도 변함이 없기를 원하십니다. 이와 같은 사람들은 하나님께서 각양좋은 은사로 채워주십니다.

🍀 오늘의 기도

주님, 주께 대하여 변치않는 믿음을 갖게하여 주옵소서, 예수님의 이름으로 기도드립니다. 아멘

 공의 를 사랑하시는 하나님

"악에서 떠나 선을 행하라 그리하면 영영히 거하리니
여호와께서 공의를..."

(신)찬 191장	제 12 주							
(구)찬 427장	월	화	수	목	금	토	시편37:27-28

시편 기자는 하나님이 공의롭다고 말하고 있습니다. 하나님이 공의롭다고 말한 이유는 하나님은 우주 만물을 다스리시는 통치자로서 공정하게 심판하신다는 뜻입니다. 구약에서 이말은 400회 이상 나옵니다. 많이 나온다는 것은 강조를 의미하며 또한, 하나님은 공의를 중요시 여긴다는 뜻이 되기도 합니다. 뿐만 아니라 성경에서 하나님의 공의를 강조하는 또 다른 이유는 하나님의 백성인 성도가 공의로 행동하기를 원하시기 때문입니다.

첫째, 하나님은 공의로우신 분입니다.

공의로운 사람은 악한 일을 할 수 없습니다. 그러나 공의를 저버린 사람은 선한일 보다는 악한일에 힘씁니다. 하나님의 공의를 닮아 선을 행하고 악을 멀리하는 사람을 하나님께서는 사랑하시고 보호하여 주십니다. 왜 하나님은 악을 멀리하고 악인을 싫어하실까요? 그 이유는 하나님은 공의의 하나님이시기 때문입니다. 공의의 하나님은 악을 가까이하지 않습니다.

둘째, 성도가 공의로울 때 하나님의 보호를 받습니다.

복음서에 등장하는 불의한 재판관의 특징은 공의롭지 못하다는 것이었습니다. 그는 왜 공의롭지 못하였을까요? 이는 자신의 주장대로 하나님을 두려워하지 아니하였기 때문입니다.(눅18장), 하나님을 두려워하지 않는 사람은 공의로울 수가 없습니다. 그러나 하나님을 경외하여 두려움으로 섬기는 사람들은 하나님의 공의로움을 경험할 수 있습니다.이런 사람들에게 하나님은 친히 보호자가 되어주십니다.

오늘의 기도

주님, 하나님의 공의를 본받는 성도가 되게하여 주옵소서, 예수님의 이름으로 기도드립니다. 아멘

소속 이 분명한 성도

"야곱아 너를 창조하신 여호와께서 이제
말씀하시느니라 이스라엘아 너를…"

신)찬 545장	제 12 주						사43:1
구)찬 344장	월	화	수	목	금	토	

예수그리스도를 구주로 고백하고 하나님을 아버지라 부르는 사람들은 분명한 소속감을 가져야 합니다. 소속감이 불분명하면 이것도 저것도 아닌 하나님이 가장 싫어하시는 뜨뜻미지근한 사람이 되어버리고 맙니다. 성경은 분명히 "너희가 차든지 더웁든지 하기를 원하노라"(계3:15) 라고 했습니다. 하나님의 백성, 하나님의 나라의 시민권을 가진 사람, 하나님의 자녀 된 사람, 이런 사람들은 소속이 분명한 사람들입니다.

첫째, 성도는 땅에 속한 사람이 아닌 하늘에 속한 사람입니다.

하늘에 속한 사람들은 세상에서 그 어떤 일을 만나도 두려워하거나 염려하거나 낙심할 필요가 없습니다. 왜냐하면 하늘에 속한 사람은 하나님의 소유이기 때문입니다. 하나님의 소유는 하나님께 소속되었다는 뜻입니다. 하나님은 자신의 것을 그 누구에게도 빼앗기지 않으십니다. 절대로 세상에 빼앗기지 않습니다. 그러므로 하나님의 자녀인 성도들은 분명한 소속감을 가지고 믿음으로 살아야 합니다.

둘째, 하늘에 속한 사람은 세상을 두려워하지 않습니다.

가나안땅을 목적지로 삼고 출애굽을 한 이스라엘 백성들이 가나안을 목전에 두고도 들어가지 못한 결정적 이유는 그 땅 백성을 두려워하였기 때문입니다. 이스라엘 백성들은 하나님의 약속보다 가나안의 사람들을 더 두려워하였습니다. 하늘에 속한 사람들로서 옳지 못한 행동이었습니다. 하나님은 이와같은 행동들을 기뻐하지 않으셨습니다. 하늘에 속한 사람들은 땅의 일로 인하여 두려워하거나 염려하지 말아야 합니다.

🍀 오늘의 기도

주님, 천국에 시민권을 가지게 하시니 감사합니다. 예수님의 이름으로 기도드립니다. 아멘

마음을 다하여 주를 섬기라

"내 아들아 네 마음을 내게 주며 네 눈으로
내 길을 즐거워할지어다"

(신)찬 267장	제 12 주							
(구)찬 201장	월	화	수	목	금	토	잠언23:26	

일반적으로 자녀들이 부모에게 할 수 있는 가장 좋은 효도는 무엇일까요? 그것은 부모님이 원하는 것을 부모에게 해드리는 것입니다. 그렇다면 부모들이 자녀에게 정말 원하는 것이 무엇인지를 알아야 할 필요가 있습니다. 그것은 돈이나, 선물, 값진 금은 보화가 아닌 바로 자녀들의 마음입니다. 마음이 없는 선물, 마음이 없는 효도를 부모님은 바라지 않습니다. 그것은 진정한 효도가 아니기 때문입니다. 하나님도 그렇습니다. 하나님은 자신의 백성인 성도들이 하나님을 섬길 때 진실된 마음으로 섬기길 원하십니다.

첫째, 마음을 다하여 섬기는 것을 기뻐하시는 하나님입니다.

"너는 마음을 다하고 뜻을 다하고 힘을 다하여 네 하나님 여호와를 사랑하라"(신6:5) 라고 하였습니다. 하나님을 섬길 때의 올바른 자세에 대하여 말씀하고 있습니다. 하나님을 섬길 때 가장 중요한 것은 바로 마음입니다. 마음은 다른 곳에 있는데 하나님을 섬긴다고 한다면 이는 진실로 하나님을 섬기지 않는 것입니다. 진실된 마음으로 주를 섬기는 사람들은 항상 그 마음이 하나님께로 향하여 있습니다. 하나님은 이와같이 섬기는 것을 기뻐하십니다.

둘째, 주의 법대로 사는 것을 기뻐하시는 하나님입니다.

본문에서 말하는 '내 길'은 무엇을 말하는 것일까요, 그것은 아비의 법을 말하는 것입니다. 자녀를 향한 아버지의 사랑의 법이 '내 길'입니다. 하나님은 이스라엘 백성에게 모세를 통해 십계명을 주시고 나머지 세부법도 주셨습니다. 이것을 '율법'이라고 합니다. 하나님은 왜 율법을 주셨을까요? 하나님의 자녀들이 하나님의 법대로 살기를 바랐기 때문입니다. 하나님은 그 자녀인 성도들이 하나님의 법대로 사는 것을 기뻐하십니다.

🍀 오늘의 기도

주님, 마음으로 주의 법을 지키며 살게하여 주옵소서, 예수님의 이름으로 기도드립니다. 아멘

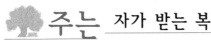 주는 자가 받는 복

"주라 그리하면 너희에게 줄 것이니 곧 후히 되어
누르고 흔들어 넘치도..."

⑷찬 550장	제 13 주						
⑺찬 248장	월	화	수	목	금	토	눅6:38

인색한 사람의 대표적인 말이 '자린고비'와 '구두쇠'입니다. 이둘은 지나치게 아낄뿐 아니라 다른 사람에게도 잘 베풀지 않습니다. 잘 베풀지 못하는 사람에게 '인색하다' 이렇게 표현합니다. 그러나 성경은 인색하지 말고 베풀기를 잘 하라고 말씀하고 있습니다. 본문에서 '주라'는 잘 베풀라는 뜻입니다. 왜 남에게 잘 주어야 할까요? 그 대상이 남에게 도움을 받아야 될 만큼 안타까운 처지에 있는 사람이기 때문에 그들을 위하여 베풀라는 것입니다. 하나님은 이와 같이 다른 사람에게 은혜를 나누어주고 베풀기를 원하십니다. 하나님은 잘 베풀고 주는 사람에게 복을 주시기 때문입니다.

첫째, 되갚으시는 복을 받습니다.

하나님의 주특기는 다시 갚아주신다는 것입니다. 엘리야를 대접했던 사르밧의 과부가 그러했습니다. 예수님의 발을 향유로 닦았던 여인 마리아도 그러했으며, 다윗왕이 하나님의 성전을 건축할 마음을 먹었을 때도 하나님은 그러하셨습니다. 하나님은 언제나 대접을 받으시면 되갚으시는 분이셨습니다. 하나님은 남을 섬기기를 잘하는 사람에게는 반드시 그와 같이 섬겨주십니다. 오히려 자신이 섬겼던 것보다 더 놀라운 것으로 하나님은 섬겨주십니다. 그래서 성경은 주는 자가 복되다고 하는 것입니다. 인색한 사람보다는 잘 주고 잘 베푸는 사람이 복이 있습니다. 하나님이 되갚아 주시기 때문입니다.

둘째, 넘치는 복을 받습니다.

우리 속담에 '되로 주고 말로 받는다'라는 말이 있습니다. 하나님이 바로 이와 같은 경우입니다. 하나님의 말씀을 순종하여 그것을 지키면 잘 지키고 행하는 사람에게 하나님은 주체할 수 없는 풍성한 은혜를 주십니다. 그래서 본문에도 남을 잘 대접하고 베푸는 사람에게 '후히', '흔들어', '넘치도록'이라는 말들을 같은 의미로 반복하여 사용하고 있습니다. 하나님은 복을 주시되 어중간하게 주시는 분이 아니십니다. 넘치도록 주시는 분이십니다. 그것도 모자라 행여 부족할까 흔들어서 꽉꽉 채워 주시는 분이십니다. 결국 그것이 넘쳐서 행복한 비명을 지르도록 풍성히 주시는 분이십니다. 이것이 주는 자에게 주시는 하나님의 복입니다.

🍀 오늘의 기도

주님, 꾸는자 보다 주는 자가 되게하여 주옵소서, 예수님의 이름으로 기도드립니다. 아멘

하나님 을 경외해야 하는 이유

"아비가 자식을 불쌍히 여김 같이 여호와께서
자기를 경외하는 자를 불쌍히..."

신)찬 521장	제 13 주							
구)찬 253장	월	화	수	목	금	토	시103:13

 현대인들의 삶속에서 가장 많이 변한 것이 있다면 그것은 아마도 '가족' 일 것입니다. 자식이 많은 것을 다복하다 여기고 대가족을 자랑스럽게 여겼던 시절이 있었습니다. 그러나 산업화의 영향으로 농경사회가 도시중심, 산업사회로 변화되자 이런 가족제도에도 변화가 일어나기 시작했습니다. 다름아닌 '핵가족' 입니다. 이런 영향으로 자연히 우리나라에서는 어른 공경 사상이 점차 희미해 지고 있는 현실에 이르게 되었습니다. 그러나 아무리 변해도 변하지 않는 것은 자식에 대한 부모의 사랑입니다. 이것을 '천륜' 이라고 합니다. 성경에도 말씀하고 있습니다. 자식을 불쌍히 여김같이 하나님은 자녀된 성도들을 사랑하신다고 하십니다. 그렇다면 그 백성인 성도들은 어떻게 하나님을 섬겨야 할까요? 당연히 하나님을 경외함으로 섬겨야 합니다.
첫째, 하나님을 경외할 때 하나님의 긍휼을 입습니다.
 성도가 하나님을 경외해야 하는 것은 기본적인 신앙의 자세입니다. 하나님을 경외하지 않고 신앙생활 한다는 것은 있을 수 없는 일입니다. 이 말은 하나님을 두려워 한다는 뜻을 가지고 있습니다. 비록 하나님이 사랑의 하나님이시라고는 하나 그렇다고 성도가 아무렇게나 생각하고 행동해서는 안됩니다. 두려워하는 마음으로 하나님의 자비와 사랑, 긍휼을 입을수 있도록 떨리는 마음으로 하나님을 섬겨야 합니다.
둘째, 하나님을 경외할 때 참된 인격적 교제를 나눌 수 있습니다.
 하나님은 성도, 즉 하나님의 백성들과 인격적으로 만나시고, 대화하시며 교제하시기를 원하십니다. 하나님을 경외하는 마음을 가진 사람과 하나님은 인격적인 교제의 장을 여십니다. 하나님을 경외한다는 것은 하나님을 인격적으로 존중하는 의미를 가지기 때문입니다. 인격적이신 하나님은 바로 그와 같은 사람들에게 하나님의 풍성하신 은혜를 베푸시고 그 교제를 통하여 하나님의 하나님의 뜻을 계시해 주십니다. 성경의 많은 위인들이 이와같은 인격적인 교제를 통하여 하나님의 뜻을 깨달을 수 있었습니다. 그러므로 성도는 하나님을 경외함으로 하나님과의 인격적인 교제의 장을 지속적으로 넓혀나가야 합니다.

 오늘의 기도

 주님, 하나님과 참된 인격적 교제를 나눌 수 있도록하여 주옵소서, 예수님의 이름으로 기도드립니다. 아멘

말을 잘하는 지혜

"너희 말을 항상 은혜 가운데서
소금으로 고루게함 같이 하라 그리하면 각..."

(신)찬 582장	제 13 주							
(구)찬 261장	월	화	수	목	금	토		골4:6

성경은 말의 중요성에 대해 말씀하고 있습니다. 특히 "우리가 다 실수가 많으니 만일 말에 실수가 없는 자면 곧 온전한 사람이라"(약3:2) 라고 했습니다. 사람은 누구나 실수를 하며 살아갑니다. 자의든 타의든 실수 없이 살아갈수는 없습니다. 실수는 누구나 하는 것입니다. 그러나 말의 실수는 하지 않는 것이 좋습니다. 사람이 지혜가 부족하면 가장 먼저 말의 실수가 따르게 됩니다. 그러므로 성도는 혀를 다스리고 제어할수 있는 지혜를 하나님께 구해야 합니다. "하나님은 인생이 아니시니 식언치 않으시고"(민23:19) 라고 했습니다. 하나님은 이처럼말의 실수를 하지 않으시는 분이십니다.

첫째, 성도는 하나님께 말의 지혜를 구해야 합니다.

언어로 의사 소통을 하는 사람은 그 언어에 감정을 실어 전달 합니다. 단순한 대화를 하기도 하지만 말을 통해 슬픔,분노,기쁨 등의 감정을 표현합니다. 그러므로 의사전달을 잘못하면 즉, 말을 잘못하면 다른 사람의 감정을 상하게 하고 오해를 살 수 있습니다. 말의 실수로 상대방의 감정을 상하게 하고, 오해를 없게 하려면 말을 잘하는 지혜가 필요합니다. 그 지혜는 바로 하나님께 있음을 알아야 합니다. 그러므로 성도는 말의 지혜를 하나님께 구해야 합니다.

둘째, 말의 위력을 알아야 합니다.

엎질러진 물을 다시 주워 담을 수 없듯이 말도 마찬가지입니다. 말은 한번 내 뱉으면 다시 주워 담을 수 없습니다. 그리고 그 파급력은 실로 놀랍습니다. "혀는 곧 불이요 불의의 세계라 혀는 우리 지체 중에서 온 몸을 더럽히고 생의 바퀴를 불사르나니 그 사르는 것이 지옥불에서 나느니라"(약3:6) 라고 했습니다. 사람의 몸에서 '혀'보다 더 강한 것은 없습니다. 혀는 부드럽지만 그 영향력은 실로 엄청납니다. 그래서 잘못쓴 혀는 성경에서 '지옥불'로 표현한 것입니다. 그러므로 성도는 말의 위력, 혀의 위력을 잘 알아야 합니다.

오늘의 기도

주님, 말을 지혜롭게 하는 성도가 되게하여 주옵소서, 예수님의 이름으로 기도드립니다. 아멘

주인 의 쓰심에 합당한 그릇

"큰 집에는 금과 은의 그릇이 있을뿐 아니요
나무와 질그릇도 있어 귀히..."

신)찬 510장	제 13 주						
구)찬 276장	월	화	수	목	금	토	딤후2:20-21

　구약성경에는 죽음을 보지 않고 하늘에 올라간 두 사람이 있습니다. 한 사람은 에녹이고 또 한사람은 엘리야입니다. 이 두 사람중 에녹에 대한 이야기는 성경에 별로 없습니다. 단지 그는 하나님과 동행하는 삶을 살았을 뿐입니다. "에녹이 하나님과 동행하더니 하나님이 그를 데려 가시므로 세상에 있지 아니하였더라"(창5:24) 하나님은 왜 에녹을 세상의 정한 이치대로 연수가 다할때까지 두지 않으시고 데려가신 것일까요? 그 이유는 에녹이 하나님 보시기에 귀하게 여겨졌기 때문입니다. 하나님 보시기에 에녹은 너무 귀한 사람이었기 때문에 하나님은 그와 함께 있기를 원하셨습니다. 오늘날 성도의 삶도 마찬가지입니다.
첫째, 주인은 깨끗한 그릇을 사용함을 알아야 합니다.
　성경이 성도를 그릇에 비유하고, 하나님을 집 주인에 비유한 이유가 무엇일까요? 그것은 바로 하나님이 어떤 사람을 하나님의 거룩한 사역에 쓰시고 싶어하시는지를 보여주시고 싶었기 때문입니다. 하나님은 각종 그릇이 비치되어 있는 집 주인과 같아서 그릇의 용도에 맞게 또 깨끗한 그릇, 준비된 그릇을 사용하신다는 것을 강조한 것입니다. 하나님은 하나님의 거룩한 사역에 아무나 사용하시지 않습니다. 용도에 맞게 다양하게 그리고 깨끗한 그릇을 사용하십니다.
둘째, 주인은 항상 깨끗한 그릇을 예비합니다.
　자신을 깨끗하게 했을때의 유익은 언제나 준비 상태에 있게 된다는 것입니다. 하나님은 언제 어느때에 일꾼을 필요로 하실지 모릅니다. 필요한 상황이 되었을 때 준비된 사람은 바로 쓰임 받을 수 있습니다. 집 주인이 항상 깨끗한 그릇을 예비함 같이 하나님은 성도를 향하여도 그렇게 하십니다. 항상 준비하시고 예비하십니다. 그러나 주인이 아무리 쓰시고 싶어도 깨끗하지 않으면 사용할 수 없습니다. 그러므로 성도는 항상 자신을 깨끗이 하고 예비된 그릇으로 준비되어야 합니다.

🍀 오늘의 기도

주님, 주께서 쓰시기에 합당한 믿음의 그릇이 되게하여 주옵소서, 예수님의 이름으로 기도드립니다. 아멘

스스로 깨끗게 하라

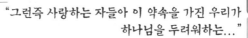

"그런즉 사랑하는 자들아 이 약속을 가진 우리가
하나님을 두려워하는..."

(신)찬 524장	제 13 주						
(구)찬 313장	월	화	수	목	금	토	고후7:1

　하나님께서 이스라엘 백성들을 애굽에서 출애굽 시키시고 그들에게 요구하신　생활 지침이 있었습니다. "나는 여호와 너희 하나님이라 내가 거룩하니 너희도 몸을 구별하여 거룩하게 하고 땅에 기는 바 기어다니는 것으로 인하여 스스로 더럽히지 말라"(레11:44) 라고 하였습니다. 이스라엘 백성이 거룩하라는 것입니다. 거룩은 '코데쉬' 라는 말입니다. 이 말은 '분리됨, 거룩함, 신성함' 이라는 뜻을 가지고 있습니다. 이 여러 의미 가운데 거룩이라는 단어에 적용되어지는 의미는 '분리됨' 이라는 뜻을 적용하는 것이 거룩의 의미에 가장 합당합니다. 그러므로 '분리' 는 더러운것, 깨끗지 못한 것들로 부터의 분리입니다. 하나님은 깨끗하신 분, 신성하신 분입니다. 그래서 하나님은 성도들이 깨끗기를 원하시는 것입니다.

첫째, 육신을 깨끗이 해야 합니다.

　하나님은 사람을 영과 육을 가진 존재로 만드셨습니다. 그리고 이 둘은 서로 긴밀하게 유기적 관계를 유지하도록 하셨습니다. 둘은 서로 분리 되어 생각할수 없습니다. 육신을 더러운 일에 내어 맡기면서 영이 깨끗하기를 바란다면 이는 모순입니다. 거듭난 영적 사람으로 살아가기 위해서는 육신의 일도 반드시 깨끗하게 유지해야 합니다. 음행과 더러운 것을 멀리하고 스스로 정결함을 유지해야 합니다. 그것은 영적 성결에도 직결됩니다.

둘째, 영을 깨끗이 해야 합니다.

　영을 깨끗히 하기 위해서는 우선 성령의 인도를 받아야 합니다. 물론 육신의　일도 마찬가지입니다.　성령의 인도를 받으면 육신의 일을 멀리하고 영적인 사람으로 성결하게 살아갈 수 있습니다. 성도가 영적으로 깨끗하고 정결하게 살지 못하는 이유는 성령의 인도함을 받지 않기 때문에 마음을 세상적인 일에 또는 마귀의 궤계에 빼앗겨 버리기 때문입니다. 그러므로 영적인 성결을 유지하는 삶을 살기 위해서는 절대적으로 성령의 의지하고 살아가야 합니다.

오늘의 기도

주님, 항상 자신을 구별하여 거룩한 삶을 살게하여 주옵소서, 예수님의 이름으로 기도드립니다. 예수님의 이름으로 기도드립니다. 아멘

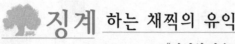

징계 하는 채찍의 유익

"아이의 마음에는 미련한 것이 얽혔으나
징계하는 채찍이 이를 멀리 쫓아..."

(신)찬 272장	제 13 주						
(구)찬 330장	월	화	수	목	금	토	잠22:12

　예나 지금이나 자녀를 둔 부모의 고민은 내 아이를 어떻게 키울 것인가에 대한 고민입니다. 말을 안들을 때 때리자니 내 아이가 남들 앞에서 기죽을 것 같고 야단을 치자니 성격이 비뚤어 질것 같아 여러 가지로 고민하게 되는 것을 봅니다. 그러나 성경은 이에 대해 분명히 제시하는 것이 있습니다. 그 것은 아이의 미련한 마음에는 반드시 징계가 있어야 한다는 것입니다. 성경적 징계는 절대로 자녀를 다른 길로 가게 하지 않습니다. 오히려 성경적인 징계는 자녀를 분별력있게 키울 수 있는 기회를 제공합니다. 뿐만 아니라 미련한 것을 멀리할 수 있는 지혜로운 자녀가 되도록 돕습니다. 그러므로 성도는 자녀가 지혜롭게 성장할 수 있도록 성경에서 자녀를 징계하는 양육법을 배워야 합니다.

첫째, 성경적 징계는 자녀를 유익하게 합니다.

　자녀를 위해 부모가 징계할 때 어떻게 징계하느냐가 중요합니다. 분명한 기준을 가지고 징계를 해야만 합니다. 그 기준은 바로 하나님의 말씀이어야 합니다. 성경적으로 자녀를 징계할 때 절대로 그 자녀는 삐뚤어지거나 잘못되지 않습니다. 왜냐하면 하나님의 말씀은 살아있기 때문입니다. 살아있는 하나님의 말씀은 사람의 마음을 움직이는 역동성을 가지고 있습니다. 결코 자녀가 그릇된 생각을 하도록 버려두지 않습니다. 오히려 자신의 잘못을 깨닫도록 돕습니다. 결국 하나님의 말씀으로 자녀를 징계하는 것은 자녀를 유익하게 하는 결과를 가져옵니다.

둘째, 말씀으로부터 멀어지는 것에서 떠나게 합니다.

　미련한 신앙생활의 특징은 말씀에서 떠난다는 것입니다. 그렇게 하고도 사단은 신앙생활을 잘 할 수 있다는 착각이 들게 합니다. 그러나 하나님의 말씀을 묵상하지 않고 가까이하지 않고서는 올바른 영적생활을 할 수 없습니다. 이와같이 자녀들이 하나님의 말씀에서 떠나려고 할 때 필요한 것이 바로 징계와 채찍입니다. 사랑하는 자녀일수록 징계와 채찍을 아끼지 말아야 합니다. 곧 그것이 자녀들로 하여금 미련한 길에서, 하나님의 말씀으로부터 멀어지게 하는 것에서 돌이키게 만듭니다.

오늘의 기도

　주님, 사랑으로 자녀를 징계하는 법을 배우게하여 주옵소서, 예수님의 이름으로 기도드립니다. 아멘

주를 의뢰하는 자의 복

"주께서 심지가 견고한 자를 평강에 평강으로
지키시리니 이는 그가 주를 ..."

신)찬 354장	제 14 주						사26:3
구)찬 394장	월	화	수	목	금	토	

'간어제초(間於齊楚)'라는 말이 있습니다. 이는 중국 주나라 말엽에 두 나라가 제·초의 두 큰 나라 사이에 끼여 괴로움을 당한 데서 나온 말로 약한 자가 강한 자들의 틈에 끼여 괴로움을 당하는 것을 이르는 말입니다. 오늘날 많은 그리스도인들이 바로 세상과 교회 사이에서 갈등하고 있는 모습을 볼 수 있습니다. 왜 이런 현상이 나타날까요? 그 이유는 믿음이 없기 때문입니다. 믿음은 신뢰한다는 의미를 가지고 있습니다. 믿음을 가지고 주를 의지하는 사람은 세상과 교회 사이에서 갈등하지 않습니다. 이런 사람에게는 하나님께서 복을 주십니다.

첫째, 평강의 복이 임합니다.

그 이유는 말씀에 견고하게 뿌리를 둔 사람이 많지 않기 때문입니다. 진심으로 하나님의 말씀을 의지하는 사람은 말씀을 묵상하게 되고 그리고 그 마음이 견고하여 세상에 잘 흔들리지 않습니다. 성도는 흔들리지 않는 세대가 되어야 합니다. 무엇보다 세상과 교회 사이에서 흔들리지 않아야 합니다. 하나님을 굳게 의지하고 마음을 견고하게 하면 하나님은 그 마음과 믿음을 붙들어 주십니다. 하나님이 붙드시는 사람은 매사에 평안함을 누릴 수 있습니다.

둘째, 세상을 두려워하지 않게 됩니다.

주를 의지하는 사람은 세상을 두려워하지 않습니다. 이에 대표적인 사람으로는 구약의 다윗이 있습니다. 모든 사람이 골리앗을 두려워할 때 오직 다윗은 두려워하지 않았습니다. 그 이유는 주를 의지했기 때문입니다. 이처럼 주를 온전히 의지하면 그 믿음이 세상을 두려워하지 않게 합니다. 그러므로 믿음의 사람들은 그 어떤 것보다 주를 의지해야 합니다. 사단은 두려움, 염려, 근심.. 이런 것 등으로 세상에서 살아가는 성도들을 위협하지만 주를 의지하는 사람은 그것을 결코 두려워하지 않습니다. 왜냐하면 하나님께서 그런 사람에게는 담대함을 주시기 때문입니다.

오늘의 기도

주님, 날마다 주를 의지하여 살게하소서, 예수님의 이름으로 기도드립니다. 아멘

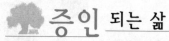

증인 되는 삶

"오직 성령이 너희에게 임하시면 너희가 권능을 받고
예루살렘과 온 유대와…"

(신)찬 351장	제 14 주						
(구)찬 389장	월	화	수	목	금	토	행1:8

예수님은 부활하시고 승천하시기 전 제자들에게 성령이 임하면 예루살렘으로부터 시작하여 땅끝까지 증인의 삶을 살게 될 것 이라고 말씀하셨습니다. 성령=증인의 삶, 이라는 공식이 성립된 것입니다. 신앙생활을 한다는 것은 증인의 삶을 사는 것을 말합니다. 증인의 삶이란 말 그대로 자신의 본 것, 들은 것, 기억하는 것을 말하여 전하는 것입니다. 그러나 우리가 보지 않을 것을 어떻게 보았다고 말할수 있습니까?

첫째, 성령을 받아야 합니다.

성령은 모든 것을 보았고 성령은 모든 것을 알고 계십니다. "그러하나 진리의 성령이 오시면 그가 너희를 모든 진리 가운데로 인도하시리니 그가 자의로 말하지 않고 오직 듣는 것을 말하시며 장래 일을 너희에게 알리시리라" (요16:13) 라고 하셨습니다. 성도는 성령님을 모셔들임으로 예수님께서 말씀하신 증인으로서의 삶을 살 수 있습니다. 그러므로 성도는 증인의 삶을 살아야 합니다. 그것이 하나님의 뜻입니다.

둘째, 전해야 합니다.

증인의 사명은 전하는 것입니다. 복음은 전하지 않으면 아무런 소용이 없습니다. 전해야 가치가 생깁니다. 돈은 써야 가치가 발생하듯 복음도 전해야 가치가 발생합니다. "그런즉 저희가 믿지 아니하는 이를 어찌 부르리요 듣지도 못한 이를 어찌 믿으리요 전파하는 자가 없이 어찌 들으리요"(롬10:14) 라고 했습니다.

복음은 땅끝까지 증거되어져야 합니다. 그러기 위해서는 전하는 사람들의 헌신과 열정이 필요합니다. 그러므로 전하는 자의 사명은 때를 얻든지 못 얻든지 전하는 것임을 명심하고, 우리가 그러했던 것처럼 이후에 구원받은 다른 영혼들을 생각하며 부지런히 증인으로서의 사명을 감당해야 합니다.

오늘의 기도

주님, 복음의 증인으로서의 삶을 살게 하여 주옵소서, 예수님의 이름으로 기도드립니다. 아멘

육체 의 정욕을 제어하는 힘

"사랑하는 자들아 나그네와 행인 같은 너희를 권하노니
영혼을 거스려 싸우는…"

(신)찬 268장	제 14 주							벧전2:11
(구)찬 202장	월	화	수	목	금	토		

구약성경에서 이스라엘로 불리웠던 야곱이 그의 열두 아들들과 식솔들을 데리고 요셉의 요청으로 애굽으로 들어갔을 때의 일입니다. 야곱은 바로 앞에 서게 되었고 그 앞에서 자신의 지난 날을 회고하며 자신의 삶이 나그네와 같은 힘겨운 삶이었다고 고백합니다. 성경은 종종 인생을 나그네와 같다고 비유하여 말합니다. 그 이유는 나그네는 일정한 거처가 없으며 항상 자신이 있는 곳이 자신의 거처가 아니기 때문입니다. 언젠가 원래의 집으로 돌아갈 것이기 때문에 인생을 그렇게 표현하였습니다. 이런 나그네와 같은 인생에게 가장 위협이 되는 것은 무엇일까요?

첫째, 육체의 정욕 입니다.

육체의 정욕은 늘 영적인 삶과는 상반된 삶을 살게 만듭니다. 성도는 육체의 정욕대로 살면 안되는 존재들입니다. 그리스도안에서 성령으로 육체의 정욕을 제어하는 힘을 가지고 살아야 합니다. 육신대로 살면 육신대로 죽을 것이라고 성경은 말씀하고 있습니다.(롬8:13), 육신대로 산다는 것은 육체의 정욕대로 산다는 것을 의미합니다. 육신의 정욕은 대부분 욕심에서 출발합니다. 채워도 채워도 끝이 없는 것이 바로 육신의 정욕입니다. 이는 근본이 욕심이기 때문입니다. 절제가 없는 삶이 바로 육신대로 사는 삶입니다.

둘째, 선한것을 좇지 않는 것입니다.

"선한 사람은 마음에 쌓은 선에서 선을 내고 악한 자는 그 쌓은 악에서 악을 내나니 이는 마음에 가득한 것을 입으로 말함이니라"(눅 6:45) 라고 했습니다. 육신대로 사는 사람은 절대 선한 것을 쌓을 수가 없습니다. 왜냐하면 악한 것을 좇기 때문입니다. 선한 것을 좇지 않습니다. 좇고 싶어도 좇을 수가 없습니다. 이미 마음에 가득한 악을 쌓아 두었기 때문입니다.

위와 같은 것들이 나그네 인생의 최대 위협이 되는 것들입니다. 끊임없는 욕심과 유혹이 나그네 인생을 현혹합니다. 이와 같은 상황에서는 분명한 목표가 필요합니다. 그것이 바로 성령의 인도를 따르는 삶입니다. 이 목표를 보고 삶을 살면 육체의 욕심와 악한 일에 넘어지지 않을 수 있습니다.

오늘의 기도

주님, 육체의 정욕을 이길 성령의 능력을 주옵소서, 예수님의 이름으로 기도드립니다. 아멘

주의 말씀을 마음에 두는 사람

"청년이 무엇으로 그 행실을 깨끗케 하리이까
주의 말씀을 따라 삼갈 것이니..."

신)찬 428장	제 14 주						
구)찬 488장	월	화	수	목	금	토	시119:9-11

인생에서 청년으로서 살아간다는 것은 가장 혈기왕성한 때를 보내는 것을 의미합니다. 그러나 이와같은 때 성경은 주의하여 행동할 것을 말씀하고 있습니다. 다름아닌 행실을 깨끗이 하라는 것입니다. 청년들은 자칫 잘못하면 자신이 원치 않는 일을 충동적으로 할 때가 있습니다. 또는 군중심리로 잘못된 길로 들어설 때가 있습니다. 성경은 이런 실수와 잘못을 범하지 않기 위해서 하나님의 말씀을 마음에 두라고 하고 있습니다.

첫째, 청년은 하나님의 말씀을 마음에 두어 행실을 깨끗이 해야 합니다.

청년의 행실을 깨끗이 하고 충동적인 실수를 저지르지 않기 위해서는 항상 하나님의 말씀을 마음에 두어야 합니다. "주의 말씀은 내 발에 등이요 내 길에 빛이니이다"(시119:105) 라고 하였습니다. 청년의 마음에 말씀은 등불의 역할을 감당합니다. 그래서 하나님의 말씀을 마음에 두라는 것입니다. 밤을 조심해야 되는 이유는 밤은 어두움이기 때문입니다. 이는 빛이 없으면 한치 앞도 분간할 수 없습니다. 그러나 빛이 있으면 그 어떤 어두움에도 아랑곳없이 다닐 수 있습니다. 어떤 장애물도 분간할 수 있습니다. 이것이 빛의 유익입니다. 하나님의 말씀이 빛이요 등불인 이유는 청년의 행실에 분별력을 주기 때문입니다.

둘째, 청년은 말씀을 따라 살아야 합니다.

청년의 삶의 목표는 분명해야 합니다. 분명한 목표를 가져야 전반적인 인생을 그 목표대로 살아갈 수 있습니다. 그러나 목표가 없는 청년은 세월이 지난후 많은 것을 후회하며 살아갑니다. 특히 청년은 하나님의 말씀을 삶의 목표로 삼고 그 말씀을 따라 살아가야 합니다. 이런 청년은 그야말로 정금같은 청년으로 항상 타인의 본이 되어 살아갈 수 있습니다. 피할것은 피하고 지킬것은 지키며, 청년의 정욕을 피하고 하나님의 영광을 나타내며 살아갈 수 있습니다.

오늘의 기도

주님, 하나님의 말씀을 늘 마음에 두게 하옵소서, 예수님의 이름으로 기도드립니다. 아멘

이세대 를 본받지 말라

"너희는 이 세대를 본받지 말고
오직 마음을 새롭게 함으로 변화를 받아..."

신)찬 455장	제 14 주						롬12:2
구)찬 507장	월	화	수	목	금	토	

세상에는 본받아야 할 것과 본 받지 말아야 할 것이 있습니다. 자칫 본받지 말아야 할 것을 본받으면 잘못된 삶을 살 우려가 있습니다. 대중문화는 이미 21세기 메가 트렌드(Mega Trend)로 부상하였습니다. 세대는 유행에 민감합니다. 유행따라 가지 못하면 마치 시대의 흐름에 맞지 않는 사람처럼 여겨집니다. 이런 편견을 두려워하여 대부분의 사람들은 유행을 따라 살아갑니다. 이것은 자연스런 삶의 흐름입니다. 그러나 대체적으로 유행은 비 성경적인 경우가 많이 있습니다. 하나님의 말씀과 거꾸로 가는 경향이 많습니다. 바울시대 때에도 그러했습니다. 그래서 바울은 이 세대를 본받지 말라고 한 것입니다.

첫째, 유행을 따라 살지 않아야 합니다.

오직 성도가 해야 할 일이 있다면 그것은 세상의 유행이나 세대를 따라가지 않고 하나님의 뜻을 좇아 사는 것입니다. 하나님은 바로 이런 삶을 살기를 원하십니다. 유행을 따르고 세상을 따르는 것이 감각있는 사람으로 살아간다는 착각을 하기 쉽습니다. 그러나 성도는 우선 유행보다는 하나님의 말씀을 우선 순위로 따르며 살아야 합니다.

둘째, 변화된 삶을 살아야 합니다.

그리스도인이 세상 사람들과 다른 점이 있다면 그것은 변화일 것입니다. 변화되지 않은 삶은 진정한 그리스도인의 삶이라고 볼 수 없습니다. 그러나 참된 성도는 변화된 삶을 살아가게 되어 있습니다. 예수그리스도를 구주로 고백하고 하나님의 자녀가 되는 것 자체가 변화입니다. 이는 신분의 변화입니다. 죄인의 삶에서 의인의 삶으로 변화된 삶입니다. 신분이 변하면 행동도 변하고 말도 변하고 습관도 변하게 되어있습니다. 뿐만 아니라 가치관의 변화도 경험하게 됩니다. 이와 같은 변화가 없는 사람은 진짜 그리스도인이라고 말할수 없습니다. 그러므로 성도는 변화된 삶을 사는 사람들입니다.

오늘의 기도

주님, 악한 세대를 본받지 않는 믿음을 주옵소서, 예수님의 이름으로 기도드립니다. 아멘

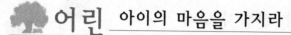

어린 아이의 마음을 가지라

"어린아이 하나를 데려다가 그들 가운데 세우시고
안으시며 제자들에게 이르..."

신)찬 565장	제 14 주						
구)찬 300장	월	화	수	목	금	토	마9:36-37

성경에서는 어린아이들을 중요하게 여기는 부분이 많이 나옵니다. 구약에서는 부모를 통해 율법을 교육받는 아이의 중요성에 대해 언급하고 있으며 신약에서는 어린 아이를 가까이 하시는 예수님의 모습을 통해서 그 중요성을 언급하고 있습니다. 성경에서 어린아이를 왜 중요하게 여기고 있을까요? 어린 아이는 하나님이 보실 때 깨끗한 마음의 소유자이기 때문입니다. 뿐만 아니라 이런 마음의 소유자들은 말씀을 순전하게 받아들입니다. 무엇이든 판단하는 마음으로 바라보지 않습니다. 있는 그대로를 받아들이려고 하는 경향이 강합니다. 믿음은 있는 그대로를 받아들이는 것입니다.

첫째, 어린아이는 의심을 하지 않습니다.

성경에서 예수님은 믿음이 없는 것을 종종 책망하십니다. 왜 믿음이 없는 것일까요? 의심하고 판단하기 때문입니다. 그러나 어린 아이는 의심하지 않습니다. 믿음은 의심이 없어야 합니다. 어린 아이같은 마음의 소유자는 의심 없는 믿음으로 하나님께 인정을 받을 수 있습니다. 의심은 성도의 신앙생활의 가장 큰 걸림돌입니다. 마귀는 의심을 통해서 역사합니다. 예수님의 수제자 베드로도 물위를 걷다가 결국 물에 빠져버리고 맙니다. 이는 의심을 하였기 때문입니다. 만일 의심이 없었더라면 베드로는 물위를 걸은 유일한 사람으로 기록되었을 것입니다. 믿음은 의심을 하지 않는 것입니다.

둘째, 어린아이는 잘 따르는 특징을 가지고 있습니다.

신앙생활을 하다가 실족하는 대부분의 사람들은 처음에는 믿고 따르다가 문제가 오면 말씀을 잘 따르지 못하기 때문에 생겨납니다. 순종은 따르는 것으로 시작합니다. 여호수아는 모세를 신뢰하고 따라 갈 때 모세의 후계자가 되었습니다. 요단강을 건너 가나안으로 들어간 대부분의 사람들은 여호수아를 잘 따랐기 때문에 가나안의 주인이 될 수 있었습니다. 그러나 따르는 것을 거부하고 말씀대로 살지 않고 순종하기를 거부한 사람들은 한결같이 하나님의 은혜를 입을 수 없었습니다. 성도는 어린아이처럼 말씀을 믿고 그대로 따라야 합니다.

🍀 오늘의 기도

주님, 어린아이 같은 순전한 마음과 믿음을 주옵소서, 예수님의 이름으로 기도드립니다. 아멘

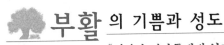

부활 의 기쁨과 성도

"천사가 여자들에게 일러 가로되 너희는 무서워 말라
십자가에 못 박히신 를 ..."

(신)찬 150장	제 15 주						
(구)찬 135장	월	화	수	목	금	토	마28:5-6

기독교는 부활의 종교입니다. 부활이 중요한 이유는 인간의 죄로 말미암아 찾아온 사망의 고통이 예수님의 십자가의 죽으심과 부활의 사건으로 사망의 권세를 깨뜨렸기 때문입니다. 그리고 예수님의 부활의 사건처럼 성도도 마땅히 부활에 참여하게 되기 때문입니다. 예수님의 부활은 나사로의 사건(요 11:1-44)과, 나인성 과부의 아들(눅7:11-17)의 사건과는 전혀 다른 성격의 부활입니다.

첫째, 예수님의 부활은 썩지 않을 몸의 부활입니다.

예수님은 다시 썩지 않는, 앞으로 하나님의 자녀들이 입게 될 썩지 않을 몸으로 다시 살아나신 것입니다. 마지막 때 부활의 날에는 모든 성도들이 이와 같은 부활의 몸을 입을 수 있습니다. 썩는 것은 세상에 속했기 때문에 썩는 것입니다. 세상에는 썩지 않는 것이 아무것도 없습니다. 모든 것은 다 썩기 마련입니다. 그러나 부활하신 예수님은 세상을 초월하여 다시는 썩지 않을 몸으로 부활을 하셨습니다. 예수님의 부활하심으로 하나님의 자녀인 성도들도 이와 같은 부활을 경험하게 될 것입니다.

둘째, 예수님의 부활로 사망을 이길 수 있는 특권이 주어졌습니다.

예수님의 부활을 통해 하나님의 자녀인 성도에게도 사망 권세를 이길 수 있는 동일한 특권이 주어졌습니다. 인간이 범죄하고 하나님과의 관계가 단절되면서 인간에게 찾아온 것은 흙으로 왔으니 흙으로 다시 돌아가게 되는 사망의 고통 이었습니다. 그리고 사단은 이 사망의 왕노릇을 하게 되었습니다. 그러나 예수님께서 사망의 고통을 이기시고 부활하심으로 하나님의 자녀인 백성들에게도 사망의 권세를 이길 수 있는 특권이 주어지게 되었습니다. 다시는 사망이 믿는자에게 왕노릇 할 수 없게 되었습니다.

오늘의 기도

주님, 부활의 기쁨을 안고 살아가게 하여 주옵소서, 예수님의 이름으로 기도드립니다. 아멘

연단 은 성도를 정결케 한다

"많은 사람이 연단을 받아 스스로 정결케 하며
희게 할 것이나 악한 사람은 악을..."

신)찬 411장	제 15 주						
구)찬 473장	월	화	수	목	금	토	단12:10

　고난을 좋아하고 즐기는 사람은 아무도 없습니다. 그러나 신앙생활 하다보면 뜻하지 않은 고난이 찾아오기 마련입니다. 고난을 싫어하고 고난을 이길 준비가 되지 않은 사람들은 그 고난앞에 넘어지고 맙니다. 그러나 지혜있는 성도는 고난이 주는 신앙생활의 유익을 깨달아 압니다. 그리고 그 고난에 지혜롭게 대처합니다.

첫째, 성도는 고난에 대한 성숙한 자세가 필요합니다.

　싸울 준비가 되지 않은 군인은 전쟁에서 승리할 수 없습니다. 뿐만 아니라 준비없이 광야를 지나갈 수 없습니다. 마찬가지로 성도의 신앙생활도 말씀과 기도, 인내의 무기를 가지고 언제 올지 모르는 고난을 대비하며 살아가야 합니다. 고난은 불청객입니다. 초대하지 않아도 어느날 불쑥 불쑥 찾아옵니다. 그러나 잘 준비된 사람은 수월하게 고난을 이길 수 있습니다. 왜냐하면 고난의 목적은 좌절과 낙심이기 때문입니다. 그러나 준비된 사람은 좌절이나 낙심을 않습니다. 말씀과 기도로 넉넉히 이깁니다.

둘째, 고난은 성도를 오히려 성숙시키고 성장 시킵니다.

　성숙된 그리스도인은 고난을 통해 만들어 질 수 있습니다. 성도는 고난을 통해 정결하고 성숙한 그리스도인으로 거듭날 수 있습니다. 정금은 불로 연단할 때 만들어집니다. 성도도 마찬가지입니다. 고난이 무조건 사람들에게 또는 성도들에게 악영향을 끼치는 것은 아닙니다. 때론 그 고난이 보다 성숙한 사람으로 단련되게 만들어 줄때도 있습니다. 그러므로 성도는 고난이 주는 불이익 보다 고난이 주는 유익을 생각하고 믿음으로 이겨 나가야 합니다.

　🍀 〰️오늘의 기도

　주님, 연단과 고난을 이기는 성도가 되게 하여 주옵소서, 예수님의 이름으로 기도 드립니다. 아멘

나의 사랑하는 그리스도

"나의 사랑하는 자는 내게 속하였고 나는 그에게
속하였구나 그가 백합화 가운데서..."

(신)찬 278장	제 15 주						
(구)찬 336장	월	화	수	목	금	토	아22:16

구약에서 가장 시적 표현이 많은 성경은 아가서입니다. 특히 남녀의 사랑을 표현하는 아름다우면서도 서정적이고 낭만적인 시적 용어들이 많이 등장합니다. 때론 낯뜨거운 애정표현도 등장합니다. 그럼에도 불구하고 아가서가 성도에게 유익한 이유는 그 사랑의 대상이 성도와 그리스도로 비유 되어지기 때문입니다. 성도는 그리스도를 향한 사랑의 설레임이 있어야 합니다.

첫째, 성도는 예수님을 향한 연민의 감정이 있어야 합니다.

성도는 그리스도를 대할 때 사랑하는 연인을 대하는 것처럼 연민과 사랑의 감정을 느낄 수 있어야 합니다. 사랑한다고 하면서도 아무런 감정도 없다는 것은 사랑이라고 볼 수 없습니다. 사랑한다면 사랑의 감정을 느껴야 합니다. 하나님은 자신의 백성을 사랑하실 때 진한 사랑의 감정을 느끼시면서 사랑하십니다. 그렇지 않고서야 어찌 독생자 예수 그리스도를 내어 주실 수 있었겠습니까? 그러므로 말로만 사랑하지 말고 진정으로 사랑의 감정을 가지고 사랑해야 합니다.

둘째, 성도는 그리스도를 향한 사랑을 표현해야 합니다.

성도는 날마다 그리스도를 향한 자신의 마음을 기도에 담아 표현하는 표현력있는 그리스도인이 되어야 합니다. 오늘 하루도 '나의 사랑하는 그리스도여', '오 나의 사랑하는 예수님이여'라고 고백해 보시기 바랍니다. 하나님은 이런 고백을 받기를 기뻐하십니다. 표현없는 사랑은 감상에 불과합니다. 사랑은 표현할 때 더강해지는 것입니다. 어떤 형태로, 어떤 방식으로든 자신만의 사랑 표현을 해 보시기 바랍니다. 표현하지 않는 사랑보다 표현하는 사랑이 더 감동적입니다. 내적으로, 외적으로 하나님을 향한 자신의 사랑을 표현해야 합니다.

🍀 오늘의 기도

주님, 예수그리스도를 뜨겁게 사랑하게 하여 주옵소서, 예수님의 이름으로 기도드립니다. 아멘

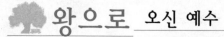

왕으로 오신 예수

"제자들이 가서 예수의 명하신 대로 하여
나귀와 나귀 새끼를 끌고 와서 기들의 겉옷을..."

신)찬 331장	제 15 주						
구)찬 375장	월	화	수	목	금	토	마21:6-9

예수님이 이땅에 오셔서 가진 직함은 세가지입니다. 선지자, 제사장, 왕입니다. 예수님은 선지자인 동시에 제사장 이셨고, 제사장이신 동시에 왕이셨습니다. 이 세가지 직함 중에 오늘날 교회와 성도가 적용해야 할 것은 '왕이신 그리스도' 입니다. 왕은 통치권을 가지고 있습니다. 나라를 다스리고 치리하는 특권이 주어진 것이 바로 왕입니다. 나라없는 왕, 백성없는 왕은 있을 수 없습니다.

첫째, 성도는 하나님의 백성입니다.

성도가 하나님의 백성이라는 것은 하나님의 통치를 인정하는 것을 말합니다. 왕의 통치를 인정하는 사람이야 말로 그 왕의 영향력 아래 있다고 볼 수 있습니다. 예수님을 왕으로 모셔들이고 그 통치권을 인정하는 사람은 예수님의 영향력 아래 있습니다. 성도는 언제나 그 사실을 인정해야 합니다. 오늘도 나의 삶을 다스리시고 통치해 달라고 해야 합니다.

둘째, 예수님을 왕으로 섬겨야 합니다.

왕이 상징하는 것은 그 나라를 상징합니다. 하나님의 자녀인 성도들은 하나님의 나라의 백성들로서 분명한 다스림을 받아야 할 통치자가 필요합니다. 그 통치자는 바로 예수그리스도여야 합니다. 예수님은 이 땅에 왕으로 오셨고 또 왕으로 우릴 다스릴 분이십니다. 성도의 삶에서 그 통치권을 인정하지 않고 여전히 삶의 주인이 자신이라면 이는 잘못된 신앙입니다. 성도의 삶의 통치자는 오직 왕이신 예수 그리스도입니다.

오늘의 기도

주님, 우리의 삶의 통치하시고 다스려 주옵소서, 예수님의 이름으로 기도드립니다.
아멘

산자의 하나님

"나는 아브라함의 하나님이요 이삭의 하나님이요
야곱의 하나님이로라 하신 ..."

(신)찬 488장	제 15 주						마22:32
(구)찬 539장	월	화	수	목	금	토	

본문에서 아브라함의 하나님, 이삭의 하나님, 야곱의 하나님이라고 한 부분은 현재 진행형을 말합니다. 즉 ...이 생략되어진 것입니다. 과거에 존재했던 하나님은 오늘날도 존재하시며 이미 고인이 되어버린 조상들이, 섬기던 그 하나님은 여전히 살아서 산자의 하나님으로 역사하신다는 것입니다. 하나님은 과거의 하나님으로 기억되는 것을 원치 않으십니다. 하나님은 오늘날도 살아계셔서 역사의 수레바퀴를 돌리시는 분이시며 산자의 하나님 이십니다.
첫째, 하나님은 역사속의 하나님이 아닙니다.
혹 어떤 성도들은 옛날에 은혜 받았던 경험만을 생각하는 사람이 있습니다. 이런 신앙을 과거형 신앙이라고 합니다. 과거형 신앙은 늘 과거에 매여 있기 때문에 현재 하나님께서 은혜 베풀고 계시다는 사실을 생각하지 못합니다. 뿐만 아니라 앞으로 미래에 베푸실 은혜를 기대하지 못하고 살아갑니다. 하나님은 과거에도 역사하셨지만 현재에도 은혜 베풀고 계시며 미래에도 은혜 베푸실 것을 믿어야 합니다. 산자의 하나님이라는 의미는 그런 의미입니다. 하나님은 과거에 매여 있지 않습니다.
셋째, 하나님은 과거나 현재뿐 아니라 미래의 역사도 주관하십니다.
하나님은 지속적으로 역사하시는 분이십니다. 성경이 과거형이기는 하나 미래지향적인 의미들을 내포하고 있습니다. 그러므로 성도의 신앙은 오늘보다는 내일을 기대하고 바라볼 줄 알아야 합니다. 현재 불행하다고 앞으로도 불행하지는 않습니다. 다가올 앞날을 기대하고 믿음으로 역사를 주관하시는 하나님을 믿으면 분명히 하나님은 축복으로 채워주실 것입니다. 하나님은 개인의 역사뿐 아니라 전 인류의 과거, 현재, 미래를 주관하시는 분이십니다. 그러므로 성도는 역사의 주관자이신 하나님을 굳게 신뢰하고 믿어야 합니다.

오늘의 기도

주님, 살아계신 하나님을 늘 찬송하며 살게하여 주옵소서, 예수님의 이름으로 기도 드립니다. 아멘

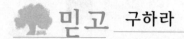

믿고 구하라

"너희가 기도할 때에 무엇이든지 믿고
구하는 것은 다 받으리라 하시니라"

신)찬 91장	제 15 주						
구)찬 91장	월	화	수	목	금	토	마21:22

성경에서 하나님이 싫어하시는 사람 가운데 하나는 의심이 많은 사람입니다. 무엇이든지 믿지 못하고 의심하는 사람을 하나님은 싫어하십니다. 반대로 무엇이든 하나님께서는 다 하실 수 있다고 믿는 믿음의 사람을 기뻐하십니다. 태양을 멈춘(수10:12) 여호수아의 믿음은 실로 놀랍기만 합니다. 어떻게 태양을 멈출수 있습니까, 하나님께서 하실 수 있다는 확고한 믿음이 여호수아에게 있었기 때문에 하나님께서 여호수아를 대신하여 태양을 멈추게 하신 것입니다.

첫째, 믿음은 하나님께 대한 신뢰의 표현입니다.

하나님을 믿는 다는 것을 무엇으로 나타낼수 있습니까? 그것이 바로 믿음입니다. 믿음으로 나타낼수 있습니다. 히브리서에 나타난 바에 의하면 믿음의 정의는 "바라는 것들의 실상이요, 보지 못하는 것들의 증거"(히11:1) 라고 하였습니다. 보이지 않는 것을 어떻게 바랍니까? 하나님을 신뢰하는 사람은 가능합니다. 그것이 믿음입니다. 보는 것만 믿는 것은 믿음이 아닙니다. 보이지 않는 것을 신뢰하고 믿는 것이 참된 믿음입니다. 그러므로 믿음은 보이지 않는 하나님에 대한 신뢰의 표현인 것입니다.

둘째, 믿음의 기도는 의심하지 않는 기도입니다.

하나님은 하나님의 자녀가 기도할 때 의심하는 것을 기뻐하지 않으십니다. 왜냐하면 의심은 하나님에 대한 불신의 표현이기 때문입니다. 하나님에 대해 불신하면서 무엇을 받기를 바란다는 것은 그야말로 말도 되지 않는 이야기입니다. 그러나 의심하지 않으며 믿고 구하는 것은 하나님께서 반드시 기억하시고 응답해 주십니다. 예수님께서는 "믿고 구하는 것은 다 받으리라" 라고 하셨습니다. 의심하지 않는 믿음의 기도만이 구하는 것을 다 받을 수 있습니다.

오늘의 기도

주님, 믿음으로 기도하게 하여 주옵소서, 예수님의 이름으로 기도드립니다. 아멘

모이기 를 즐겨하자!

> "서로 돌아보아 사랑과 선행을 격려하며
> 모이기를 폐하는 어떤 사람들의 ..."

신)찬 370장	제 16 주						히10:24-25
구)찬 455장	월	화	수	목	금	토	

초대교회의 특징 가운데 하나는 모이기를 잘하는 것이었습니다. 오순절 성령의 역사도 제자들이 모여 있을 때 임하였습니다. 부활하신 예수님도 제자들이 한자리에 모였을 때 나타나셨습니다. 성도를 한자로 쓰면 聖徒입니다. '거룩한 무리'라는 뜻입니다. 그러므로 성도는 모이기를 힘쓰고 모이기를 즐겨해야 합니다. 성령의 역사는 모이기를 즐겨하는 '거룩한 무리'에게 임합니다.

첫째, 하나님을 기쁨으로 섬기는 사람은 모이기를 즐겨합니다.

모이기를 즐겨한다는 것은 하나님을 기쁘게 생각한다는 뜻입니다. 하나님을 사랑하고, 하나님의 말씀을 사랑하고, 교회를 사랑하면 모이게 되어 있습니다. 마지막 때가 가까울 수록 더욱 모이기를 힘써야 합니다. 교회는 모이는 공동체입니다. 모이지 않고 교회가 세상의 빛과 소금의 역할을 감당할수 없습니다. 기쁨으로 신앙생활 하는 사람은 모이는 것을 기뻐하고 즐거워합니다. 반면 신앙생활에 기쁨이 없는 사람은 모이는 것을 회피하고 싫어합니다. 모이기를 즐겨하려면 기쁨으로 신앙생활 하면서 하나님을 기뻐해야 합니다.

둘째, 흩어짐은 사단의 계략입니다.

성령의 역사는 하나됨에 있습니다. 그러나 사단의 역사는 흩어짐에 있습니다. 사단은 왜 흩어짐에 목적을 두고 역사할까요? 교회 공동체는 한 마음으로 모일 때 가장 강력합니다. 그러나 흩어질 때 그 힘은 미약합니다. 하와는 홀로 있을 때 뱀의 유혹을 받았습니다. 그러므로 성령의 역사와 사단의 역사를 구별하는 방법은 아주 쉽습니다. 무엇이든 하나되게 하는 역사는 성령의 역사입니다. 그러나 아무리 논리적이고 설득력이 있어도 공동체를 나누고 흩어지게 하는 것은 사단의 역사입니다. 그러므로 마지막 때가 가까울수록 분별력을 가지고 신앙생활을 해야 합니다.

오늘의 기도

주님, 모이기를 즐겨하는 성도가 되게하여 주옵소서, 예수님의 이름으로 기도드립니다. 아멘

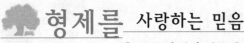

형제를 사랑하는 믿음

"누구든지 자기 친족 특히 자기 가족을 돌아보지
아니하면 믿음을 배반한..."

신)찬 419장	제 16 주						딤전5:8
구)찬 478장	월	화	수	목	금	토	

이웃사랑은 성경에서 가장 중요한 성도의 신앙 실천 덕목입니다. 형제 사랑도 마찬가지입니다. 세월이 빠르게 변하면서 이웃사랑뿐 아니라 형제 사랑도 변하고 있는 것 같습니다. 성경은 분명히 말씀하고 있습니다. 친족 특히, 자기 가족을 돌아보라고 말씀하고 있습니다. 믿음의 사람이 자기 친족을 돌아보고 사랑해야 할 이유는 불신자들도 자기 친족과 가족은 사랑하기 때문입니다.

첫째, 형제를 돌아보지 않는 사람은 악한 사람입니다.

믿음이 있다고 하면서 자기 가족을 돌아보지 아니하고 친족을 돌아보지 아니하면 불신자 보다 더 악한 사람인 것을 증명하는 것입니다. 하나님의 말씀의 실천은 사랑입니다. 특히 자기 친족과 형제, 그리고 가족을 사랑해야 합니다. 이것이 참된 성도의 신앙의 자세입니다. 이기적인 신앙은 자신만 압니다. 이는 세상 사람들과 다른 것이 조금도 다를 바가 없습니다. 하나님은 이런 신앙을 원치 않습니다. 하나님을 사랑하면 내 이웃을 사랑하고 내 형제를 사랑해야 합니다. 특별한 이유없이 자신의 유익을 위하여 형제를 돌아보지 않는 것은 죄악입니다.

둘째, 성도는 자기 형제를 사랑해야 합니다.

어떤 성도들은 교회를 위한답시고 형제나 가족을 돌아보지 않는 사람이 있습니다. 그 이유는 진정으로 형제나 가족을 사랑하지 않기 때문입니다. 사랑하면 돌아보게 되어있습니다. 구약성경에서 요셉은 형제들에게 배신을 당한 사람입니다. 그러나 그가 애굽의 국무총리가 되었을 때에 형들에게 복수를 하기는 커녕 오히려 사랑으로 그의 형제들을 돌보아 주었습니다. 뿐만 아니라 그 형들의 자녀들까지 요셉은 사랑으로 돌보아 주었습니다. 이런 모습이야 말로 오늘날 성도들이 배워야할 진정한 신앙의 자세입니다. 그러므로 성도는 형제와 가족을 사랑해야 합니다.

오늘의 기도

주님, 형제 사랑하기를 주께 하듯하게 하여 주옵소서, 예수님의 이름으로 기도드립니다. 아멘

성도 의 자부심

"오직 너희는 택하신 족속이요 왕같은 제사장들이요
거룩한 나라요 그의 ..."

신)찬 292장	제 16 주						
구)찬 415장	월	화	수	목	금	토	벧전2:9

예수를 구주로 영접하고 구원받은 성도들에게 일어나는 변화 가운데 하나는 바로 신분의 변화입니다. 죄인의 신분에서 의인의 신분으로의 변화요, 초라한 죄인의 삶에서 하나님의 아들이요 딸로서의 왕자요 공주로의 신분의 변화입니다. 뿐만 아니라 하늘의 시민권을 부여받은 하늘에 속한 사람이 되었다는 것이 가장 놀라운 변화라고 볼 수 있습니다. 그러므로 성도는 이런 자부심과 긍지를 가지고 살아야 합니다.

첫째, '택한 백성' 이라는 자부심을 가져야 합니다.

본문의 말씀을 보면 하나같이 우리가 어떤 신분에 속한 사람인지에 대해서 강조하여 말씀하고 있습니다. 택하신 족속, 왕같은 제사장, 그의 나라, 그의 소유된 백성등은 모두 성도가 어떤 신분의 사람인지를 나타내주는 표현들입니다. 성도는 결코 세상이 얕볼 수 있는 시시한 존재들이 아닙니다. 엄청난 자부심과 긍지를 가지고 살아야 할 사람들입니다. 그럼에도 불구하고 하나님의 택한 백성으로서의 자부심을 가지고 살아가지 못하는 성도들이 많이 있습니다. 하나님은 하나님의 백성이 하나님의 자녀로서 자부심을 가지고 살아가길 원하십니다.

둘째, '하나님의 소유' 라는 자부심을 가져야 합니다.

소속이 분명한 사람들은 분명한 소속감을 가지고 살아갑니다. 성도들의 소속에 대해 성경은 '하나님의 소유' 라고 하심으로 하나님의 자녀는 하나님께 소속된 사람임을 밝혀주고 있습니다. 이는 분명한 특권이요, 자심감으로 표현할 수 있습니다. 성도가 하나님의 소유라는 자체는 엄청난 하나님의 은혜요 축복입니다. 하마터면 죄인의 멍에를 쓰고 사단의 권세 아래 있을 뻔했지만 하나님은 예수 그리스도를 통해 하나님의 백성으로, 자녀로 삼아주시고 하나님의 소유라고 인정하여 주셨습니다. 그러므로 성도는 이런 놀라운 은혜의 축복을 감사함으로 여기며 자부심을 가지고 살아야 합니다.

🍀 오늘의 기도

주님, 성도로서 분명한 자부심을 가지고 살게하여 주옵소서, 예수님의 이름으로 기도드립니다. 아멘

형통 을 이루시는 하나님

"비와 눈이 하늘에서 내려서는
다시 그리로 가지 않고 토지를 적시어서 싹이 …"

(신)찬 545장	제 16 주							
(구)찬 344장	월	화	수	목	금	토	사 55:10-11

하나님이 창조하신 만물에는 놀라운 하나님의 섭리들이 숨어 있습니다. 자연의 법칙은 어느것 하나 버릴 것이 없습니다. 계절의 변화, 때에 따라 내리는 눈과 비, 또는 사막에 내리 쬐는 뜨거운 태양 이 모든 것들은 어느 것 하나 버릴 것 없는 하나님의 섭리입니다. 모든 것이 다 만물을 유익하게 하게 합니다. 이와 같은 자연의 이치를 통하여 하나님의 뜻을 보여주시는 하나님은 하나님의 자녀인 사람들에게도 모든 것을 형통케하는 뜻이 있음을 깨닫기를 원하십니다.

첫째, 하나님의 말씀은 성도를 형통케 합니다.

성도의 삶의 형통함을 위해서 하나님은 말씀을 주셨습니다. 하나님의 말씀은 성도의 삶을 형통하게 만듭니다. 그 말씀을 의지하는 사람에게는 말씀이 능력이 임하게 되며 형통함이 임합니다. 하나님은 그 자녀된 백성들이 이와 같은 형통함을 누리며 살기를 원하십니다. 그럼에도 불구하고 하나님이 주신 형통을 이루지 못하게 하는 것은 무엇입니까? 바로 불신앙과 불순종입니다. 이 두가지는 하나님이 주신 형통의 복을 가로막는 가장 큰 장애물입니다. 성도는 믿음으로 그 장애물을 극복해야 합니다. 그래야 하나님의 형통함이 임합니다.

둘째, 형통은 하나님의 뜻입니다.

부모가 자식이 잘되기 원하는 것은 당연한 세상 이치입니다. 신앙생활도 마찬가지입니다. 하나님은 하나님의 자녀가 땅에서 잘되고 복되기를 원하십니다. 다시 말하면 형통은 하나님의 뜻이라는 것입니다. 그럼에도 불구하고 인생이 망가지고 힘든 사람들은 분명 삶에 문제가 많은 사람들입니다. 구약의 요셉의 삶은 힘들었지만 형통했습니다. 이것이 바로 그리스도인의 삶, 성도의 삶인 것입니다. 하나님의 자녀, 하나님의 백성은 반드시 형통하게 된다는 믿음을 가지고 성도는 인내하며 살아야 합니다. 그리하면 언젠가 하나님의 주신 형통의 복이 분명히 임할 것입니다.

🍀 오늘의 기도

주님, 언제나 믿음으로 형통한 삶을 살게하여 주옵소서, 예수님의 이름으로 기도드립니다. 아멘

 성도 의 관용

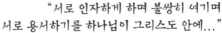
"서로 인자하게 하며 불쌍히 여기며
서로 용서하기를 하나님이 그리스도 안에..."

신)찬 327장	제 16 주						
구)찬 361장	월	화	수	목	금	토	엡 4:32

　하나님의 성품 가운데 우리가 본 받아야 할 성품은 관용입니다. 신약성경에도 어느날 베드로가 예수님께 질문하는 장면이 나옵니다. 베드로의 질문은 자신에게 죄를 범한 사람을 몇 번이나 용서해 주어야 하는지에 대한 것이었습니다(마18:21-22). 그때 예수님의 대답은 일흔번씩 일곱 번이라도 하라고 말씀하십니다. 베드로에게는 실로 상상을 초월한 대답이었습니다. 그것이 가능한 이유는 성삼위 하나님의 속성중 하나가 바로 '관용'이기 때문입니다.

첫째, 성도는 하나님의 성품을 닮아야 합니다.
　하나님이 오래 참지 않으시고 관용하는 마음이 없으셨다면 우리 인간들은 벌써 멸망해야 마땅합니다. 그러나 하나님의 관용은 오래 참으심을 통하여 관용하는 하나님에 대해 깨닫게 하셨습니다. 그러므로 마땅히 우리 성도들은 이와 같은 관용을 본받아야 합니다. 사람이 하나님의 형상을 닮았다는 것은 외형적인 형상을 말하는 것이 아닙니다. 하나님의 인격적 속성을 닮았다는 뜻입니다. 하나님의 속성중 하나가 바로 관용이라는 것을 생각할 때 하나님의 자녀인 성도가 하나님의 속성을 닮아가는 것은 당연한 것입니다.

둘째, 관용은 다툼을 일으키지 않습니다.
　이스라엘 초기 왕국의 3대 왕은 솔로몬 이었습니다. 솔로몬이 다른 왕들과 다른점은 지혜롭다는 것이었습니다. 그리고 또 다른 하나는 넓은 마음을 하나님께서 주셨다는 것입니다. 솔로몬은 관용을 잘하는 넓은 마음을 가진 사람이었습니다. 이는 하나님께서 주신 하나님의 선물입니다. 비교적 솔로몬 시대에는 전쟁이 없었습니다. 그 이유중 하나가 하나님께서 주신 관용과도 연관이 있습니다. 관용은 다툼을 일으키지 않습니다. 상대방 보다 넓은 마음을 가졌기 때문에 모든 것을 이해하고 용서합니다. 그러나 상대적으로 그렇지 못한 사람은 쉽게 다른 사람을 용서하거나 품지 못합니다. 그러나 성도는 관용할 줄 알아야 합니다.

　　오늘의 기도
주님, 관용의 마음을 품게 하여 주옵소서, 예수님의 이름으로 기도드립니다. 아멘

부끄 럽지 아니한 성도가 되라

"나 여호와가 말하노라 사람이 내게 보이지 아니하려고
누가 자기를 은밀한 …"

신)찬 503장	제 16 주							
구)찬 373장	월	화	수	목	금	토		렘 23:24

　태초에 하나님이 만드신 첫 사람인 아담이 범죄하고 처음 한 행동은 자신의 행위를 숨기는 행위였습니다. 하나님께 숨기면 모든 일이 해결될 줄로 생각했습니다. 그러나 하나님은 숨어있는 아담과 하와에게 나타나셨습니다. 하나님께 숨길 수 없었습니다. 성도도 마찬가지입니다. 하나님께 부끄러운 일을 하면 누구나 그것을 숨기고 싶어합니다. 하지만 아무리 숨기려고 하여도 하나님께는 절대 숨길 수 없음을 알아야 합니다.

첫째, 성도는 하나님 앞에서 부끄럽지 않아야 합니다.

　성도는 하나님께 부끄럽지 않고 떳떳한 성도가 되도록 노력해야 합니다. 하나님에 대해 바로 알고 성경에 대해 바로 알면 부끄러운 행동은 하지 않게 됩니다. 하나님은 성도가 하나님께 부끄럽지 않게 행하여 살기를 원하십니다. 성도가 하나님 앞에서 부끄럽다는 것은 무슨 뜻일까요? 하나님의 말씀에 순종하지 않고 불순종하여 죄를 범하는 것을 의미합니다. 이런 부끄러운 일을 행한 사람은 하나님의 낯을 피하게 되어 있습니다. 처음 사람 아담과 하와가 그렇게 했습니다. 떳떳하지 못하기 때문에 하나님을 피하여 숨었던 것입니다. 그러므로 하나님의 자녀인 성도들은 하나님께 범죄하여 죄를 짓지 않도록 힘쓰고 노력해야 합니다.

둘째, 사람 앞에서 부끄럽지 않아야 합니다.

　하나님은 하나님의 백성들이 세상 앞에서 떳떳하고 당당하기를 원하십니다. 그러나 부끄러운 일을 행한 사람들은 사람 앞에서도 당당하지 못합니다. 이런 사람들은 하나님의 영광을 나타내는 삶을 살 수 없습니다. 하나님께서는 이런 부류의 사람들을 싫어하십니다. 하나님께서는 하나님의 백성들이 하나님 앞에서도 부끄럽지 않고 사람 앞에서도 부끄럽지 않기를 원하십니다. 요셉의 삶이 성숙한 그리스도인으로서 사람과 하나님 앞에서 부끄럽지 않은 삶을 살 때 하나님은 그를 높여 주셨습니다. 하나님 앞에서 부끄럽지 않은 사람은 사람 앞에서도 부끄럽지 않습니다.

🍀 오늘의 기도

주님, 하나님과 사람 앞에서 부끄럽지 않은 성도가 되게 하여 주옵소서, 예수님의 이름으로 기도드립니다. 아멘

네 **부모를 공경하라**

"네 부모를 공경하라 그리하면
네 하나님 여호와가 네게 준 땅에서 네 생명..."

신)찬 579장	제 17 주						출20:12
구)찬 304장	월	화	수	목	금	토	

하나님께서는 모세를 통해 십계명을 주시면서 다섯 번째 계명으로 부모 공경에 대한 계명을 주셨습니다. 하나님과 사람 사이에 부모의 존재가 중요하다는 것을 의미합니다. 부모는 마땅히 자녀들로부터 공경을 받아야 합니다. 그리고 자녀들은 당연히 부모를 공경해야 합니다. 부모를 공경하지 않는 자녀를 하나님께서는 기뻐하시지 않습니다. "네 부모를 즐겁게 하며 너를 낳은 어미를 기쁘게 하라"(잠23:25) 라고 하였습니다. 자녀라면 당연히 부모를 기쁘게 해야 됩니다.

첫째, 하나님의 명령이기 때문에 부모를 공경해야 합니다.

부모 공경은 하나님의 명령입니다. 명령은 반드시 지켜야 합니다. 해도 되고 안해도 되는 것이 아닌 꼭 해야만 하는 것이 명령입니다. 하나님은 부모를 공경하는 것을 꼭 해야하는 것으로 말씀하고 있습니다. 이것을 성경적인 효(孝)사상이라고 할 수 있습니다. 부모를 중요시하고 부모를 공경하는 것은 하나님이 중요시 여기는 것 가운데 하나입니다.

둘째, 부모를 공경해야 하나님도 섬길 수 있습니다.

하나님이 주신 부모를 공경하지 않고 하나님을 섬긴다는 것을 있을 수 없는 일입니다. 하나님을 잘 섬기는 사람은 부모도 공경할줄 아는 사람이라고 볼수 있습니다. 하나님을 잘 섬긴다는 것은 하나님을 사랑한다는 뜻입니다. 하나님을 사랑하는 사람은 부모도 잘 공경하게 되어 있습니다. 구약시대에서 특히 부모의 중요성은 강조 되었습니다. 그 이유는 부모로부터 자녀는 엄격한 율법 교육을 받을 수 있었기 때문입니다. 부모를 통해서 하나님을 섬기는 법을 배웠습니다. 그러므로 부모를 잘 섬기고 공경하는 것은 당연한 것이었습니다. 오늘날도 마찬가지입니다. 하나님을 잘 섬기기 위해서는 반드시 부모도 잘 공경해야 합니다.

🍀 오늘의 기도

주님, 부모를 공경하는 일에 소홀하지 말게 하여 주옵소서, 예수님의 이름으로 기도드립니다. 아멘

주께 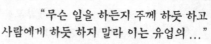 하듯 하라

*"무슨 일을 하든지 주께 하듯 하고
사람에게 하듯 하지 말라 이는 유업의 ..."*

신)찬 320장	제 17 주						
구)찬 350장	월	화	수	목	금	토	골3:23-24

그리스도인들이 타인을 대할 때 주의 할 점이 있습니다. 그것은 바로 남을 나보다 낮게 여기는 마음과 마치 주께 하듯 정중히 대하는 것입니다. 성경은 그리스도를 섬기는 사람들이 마땅히 이와 같이 하여야 한다고 말씀하고 있습니다. 왜냐하면 이땅의 모든 사람들은 모두가 하나님의 형상을 닮은 사람들이기 때문입니다. 오늘날과 같이 이기주의(egoism)가 만연한 이 시대에 꼭 필요한 삶의 자세라고 볼 수 있습니다.

첫째, 그리스도인들의 삶은 달라야 합니다.

믿는 사람들은 믿지 않는 세상 사람들과는 무언가 달라야 합니다. 그것이 바로 주께 하듯 하는 삶의 자세입니다. 이런 삶의 모습은 섬기는 삶의 모습입니다. 남을 나보다 낮게 여기며 섬기는 자로서의 삶을 사는 것을 말합니다. 오늘날 사람들은 섬기는 삶 보다는 성공하는 삶을 살고 싶어합니다. 남보다 뛰어나고 남보다 잘되고 높아지기를 원하며 살아가고 있습니다. 그러나 우리 그리스도인들의 삶은 달라야 합니다. 성공을 쫓는 것보다 그리스도를 닮아가는 삶을 살아야 합니다. 그것이 바로 모든 사람을 주께 하듯하는 삶의 자세입니다.

둘째, 상급이 있는 삶을 살 수 있습니다.

주께 하듯 하는 삶은 상급이 따릅니다. 그 이유는 하나님의 말씀을 순종하는 삶을 살았기 때문입니다. 순종은 하나님이 가장 귀히 보시는 성도의 신앙의 덕목이라고 할 수 있습니다. 믿음이 없이는 순종할 수 없습니다. 믿음이 있기 때문에 순종 하는 삶을 살수 있는 것입니다. 무슨 일을 하든 주께 하듯 한다는 것은 쉬운 일이 아니지만 믿음으로 순종하면 말씀대로 살아갈 수 있습니다. 하나님은 이런 삶을 사는 사람에게는 반드시 상급을 주십니다.

오늘의 기도

주님, 무엇을 하든 주께 하듯 하게 하여 주옵소서, 예수님의 이름으로 기도드립니다. 아멘

성실 히 행하는 사람

"성실히 행하는 자는 구원을 얻을 것이나
사곡히 행하는 자는 곧 넘어지리라"

(신)찬 292장	제 17 주							
(구)찬 415장	월	화	수	목	금	토	잠28:18	

그리스도인들의 사회생활은 성실해야 합니다. 모든 일을 성실하게 할 때 인정함을 받을 수 있습니다. 사람뿐만 아니라 하나님에게도 인정을 받을 수가 있습니다. 마25장에 있는 달란트의 비유에서 한달란트 받은 종이 주인에게 책망받은 이유는 그가 악하고 게을렀기 때문입니다. 다시 말하면 그는 성실하지 않았습니다. 주인에게 받은 한달란트로 아무것도 하려고 시도하지 않았습니다. 주인은 그것을 괘씸하게 본 것입니다. 그러므로 우리 그리스도인들은 무엇을 하든 성실함으로 사람과 하나님 앞에 인정을 받는 사람이 되어야 합니다.

그리스도인들이 성실해야 하는 이유는

첫째, 예수님께서 성실하셨기 때문입니다.

예수님의 사역은 '성실' 그 자체 였습니다. 게을러서 일을 뒤로 미루거나 대충 대충 사역하시는 분이 아니셨습니다. 언제나 새벽 미명에 일어나셔서 항상 기도하시는 분이셨고 갈릴리를 중심으로 주변 모든 고을에 심지어는 사마리아 지역에 까지도 가셔서 복음을 전하시는데 열심인 분이셨습니다. 그야말로 성실히 자신의 사역을 감당하신 것입니다. 예수님을 닮는 제자의 삶이란 성실을 포함하는 삶입니다. 그리스도인들은 성실해야 합니다. 성실해야 하나님의 뜻을 이룰 수 있습니다.

둘째, 하나님께서 성실한 삶을 원하시기 때문입니다.

하나님은 자신의 백성들이 세상에서 성실한 삶을 살아가기를 원하십니다. "부지런하여 게으르지 말고 열심을 품고 주를 섬기라"(롬12:11) 라고 하였습니다. 하나님은 게으른 사람보다 부지런하여 성실한 사람을 기뻐하십니다. 게으른 사람은 하나님의 뜻을 이룰 수 없습니다. 성실하고 부지런한 사람을 통해서 하나님은 하나님의 뜻을 이루십니다. 왜냐하면 하나님도 성실하신 분이시기 때문입니다. 하나님은 6일동안 성실함으로 천지를 창조하셨습니다. 그리고 7일째 쉬셨습니다. 게을렀다면 쉴 필요가 없으십니다. 그러나 성실하게 사역을 하셨기 때문에 쉬신 것입니다. 그러므로 성도는 하나님의 기뻐하시는 뜻을 따라 성실한 삶으로 하나님께 영광 돌려야 합니다.

오늘의기도

주님, 성실함으로 충성된 그리스도인이 되게하여 주옵소서, 예수님의 이름으로 기도드립니다. 아멘

스스로 칭찬하지 말라

"타인으로 너를 칭찬하게 하고
네 입으로는 말며 외인으로 너를 칭찬하게 하..."

(신)찬 263장	제 17 주						
(구)찬 197장	월	화	수	**목**	금	토	잠27:2

미국의 흑인 여배우 우피 골드버그가 출연한 시스터 액트(Sister Act)시리즈가 있습니다. 이 영화의 주된 주제는 '칭찬'입니다. 골치덩어리 문제아들의 재능을 발견하고 칭찬하고 격려함으로 용기와 희망을 주는 영화입니다. '칭찬'은 분명 사람들에게 긍정적 영향을 미치는 것만은 틀림 없습니다. 그러나 한 가지 주의 해야 할 사항이 있다면 그것은 스스로 칭찬하지 않는 것입니다. 성경은 칭찬에 대해 내가 아닌 타인이 칭찬하도록 하라고 하고 있습니다.

첫째, 스스로 칭찬하는 사람은 교만할 수 있습니다.

사람은 욕을 먹는 것보다 칭찬받는 것을 좋아합니다. 기왕이면 칭찬을 받아야 기분이 좋습니다. 그런데 자신을 높여 스스로 칭찬하는 사람이 있습니다. 구약에는 느부갓네살 왕이 그런 사람이었습니다. 느부갓네살은 한때 교만하여 스스로 높이다가 하나님께 벌을 받아 소처럼 들에서 풀을 먹게 되었습니다. 사람은 어떤 일이 있어도 스스로 교만하여 자신을 칭찬하면 안됩니다. 이런 사람은 하나님께서 절대로 존귀히 여기거나 높여 주시지 않습니다.

둘째, 스스로 칭찬하는 사람은 자신의 뜻을 중요시 여길수 있습니다.

성도는 남을 칭찬하는 일에 익숙해야 합니다. 가급적이면 다른 사람을 높여주고 다른 사람을 칭찬해야 합니다. 왜냐하면 스스로 칭찬하는 일에 익숙하게 되어지면 하나님 뜻보다 자신의 뜻을 중요하게 여기게 되기 때문입니다. 하나님은 사람의 뜻보다 하나님의 뜻을 중요시 여기기를 원하십니다. 칭찬은 타인을 세워주고 격려하는 일에 사용해야 합니다. 자신의 뜻보다는 남의 뜻을 존중해 주며 자신의 뜻보다는 하나님의 뜻을 귀히 여겨야 합니다.

오늘의 기도

주님, 칭찬받기 보다 칭찬하는 일에 익숙한 사람이 되게하여 주옵소서, 예수님의 이름으로 기도드립니다. 아멘

하나님이 짝지어 주신 가정

"이러한즉 이제 둘이 아니요 한 몸이니
그러므로 하나님이 짝지어 주신 것을..."

(신)찬 559장	제 17 주							
(구)찬 305장	월	화	수	목	금	토		마19:6

가정은 하나님께서 천지를 창조하시고 사람을 만드신 후 최초로 만드신 공동체입니다. 이 공동체의 특징은 둘이 아닌 '하나'라고하는 지체 의식을 가지는 것입니다. 몸의 지체는 임의로 나눌 수 없습니다. 날로 이혼율이 증가하는 요즘 추세에 꼭 필요한 정신이 바로 둘이 하나라고 하는 '지체의식'입니다. 하나님은 한가정이 세워진 후에는 나뉘어 지는 것을 원하지 않습니다. 어떤 모양으로든 서로 연합하여 하나님의 뜻을 이루어 나가길 원하십니다. 가정을 세우신 것은 사람의 뜻이 아닌 하나님의 뜻이기 때문입니다.

첫째, 가정은 둘이 아니고 하나입니다.

성경은 연합에 대해 많이 가르치고 있습니다. 이스라엘도 12지파로 되어있지만 그들이 연합하도록 가르쳤습니다. 공동체는 연합하는 것입니다. 서로 연합하지 아니하면 공동체는 힘을 발휘할 수 없습니다. 가정도 그렇습니다. 가정도 남편과 아내가 서로 다른 지체라고 생각하고 스스로의 개성을 중요시하면 하나가 될 수 없습니다. 서로 다른 지체가 모여서 하나님의 뜻 가운데 하나가 된다는 생각을 가져야 합니다. 가정은 사람의 뜻이 아닌 하나님의 뜻으로 만들어진 것이기 때문입니다. 하나님도 성부, 성자, 성령 세분이시지만 한분 하나님으로 여기십니다. 한분이신 하나님을 우리는 삼위일체 하나님 이라고 부릅니다. 그러므로 가정은 둘이 아니고 하나입니다.

둘째, 가정은 사람이 임의로 나눌 수 없습니다.

"또 일렀으되 누구든지 아내를 버리거든 이혼증서를 줄 것이라 하였으나 나는 너희에게 이르노니 누구든지 버린 여자에게 장가드는 자도 간음함이니라"(마5:31-32) 라고 하였습니다. 예수님은 이혼에 대해 엄격히 말씀하셨습니다. 간음한 연고 없이는 절대로 가정을 깨지 말라는 것이 바로 예수님의 말씀입니다. 오늘날은 많은 사람들이 여러 가지 이유로 결혼해서 금방 이혼을 합니다. 또는 늦은 나이에 황혼 이혼을 합니다. 그러나 하나님은 하나님의 뜻이 아니고서는 하나님이 허락하신 가정을 둘로 나누지 말라고 말씀하고 있습니다. 가정은 하나로서 지켜질 때 하나님의 참된 영광을 드러내고 나타낼 수 있습니다.

오늘의 기도

주님, 하나님이 주신 가정을 소중히 지키는 사람이 되게 하여 주옵소서, 예수님의 이름으로 기도드립니다. 아멘

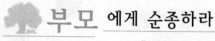# 부모 에게 순종하라

"자녀들아 주 안에서 너희 부모에게 순종하라
이것이 옳으니라"

신)찬 579장	제 17 주						엡6:1
구)찬 304장	월	화	수	목	금	토	

우리나라는 유교의 윤리사상인 삼강오륜을 중심으로 효(孝)를 중요시하던 나라입니다. 성경에서는 효와 관련하여 자녀들에게 '순종'을 가르치고 있습니다. 순종은 신앙생활의 가장 중요한 행실 가운데 하나입니다. 특히 자녀가 부모에게 순종하는 것을 중요시 합니다. 자녀가 부모에게 순종하지 않고서야 하나님을 올바로 섬길 수 없기 때문입니다. 자녀들은 당연히 부모에게 순종하는 삶을 살아야 합니다. "네 부모를 즐겁게 하며 너 낳은 어미를 기쁘게 하라"(잠23:25) 라고 했습니다. 어떻게 부모를 기쁘게 할 수 있습니까? 순종함으로 기쁘게 할 수 있습니다.
첫째, 순종은 부모를 기쁘게 합니다.
부모는 자녀가 순종할 때 마음이 가장 기쁩니다. 하나님은 아브라함을 테스트하실때도 순종을 요구하셨고, 사울이 이스라엘의 초대왕이 되어서도 순종을 요구하셨습니다. 하나님은 자기 백성들이 순종할 때 가장 기뻐하셨습니다. 부모도 마찬가지입니다. 하나님은 자녀들이 부모에게 순종할 것을 말씀하셨습니다. 그것은 자녀들이 부모를 기쁘시게 할 수 있는 방법이기 때문에 하나님도 그렇게 하라고 하신 것입니다. 사람은 하나님의 형상을 따라 지음을 받았습니다. 하나님의 형상을 따라 지음받은 사람인 우리가 어찌 자녀들이 순종할 때 기쁘지 않겠습니까?
둘째, 순종은 하나님도 기쁘게 합니다.
순종은 부모뿐만 아니라 하나님도 기쁘게 할 수 있습니다. "믿음으로 아브라함은 부르심을 받았을때에 순종하여 장래 기업으로 받을 땅에 나갈새 갈바를 알지 못하고 나갔으며"(히11:8) 라고 했습니다. 아브라함은 하나님이 말씀하셨기 때문에 갈 바를 알지 못하지만 순종하여 나아갔습니다. 이런 믿음의 행동과 순종이 하나님을 기쁘시게 한 것입니다.
부모님을 기쁘게 하고 하나님을 기쁘게 해드릴 수 있는 것은 공통적으로 순종임을 기억해야 합니다. 순종보다 나은 것은 없습니다. 특히 예수를 믿는 그리스도이들에게 이 사실은 믿지 않는 세상 사람들보다 더 중요한 사실임을 분명히 알고 기억하고 행해야 합니다.

오늘의 기도

주님, 부모에게 순종하는 믿음의 사람이게 하옵소서, 예수님의 이름으로 기도드립니다. 아멘

진실된 행함을 가져라

"자녀들아 우리가 말과 혀로만 사랑하지 말고
행함과 진실함으로 하자"

(신)찬 321장	제 18 주						
(구)찬 351장	월	화	수	목	금	토	요일3:18

중국이 시장경제로 개방되기 시작하면서 중국은 '짝퉁' 천국이 되어가고 있습니다. 창조는 모방에서 나온다는 말을 제대로 실천하고 있는 셈입니다. 그러나 이 때문에 생기는 부작용은 실로 엄청납니다. 짝퉁의 특징은 겉만 비슷하다는 것입니다. 제품을 써보면 여간 형편없는 것이 아닙니다. 성도들의 신앙생활도 이와 비슷합니다. 짝퉁 신앙인은 겉모습은 그럴듯하지만 진실성이 결여되어 있고 사랑이 결여되어 있습니다. 짝퉁 그리스도인이 아닌 진짜 그리스도인이 되기 위해서는 말과 행함에 진실성이 있어야 합니다.

첫째, 사람앞에 진실해야 합니다.

사람이 진실한 것은 말로만 되는 것은 아닙니다. 그 사람의 행동조차 진실해야 합니다. 행함이 없는 믿음은 죽은 믿음인 것처럼 (약2:26), 진실성이 결여된 행동과 말은 죽은 것입니다. 사람들에게 인정 받을 수 없습니다. 이런 사람은 친한 벗과 이웃들에게 외면을 당하기 쉽습니다. 사람들도 진실성이 없는 사람을 별로 좋아하지 않습니다. 진실한 사람을 좋아합니다. 다윗이 진실했기 때문에 그의 주위에는 항상 사람이 있었습니다. 사람앞에 진실해야 합니다.

둘째, 하나님 앞에 진실해야 합니다.

나아가 우리 그리스도인들은 사람에게뿐 아니라 하나님 앞에서도 진실해야 합니다. 신약시대 아나니아와 삽비라 부부가 (행5:10), 죽임을 당했던 결정적이유는 사람을 속인 것 뿐 아니라 하나님을 속이려 했다는 이유에서입니다. 하나님 앞에서 조차도 진실하지 못했기 때문에 그들 부부는 죽임을 당했습니다. 하나님은 진실한 사람을 기뻐하십니다. 진실해서 손해보는 경우는 없습니다. 지금 당장은 손해 보는 것 같지만 공의의 하나님은 진실한 사람에게 반드시 갚아 주십니다. 좋은땅에 뿌리운 씨가 30배, 60배, 100배의 결실을 하는 이유는 진실되기 때문입니다. 진실되게 노력하고 일한 결과입니다. 땅은 거짓을 말하지 않습니다. 하나님의 자연의 법칙을 비유로하여 말씀하신 것입니다. 진실한 사람에게 하나님은 되갚아 주십니다. 그러므로 어떠한 경우에라도 진실하기를 힘써야 합니다.

오늘의 기도

주님, 진실된 행함이 있는 성도가 되게 하여 주옵소서, 예수님의 이름으로 기도드립니다. 아멘

한 아내의 남편된 집사

"집사들은 한 아내의 남편이 되어
자녀와 자기 집을 잘 다스리는 자일지니"

신)찬 325장	제 18 주						딤전3:12
구)찬 359장	월	화	수	목	금	토	

초대교회는 사도들이 중심이 된 교회였습니다. 사도들은 어느날 교회에 일꾼이 필요함과 사역의 효율성을 위하여 일꾼을 세울 결심을 하였습니다. 그래서 세워진 것이 바로 일곱집사입니다. 교회 최초의 집사가 탄생된 것입니다. 그러나 이들 집사는 분명한 신앙적 기준이 있어야 했습니다. 그중 하나가 바로 가정입니다. 가정에 충실하지 못한 사람은 집사로서의 자격이 없었습니다. 특히 아내와 자녀에게 모범이 되는 사람이어야 했습니다. 가정에서 모범이 되지 않고서는 교회에서 하나님이 주신 직무를 감당할수 없었습니다.

첫째, 집사는 한 아내의 남편임을 기억해야 합니다.

한 아내의 남편이 된다는 의미는 아내에게 충실하라는 뜻입니다. 교회의 집사는 먼저 가정에 충실해야 합니다. 특히 자신의 아내에게 충실해야 합니다. 남편이 아내에게 충실하지 못하면 가정은 문제가 생기게 마련입니다. 문제가 생겨서 삐그덕 거리는 가정은 결코 오래 가지 못합니다. 오늘날은 이혼에 대해서 과거보다 훨씬더 자유로워진 상황입니다. 이혼녀의 꼬리표가 수치가 되던 시대는 이미 옛 이야기가 되어버렸습니다. 이런 상황에서 가정을 지킨다는 것은 훨씬 더 힘들어졌다고 볼 수 있습니다. 그러므로 남편들은 더욱 가정을 중요시하고 특히 아내에게 충실하여야 합니다. 자신이 한 아내의 남편임을 분명히 알고 아내의 남편으로서의 자기 역할을 충실히 해야 합니다.

둘째, 집사는 자녀에게도 본이 되어야 합니다.

아내와 자녀를 잘 다스린다는 것은 임금처럼 위에서 군림하고 호령한다는 뜻이 아닙니다. 한 가정의 가장으로서, 한 아내의 남편으로서, 자녀들의 아버지로서 본이 되라는 의미입니다. 가장이 가정에서 본이 되면 아내는 남편을 따르고, 자녀들은 아버지를 따르게 되어 있습니다. 잘 다스린다는 의미는 바로 이런 것을 두고하는 말입니다. 본이 되는 것 보다 더 중요한 것은 없습니다. 특히 자녀들에게는 삶으로 가르치는 것만 남기 때문입니다.

🍀 오늘의 기도

주님, 건강한 가정을 위하여 건강한 남편이 세워지게 하여 주옵소서, 예수님의 이름으로 기도드립니다. 아멘

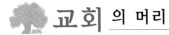

교회 의 머리

"이는 남편이 아내의 머리됨이
그리스도께서 교회의 머리됨과 같음이니 …"

(신)찬 354장	제 18 주						
(구)찬 394장	월	화	수	목	금	토	엡6:23

'머리' 는 몸의 신체중에서 가장 중요한 부분입니다. 이 부문이 손상당하면 몸은 그야말로 치명적인 손상을 입습니다. 그래서 성경은 가정에서 남편의 중요성을 머리에 비유하였습니다. 중요하기 때문입니다. 뿐만 아니라 교회의 머리 역시도 '그리스도' 라고 하였습니다. 교회에서 가장 중요한 분은 '예수 그리스도' 이기 때문입니다. 그리스도가 빠지고서는 '교회' 라고 할 수가 없습니다. 머리 없는 사람을 상상할 수 없는 것처럼 그리스도 없는 교회는 있을 수 없습니다. 그러므로 성도는 삶의 우선순위를 항상 그리스도로 여기며 순종하는 믿음의 삶을 살아야 합니다.

첫째, 교회의 가장 중요한 분은 예수 그리스도입니다.

신앙생활을 하다보면 교회 생활에서 막상 가장 중요한 것을 가장 뒷전으로 여기는 경우가 종종 있습니다. 교회의 예배 의식이나 당회, 또는 전통, 이런 부분들이 정말 교회의 진짜 머리요, 주인이신 예수 그리스도보다 더 크게 여겨질 때가 있습니다. 그러나 교회와 성도는 항상 교회의 머리가 예수 그리스도이심을 절대 잊어버려서는 안됩니다. 때로는 일을 하다보면 먼저 해야 될 일이 있고 나중해야 될 일이 있지만 교회와 성도의 신앙생활에서 우선 순위를 절대 바꾸어서는 안됩니다.

둘째, 교회는 예수 그리스도의 뜻을 따라야 합니다.

집안에서 남편의 말이 무시당하고 남편이 남편으로서 인정받지 못할 때 그 가정은 불안합니다. 흔들릴 수 밖에 없습니다. 교회도 마찬가지입니다. 하나님의 뜻을 무시하고 일을 하다보면 반드시 이는 부작용이 생기게 되어 있습니다. 가장 큰 부작용으로는 임마누엘의 동행이 없다는 것입니다. 하나님의 뜻을 잃어버린 교회는 사단의 표적이 되어 버리고 맙니다. 마치 바다에서 조타수를 잃어버린 배처럼 이리 저리 방황하게 됩니다. 무슨 일이 있어도 교회나 성도는 하나님의 뜻, 교회의 머리되신 예수 그리스도의 뜻을 먼저 구하는 것을 잊어버려서는 안될 것입니다.

오늘의 기도

주님, 몸의 구주이신 그리스도를 우선으로 섬기며 살게 하여 주옵소서, 예수님의 이름으로 기도드립니다. 아멘

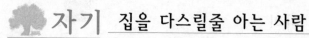

자기 집을 다스릴줄 아는 사람

"사람이 자기 집을 다스릴 줄 알지 못하면
어찌 하나님의 교회를 돌아보리요"

신)찬 546장	제 18 주							
구)찬 399장	월	화	수	목	금	토	딤전3:5

장수에게는 장수로서의 조건이 있고, 학자에게는 학자로서의 조건이 있습니다. 교회의 일꾼도 마찬가지입니다. 하나님이 세우신 교회의 일꾼이 되기 위해서는 먼저 '가정'이라는 공동체를 잘 이끄는 사람이어야 합니다. 작은 것을 함부로 하는 사람, 가까운 것을 소홀히 하는 사람, 이런 사람은 하나님의 일을 맡을 자격이 되지 못합니다. 가정은 가장 작은 공동체이지만 이 작은 '가정'이라는 공동체를 하나님은 가장 소중하게 여기십니다. 이것을 소홀히 여기는 사람에게 하나님은 큰 일을 맡기시지 않습니다. 특히 교회를 돌아보는 자로 적합하게 여기시지 않습니다. 교회의 일꾼된 사람, 교회의 충성된 청지기가 되기 원하는 사람은 먼저 자신의 집을 다스리고 돌아볼줄 알아야 합니다.

첫째, 사랑으로 자기 집을 다스려야 합니다.

자기 집을 다스릴줄 아는 사람은 자기 집에 대한 사랑이 없으면 안됩니다. 하나님도 자신의 자녀들을 돌아볼 때 사랑으로 돌아봅니다. 그래서 하나님은 사랑이십니다. 부모가 사랑으로 자녀를 돌아보지 않고 남편이 사랑으로 가정을 돌아보지 않는다면 부모로서 남편으로서 자격이 없는 것입니다. 남편된 자가 자기 집을 잘 다스릴줄 안다는 것은 하나님의 사랑을 닮아 하나님이 주신 가정도 사랑으로 다스릴줄 안다는 뜻입니다.

둘째, 믿음으로 자기 집을 다스려야 합니다.

가정에서 가족 구성원간 가장 중요한 것은 바로 서로에 대한 신뢰와 믿음입니다. 남편이 아내에 대한 신뢰와 믿음, 아내가 남편에 대한 신뢰와 믿음, 자녀가 부모에 대한 신뢰와 믿음, 부모가 자녀에 대한 신뢰와 믿음이 깨어지면 그 가정은 더 이상 건전한 가정으로 하나님이 기뻐하시는 가정으로 올바로 세워지기는 힘이 듭니다. 그러므로 한 가정을 다스리는 사람을 가정의 머리된 자로서 믿음으로 자기 집을 다스려야 합니다.

오늘의 기도

주님, 가장 소중한 것을 먼저 지키는 사람이 되게하여 주옵소서, 예수님의 이름으로 기도드립니다. 아멘

 기쁜 소식을 전하는 자

"성문 어귀에 문둥이 네 사람이 있더니
서로 말하되 우리가 어찌하여 여기..."

(신)찬 185장	제 18 주							
(구)찬 179장	월	화	수	목	금	토	왕하7:3-11	

복음(福音)은 그야말로 사람들에게 복되고 좋은 소식입니다. 기쁜소식입니다. 성경은 이 복된 소식을 전하라고 말씀하고 있습니다. 본문에 소개된 문둥이 네사람의 이야기는 복음을 전하는 사람의 모형입니다. 기쁘고 복된 소식은 혼자만 알고 있으면 안됩니다. 그 기쁨을 함께 누리고 함께 나누어야 합니다. 함께 나눌 때 복음의 그 가치는 더 커질 수 있습니다. 사랑과 복음의 공통점은 나눌 때 더 커진다는 것입니다.

첫째, 복음은 교회라는 공동체를 통해서 전해야 합니다.

하나님께서 이땅에 교회를 세우신 이유는 예수님의 지상명령을 교회를 통해 순종하기를 원하셨기 때문입니다. 예수님의 지상 최후의 명령은 바로 복음을 땅끝가지 전하는 것입니다(마28:18-20). 복음을 전하지 않는 교회는 교회로서 그 사명을 다하지 않는 것입니다. 그러나 교회가 협력해서 사명을 감당하면 그 어떤 공동체 보다 위대한 공동체가 될 수 있습니다. 복음은 협력해서 전하는 것입니다. 함께 전하는 것입니다. 한 사람보다 두 사람이, 두 사람보다 세 사람이 전하는 것이 훨씬 능력있고 위력이 있습니다. 하나님은 교회라는 공동체를 통해서 복음의 진리가 땅끝까지 전파되어지기를 원하십니다.

둘째, 복음은 기쁨으로 전해야 합니다.

복음은 말 그대로 복된 소식이요, 기쁜 소식입니다. 그런데 이 소식을 전하는 사람들의 모습에서 기쁨이 넘쳐나지 않는다면 이것은 모순입니다. 복된 소식인 복음을 전하는 사람들의 모습과 삶속에서도 기쁨은 묻어나고 표현되어져야 합니다. 기쁨의 소식을 간직한 사람답게 전해야 합니다. "항상 기뻐하라"(살전5:16) 라고 말씀하고 있습니다. 복음을 소유한 사람, 복음의 기쁜 소식을 접한 사람은 기뻐하는 것이 마땅하기 때문입니다. 그러므로 복음은 기쁨으로 전해야 합니다.

오늘의기도

주님, 기쁨의 복된 소식을 전하는 자의 삶을 살게 하여 주옵소서, 예수님의 이름으로 기도드립니다. 아멘

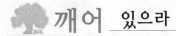 **깨어** 있으라

"그때에 천국은 마치 등불을 들고
신랑을 맞으러 나간 열 처녀와 같다 하리니..."

(신)찬 426장	제 18 주						
(구)찬 215장	월	화	수	목	금	토	마25:1-13

열처녀의 비유에서 슬기로운 다섯 처녀는 혼인 잔치를 위하여 미리 등에 기름을 준비해 두었습니다. 그러나 나머지 다섯 처녀는 자신들의 생각으로 신랑이 올 때를 짐작하여 만일의 사태를 준비하지 못하였습니다. 미련한 다섯 처녀의 특징은 신랑의 입장을 생각하지 않은 것입니다. 자신들의 입장만 생각하였습니다. "아마 이쯤이면 될거야"라고 생각한 것입니다. 그러나 신랑은 어찌된 일인지 그들의 짐작대로 오지 않았습니다. 예정대로라면 올 수 있었겠지만 뜻하지 않은 일이 생긴 것입니다. 성도의 신앙생활도 마찬가지입니다. "이만하면 됐겠지..."라는 것은 하나님이 보시기에 합당치 않은 생각입니다.
첫째, 안일한 생각은 신앙생활의 방해요소입니다.
열처녀의 비유에서 미련한 다섯처녀가 범한 잘못은 바로 '안일주의' 였습니다.
안일한 생각은 항상 '지금은 괜찮아' 라는 생각에서 출발합니다. 지금 현재 문제가 없기 때문에 장래일을 전혀 생각하지 않는 것입니다. 그러나 상황에 따라서는 장래일을 생각하고 준비해야 될 때가 있습니다. 열처녀의 비유가 바로 그런 상황입니다. 신랑이 언제 올지 알 수 없는 상황입니다. 변수가 생길 수 있기 때문입니다. 그렇다면 신랑을 맞는 처녀들은 밤을 다 새어도 남을 기름을 준비해야 했습니다. 그러나 그들은 이 밤이 다 지나기 전에 올것이라는 막연한 기대감을 가졌습니다. 막연한 기대감은 안일한 삶의 태도를 불러옵니다. 성도는 바로 이런 삶의 태도를 지극히 경계해야 합니다.
둘째, 준비하는 신앙생활을 해야 합니다.
이솝우화에 개미와 베짱이의 이야기가 나옵니다. 개미는 부지런한 사람을, 베짱이는 게으른 사람을 비유합니다. 게으른 사람은 미래를 준비하지 않습니다. 준비하지 않기 때문에 어려운 현실에 부딪치면 아무것도 할 수 없는 무능력 상태가 되어버리고 맙니다. 신앙생활도 마찬가지입니다. 신앙생활은 게으른 삶의 태도와는 거리가 멉니다. 사단은 항상 깨어 있는데 믿음의 사람들이 깨어있지 않아서야 어찌 그들을 대적할 수 있겠습니까? 부지런하여 항상 준비하고 깨어 있어야 합니다. 이것이 바로 하나님이 원하시는 삶의 모습입니다.

🍀 ✍ 오늘의 기도

주님, 항상 깨어 있는 믿음을 가지게 하여 주옵소서, 예수님의 이름으로 기도드립니다. 아멘

믿음 의 분량을 키워라

"또 어떤 사람이 타국에 갈제 그 종들을 불러 하나에게는 금 다섯 달란트를 …"

신)찬 545장	제 19 주
구)찬 344장	월 화 수 목 금 토	마25:14-15

신약성경의 달란트의 비유는 예수님이 말씀하신 천국의 비유 가운데 하나입니다. 그리고 본문에 소개된 주인은 예수님을 나타내며, 천국의 주인은 예수님이시라는 것을 소개하고 있습니다. 주인이 타국으로 가면서 종들을 불러 나누어 준 것은 달란트였습니다. 그러나 종들을 차별하여 나누어 주었습니다. 그 이유에 대하여 예수님은 주인이 종들의 재능대로 주었다고 하였습니다. 주인은 종들의 재능을 정확히 알고 있었습니다. 그래서 달란트를 각기 다르게 나누어준 것입니다. 신앙도 마찬가지입니다.

첫째, 하나님은 우리에게 믿음의 분량대로 복을 주십니다.

그릇의 크기는 분량의 차이를 결정합니다. 작으면 적게, 많으면 많게 채워지게 마련입니다. 이는 성도의 믿음도 마찬가지입니다. 믿음이 분량이 큰 사람은 크게 채워지고 상대적으로 믿음의 분량이 작은 사람은 적게 채워집니다. 하나님은 우리가 준비한 믿음의 크기와 비례하여 복을 주시는 분이십니다. 히브리서 기자는 믿음이 바라는 것들의 실상이라고 하였습니다. 이는 크게 바라면 크게 이루어진다는 의미도 될 수 있습니다. 그러므로 성도는 될수 있는 한 크게 바라고 크게 생각하고 받을 수 있는 믿음의 분량의 최대한 넓혀야 합니다.

둘째, 고난은 믿음의 분량을 넓히는 축복입니다.

일반적으로 고난은 부정적 시각과 부정적 인식이 많이 있습니다. 아무도 고난을 좋아하는 사람은 아무도 없습니다. 그러나 막상 고난이 왔을 때 이를 믿음의 분량을 넓히는 기회로 삼는다면 이는 반드시 그렇게 되어지게 되어 있습니다. 구약성경에서 욥이 갑절의 복을 받은 것도 고난 후에 일어난 결과입니다. 성도는 고난을 부정적 인식이 아닌 긍정적 인식으로 바꾸고, 결과적으로 주실 하나님의 축복을 바라 보아야 합니다. 이때 자신도 모르는 사이에 믿음의 분량은 넓혀 집니다.

🍀 오늘의 기도

주님, 믿음의 분량을 넓혀 하나님께 크게 쓰임받게 하여 주옵소서, 예수님의 이름으로 기도드립니다. 아멘

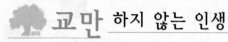 **교만** 하지 않는 인생

"인생은 그날이 풀과 같으며
그 영화가 들의 꽃과 같도다"

신)찬 197장	제 19 주						시103:15
규)찬 178장	월	화	수	목	금	토	

다윗은 왕으로서도 훌륭한 자질을 가진 사람이었지만 그는 문학적으로도 탁월한 재능을 가진 사람이었습니다. 시편을 통해서 그 재능을 우리에게 잘 보여주고 있습니다. 본문은 다윗이 인생에 대해 논하고 있습니다. 인생이 마치 풀과 같으며 그 영화가 들의 꽃과 같다고 하였습니다. 다윗은 왜 인생을 그렇게 본 것일까요? 그 이유는 인생들이 하나님 앞에서 아무리 날고 기어도 교만할 이유가 없다는 것을 말하고 싶은 것입니다.

첫째, 교만해서 좋은 것은 없습니다.

인생들이 아무리 교만해도 결코 풀보다 낫지 못함을 다윗은 스스로 깨달았습니다. 인간들이 누리는 부귀영화가 긴 것처럼 보여도 그 역시도 짧디 짧다는 것을 깨달았습니다. 이 깨달음은 신앙생활하는 우리에게도 있어서도 결코 하나님 앞에서 결코 교만하지 않는 삶을 살도록 할 수 있습니다. "사람의 마음의 교만은 멸망의 선봉이요 겸손은 존귀의 앞잡이니라"(잠18:12) 라고 했습니다. 교만해서 사람이나 성도에게 유익한 것은 결코 없습니다. 그럼에도 불구하고 사람들은 이 사실을 종종 잊어버리는 경우가 있습니다. 그러나 하나님의 자녀인 성도들은 어떤 경우에라도 교만하지 않도록 하여야 합니다.

둘째, 교만함으로 얻는 것은 오래가지 않습니다.

사람이 교만하게 되는 경우는 대부분 그 교만함이 많은 유익을 준다고 생각하기 때문입니다. "내 사전에 불가능은 없다" 라던 나폴레옹은 백일 집권으로 그의 시대를 막을 내렸습니다. 교만한 결과입니다. 사람이 교만함으로 얻는 것은 결코 오래가지 않음을 알아야 합니다. 이 사실을 잊어버리고 교만한 삶을 추구하면 결국 하나님은 그를 미워하셔서 징계를 더하십니다. "무릇 마음이 교만한 자를 여호와께서 미워하시나니 피차 손을 잡을지라도 벌을 면치 못하리라"(잠16:5)

🍀 오늘의 기도

주님, 하나님 앞에서는 결코 교만하지 않게 하여 주옵소서, 예수님의 이름으로 기도드립니다. 아멘

하나님 께 영광을 돌리는 사람

"여호와여 영광을 우리에게 돌리지 마옵소서
우리에게 돌리지 마옵소서 오직 …"

신)찬 188장	제 19 주						
구)찬 204장	월	화	수	목	금	토	시115:1

옛말에 이런 말이 있습니다. '잘되면 내탓 못되면 조상 탓' 이 말은 사람들의 일반적인 심리를 잘 드러내 주는 표현이라고 할수 있습니다. 사람은 성공하고 잘되면 먼저 자신을 드러내기를 원합니다. 그러나 시편기자 다윗은 자신의 성공과 영광을 결코 자신에게 돌리지 말아 달라고 간구하고 있습니다. 인간의 연약함과 이기심을 너무나 잘 파악한 고백입니다. 성도는 무엇이든 하나님께 영광을 돌릴 수 있는 영적 자세가 필요합니다.

첫째, 하나님께 우선순위를 두어야 합니다.

하나님께 우선순위를 두는 사람은 어떤 경우에라도 먼저 자신을 생각하지 않습니다. 하나님을 먼저 생각하기 때문에 좋은 일이 있어도 먼저 하나님을 생각하고 영광을 돌릴 수 있습니다. 그러나 우선순위가 바뀐 사람들은 자신이 우선순위로 여기는 것에 먼저 기뻐합니다. 그것이 부모, 또는 형제, 친구라면 항상 우선적으로 이들과 먼저 기뻐하고 나눕니다. 은혜를 베푸신 하나님은 항상 나중입니다. 이런 신앙은 참으로 하나님 보시기에 곤란한 신앙입니다. 먼저 은혜 베푸신 하나님을 생각하고 영광을 돌려야 합니다. 그것이 마땅한 성도의 도리입니다.

둘째, 잘못될 때에도 남을 원망해서는 안됩니다.

항상 일이 잘못되면 남의 탓을 하는 사람이 있습니다. 신앙생활이라고 예외일 수 없습니다. 이런 사람들은 신앙생활을 하면서도 잘못되면 하나님 탓, 교회 탓, 성도 탓을 합니다. 결코 바람직한 신앙생활이라고 볼 수 없습니다. 언제나 일이 생기면 먼저 자신을 돌아볼 줄 알아야 합니다. 항상 문제는 먼저 자신에게 있기 마련입니다. 남을 탓하거나 원망하는 버릇은 신앙생활에도 영향을 미치는 것을 반드시 기억해야 합니다.

오늘의 기도

주님, 무엇이든 하나님께 영광만 돌리는 삶이 되게 하여 주옵소서, 예수님의 이름으로 기도드립니다. 아멘

마음으로 주의 일을 하라

"형제들아 내가 우리 주 예수 그리스도의 이름으로
너희를 권하노니 다 같은 …"

신)찬 449장	제 19 주							
구)찬 377장	월	화	수	목	금	토		고전1:10

하나님은 가정이나 교회에서 다투고 분쟁하는 것을 싫어하십니다. 분쟁은 하나님께서 결코 기뻐하시지 않는 것 가운데 하나입니다. 왜 그럴까요? 서로 분쟁하면 하나님의 뜻을 이룰 수 없기 때문입니다. 성령의 주특기는 하나되게 하는 것입니다. 그러나 마귀의 주특기는 서로 다투고 분쟁하게 만드는 것입니다. 하나님은 어떤 경우에도 다투거나 분쟁하기를 원하시지 않습니다.

첫째, 교회는 하나됨의 공동체입니다.

" 형제가 연합하여 동거함이 어찌 그리 선하고 아름다운고"(시133:1) 라고 하였습니다. 특히 하나님의 선한 일을 행하는 교회의 일꾼들은 동역자들과 함께 연합하여 한마음으로 하나님의 기뻐하시는 뜻을 이루어 나가야 합니다. 연합은 사단이 가장 싫어하는 일 가운데 하나입니다. 어찌하든 다툼이나 분쟁을 통해서 하나됨을 방해하려 합니다. 그러나 교회는 성령으로 하나되는 공동체입니다. 성령이 한분이듯 교회도 하나여야 합니다. 그러므로 성도는 연합을 위하여 힘쓰고 노력하고 기도해야 합니다. 하나됨은 하나님의 뜻이기 때문입니다.

둘째, 하나됨이 능력입니다.

가정이나 교회가 하나될 때 성령의 역사는 가장 강력하게 나타납니다. 초대교회가 형성된 배경에는 오순절 마가의 다락방(행2:1-4) 사건을 빼놓을 수 없습니다. 이때 일어난 성령강림 사건은 모인 사람들마다 놀라운 영적 체험을 하는 순간이었습니다. 그리고 또 하나의 놀라운 사건은 이 사건을 계기로 초대교회는 놀라운 결속력을 보여줍니다. 하나됨의 능력이 나타난 것입니다. 이후 초대교회는 갖은 핍박과 환난속에서도 흔들리지 않는 견고한 교회로서의 모습을 보여줍니다.

 오늘의 기도

주님, 항상 하나되는 마음으로 주의 일을 감당케 하여 주옵소서, 예수님의 이름으로 기도드립니다. 아멘

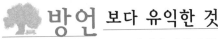 **방언** 보다 유익한 것

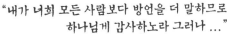

"내가 너희 모든 사람보다 방언을 더 말하므로
하나님께 감사하노라 그러나 ..."

(신)찬 438장	제 19 주							
(구)찬 495장	월	화	수	목	금	토	고전14:18

방언은 하나님이 성도에게 주시는 특별한 은혜요 선물입니다. 이것을 '은사' 라고 합니다. 개인의 신앙 성장과 유익을 위해서 필요한 은사라고 할 수 있습니다. 그러나 성경에서는 교회적으로 이보다 더 유익한 것이 있다고 가르칩니다. 그것은 '남을 가르치기 위하여 깨달은 말' 입니다. 방언은 개인의 신앙을 유익하게 하지만 깨닫는 마음으로 하는 말은 여러 사람을 유익하게 하기 때문입니다.

첫째, 은사보다 중요한 것이 말입니다.

하나님이 만드신 피조물중에 사람처럼 온전한 언어생활을 하는 동물은 없습니다. 언어생활은 인간으로 하여금 없어서는 안될 인간의 유대관계를 형성하는 중요한 수단이 됩니다. 그러므로 언어가 없이 즉, 은사없이 살 수는 있지만 말하지 않고 살아가는 것은 특별한 경우를 제외하고는 거의 불가능합니다. 그러므로 언어 생활의 중요성, 말의 중요성은 사회생활은 하는 인간에게는 절대 필요한 요소입니다.

둘째, 지혜로운 말은 은사보다 중요합니다.

똑같은 말을 하여도 지혜롭게 하는 말과 미련하게 하는 말은 하늘과 땅 차이입니다. 성도의 신앙생활에서 은사가 없다고 신앙생활을 못하지는 않습니다. 은사는 신앙생활을 유익하게 하고 교회에 덕을 세우는 역할을 합니다. 그러나 지혜로운 말, 교회 안에서 깨닫는 말들은 교회를 훨씬더 유익하게 함을 알아야 합니다. 바울이 은사보다 말을 중요하게 여긴것은 의미있는 대목이라고 볼 수 있습니다. 인류 타락의 역사도 말 때문에 일어났습니다. 인류는 사단의 달콤한 거짓말 때문에 죄를 짓게 되었습니다. 그러므로 성도의 신앙생활에서 말의 중요성을 깨닫고 올바른 언어생활을 하는 것이야 말로 하나님의 뜻을 실천할 수 있는 지름길이라는 것을 알아야 합니다.

🍀 ~오늘의 기도

주님, 깨닫는 마음으로 가르칠 수 있는 신앙인이 되게 하여 주옵소서, 예수님의 이름으로 기도드립니다. 아멘

쓸것 을 채우시는 하나님

" 나의 하나님이 그리스도 예수 안에서 영광 가운데
그 풍성한 대로 너희..."

신)찬 191장	제 19 주							
구)찬 427장	월	화	수	목	금	토		빌4:19

  오늘날 현대인들은 무엇인가 채워지지 않는 갈급함 가운데 살아가는 것 같습니다. 돈은 벌어도 벌어도 자꾸 벌고 싶고, 사람들에게 인정을 받아도 자꾸만 높아지고 싶어합니다. 그렇다고 모든 사람들이 이런 욕구를 다 채우고 살아가는 것은 아닙니다. 채워지지 않기 때문에 공허함을 느끼고 때로는 허탈감을 느끼기도 합니다. 그래서 사람의 욕심은 마치 밑빠진 독과 같다고 할 수 있습니다.

첫째, 욕심으로 채울 수 있는 것은 아무것도 없습니다.

  사람이 욕심으로 채울 수 있는 것은 별로 없습니다. 그러나 하나님은 그리스도안에 있는 사람들에게 채우심의 은혜를 주시겠다고 하십니다. 왜냐하면 하나님은 끝없이 퍼내어도 끝없이 솟아나는 모든 풍성함을 가지고 계시기 때문입니다. 이런 채움은 욕심으로 채우는 것보다 훨씬 유익합니다. 욕심은 가져도 가져도 끝이 없는 욕망이 생기지만 하나님이 채워주시는 은혜는 욕망과는 거리가 멉니다. 오히려 하나님이 채워주시는 은혜를 경험하는 사람들은 겸손한 사람이 됩니다. 뿐만 아니라 욕심으로는 끝없는 갈급함을 느끼지만 은혜로는 만족함을 누리며 살 수 있습니다.

둘째, 하나님은 쓸것을 채우십니다.

  하나님은 자신의 백성들이 마땅히 쓸것을 아시는 분이십니다. 구약성경 (신11:14)에는 하나님께서 때를 따라 늦은비와 이른 비를 내리신다고 말씀하셨습니다. 필요를 따라 쓸것을 채워주시는 하나님의 은혜입니다. 하나님은 누구보다 하나님의 백성들이 필요로 하는 것을 아시는 분이십니다. 신약성경 (마7:7)의 말씀처럼 구하는 사람에게 하나님은 구하는 자의 필요를 채워주십니다. 그러므로 성도는 믿음을 가지고 궁핍함을 당하지 않도록 쓸 것을 채우시는 하나님께 구하여야 합니다.

  오늘의 기도

  주님, 오늘도 하나님의 풍성함으로 채우심을 믿습니다. 예수님의 이름으로 기도드립니다. 아멘

그리스도 의 충성된 일꾼

"사람이 마땅히 우리를 그리스도의 일꾼이요
하나님의 비밀을 맡은 자로..."

신)찬 546장	제 20 주						고전:4:1-2
구)찬 399장	월	화	수	목	금	토	

성도들이 신앙생활 하면서 하나님 앞에서 가져야 할 올바른 신앙의 자세가 있습니다. 그 신앙의 자세는 바로, 자기 자신을 하나님의 일꾼으로 여기는 것입니다. 뿐만 아니라 하나님의 비밀을 맡은 자로 여기는 것입니다. 비밀은 어느 누구에게나 중요한 문제입니다. 그리고 그 비밀을 간직한 사람 또한, 중요한 사람입니다. 이처럼 성도들도 하나님 앞에서 스스로를 중요한 사람으로 여기면서 살아가야 합니다.

첫째, 충성된 일꾼으로서의 자세를 가져야 합니다.

성도가 자신에게 주어진 직분을 감당하기 위해서는 충성된 사람으로 살아가야 합니다. 충성된 사람이 아니면 그리스도의 비밀을 맡을 수 없기 때문입니다. 일꾼의 올바른 자세는 '충성'입니다. 주인이 보기에 충성된 일꾼보다 믿음직한 것은 없습니다. 충성된 일꾼은 항상 주인의 것을 먼저 생각합니다. 그리고 자신의 일처럼 맡아 행합니다. 성도에게는 저마다 하나님께서 맡기신 충성된 직분이 있습니다. 충성된 자세로 일꾼의 사명을 감당할 때 하나님은 기뻐하십니다.

둘째, 충성된 일꾼에게는 상급이 있습니다.

신약성경 마태복음25장에는 달란트의 비유가 나옵니다. 주인이 먼 나라로 떠나면서 종들을 불러 저마다 달란트를 맡겼습니다. 나중에 돌아와서 그것을 회계할 때 주인은 충성된 종들을 칭찬하고 상을 주었습니다. 그러나 충성되지 못한 악한 종에게는 심하게 책망을 하고 바깥 어두운 곳으로 내어쫓아 버렸습니다. 이 비유에서 충성된 종들은 저마다 받은 상급이 있었습니다. 이는 성도들도 마찬가지입니다. 자신의 삶의 위치에서 하나님께서 맡기신 직분을 열심히 충성되이 감당하면 하나님께서는 반드시 충성된 자들에게 상을 주실 것입니다.

오늘의기도

주님, 언제나 그리스도의 충성된 일꾼이 되게 하여 주옵소서, 예수님의 이름으로 기도드립니다. 아멘

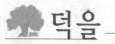 **덕을** 세우는 사람이 되라

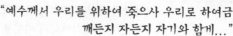

(신)찬 449장	제 20 주						
(구)찬 377장	월	화	수	목	금	토	살전5:10-11

　예수님의 죽으심을 가리켜서 '대속의 죽음' 이라고 합니다. 대신 죽으신 것을 말합니다. 누구를 위하여 대신 죽으셨을까요? 바로 죄인들을 위하여 대신 죽으신 것입니다. 뿐만 아니라 그리스도께서 죄인들을 위하여 대신 죽으심은 언제나 항상 자신을 사랑하는 사람들과 함께 계시기 위해서입니다. 그러므로 죄인된 신분으로 그리스도의 대속의 죽음의 결과로 의인된 사람들의 삶은 언제나 서로 덕을 세우며 살아야 합니다. 그것이 하나님의 뜻입니다.
첫째, 덕을 세우는 사람은 대속의 은혜를 압니다.
　하나님께서 예수그리스도로 말미암아 베푸신 구원의 은혜는 이 세상에서는 값으로 환산할 수 없는 가치를 가지고 있습니다. 그리스도의 죽으심을 무엇으로 비교할수 있을까요? 세상에 있는 것으로는 비교할 수 있는 것이 없습니다. 그럼에도 불구하고 오늘날 많은 성도들은 구원의 은혜를 값없이 거저 받았다고 감사로 여기지 않고 살아가는 사람들이 의외로 많이 있습니다. 이런 사람들은 세상에서도 교회에서도 덕을 세우지 못하고 살아갑니다. 그러나 구원의 은혜를 귀하게 여기며 감사로 살아가는 성도들은 세상과 교회에서 덕을 세우며 살아가게 되어 있습니다.
둘째, 하나님께서는 성도가 덕을 세우며 살아가기를 원하십니다.
　하나님의 뜻대로 산다는 것은 무엇일까요? 이는 하나님의 뜻을 알아야 가능한 일입니다. 하나님의 뜻을 모르고서야 어찌 하나님의 뜻대로 살 수 있겠습니까? 그런 의미에서 성도가 세상과 교회에서 덕을 세우는 것은 하나님의 뜻이라고 할 수 있습니다. 하나님의 자녀인 성도가 덕을 세우며 사는 것이야말로 하나님의 원하시는 바입니다. 그러므로 성도는 이것을 깨달아 실천할 줄 알아야 합니다. 그때서야 비로 하나님의 뜻은 성도를 통하여 이뤄질 수 있습니다.

 오늘의 기도

　주님, 언제나 덕을 세우며 살게하여 주옵소서, 예수님의 이름으로 기도드립니다.
아멘

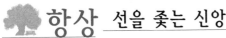

항상 선을 좇는 신앙

"삼가 누가 누구에게든지 악으로 악을 갚지 말게 하고
오직 피차 대하든지..."

신)찬 450장	제 20 주							
구)찬 376장	월	화	수	목	금	토	살전5:15

이열치열(以熱治熱) 이란 말이 있습니다. 어떠한 작용에 대하여 그것과 같은 수단으로 대응한다는 것을 비유한 말입니다. 보편적인 사람의 심리는 어떤 일을 당하면 자기가 당한대로 갚아주고 싶은 마음의 충동을 느낍니다. 실제로 그렇게 하는 사람도 종종 보게 됩니다. 그러나 그리스도인들은 그렇게 해서는 안됩니다. 왜냐하면 성경이 그렇게 권면하지 않기 때문입니다.

첫째, 악을 선으로 대하여야 합니다.

성경은 억울한 일을 당해도 선으로 대하고 선을 좇으라고 말씀하고 있습니다. 성숙한 그리스도인 일수록 이렇게 하는 경우가 많이 있습니다. 과거 일제시대 때 '사랑의 원자탄'의 주인공인 손양원 목사님의 경우가 이와 같은 경우입니다. 아들을 죽인 원수를 사랑으로 대했습니다. 이처럼 하나님은 어떠한 경우에라도 모든 그리스도인들이 선을 좇기를 원하십니다. 악한 사람이라고 악하게 대하는 것을 원하시지 않습니다. 만일 하나님께서 그렇게 하셨더라면 사람은 마땅히 심판받아 죽었어야 했습니다. 그러나 하나님은 그렇게 하지 않으셨습니다. 오히려 독생자를 내어주심으로 죄인들에게 구원의 길, 사는 길을 열어 주셨습니다. 이는 하나님께서 악을 선으로 대하신 결과입니다.

둘째, 항상 선한 일을 사모하여야 합니다

"선한 사람은 그 쌓은 선에서 선한 것을 내고 악한 사람은 그 쌓은 악에서 악한 것을 내느니라"(마12:35) 라고 했습니다. 어떻게 선한 일을 쌓을 수 있습니까? 선한 일을 사모하여야 선한 일을 쌓을 수 있습니다. 사람은 자기가 사모하는 것에 끌리게 되어 있습니다. 선한일을 사모하면 선한 일에 끌리게 되어 있습니다. 그러나 반대로 악한 것을 사모하는 사람은 악한 일을 하게 됩니다. 성경은 그리스도인으로서 성도가 선한일을 사모하여 선한일을 행하라고 말씀하고 있습니다. 혹 누구에게라도 악한 일을 행하는 것을 멀리하여야 합니다.

오늘의 기도

주님, 하나님의 뜻을 좇아 항상 선을 행하게 하여 주옵소서, 예수님의 이름으로 기도드립니다. 아멘

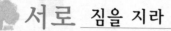 **서로** 짐을 지라

> "너희가 짐을 서로 지라
> 그리하여 그리스도의 법을 성취하라"

신)찬 320장	제 20 주						
구)찬 350장	월	화	수	목	금	토	갈6:2

  교회는 나누는 공동체입니다. 좋은 것도 나누고, 힘든 것도 함께 나누어야 합니다. 기쁨은 함께 나누면 그 기쁨이 더 커지고, 슬픔은 함께 나누면 그 슬픔은 더 작아집니다. 성경에도 그리스도인들은 서로 짐을 지라고 말씀하고 있습니다 .이 말씀은 짐을 서로 나누라는 뜻입니다. 왜냐하면 서로가 짐을 나누어질 때 그 힘듬은 더 작아지기 때문입니다. 나누는 공동체의 유익이 바로 여기에 있습니다.

첫째, 짐은 나누어야 작아집니다.

  교회 공동체 구성원인 성도 한사람 한사람도 서로의 짐을 나누어질 수 있는 마음을 가져야 합니다. 그리스도의 법은 이런 상황들을 통해서 성취되기 때문입니다. 초대교회는 서로 좋은 것은 함께 나누었습니다. 뿐만 아니라 그들은 서로의 아픔도 함께 할줄아는 사랑도 실천하였습니다. 결국 1세기에 극심한 박해를 견디게 한 것은 이런 나눔 때문이라고 해도 과언이 아닙니다. 서로 무거운 짐을 함께 나누었기 때문에 초대교회 '디아스포라' 는 박해를 견디고 교회 공동체를 견고히 유지할 수 있었습니다.

둘째, 사랑은 나눌때 커집니다.

  서로의 짐은 나누면 작아지지만 반대로 그리스도의 사랑은 나눌수록 커집니다. 예수님도 '나눔' 을 실천하신 분입니다. 제자들과 함께 많은 좋은 것을 함께 나누셨고 백성들의 연약함과 가난도 함께 나누셨습니다. 병든 자들에게는 병을 고쳐주심으로 그들에게 나눔의 사랑을 실천하셨고 상처 있는 영혼들에게는 위로를 통해 사랑을 실천하셨습니다. 이런 사랑의 실천은 결국 '십자가' 라는 거대한 죄인의 짐을 대신 지기까지 하셨습니다. 그러므로 하나님의 백성인 성도들은 그리스도를 본받아 나눌 수록 커지는 사랑을 실천하는 삶을 살아야 합니다.

🍀 오늘의 기도

  주님, 교회 안에서 무엇이든 짐을 나눌 수 있는 성도가 되게 하여 주옵소서, 예수님의 이름으로 기도드립니다. 아멘

# 빈그릇의 축복

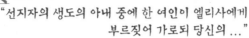
"선지자의 생도의 아내 중에 한 여인이 엘리사에게
부르짖어 가로되 당신의 ..."

신)찬 28장	제 20 주							
구)찬 28장	월	화	수	목	금	토	왕하4:1-7

'상상초월(想像超越)' 이라는 말이 있습니다. 이 말은 사람들의 일반적인 추측이나 생각을 완전히 벗어날 때 쓰는 말입니다. 또는 뛰어나게 탁월할때도 이 말을 씁니다. 그렇다면 신앙생활에서는 어느때에 이런 말을 쓸 수 있을까요? 마찬가지로 하나님의 능력과 일하심이 사람의 생각을 완전히 벗어날 때 이런 말을 쓸 수 있습니다.

첫째, 빈그릇은 준비하는 신앙입니다.

선지자의 생도의 아내가 엘리사의 말을 듣고 빈그릇을 빌려왔을 때 상상을 초월하는 일이 일어났습니다. 빈그릇이 기름으로 채워진 것입니다. 아무도 생각지 못했던 결과입니다. 하나님은 이처럼 기대를 뛰어넘어 하나님만의 방법으로 하나님의 자녀들의 부족함과 필요를 채워주십니다. 하나님의 채우심의 은혜를 경험하려면 빈그릇을 준비한 선지자의 생도의 아내처럼 준비하는 신앙을 가져야 합니다. 아무것도 준비하지 않고 막연히 하나님께 달라고 할 수는 없습니다. 준비해 놓고 구하여야 하나님은 채워주실 수 있습니다.

둘째, 할 수만 있으면 많이 준비하여야 합니다.

'분량' 이라는 말이 있습니다. 이는 부피의 정도를 나타내는 말입니다. 믿음의 빈 그릇은 많은 양이 들어갈 수 있도록 준비하는 것이 좋습니다. 왜냐하면 그사람의 믿음의 분량만큼 하나님은 채워주시기 때문입니다. 많이 준비하고 큰 것을 준비하면 채우심의 은혜를 경험할 수 있습니다. 엘리사의 문하생이었던 생도의 아내가 그릇을 조금더 빌려왔더라면 더 많이 채울 수 있었을 것입니다. 그러나 준비한 그릇이 다하였을 때 기름은 그쳤습니다. 이것이 하나님의 채우심의 은혜입니다. 조금 준비하면 조금 채워주시고 많이 준비하면 많이 채워주십니다. 그렇다고 욕심으로 많이 준비하라는 것은 아닙니다. 욕심으로 준비할 수 있는 것은 없습니다. 믿음으로 준비하여야 합니다.

오늘의 기도

주님, 오늘도 우리의 부족함을 채워 주옵소서, 예수님의 이름으로 기도드립니다.
아멘

하나님이 지혜를 주신 사람

"하나님이 솔로몬에게 지혜와 총명을 심히 많이 주시고
또 넓은 마음을 ..."

⑤찬 408장	제 20 주						
⑦찬 466장	월	화	수	목	금	토	왕상4:29-30

성경에서 가장 지혜로웠던 사람중 한 사람이 솔로몬입니다. 솔로몬이 왜 지혜로웠을까요? 그것은 솔로몬이 하나님께 지혜를 구했기 때문입니다. 하나님이 솔로몬에게 주신 지혜는 참으로 놀라운 것이었습니다. 그 어느 누구도 솔로몬과 비교할 수 없을 만큼 뛰어난 지혜의 소유자가 되었습니다. 하나님은 구하는 자에게 대충 주시는 분이 아니십니다. 하나님은 구하는 자에게 응답하실 때 가장 좋은 것을 주십니다. 솔로몬이 타인의 부러움의 대상이 되었던 것도 남들과 비교할 수 없는 뛰어남 때문이었습니다.

첫째, 지식보다 지혜가 우선입니다.

세상에는 지식이 있는 사람이 많이 있습니다. 미국에서 5위안에 드는 갑부인 투자의 귀재라고 불리우는 '워렌버핏'은 그야말로 투자에 대해서는 그를 능가하는 지식을 가진 사람이 없을 정도입니다. 그럼에도 불구하고 하나님은 이런 지식을 가진 사람보다 지혜있는 사람이 되라고 권면하고 있습니다. 세상은 지식이 없어서 망하는 것이 아닙니다. 지혜가 없어서 망하는 것입니다. 정말 지혜가 있는 사람들은 하나님을 아는 지식을 먼저 소유하려고 합니다. 하나님을 아는 지식이야 말로 세상에서 가장 가치있는 지식이라고 할수 있습니다.

둘째, 지혜는 구하는 사람에게 주십니다.

은을 구하는 것보다, 금을 구하는 것보다 귀한 것이 바로 지혜를 구하는 것입니다. 그런 의미에서 솔로몬이 하나님께 지혜를 구한 사건은 성도에게 중요한 교훈이 되기에 충분합니다. 솔로몬이 구한 것에 대한 응답으로 하나님은 솔로몬에게 지혜를 주셨습니다. 만일 솔로몬이 지혜가 아닌 다른 것을 구하였다면 어떻게 되었을까요? 물론 하나님께서 주시지 않았을 것입니다. 뿐만 아니라 성경에서 지혜자를 대표하는 사람은 솔로몬이 아닌 다른 사람이 되었을 것입니다. 하나님께 지혜를 구하는 사람이야 말로 정말 지혜로운 사람이라고 할 수 있습니다.

🍀 오늘의 기도

주님, 오늘도 우리가 구할 때 응답하여 주옵소서, 예수님의 이름으로 기도드립니다. 아멘

칭찬 받는 믿음

(신)찬 331장	제 21 주						
(구)찬 375장	월	화	수	목	금	토	마15:21-28

우리는 신약성경 복음서를 통해서 예수님께서 많은 기적들을 행하시는 것을 볼 수 있습니다. 때로는 사람들이 찾아오기도 하고 예수님께서 친히 찾아가시기도 하면서 많은 병자들을 고치시고 기적들을 행하셨습니다. 그런데 예수님께서는 본문의 가나안 여인과 같은 믿음을 가진 사람들을 만나실 때마다 예수님은 그들을 칭찬하셨습니다. 그리고 그들을 타인의 본보기로 삼으셨습니다. 마치 감추인 보화를 발견한 농부처럼 기뻐하시면서 그들을 칭찬하셨습니다.

첫째, 믿음을 가진 사람이 칭찬 받을수 있습니다.

하나님께로 부터 인정 받고 칭찬 받을 수 있는 사람은 믿음이 있는 사람입니다. 믿음이 없이는 하나님을 기쁘시게 할 수 없습니다. 믿음이 있다는 것은 하나님을 신뢰 한다는 의미입니다. 어떤 상황에서도 하나님을 신뢰하는 사람이야 말로 믿음의 사람이라고 할 수 있습니다. 이런 사람은 믿음으로 성경이 말하는 모든 것을 신뢰하고 받아들입니다. 뿐만 아니라 하나님의 말씀을 삶속에 실천하며 살아갑니다. 이런 믿음은 하나님께 칭찬받는 믿음입니다.

둘째, 믿음으로 행동하는 사람이 칭찬받을 수 있습니다.

예수님께 칭찬받은 사람들의 특징은 실천과 적용입니다. 그대로 믿고 그대로 순종했으며 그대로 삶에 적용했습니다. 신약의 수로보니게 여인이나 열두 해를 혈루증으로 앓던 여인이나 백부장과 같은 사람들은 예수님에 대해 추호도 의심하는 마음이 없었습니다. 그 결과는 문제해결 이었습니다. 한결같이 그들은 깨끗하게 질병을 치료받았고 삶의 문제를 해결 받았습니다. 뿐만 아니라 예수님은 그들을 한결같이 칭찬하셨습니다. 그 이유는 믿음으로 행동한 사람들이었기 때문입니다.

오늘의 기도

주님, 칭찬받는 믿음을 소유한 사람이 되게 하옵소서, 예수님의 이름으로 기도드립니다. 아멘

회개 를 기뻐하시는 하나님

" 주 여호와의 말씀에 나의 삶을 두고 맹세 하노니
나는 악인의 죽는 것을 ... "

신)찬 534장	제 21 주						
구)찬 324장	월	화	수	목	금	토	겔33:11

일반적인 사람들의 성향은 악인이 망하는 것을 기뻐합니다. 요나도 선지자였으나 니느웨 사람들의 악함을 보고 그들이 망하기를 기다렸습니다. 그리고 하나님께서 그들을 심판하지 않는 것을 보고 싫어하였습니다. 이것이 일반적인 사람들의 마음입니다. 그러나 하나님은 다릅니다. 악인이 망하고, 죽는 것을 원하시지 않습니다. 오히려 그들이 돌이켜서 하나님께로 나아오기를 원하십니다.

첫째, 예수님도 회개하는 죄인 한사람을 기뻐하셨습니다.

회개할 것 없는 의인 아흔 아홉보다 죄인 한사람이 회개하는 것을 예수님께서는 더 기뻐하셨습니다.(눅15:7) 죄인을 미워하지 않는 믿음은 예수님으로부터 배워야 합니다. 대부분의 사람들이 회개하지 않기 때문에 망하는 것입니다. 그러나 회개하는 사람들은 하나님께로부터 용서를 받을 뿐 아니라 하나님은 그 사람을 기쁘게여겨 주십니다. 그러므로 성도는 정죄하는 자세를 가지는 것보다 예수님처럼 죄인이기 때문에 용서받을 가능성을 생각하고 예수님의 마음을 가지고 죄인들을 대하여야 합니다.

둘째, 회개하는 사람은 망하지 않습니다.

구약에서 요나의 사명은 죄인들이 사는 곳 니느웨에 가서 하나님의 심판의 메시지를 선포하는 것이었습니다. 그러나 하나님은 죄인들이 회개하는 것을 보시고 심판의 계획을 돌이키셨습니다. 마땅히 망해야 할 백성들이 하나님께 회개함으로 망하지 않았던 것입니다. 문제는 죄를 짓고도 회개하지 않는 것이 문제입니다. 회개하지 않는 사람은 자신이 왜 죄인인지 깨닫지 못합니다. 이런 사람은 자기 주관적으로 모든 것을 생각하기 때문에 자신의 잘못이나 죄를 인정하지 못합니다. 그러나 말씀의 관점 하나님의 관점에서 자신을 바라볼 줄 아는 사람들은 자신이 죄인인 것을 인정하고 하나님께 겸손히 회개합니다. 이런 사람은 절대로 망하지 않습니다.

오늘의 기도

주님, 주님의 마음을 본받는 사람이 되게 하옵소서, 예수님의 이름으로 기도드립니다. 아멘

바람 의 신앙

"여호와여 내 마음이 교만치 아니하고
내 눈이 높지 아니하오며 내가 큰 …"

신)찬 518장	제 21 주							시131:1-3
구)찬 252장	월	화	수	목	금	토		

시편130편은 '성전에 올라가는 노래'라고 합니다. 성전으로 올라가는 사람들은 의미없이 올라가지 않습니다. 대상을 분명히 하고 목적을 분명히 하여 올라갑니다. 시편 기자도 마찬가지로 그 대상을 분명히 하고 마음을 정하여 올라가고 있음을 알 수 있습니다. 그 대상은 다름 아닌 '여호와'였습니다. 여호와를 바랄 때 마치 어린아이가 젖을 떼고 그 어미의 품에 있는 같은 평온한 상태로 표현하였습니다. 얼마나 하나님을 간절히 바라는 지를 알 수 있는 대목입니다. 성도의 삶은 이와같은 '바람'의 신앙이 필요합니다.

첫째, 바라는 것의 대상을 분명히 해야 합니다.

요즘은 물질을 바라보고 인생의 목적을 돈으로 삼는 사람들이 많이 있습니다. 인생의 성공을 돈을 많이 버는 것으로 생각합니다. 이런 사람은 바라던 물질이 없어지면 낙심하고 실망하기 마련입니다. 그러나 믿음으로 하나님을 바라는 사람들은 그렇지 않습니다. 우선순위를 하나님께 두기 때문에 웬만한 일로서는 두려워하거나 낙심하지 않습니다. 그사람이 무엇을 바라는 지는 그 사람의 주된 관심사를 보면 알 수 있습니다. 성도의 주된 관심사는 무엇입니까, 죄인을 위해 독생자를 십자가에 내어 주시기까지 인류를 사랑한 유일하신 하나님이 되어야 합니다.

둘째, 한마음으로 주를 바라야 합니다.

하나님은 한분이십니다. 그래서 하나님을 유일하신 하나님이라고 합니다. 하나님이 한분이시기 때문에 유일하시다고 하는 것입니다. 그럼에도 불구하고 한분이신 하나님을 섬기면서 다른 마음을 가지는 사람들이 있습니다. 하나님을 섬김에 있어서는 절대 두 마음이나 다른 마음을 품어서는 안됩니다. 오직 하나님만 바라야 합니다. 한결같이 한 마음으로 하나님 한분만 바랄 때 하나님은 무한하신 하나님의 은혜를 부어주십니다.

오늘의 기도

주님, 하나님을 온전히 바라는 믿음의 사람이 되게 하여 주옵소서, 예수님의 이름으로 기도드립니다. 아멘

하나님께 은혜를 입은 사람

"사울의 집과 다윗의 집 사이에 전쟁이 오래매 다윗은 점점 강하여 가고 사울..."

신)찬 285장	제 21 주						
구)찬 209장	월	화	수	목	금	토	삼하3:1

사울과 다윗은 이스라엘 왕정 초창기 초대왕과 2대 왕이었습니다. 둘다 하나님께로부터 기름부음을 받고 왕으로 세워졌지만 그들의 삶은 너무나 대조적이었습니다. 출발은 비슷하였습니다. 그러나 해가 거듭될수록 사울의 집은 점점 약해져가고 다윗의 집은 점점 강하여져 갔습니다. 왜 그랬을까요? 그 이유는 다윗이 하나님의 은혜를 입은 사람이었기 때문입니다.

첫째, 성도는 하나님의 은혜를 입어야 합니다.

모름지기 사람은 하나님의 은혜를 입어야 합니다. 그래야 인생이 잘 될 수 있습니다. 특히 성도들의 삶은 하나님의 은혜를 입는 삶이 되어야합니다. 다윗의 삶의 성공은 그의 인물됨 보다 하나님께 은혜를 입었다는 표현이 옳습니다. 다윗이 사울보다 낫다고 할 수 있는 것은 다윗은 하나님께 은혜를 입었습니다. 반면 사울은 하나님께 싫어 버린바 되었습니다. 결국 사울은 하나님께 버림받아 전쟁터에서 비참하게 죽고 말았습니다. 그러나 다윗은 달랐습니다. 수넴 출신의 동녀 아비삭의 시중을 받으며 편안한 임종을 맞았습니다. 하나님께 은혜를 입은 결과입니다.

둘째, 하나님께 은혜를 입어야 형통한 삶을 살 수 있습니다.

형통한 사람의 본보기는 구약의 요셉입니다. 왜 요셉이 형통한 사람이 되었습니까? 하나님께 은혜를 입어 하나님이 함께 하셨기 때문입니다. 하나님께서 함께하셨더니 요셉은 형통한 사람이 되었습니다. 성도도 마찬가지입니다. 하나님의 자녀로서 형통한 삶을 살기를 원한다면 하나님께서 함께 하셔야합니다. 그렇지 않고서는 사람의 힘으로는 형통 자체가 불가능합니다. 왜냐하면 사람은 사람으로서는 극복할 수 없는 문제를 반드시 만나기 때문입니다. 그러나 하나님이 함께하시는 사람, 하나님의 은혜를 입은 사람은 사람이 할 수 없는 것을 하나님께서 함께 하여 도와주심으로 문제를 극복할 수 있게 됩니다.

오늘의 기도

주님, 하나님께 은혜를 입은 사람이 되게 하여 주옵소서, 예수님의 이름으로 기도 드립니다. 아멘

맥추절 을 지키라

"칠주를 계수할지니
곡식에 낫을 대는 첫날부터 칠주를 계수하여..."

신)찬 587장	제 21 주						
구)찬 306장	월	화	수	목	금	토	신16:9-12

　이스라엘 백성들은 해마다 성소에 올라가 지켜야 했던 세가지 절기가 있었습니다. 그 중 하나가 바로 맥추절입니다. 5월말-6월이며, 이맘때면 밀을 추수하고 수확이 끝난 때를 기념하여 하나님께 예물을 드리면서 절기를 지키게 됩니다. 이와 같은 절기를 드릴 때의 특징은 반드시 정한대로 예물을 드린다는 것입니다. 왜 예물을 드려야만 할까요? 그것은 하나님께서 복을 주셨기 때문입니다.

첫째, 감사는 입으로만 하는 것이 아닙니다.

　사람은 누구에게나 반드시 감사할 것이 있기 마련입니다. 감사할 것이 없어서 하나님께 감사하지 못한다면 그것은 자신을 속이는 일이 됩니다. 그래서 하나님께서는 누구나 감사할 것이 있기 때문에 빈손으로 오지말고 예물을 드리라는 것입니다. 절기를 지킬때는 감사가 있어야 합니다. 빈손 신앙이 아닌 드릴 줄 아는 감사 신앙이 있어야 합니다. 감사는 말로만 하는 것이 아니기 때문입니다. 구약에서 제사의 특징은 반드시 제물이 있다는 것입니다. 제물은 준비해야 할까요? 감사로 준비해야 합니다. 그러므로 감사로 절기를 지키는 사람은 빈손으로 하는 것이 아닌 반드시 감사의 예물을 드림으로 절기를 지켜야 합니다.

둘째, 맥추절을 지키는 것은 하나님의 명령입니다.

　명령의 특징은 반드시 명령권자에게 복종해야 한다는 것입니다. 해도 되고 안해도 되는 것이라면 이것은 명령이라고 할 수 없습니다. 반드시 해야 되기 때문에 명령인 것입니다. 그러므로 맥추절은 지켜도 되고 안지켜도 되는 것이 아니라 반드시 지킴으로 하나님께 영광을 돌려야 하는 절기입니다. 맥추절을 지키되 하나님께 주신 은혜를 생각하면서 진실된 마음으로 감사함으로 절기를 지켜야 합니다.

～오늘의 기도

주님, 빈손 신앙이 아닌 감사 신앙이 되게 하여 주옵소서, 예수님의 이름으로 기도드립니다. 아멘

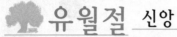유월절 신앙

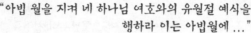"아빕 월을 지켜 네 하나님 여호와의 유월절 예식을
행하라 이는 아빕월에 …"

(신)찬 284장	제 21 주						
(구)찬 206장	월	화	수	목	금	토	신16:1

　아빕은 '녹안(綠眼)의 달'이라는 뜻입니다. 히브리력의 정월이며 오늘날의 3월-4월에 해당합니다. 바벨론 포로기 이후 니산월로 부르게 되었습니다. 하나님께서는 바로 이달에 유월절을 지키게 하셨습니다. 유월절은 이스라엘 백성에게는 그 어떤 절기보다 각별한 절기 입니다. 왜냐하면 어린양의 희생의 피가 있었기 때문입니다. 희생이 있었기 때문에 재앙을 면할 수 있었던 절기가 유월절입니다.

첫째, 유월절은 그리스도를 예표하는 사건입니다.

　예수그리스도를 예표하는 구약의 사건중 가장 중요한 사건 가운데 하나가 유월절 사건입니다. 유월절 어린양은 신약의 예수그리스도를 예표합니다. 기독교는 희생이 있는 종교입니다. 희생이 없는 사랑은 참된 사랑이라고 볼 수 없습니다. "율법을 따라 거의 모든 물건이 피로써 정결하게 되나니 피흘림이 없은즉 사함이 없느니라"(히9:22) 라고 하였습니다. 유월절 어린양의 피로 이스라엘 모든 백성이 재앙을 면한 것처럼 예수님께서 십자가에서 흘리신 피로 죄사함을 받게 되었습니다. 그러므로 예수님의 십자가의 희생이야 말로 가장 놀라운 하나님의 은혜요 사랑입니다.

둘째, 유월절은 하나님의 사랑의 표현입니다.

　유월절은 구약의 3대 절기 가운데 하나입니다. 이것을 하나님께서는 대대로 지키라고 하셨습니다. 왜 일까요? 그것은 하나님께서 베푸신 은혜가 있기 때문입니다. 애굽의 모든 장자를 치실 때 어린양의 피로 이스라엘의 장자는 죽음을 면하게 되었습니다. 이는 하나님께서 은혜를 베푸셨기 때문에 가능한 일이었습니다. 그런데 하나님은 예수님의 십자가 사건을 통해 다시한번 하나님의 사랑을 확증시켜 주셨습니다. 이번에는 한번의 피흘림으로 단번에 죄사함을 얻게하는 영원한 능력의 피를 흘려주셨습니다. 하나님의 사랑이 아니고서는 불가능한 일입니다. 그러므로 오늘날도 성도는 마땅히 유월절 신앙을 가질줄 알아야 합니다.

🍀 오늘의 기도

　주님, 예수 그리스도의 희생을 잊지 않는 성도가 되게하여 주옵소서. 예수님의 이름으로 기도드립니다. 아멘

초막절 신앙

"너희 타작 마당과 포도주틀의 소출을 수장한 후에
칠일 동안 초막절을 지킬..."

(신)찬 215장	제 22 주						
(구)찬 354장	월	화	수	목	금	토	신16:13

초막절은 9~10월경으로 이스라엘 백성이 출애굽을 한 후 고생끝에 가나안 땅에 정착하여 그 축복에 감사하는 절기였습니다. 이 절기는 하나님의 인도하심과 보호를 감사하는 절기입니다. 하나님은 이때에도 빈손으로 나아오지 말라고 말씀하셨습니다. 사람마다 힘대로 물건을 드리라고 하셨습니다. 하나님의 인도하심과 보호를 경험하면서도 오늘날 우리는 얼마나 많은 감사를 드리고 살아가고 있습니까, 마땅히 오늘날도 성도는 하나님께 힘대로 예물을 드릴줄 알며 감사해야 합니다.

첫째, 초막절 신앙은 보호하시는 하나님께 대한 감사입니다.

이스라엘 백성들이 광야에서 40년동안 있으면서도 그들이 망하지 않았던 이유는 하나님께서 그들을 보호하셨기 때문입니다. 이방인들로부터 보호하셨고 추위와 더위로부터 보호하셨으며 배고픔으로 부터도 보호하셨습니다. 만일 그들을 하나님께서 보호하지 않으셨더라면 40년의 세월을 버틸수도 없었을뿐더러 가나안에 절대로 들어갈수 없었을 것입니다. 하나님의 보호하심이 있었기 때문에 이스라엘 백성들은 무사히 광야를 지나 가나안으로 들어갈수 있었습니다. 하나님은 오늘날도 자신의 자녀들을 보호 하시기를 원하십니다.

둘째, 초막절 신앙은 함께 기뻐하는 신앙입니다.

이스라엘 백성들이 절기를 지킬 때의 특징 가운데 하나는 절대로 혼자 지키지 않았다는 것입니다. 그들은 공동체로 하나님께 모여 함께 기뻐하며 절기를 지켰습니다. 교회는 공동체입니다. 그리스도의 피로 사신바된 그리스도의 몸으로서의 공동체입니다. 개인보다 공동체의 유익을 위하는 것이 바로 절기신앙입니다. 그러므로 성도는 하나님께 함께 기뻐하며 영광돌릴 수 있어야 합니다. 무엇을 기뻐해야 합니까, 위로는 하나님을 기뻐하고 아래로는 이웃을 기뻐해야 합니다. 서로 기뻐하며 함께 기뻐해야 합니다.

오늘의 기도

주님, 하나님의 인도와 보호를 감사하며 살게 하여 주옵소서, 예수님의 이름으로 기도드립니다. 아멘

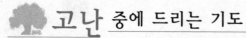

고난 중에 드리는 기도

"하나님이여 나의 근심하는 소리를 들으시고
원수의 두려움에서 나의 생명을..."

신)찬 292장	제 22 주							
구)찬 415장	월	화	수	목	금	토	시64:1-2

인간의 10대 사망원인의 하나가 자살입니다. 사람은 왜 자살을 할까요? 그것은 절망으로부터 오는 것입니다. 좌절을 이기지 못하는 나약한 인간의 심성이 결국 극단적 선택을 하게 만듭니다. 그러나 성경은 이런 극단적 고난의 상황에서 어떻게 행동해야 할 것인지를 보여주고 있습니다. 시편 기자는 근심과 두려움에서 한 가지 일을 선택하여 행하게 됩니다. 그것이 바로 전능자를 향한 도우심의 요청입니다.

첫째, 고난중에는 기도하여야 합니다.

성도가 고난중에 처하면 무엇을 가장 먼저 하여야 할까요? 기도입니다. 전능자를 향한 기도, 하나님을 향한 기도야 말로 극단적 두려움을 극복할수 있는 가장 안전한 방법입니다. 기도하지 않을 때 두려움을 극복하지 못합니다. 절망을 극복하지 못합니다. 그러나 기도하는 사람은 절망을 극복하고 두려움을 극복할 수 있게 됩니다. 기도하지 않기 때문에 두려움과 절망으로부터 헤어나지 못합니다. 예수님이 보여주신 삶 가운데 기도는 빼놓을 수 없는 중요한 신앙의 덕목이었습니다. 그런데 성도가 고난중에 어려움중에 기도하지 않는다는 것은 있을 수 없는 일입니다.

둘째, 고난중에 드리는 기도는 성도를 성숙하게 합니다.

"쇠는 두드릴수록 단단해 진다"라는 말이 있습니다. 성도의 믿음도 고난이라는 통로를 통해 성숙할 수 있습니다. 고난의 통로를 지날때는 반드시 기도를 동반하여야 합니다. 기도를 동반한 고난은 성도를 성숙하게 만듭니다. 왜 성도의 신앙 성숙이 중요할까요? 어린아이가 성장하지 않으면 작은 일에도 넘어집니다. 그러나 나이에 맞게 성장하는 사람들은 어린아이들이 경험하는 문제로는 쉽게 실망하거나 넘어지지 않습니다. 성숙의 중요성은 바로 여기에 있습니다. 고난이라는 삶의 문제와 고난중에 드리는 기도는 성도를 성숙하게 하고 자라게 하여 웬만한 일로는 넘어지지 않게 합니다.

오늘의 기도

주님, 고난중에 주를 잊지 말게 하여 주옵소서, 예수님의 이름으로 기도드립니다.
아멘

하나님을 가까이 하라

"하나님께 가까이함이 내게 복이라
내가 주 여호와를 나의 피난처로 삼아 든..."

신)찬 384장	제 22 주							시73:28
구)찬 434장	월	화	수	목	금	토		

사람이 자신의 환경에서 무엇을 가까이 하느냐는 절대로 중요한 문제입니다. 사람은 가까이 하는 것을 닮아가고, 가까이 하는 것에서 배우게 되어있습니다. 이것이 인간이 가진 학습의 능력입니다. 그리스도인들은 무엇을 가까이 해야 할까요? 마땅히 하나님을 가까이 해야 합니다. 예수 그리스도를 가까이 해야 합니다. 성령을 가까이 해야 합니다. 말씀을 가까이 해야 합니다. 왜냐하면 성경이 그렇게 하는 것이 복이라고 말씀하고 있기 때문입니다.

첫째, 말씀을 가까이 하는 성도가 되어야 합니다.

말씀을 가까이 할때의 유익은 하나님의 뜻을 쉽게 깨달을 수 있습니다. 성도가 하나님의 뜻을 깨닫는 일은 너무나 중요한 일이라고 볼 수 있습니다. 하나님의 뜻을 알아야 온전히 순종하며 살아갈 수 있습니다. 하나님의 뜻은 말씀을 통하여 주어집니다. 그런데 말씀을 가까이 하지 않으면서 어떻게 하나님의 뜻을 알 수 있겠습니까? 말씀없이도 하나님의 뜻을 알 수 있다는 사람은 교만한 사람입니다. 하나님의 말씀은 성도로 하여금 하나님의 뜻을 깨닫도록 도와줍니다.

둘째, 그리스도를 닮아가는 성도가 되어야 합니다.

그리스도를 닮아간다는 것은 그리스도를 가까이 한다는 뜻입니다. 부부는 살면서 닮는다는 말이 있습니다. 그 이유는 항상 가까이 있기 때문에 수십년 동안 살면서 자연스럽게 모든면에서 닮아가기 때문입니다. 만일 성도가 그리스도를 항상 가까이 한다면 어찌 그리스도를 닮아가지 않겠습니까? 그리스도를 가까이 한다면서도 그리스도를 닮지 않는 사람들은 결국 그리스도를 가까이 하지 않는 것입니다. 무엇을 하든 항상 그리스도를 가까이 하여야 합니다. 그러므로 성도의 가장 큰 복이 그리스도를 가까이 하는 것임을 알고 삶에 적용하는 성도가 되어야 합니다.

오늘의 기도

주님, 항상 하나님을 가까이 하여 살게하여 주옵소서, 예수님의 이름으로 기도드립니다. 아멘

 뒤돌아 보지 않는 신앙

"예수께서 이르시되 손에 쟁기를 잡고
뒤를 돌아보는 자는 하나님의 나라에 …"

신)찬 539장	제 22 주						
구)찬 483장	월	화	수	목	금	토	눅9:62

예수님께서는 하나님의 나라에 대해 말씀하실 때 뒤를 돌아보지 말 것을 당부하셨습니다. 뒤를 돌아본다는 것은 과거에 집착 한다는 의미보다는, 일의 효율성에 맞지 않는 것이라고 볼 수 있습니다. 쟁기를 잡은 사람은 뒤를 보면 안됩니다. 앞만 보고 목표를 보고 밭을 갈아야 합니다. 그래야 고랑이 반듯할 수 있습니다. 자꾸 뒤를 돌아보면 앞을 보지 못하기 때문에 고랑이 반듯하지 않습니다. 결국 밭을 다시 갈아야 합니다.

첫째, 성도는 과거의 사람이 되어서는 안됩니다.

과거 지향적인 사람들의 특징은 한숨이나 후회를 많이 한다는 것입니다. 그래서 대체적으로 이런 사람들은 껄,껄 거리며 살아갑니다. 그때 이렇게 할껄, 하지말껄… 과거를 생각하는 것이 항상 나쁜 것은 아니지만 대체로 부정적인 영향을 끼치는 것은 틀림없는 사실입니다. 그러면 언제 과거를 생각해야 합니까, 회개하고 인생의 새로운 목표를 향해 나아갈 때는 과거가 필요합니다. 죄 사함의 고백은 과거에 지은죄에 대한 고백이 있어야 하기 때문입니다. 발전을 위한 반성은 필요하 듯 회개를 위한 과거의 고백은 필요한 일입니다. 그러나 과거에 매여서 툭하면 옛일을 생각하며 후회하는 어리석은 짓은 하지 말아야 합니다.

둘째, 목표를 가지면 뒤를 돌아보지 않습니다.

사람은 자신에게 목표가 있을 때 분명한 삶을 살아갈 수 있습니다. 반면 목표가 불분명하거나 없을 때 자신이 무엇을 해야 할지 모르기 때문에 인생자체가 불분명합니다. 신앙도 마찬가지입니다. 신앙에도 목표가 있어야 합니다. 목표가 없이 신앙생활하면 그사람의 신앙은 성장하지 않습니다. 사도 바울의 목표가 그리스도를 본받는 것이었기 때문에 그는 그리스도를 닮은 사람으로 살아갈 수 있었습니다. 성도의 목표는 무엇이어야 할까요? 세가지로 말할 수 있습니다. 첫째는 그리스도요, 둘째는 하늘나라요, 셋째는 상급입니다. 이 세 가지 목표를 가질 때 성도의 신앙생활은 앞만보며 달음질 할 수 있습니다.

🍀 오늘의 기도

주님, 예수 그리스도만 바라보고 나아가게 하여 주옵소서, 예수님의 이름으로 기도 드립니다. 아멘

기적을 경험하라

"엘리사가 집에 들어가 보니 아이가 죽었는데
자기의 침상에 눕혔는지라…"

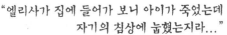

신)찬 325장	제 22 주						
구)찬 359장	월	화	수	목	금	토	왕하4:32-37

기독교는 체험의 종교라고 말을 합니다. 왜 기독교는 체험의 종교라고 할까요? 그 이유는 하나님의 말씀은 살아있기 때문입니다. 지식이나 논리로만 존재하는 것이 아니라 영과 육을 지배하는 생명력있는 하나님의 능력이 있기 때문에 체험의 종교라고 합니다. 하나님을 믿고 예수그리스도를 영접하여 말씀을 순종하고 살아가면 말씀이 삶 가운데 역사하여 전에 알지 못하던 것을 경험하게 됩니다.

첫째, 체험은 분명한 확신을 갖게 합니다.

엘리사가 죽은 아이를 위하여 기도할 때 그 아이가 살아난 기적의 사건도 엘리사가 하나님의 능력을 경험했기 때문에 가능한 일이었습니다. 신앙은 체험이 중요합니다. 무턱대고 믿는 것보다 기적을 경험하고 은혜를 체험하게 될 때 더욱 확신있는 신앙생활을 할 수 있게 됩니다. 확신이 없이 신앙생활하다 보면 그 믿음이 흔들릴 때가 있습니다. 심지어는 배교하는 일까지도 생겨납니다. 사도행전2장에 예수님의 제자들은 모두가 성령의 강력한 임재의 체험을 하였습니다. 결국 이들은 확신있는 복음의 사도가 되어 유럽과 아시아에 복음을 전하는 능력있는 하나님의 일꾼이 되었습니다.

둘째, 기적을 경험하기를 소원해야 합니다.

열왕기상18장에 있는 엘리야와 갈멜산의 사건에서 엘리야는 갈멜산에서 하나님이 살아계신 것을 무엇으로 증명하였습니까? 바로 기적입니다. 하늘에서 불이 떨어지는 것은 기적이 아니고서야 어찌 그런 일이 있을 수 있겠습니까? 하늘에서 불이 떨어지기를 내기한 엘리야는 기적을 기대한 것입니다. 결국 엘리야의 이런 믿음이 바알과 아세라의 선지자들을 뒤로하고 하늘에서 불이 내려오는 기적을 경험하게 하였습니다. 이 기적을 통해 이스라엘 백성들의 마음에는 변화가 생기기 시작하였습니다.

오늘의 기도

주님, 체험신앙으로 흔들리지 않는 믿음이 되게 하여 주옵소서, 예수님의 이름으로 기도드립니다. 아멘

교만함을 뉘우쳐라

"그때에 히스기야가 병들어 죽게 된 고로
여호와께 기도하매 여호와께서 ..."

신)찬 450장	제 22 주						
구)찬 376장	월	화	수	목	금	토	대하32:24-26

히스기야는 유대 왕국에 가장 위대한 왕중에 한 사람입니다. 그가 하나님 앞에서 쓰임받는 왕이 될 수 있었던 이유는 자신의 죄와 교만함을 뉘우칠 줄 아는 낮아짐이 있었기 때문입니다. 하나님은 교만한 사람에게는 은혜를 베푸시지 않습니다. 그러나 겸손하고 자기죄를 인정하며 낮아질 줄 아는 사람에게는 은혜를 베푸십니다. 무엇보다 성도는 하나님 앞에서 교만한 죄를 짓지 말아야 합니다.

첫째, 하나님은 교만을 싫어 하십니다.

하나님은 교만한 사람을 싫어하십니다. 히스기야 처럼 죄를 돌이키고 회개하는 사람에게는 인정하여 은혜를 베푸시지만 교만하여 회개할 줄 모르는 사람에게는 징계를 내리십니다. 교만이라는 원래 의미는 '자랑' 이라는 의미를 포함하고 있습니다. 교만한 사람은 하나님을 자랑하고 높이기 보다 가급적 자신을 자랑하고 자신을 높입니다. 당연히 이런 사람은 하나님이 싫어하실 수 밖에 없습니다. 하나님은 하나님의 자녀인 성도들이 하나님을 자랑하고 하나님을 높이기를 원하십니다.

둘째, 교만한 사람은 회개하기를 싫어합니다.

교만한 사람의 특징 가운데 하나는 회개하기를 싫어한다는 것입니다. 왜 회개하지 않을까요? 무엇이 잘못인지 모르기 때문에 회개하지 않는 것입니다. 하나님을 무시한 것도, 하나님을 모르는 것도, 스스로 자신을 높인 것도, 스스로 자신을 자랑한 것도, 모두 죄라는 사실을 모릅니다. 모르기 때문에 회개하지 않습니다. 자신이 교만하다는 것 조차도 모릅니다. 이런 사람은 반드시 망하게 되어 있습니다. 왜 이토록 모를까요? 첫째는 하나님을 멀리 했기 때문이요, 둘째는 하나님의 말씀을 멀리 했기 때문입니다. 하나님은 이런 교만한 사람을 싫어하십니다.

🍀 오늘의 기도

주님, 어떤 경우에라도 교만하지 않게 하여 주옵소서, 예수님의 이름으로 기도드립니다. 아멘

말씀 을 듣는 성도의 자세

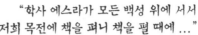
"학사 에스라가 모든 백성 위에 서서
저희 목전에 책을 펴니 책을 펼 때에 ..."

신)찬 405장	제 23 주
구)찬 458장	월	화	수	목	금	토	느8:5-6

학사 에스라가 모든 백성 위에 서서 그들의 목전에서 율법책을 낭독할 때 백성들의 반응은 오늘 이 시대 하나님을 예배하는 사람들에게 분명 교훈이 되는 말씀임에 틀림이 없습니다. 백성들은 왜 말씀을 낭독할 때 왜 일어섰을까요? 하나님의 말씀은 사사로이 받을 수 없다고 생각한 것입니다. 가볍게 생각하지 않았다는 뜻입니다. 뿐만 아니라 손을 들고 '아멘 아멘'으로 화답하였습니다. 그리고 몸을 굽혀 얼굴을 땅에 대고 경배하였습니다. 오늘날 우리의 예배 자세와는 너무나 다른 모습입니다. 아무리 시대가 변했어도 하나님께 예배하는 이와 같은 마음의 자세만은 절대로 변하거나 달라지면 안됩니다.

첫째, 하나님의 말씀은 경외함으로 들어야 합니다.

'경외'라는 뜻은 두려워한다는 뜻을 가지고 있습니다. 누구를 두려워하는 것일까요? 하나님을 두려워하는 것입니다. 왜 하나님을 두려워하여야 합니까? 무조건 두려워하라는 뜻은 아닙니다. 하나님을 가볍게 생각하지 말라는 뜻입니다. 세상에서 가장 경외하는 마음을 가지라는 뜻입니다. 결코 억압이나 군림의 표현은 아닙니다. 다만 하나님을 예배하는 사람들이 하나님을 가볍게 여겨서 안된다는 의미입니다. 하나님을 절대로 가볍게 여겨서는 안됩니다. 는 "스스로 속이지 말라 하나님은 만홀히 여김을 받지 아니하시나니 사람이 무엇으로 심든지 그대로 거두리라"(갈6:7) 라고 하였습니다.

둘째, 아멘으로 화답하며 들어야 합니다.

아멘은 '의지한다', '신뢰가 된다'는 뜻을 가진 히브리어 '아만'('aman)에서 파생된 말입니다. '진실로, 참으로, 확실히'란 의미를 지니고 있습니다. 아멘은 하나님의 말씀을 진실로 받아들인다는 마음의 표현입니다. 다른 사람의 말에 동의를 표할때도 이 표현을 사용하였습니다. 그러므로 아멘은 상대방에 대한 신뢰의 표시입니다. 하나님의 말씀에 '아멘' 한다는 것은 하나님을 신뢰한다는 마음의 표현이기도 한 것입니다. 그러므로 하나님의 말씀을 들을 때 성도는 하나님을 신뢰함으로 아멘으로 화답하여야 합니다.

오늘의 기도

주님, 올바른 신앙의 자세를 가지게 하여 주옵소서, 예수님의 이름으로 기도드립니다. 아멘

사랑 으로 섬겨라

"형제들아 너희가 자유를 위하여 부르심을 입었으나
그러나 그 자유로 …"

신)찬 292장	제 23 주						
구)찬 415장	월	**화**	수	목	금	토	갈5:13-15

신앙생활을 하다보면 해야 될 것과 하지 말아야 될 것이 있습니다. 이 두가지를 잘 구분 할 줄 알아야 올바른 신앙생활을 할 수 있습니다. 먼저 하지 말아야 될 것이란, 본문에서 말씀하는 서로 물고 먹는 것입니다. 이것은 시기와 미움, 다툼에 대해서 말하는 것입니다. 이와는 반대로 사랑으로 섬기며 종노릇하는 것을 해야될 일로 간주하여 적극 권면하고 있습니다. 이런 믿음의 행위는 교회에 덕을 세우고 교회 공동체를 유익하게 합니다. 그러므로 하지 말아야 될 것을 경계하고, 해야 될 일은 적극 실천해야 합니다.

첫째, 성도는 섬김을 실천할 줄 알아야 합니다.

예수님은 공생애 기간 동안에 얼마든지 대접을 받으실 수 있었습니다. 그러나 예수님은 대접을 받는 것을 기뻐하지 않으셨습니다. 그 이유는 예수님은 대접을 받으러 오신분이 아니시기 때문이었습니다. "인자가 온 것은 섬김을 받으려 함이 아니라 도리어 섬기려 하고 자기 목숨을 많은 사람의 대속물로 주려 함이니라"(마10:45) 라고 하심으로 자신이 대접을 받는 자가 아니라 섬기는 자임을 분명히 하셨습니다. 그러므로 성도도 마땅히 남을 섬기는 일을 본분으로 여길 수 있어야 합니다.

둘째, 사랑으로 섬겨야 합니다.

섬기는 데에도 규칙이 있습니다. 그것은 사랑으로 섬기는 것입니다. 사랑 없이 섬기는 것은 가식이요 거짓입니다. 예수님의 섬김은 사랑을 바탕으로 하셨습니다. 그렇기 때문에 기꺼이 종이 되는 것도 마다하지 않으셨습니다. 제자들의 발을 씻기는 행위는 종들이 하는 행위입니다. 그러나 예수님은 전혀 싫어하시거나 기분 나빠하지 않았습니다. 사랑이 바탕이 되었기 때문입니다. 성도도 마찬가지입니다. 성도가 교회를 섬길 때 사랑으로 섬겨야 합니다. 성도 서로가 서로를 섬길 때도 사랑으로 섬기는 것이 성도의 당연한 본분이요 도리입니다.

🍀 오늘의 기도

주님, 언제나 사랑으로 남을 섬기는 사람이 되게 하여 주옵소서, 예수님의 이름으로 기도드립니다. 아멘

젊은 자에게 주는 교훈

"내 아들아 여호와의 징계를 경히 여기지 말라
그 꾸지람을 싫어하지 말라 대저 …"

(신)찬 288장	제 23 주						
(구)찬 204장	월	화	수	목	금	토	잠3:11-12

솔로몬의 잠언 초반부는 대부분 젊은 사람들에게 주는 교훈입니다. 그 교훈 가운데 하나는 꾸지람에 관한 것입니다. 꾸지람이란 사람들에게 썩 좋은 것은 아닙니다. 때로는 꾸지람은 사람의 분노를 유발하는 경우가 있습니다. 이것을 참지 못할 때 좋지 못한 결과가 생길 수 도 있습니다. 그러나 꾸지람의 의미를 알고 받으면 절대로 잘못되는 경우가 없습니다. 특히 성도들은 성경대로 꾸지람을 하는 법을 알아야 하고, 젊은이들은 꾸지람을 듣는 법을 배워야 합니다.

첫째, 젊은 자는 꾸지람을 듣는 지혜가 있어야 합니다.

오늘날 대부분의 많은 젊은 사람들은 자기 개성에 익숙한 사람들입니다. 과거보다는 자신을 과감하게 드러내고 개성을 전혀 부끄럽게 여기지 않는 세대가 되었습니다. 그러나 단점도 있습니다. 누군가 자신을 지적하는 것을 견디기 힘들어합니다. 꾸지람을 듣는데 익숙하지 않다는 말입니다. 그러다 보니 쉽게 다툼이 일어나고 쉽게 분을 냅니다. 그러나 성경은 이에 대하여 꾸지람을 경히 여기지 말라고 말씀하고 있습니다. 지혜롭게 꾸지람을 들을 때 지혜있는 젊은 자가 되어질 수 있습니다.

둘째, 하나님이 주신 징계를 분별할 줄 알아야 합니다.

하나님은 징계를 통해 교훈하시기도 합니다. 그러나 하나님이 주신 징계를 경히 여기는 사람이라면 하나님이 주시는 교훈을 깨닫지 못할 수도 있습니다. 그러면 어떻게 해야 하나님이 주신 징계라는 것을 알수 있을까요? 묵상을 통해 가능합니다. 자신의 문제를 깊이 묵상함으로 문제의 원인이 무엇인지를 알수 있게 됩니다. 하나님이 주신 징계에는 분명 뜻이 있습니다. 깊이 있는 묵상을 하는 사람이라면 하나님의 뜻을 금방 분별할수 있습니다. 그러므로 젊은 사람들은 하나님의 말씀을 묵상하는 일을 부지런히 훈련하여야 합니다.

🍀 오늘의 기도

주님, 꾸지람을 경히 여기지 않는 성도가 되게 하여 주옵소서, 예수님의 이름으로 기도드립니다. 아멘

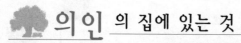 의인 의 집에 있는 것

"악인의 집에는 여호와의 저주가 있거니와
의인의 집에는 복이 있느니라"

신)찬 365장	제 23 주						
구)찬 484장	월	화	수	목	금	토	잠3:33

성도가 하나님의 말씀을 지키면서 살아야 하는 이유는 하나님의 말씀을 지키며 사는 것이 성도의 올바른 행실이기 때문입니다. "율법을 지키는 자는 지혜로운 아들이요..."(잠27:8) 라고 하였습니다. 그러므로 의인이라 인정함을 받은 성도의 삶에는 반드시 의인으로서의 합당한 삶의 모습이 있어야 합니다. 하나님은 이런 사람을 복되게 하십니다. 그래서 본문은 의인의 집에 복이 있다고 하신 것입니다.

첫째, 하나님은 의인을 기뻐하십니다.

성경에는 단 두종류의 사람에 대해서 언급하고 있습니다. 의인과 악인입니다. 중간은 없습니다. 의인도 아니고 악인도 아닌 사람은 없습니다. 의인이 아니면 악인입니다. 성도는 어디에 속한 사람일까요? 당연히 의인에 속한 사람입니다. 의인은 하나님이 기뻐하시지만 악인은 하나님께서 기뻐하시지 않습니다. 그러므로 의인으로서 성도는 하나님이 기뻐하시는 사람임을 분명히 알고 의인으로서 올바른 신앙생활을 해야합니다.

둘째, 의인의 집에는 복이 있습니다.

본문에서는 의인의 집에 복이 있다고 말씀하고 있습니다. 악인에게는 없는데 의인에게는 있는 것이 있습니다. 그것은 하나님께서 주시는 복입니다. 악인에게는 있는데 의인에게는 없는 것이 있습니다. 저주입니다. 의인의 삶에 저주는 상관이 없습니다. 왜냐하면 하나님께서 의인에게는 저주를 허락하지 않으셨기 때문입니다. 이 얼마나 놀라운 사실입니까, 하나님의 자녀된 우리를 의인이라 불러주시고 다시는 저주 아래 있지 않게 하신 것은 하나님의 은혜요 축복입니다.

🍀 오늘의 기도

주님, 의인으로서 올바른 삶의 행실이 있게 하여 주옵소서, 예수님의 이름으로 기도드립니다. 아멘

세가지 할 일

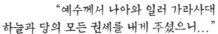

"예수께서 나아와 일러 가라사대
하늘과 땅의 모든 권세를 내게 주셨으니..."

신)찬 570장	제 23 주						마28:18-20
구)찬 453장	월	화	수	목	금	토	

예수님께서는 부활하신 후 하늘로 올라가시기전 제자들에게 마지막으로 세 가지를 명령하셨습니다. 이 말씀은 당부나 권면이 아닌 명령입니다. 모든 족 속으로 제자를 삼는 것과, 성령의 이름으로 세례를 주는 것, 그리고 분부한 모든 것을 가르쳐 지키게하는 이 세가지는 오늘날 교회와 성도가 이행해야할 예수님의 중요한 명령입니다. 이것은 반드시 행해야 합니다. 교회가 존재하 고 성도가 존재하는 목적이 바로 이 세가지 지상 명령 입니다. 그러므로 교회 와 성도는 깨어서 이 사명을 감당하기를 적극 힘써야 할 것입니다.

첫째, 교회는 제자삼는 사역을 쉬지 않아야 합니다.

예수님은 공생애 기간동안 12명의 제자 외에도 다른 제자를 양육하셨습니 다. 제자삼는 사역은 예수님의 주된 관심사 였습니다. 교회는 이 사역을 대행 하여야합니다. 제자삼는 사역의 중요성은 신약성경 곳곳에서 발견할 수 있습 니다. 제자가 없이는 하나님의 나라가 효율적으로 전파될 수 없습니다. 제자 삼는 사역의 중요성이 바로 여기에 있습니다.

둘째, 교회는 가르치기를 쉬지 않아야 합니다.

교회에게 주신 귀중한 사명은 가르치는 사명입니다. 무엇을 가르쳐야 합니 까, 복음을 가르쳐야 합니다. 복음을 가르치지 않는 교회는 교회로 존재한다 고 볼 수 없습니다. 뿐만 아니라 성도도 복음을 가르치는 일을 게을리 하지 말아야 합니다. 예수님의 지상명령이 가르치는 사역임을 잊지말아야 합니다.

셋째, 교회는 성령의 이름으로 세례 주는 것을 쉬지 않아야 합니다.

세례의 중요성은 예수님께서 세례요한에게 세례를 받으심으로 증명하셨습 니다. 만일 세례가 필요치 않았다면 예수님도 요한에게 세례를 받지 않았을 것입니다. 그러나 예수님은 세례를 받으셨습니다. 중요하기 때문에 받으신 것입니다. 교회는 세례 요한 때처럼 부지런히 세례 주는 사역을 쉬지 않고 행 해야 합니다.

오늘의 기도

주님, 주님의 지상명령을 순종하는 성도가 되게하여 주옵소서, 예수님의 이름으로 기도드립니다. 아멘

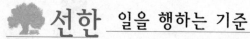

선한 일을 행하는 기준

"한편 손 마른 사람이 있는지라
사람들이 예수를 송사하려 하여 물어 가로되..."

(신)찬 569장	제 23 주						
(구)찬 442장	월	화	수	목	금	토	마12:10-13

신약성경에서 바리새인과 예수님은 종종 마찰을 일으켰습니다. 그 이유는 예수님의 생각과 행동이 바리새인들의 생각이나 행동과는 전혀 다른 것이었기 때문입니다. 바리새인들은 항상 예수님보다 율법이나 전통을 먼저 생각했습니다. 그러나 예수님은 달랐습니다. 법도 중요하지만 예수님은 사람을 중심으로 법을 적용했습니다. 왜냐하면 사람없는 법은 있을수 없기 때문입니다. 그것이 바로 예수님과 바리새인의 차이였습니다. 그러므로 한 사람의 가치를 아는 사람이 복음을 제대로 전할수 있습니다.

첫째, 기준의 차이를 알아야 합니다.

율법과 사람중 어느 것이 더 중요하다고 할수 있을까요? 당연히 구약적 관점에서 본다면 이는 사람보다 율법이다. 정말 율법이 중요하기 때문에 그런 것이 아니라 사람들이 그렇게 인식하고 있었습니다. 그러나 하나님께서 율법을 주신 목적은 율법 자체보다 하나님의 백성인 사람에게 있음을 우리는 성경을 통해 알 수 있습니다. 하나님은 하나님의 백성된 사람들에게 중요성을 부여하셨습니다. 그것이 율법이 생기기 전에 하나님의 백성이 먼저 있었던 이유입니다. 사람을 귀히 여길 때 율법은 율법으로서 제기능을 다할 수 있습니다.

둘째, 분별력을 가져야 합니다.

신약에서 예수님과 종종 마찰을 일으켰던 바리새인이나 사두개인들은 누구보다 율법에 대해 잘 알고 있었지만 결코 다른 사람들에게 유익을 주는 사람들은 아니었습니다. 그 이유는 그들에게 분별력이 없었기 때문입니다. 분별력이 없었기 때문에 예수님을 알아보지 못하였고 결국 십자가에 못박는 일에 주도적인 역할을 자행하게 되었습니다. 성도는 믿음의 분별력을 가져야 합니다. 혹 부족하다면 그것이 기도의 제목이 되어야 합니다.

오늘의 기도

주님, 선한일을 행할 수 있는 분별력을 주옵소서, 예수님의 이름으로 기도드립니다. 아멘

말씀 대로 행하시는 하나님

"여호와께서 그 말씀대로 사라를 권고하셨고
여호와께서 그 말씀대로 사라 ..."

신)찬 549장	제 24 주						창21:1-6
구)찬 431장	월	화	수	목	금	토	

'약속'은 지켜질 때 비로소 가치가 있습니다. 지켜지지 않는 약속은 별 의미가 없습니다. 그러나 약속은 본의 아니게 지켜지지 않을 때가 있습니다. 그래서 사람들은 지키지 못할 약속은 하지 말라고들 합니다. 그러나 하나님은 말씀하시고 약속하신 것을 한번도 지키지 않으신 적이 없습니다. 그래서 하나님을 '신실하신 하나님'이라고 합니다.

첫째, 하나님께는 약속을 지킬 수 있는 능력이 있습니다.

하나님은 그 약속을 지킬 수 있는 능력을 가지고 있습니다. 하나님은 사람과는 달라서 약속하시고 말씀하신 것은 반드시 지키십니다. 성도가 성경을 신뢰하고 하나님을 신뢰해야 하는 이유가 바로 여기에 있습니다. 사람은 어겨도 하나님은 약속을 어기시지 않습니다. 사람은 지킬 능력이 없어도 하나님은 지킬 능력이 있습니다. 사람이 약속을 하고도 그 약속을 지키지 못하는 이유로는 약속을 무시했거나 지킬 능력이 없거나 둘중 하나라고 볼 수 있습니다. 그러나 하나님은 약속을 무시하지도 않으시며 한번 하신 약속은 반드시 지키실 수 있는 능력이 있으신 분이십니다.

둘째, 하나님은 약속대로 이행하는 언약의 하나님입니다.

구약신학에서 빼놓을 수 없는 부분이 '언약신학'입니다. 성경은 언약을 중심으로 이루어진 책입니다. 성경에서 언약은 하나님에 의해 대부분 성취되고 있음을 알수 있습니다. 이런 사실로 미루어 보건대 하나님은 자신의 언약은 반드시 이행하시는 분이라는 것을 결론적으로 알 수 있습니다. 성도는 이 믿음을 잃지 않아야 합니다. 믿음은 하나님의 약속을 믿는 것입니다.

오늘의 기도

주님, 신실하신 하나님을 항상 의지하게 하여 주옵소서, 예수님의 이름으로 기도드립니다. 아멘

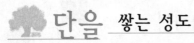 **단을 쌓는 성도**

(신)찬 292장	제 24 주						
(구)찬 415장	월	화	수	목	금	토	창35:1

야곱은 그의 인생에서 여러번 위기 상황을 맞이하였습니다. 그 중 하나가 세겜에서의 사건입니다. 형 에서와 극적인 화해로 가까스로 위기를 넘긴 야곱에게 이 사건은 뜻하지 않은 사건이었습니다. 그러나 이 사건을 통해서 하나님은 야곱에게 두가지를 권면하십니다. 첫째는 벧엘로 올라가는 것이요, 둘째는 거기서 단을 쌓으라는 것이었습니다. 벧엘로 올라가는 목적이 단을 쌓기 위함이었습니다.

첫째, 하나님의 자녀는 단을 쌓을 수 있어야 합니다.

하나님은 야곱에게 단을 쌓게 하려고 세겜에서의 화를 면하게 해 주셨습니다. 단을 쌓는 현대적 의미는 '예배'입니다. 야곱이 에서의 문제로 인해 잊어버리고 살았던 것은 단을 쌓는 것이었습니다. 하나님께 예배드리는 일을 잊어버리고 살았던 것입니다. 그러나 하나님은 예배의 중요성을 세겜에서 깨닫게 해 주셨습니다. 하나님은 성도가 예배드리기를 원하십니다. 예배가 없는 사람은 하나님의 은혜를 잊어버리고 사는 사람이라고 해도 과언이 아닙니다. 그러므로 하나님의 자녀된 성도는 마땅히 하나님께 단을 쌓을 수 있어야 합니다. 예배를 잘 드릴 수 있어야 성도로서 합당한 삶을 살아갈 수 있습니다.

둘째, 단을 쌓을 때 하나님을 만날 수 있습니다.

창세기에서 족장들이 단을 쌓던 일은 출애굽기에서 성막제도로 발전되었습니다. 성막에서는 항상 번제를 비롯한 각종 제사를 드릴 수 있었고 언제나 제사의 마지막은 지성소로 나아가는 것이었습니다. 지성소 없는 성막은 있으나 마나 한 것입니다. 왜냐하면 지성소는 하나님이 임재하시는 곳이기 때문입니다. 하나님의 임재가 없는 교회나 성도는 바른 의미에서 교회나 성도가 아니라고도 할 수 있습니다. 하나님의 임재를 경험하고 하나님을 만나는 예배야 말로 참된 예배요 하나님이 기뻐하시는 예배라고 할 수 있습니다.

 **오늘의 기도**

주님, 예배의 은혜를 사모하게 하여 주옵소서, 예수님의 이름으로 기도드립니다.
아멘

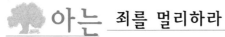

아는 죄를 멀리하라

"내가 그 집을 영영토록 심판하겠다고
그에게 이른 것은 그의 아는 죄악을 …"

신)찬 303장	제 24 주							
구)찬 403장	월	화	수	목	금	토	삼상3:13

구약의 엘리 제사장은 구약의 인물중 비운의 인물 가운데 한 사람입니다. 이스라엘의 사사요 제사장이었지만 인생의 가장 중요한 순간에 가장 불행을 겪은 사람이었습니다. 그 이유는 죄 때문이었습니다. 그 죄라는 것은 다름 아닌 엘리 제사장이 이미 알고 있는 죄들이었습니다. 죄는 두 종류로 구분할 수 있습니다.

첫째, 부지중에 지은 죄입니다.

사람은 살면서 자신도 모르는 사이에 죄를 범하는 경우가 있습니다. 자신이 전혀 의도하지 않았지만 죄를 짓게되는 경우입니다. 이런 일은 세상에 다반사로 있습니다. 성경에서도 이런 죄에 대하여 지적하고 있습니다. 그러나 자신이 모르고 지었다고 하더라고 절대로 죄는 합리화 될 수 없습니다. 죄가 이성적으로 합리화 될 수 있다면 인간의 모든 죄는 다 합리화 시킬 수 있습니다. 죄는 절대로 합리회 시킬 수 없는 것입니다. 설령 모르고 지었다하더라고 죄는 죄인 것입니다.

둘째, 아는 죄입니다.

부지중에 지은 죄보다 죄질이 나쁜 죄는 알고 짓는 죄입니다. 사람들은 간혹 알면서도 짓는 죄가 있습니다. 하나님은 알면서 짓는 죄를 더 나쁘게 보십니다. 엘리 제사장이 경우가 그런 경우입니다. 자녀들의 문제가 항상 백성들로부터 거론되었지만 엘리 제사장은 그것을 금하지 않았습니다. 이는 아들들의 죄를 묵인한 것입니다. 결국 하나님은 엘리제사장의 집을 심판하셨습니다. 어떤 경우라 하더라도 아는 죄는 적극적으로 멀리해야 합니다. 그러므로 성도는 아는 죄의 심각성을 깨닫고 멀리 할 줄 아는 지혜를 가져야 합니다.

오늘의 기도

주님, 아는 죄의 심각성을 깨닫는 지혜를 주옵소서, 예수님의 이름으로 기도드립니다. 아멘

반열대로 직무를 감당하라

"솔로몬이 예루살렘에서 여호와의 전을 세울 때까지
저희가 회막 앞에서 전을 ..."

(신)찬 542장	제 24 주						
(구)찬 340장	월	화	수	목	금	토	대상6:32

구약에는 왕, 제사장, 선지자, 사사 등의 신분을 가진 사람들이 나옵니다. 이 모두는 하나님께서 세운 사람들입니다. 신약의 교회에서는 사도들을 중심으로 일곱집사가 있었습니다. 이 역시도 필요를 따라 세운 교회의 일꾼들입니다. 이런 직분은 제각기 역할이 달랐습니다. 직분에 맡는 역할을 하는 것이 직분의 순기능입니다. 솔로몬도 예루살렘에서 여호와의 전을 세울 때 찬양하는 사람들을 세우고 각기 반열대로 직무를 수행하게 했습니다. 하나님은 순리와 질서를 중요시 여기시는 것을 알 수 있는 대목입니다. 교회에서도 성도는 질서대로 순리대로 주의 일을 감당해야 합니다.

첫째, 성도는 직분에 맞는 일을 하여야 합니다.

성전에서는 각각 반열대로 직무를 감당할 수 있도록 하였습니다. 오늘날 교회도 마찬가지입니다. 교회에는 봉사의 직무가 있습니다. 아무렇게나 질서없이 봉사하면 안됩니다. 위로부터 목사와 장로, 안수집사와 권사, 서리집사와 권찰등 각종 봉사의 직무가 있습니다. 이런 직무를 감당할 때 성도는 직분에 맞도록 봉사하여야 합니다. 하나님은 질서의 하나님이시므로 질서없이 교회에서 봉사의 일을 감당하는 것을 원치 않으십니다.

둘째, 직분의 기능을 이해하고 봉사하여야 합니다.

교회에서 주어지는 각종 봉사의 직무는 직분마다 서로다른 역할이 있습니다. 직분마다 다 똑같은 일을 하는 것은 아닙니다. 신약의 사도들도 사도들과 집사들을 따로 세웠습니다.(행6:1-6) 사도들은 기도하는 것과 말씀전하는 일에 전무하였고 선교와 구제의 일은 일곱집사들에게 위임하였습니다. 교회에서는 직분의 역할과 기능을 정하여 직분을 맡깁니다. 그러므로 교회에서 봉사의 직무를 직분마다 잘 이해하고 직분에 합당한 열매를 맺을 수 있도록 최선을 다하여 봉사하여야 합니다.

🍀 오늘의 기도

주님, 주께서 주신 직분대로 사명을 감당하게 하여 주옵소서, 예수님의 이름으로 기도드립니다. 아멘

성도 의 유익한 교제

"초상집에 가는 것이 잔칫집에 가는 것보다 나으니
모든 사람의 결국이 이와 …"

신)찬 212장	제 24 주						
구)찬 347장	월	화	수	목	금	토	전7:2

슬픈일은 나눌 수록 작아지고 기쁜일은 나눌 수록 커진다는 말이 있습니다. 성경에도 지혜로운 성도는 초상집으로 가라고 권면하고 있습니다. 왜 초상집으로 가야 할까요? 그것은 남의 아픔을 나눌 수 있는 사람이 하나님이 보시기에도 합당한 사람이기 때문입니다. 성도는 아픔을 나눌 줄 아는 사람이어야 합니다. 기쁜 일에는 축하를 필요로 하지만 위로는 필요로하지 않습니다. 그러나 슬픈 일에는 반드시 위로가 필요합니다. 그러나 진심으로 위로해 주는 사람은 많지 않습니다. 그러므로 남의 아픔을 이해하고 위로하는 성도의 교제야 말로 신앙생활에 피차 유익함을 알아야 합니다.

첫째, 성도의 교제는 진실함으로 하여야 합니다.

이심전심(以心傳心)이라는 말이 있습니다. 마음과 마음이 통한다는 뜻입니다. 성도의 교제에는 반드시 마음이 통하는 진실함이 있어야 합니다. 진실이 결여된 교제는 절대 오래갈 수 없습니다. 그러나 무엇을 하든 진실된 마음으로 남을 배려할 때 그 진심은 반드시 통하게 되어있습니다. 구약에서 다윗은 아들 압살롬의 반역때 도망할 곳이 없어 바르실래라는 사람의 집으로 피신을 하게 됩니다. 이때 바르실래는 다윗왕을 진실된 마음으로 공궤하였습니다. 훗날 다윗이 다시 예루살렘으로 돌아왔을 때 바르실래를 기억하고 그 아들 솔로몬에게도 바르실래의 집안에 선을 베풀라고 유언을 하였습니다. 이는 진실된 마음이 통한 결과입니다.

둘째, 슬픈일을 나눌 줄 아는 교제가 있어야 합니다.

초상집에 가는 것이 잔치집에 가는 것보다 낫다는 것은 슬픈 일에는 나눔이 필요하기 때문입니다. 슬픔은 함께 나눌 때 작아질 수 있습니다. 비교적 슬픔을 당한 사람이 수월하게 극복할 수 있습니다. 그러나 슬픈 일을 만나도 위로하거나 그 아픔을 함께 나눌 수 있는 사람이 없다는 이보다 더 안타까운 일은 없습니다. 왜냐하면 혼자 감당하는 슬픔은 그 짐이 너무 무겁게 느껴지기 때문입니다. 그러므로 성도는 초상집에 우선으로 가는 지혜로움으로 서로 교제하여야 합니다.

오늘의 기도

주님, 하나님이 보시기에 유익한 성도의 교제를 나누는 삶이 되게 하여 주옵소서, 예수님의 이름으로 기도드립니다. 아멘

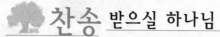

찬송 받으실 하나님

"여호와를 찬송함이여 내간구하는 소리를 들으심이로
다 여호와는 나의 힘과 ..."

신)찬 450장	제 24 주						
구)찬 376장	월	화	수	목	금	토	시28:6-9

"이 백성은 내가 나를 위하여 지었나니 나의 찬송을 부르게 하려 함이니라"
(사43:21) 라고 했습니다. 하나님은 찬송을 받으시기를 기뻐하시는 분이심
을 알 수 있는 말씀입니다. 성도는 마땅히 하나님이 기뻐하시는 것을 해야
합니다. 그것이 바로 찬송입니다. 하나님이 베푸신 은혜를 생각할 때 그 모
든 은혜를 찬송으로 영광돌릴 줄 안다면 그것은 올바른 신앙생활을 하고 있
다는 증거입니다. 시편 기자도 하나님이 베푸신 은혜를 생각하면서 하나님
께 찬송으로 영광을 돌렸습니다. 그러므로 성도는 찬송 받으실 하나님께 찬
송을 돌릴 수 있는 삶으로 훈련되어야 합니다.

첫째, 하나님은 마땅히 찬송 받으실 분이십니다.

구약의 시편은 찬송시가 많습니다. 누구를 찬송하는 것입니까? 하나님을
찬송하는 것입니다. 구약의 인물들은 대부분 하나님께서는 마땅히 찬송받으
셔야 할 분으로 인식하고 있었습니다. 왜냐하면 하늘위에 하늘아래 하나님
과 같은 분이 없다고 생각했기 때문입니다. 이방의 신들과는 비교도 할수 없
다고 생각했습니다. 이런 신앙은 하나님 보시기에 지극히 합당한 신앙이라
고 볼 수 있습니다. 하나님 자신도 찬송받으시길 원하시고 있습니다. 특히
자신의 택한 백성들로 인하여 찬송받기를 원하셨습니다. 오늘날도 여전히
이런 신앙 고백으로 하나님을 찬송하는 하나님의 백성들이 많아야 합니다.

둘째, 찬송하는 성도가 되도록 훈련하여야 합니다.

군인들에게 훈련은 없어서는 안되는 중요한 생활의 기본입니다. 훈련없는
군인은 실전에서 절대로 이길 수 없습니다. 이는 불변의 법칙이라고도 할 수
있습니다. 훈련한 만큼 성과를 기대할 수 있습니다. 성도의 신앙생활도 마찬
가지입니다. 누가 하나님을 찬송할 수 있습니까? 하나님께 찬송드리는 것을
훈련한 사람들이 하나님을 잘 찬송할 수 있습니다. 작은 일에도 하나님께 영
광 돌리고 찬송하는 훈련을 해야 합니다. 이는 하나님께서 기뻐하시는 일입
니다.

오늘의 기도

주님, 항상 찬송받으실 하나님께 찬송을 돌리는 삶이 되게하여 주옵소서,
예수님의 이름으로 기도드립니다. 아멘

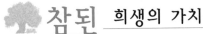

참된 희생의 가치

"내가 진실로 진실로 너희에게 이르노니
한 알의 밀이 땅에 떨어져 죽지 …"

신)찬 211장	제 25 주						
구)찬 346장	월	화	수	목	금	토	요12:24

예수님께서는 희생의 가치에 대해 말씀하시면서 한 알의 밀에 비유하여 말씀하셨습니다. 밀이 많은 열매를 맺는 것은 한 알이 썩어졌기 때문이라는 것입니다. 썩어짐의 가치는 열매로 나타납니다. 성도의 희생도 마찬가지입니다. 헌신과 희생의 순간에는 아무도 알아주지 않지만 때가되면 반드시 열매를 맺습니다. 그 가치를 드러냅니다. 희생의 가치는 희생의 순간에는 나타나지 않습니다. 그러나 썩어짐의 희생은 반드시 결과를 수반합니다.

첫째, 십자가의 희생은 구원의 열매를 맺었습니다.

예수님께서 십자가를 지신 것이 아무런 열매도 맺지 못했다면 예수님의 희생은 아무런 의미가 없었을 것입니다. 그러나 예수님의 십자가는 구원의 열매를 위한 세상에서 가장 값진 썩어짐 이었습니다. 그러므로 십자가의 가치는 값으로 환산할 수 없는 세상에서 가장 값진 희생인 것입니다. 이는 은으로도 비교할 수 없으며 금으로도 비교할 수 없습니다. 비교를 시도하는 자체가 잘못된 것입니다.

둘째, 참된 희생은 하나님의 사랑의 실천입니다.

십자가 사건은 하나님의 사랑의 실천이라고 볼 수 있습니다. 예수님께서는 하나님의 말씀을 순종하심으로 하나님의 뜻을 실천하셨습니다. 하나님의 뜻은 사랑이었습니다. 사랑이 없이는 독생자를 십자가에 내어줄 수 없습니다. 결국 예수님의 헌신과 희생은 하나님의 사랑을 확증하는 사건이 되었습니다. 성도도 마찬가지입니다. 헌신이 필요한 때에 아낌없이 헌신을 하여야 합니다. 희생이 필요할 때 과감하게 희생할 수 있어야 합니다. 헌신없는 사랑, 희생없는 사랑은 결핍된 사랑입니다.

오늘의 기도

주님, 썩어짐의 가치를 아는 참된 희생이 있게 하여 주옵소서, 예수님의 이름으로 기도드립니다. 아멘

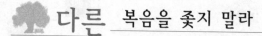

다른 복음을 좇지 말라

"그리스도의 은혜로 너희를 부르신 이를
이같이 속히 떠나 다른 복음 좇는 ..."

신)찬 521장	제 25 주						
구)찬 253장	월	화	수	목	금	토	갈1:6-7

신약의 위대한 사도, 바울은 다른 복음에 대해 경계하였습니다. 왜 다른 복음에 대해 언급하였을까요, 그 이유는 성도들이 진리위에 온전히 서있지 못하고 거짓 복음을 좇는 무리들이 있었기 때문입니다. 성도는 그어떤 경우에라도 복음의 진리위에 굳게 서 있어야 합니다. 말세가 되면 미혹하는 무리들이 여기 저기서 나타나게 되어있습니다. 성도의 믿음을 혼란스럽게 하고 그 믿음을 흔들어 봅니다.

첫째, 항상 깨어 있어야 합니다.

"그러므로 깨어 있으라 어느 날에 너희 주가 임할는지 너희가 알지 못함이니라"(마24:42) 라고 하였습니다. 어떤 경우에라도 굳게 깨어 있어서 절대 다른 복음을 좇지 않도록 하여야 합니다. 깨어있지 않는 성도는 곧 사단의 표적이 됩니다. 사단은 다른복음으로 깨어있지 않는 성도를 유혹하며 현혹합니다. 다른 복음의 심각성은 그 결과는 사망이기 때문에 위험합니다. 그러므로 성도는 말세에 다른 복음에 현혹되지 않도록 항상 깨어있기를 힘써야 합니다.

둘째, 굳게 서 있어야 합니다.

예수님께서는 집을 짓는 사람의 두가지 유형에 대해 말씀하셨습니다.(마7:24-27), 모래위에 집을 짓는 사람과 반석위에 집을 짓는 사람입니다. 모래위에서는 절대로 견고하게 서있지 못합니다. 그러나 반석위에서는 가능합니다. 어떤 사람이 반석위에 있는 사람입니까? 하나님의 말씀을 굳게 붙잡고 그 말씀을 순종하며 행하는 사람이 바로 반석위에 굳게 세워진 사람이라고 할수 있습니다. 성도는 견고한 반석위에 집을 짓고 흔들리거나 무너지지 않도록 굳게 서 있어야 합니다. 이는 때가 가까웠기 때문입니다.

🍀 오늘의 기도

주님, 어떤 경우에라도 다른 복음은 좇지 말게 하여 주옵소서, 예수님의 이름으로 기도드립니다. 아멘

고난 중에 영광을 돌리라

"만일 그리스도인으로 고난을 받은즉 부끄러워 말고
도리어 그 이름으로 하나님께 …"

신)찬 267장	제 25 주							벧전4:16
구)찬 201장	월	화	수	목	금	토		

사람은 일반적으로 자신의 약점을 나타내고 싶어하지 않습니다. 오히려 감추고 싶어합니다. 고난도 마찬가지입니다. 그것을 자랑하기 보다는 드러내기 조차도 싫어하는 경우가 다반사입니다. 그런데 이런 상황에서 과연 하나님께 영광을 돌리는 사람이 있을까요? 성경은 말씀하고 있습니다. 만일 그리스도인으로 받은 고난이 있다면 이는 부끄러워할 것이 아니라 도리어 영광을 돌리라고 말씀하고 있습니다.

첫째, 의를 위하여 받는 고난이나 핍박은 부끄러움이 아닙니다.

"의를 위하여 핍박을 받은 자는 복이 있나니 천국이 저희 것임이라"(마 5:10) 라고 하였습니다. 이처럼 그리스도를 위한 고난에는 상급이 있습니다. 상급을 받을 사람이 그리스도로 인하여 받는 고난을 부끄러워하여서야 되겠습니까? 성도는 고난앞에 당당해야 합니다. 항상 자신감을 가지고 복음을 부끄러워하지 말고 어떤 어려움이라도 부딪쳐서 이겨야 합니다. 하나님은 이런 사람에게 반드시 상주심을 믿어야 합니다.

둘째, 고난중에는 오히려 하나님께 영광을 돌려야 합니다.

사람이 고난을 당하면 보편적으로 감사보다는 원망을 하기 쉽습니다. 하나님께 영광을 돌리는 것보다는 불평을 하게 되는 경우가 많습니다. 그러나 만일 그리스도로 인하여 고난을 받는다면 이는 하나님께 영광을 돌려야 될 일이라고 성경은 말씀하고 있습니다. 불평은 원망에서 오지만 영광은 감사에서 옵니다. 하나님은 이런 사람을 축복하시기를 원하십니다. 스데반이 순교하면서도 하나님의 영광과 예수님이 보좌 우편에 계신것을 본 것은(행7장) 핍박을 불평하지 않고 고난에 감사한 결과라고 볼 수 있습니다. 그러므로 성도는 그리스도로 인하여 받는 고난이 있다면 이는 불평이나 원망이 아닌 감사로 영광을 돌려야 될 상황임을 알아야 합니다.

오늘의 기도

주님, 그리스도인으로 받는 고난을 영광 돌리는 성도가 되게 하여 주옵소서, 예수님의 이름으로 기도드립니다. 아멘

허탄한 것을 자랑하지 말라

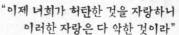
"이제 너희가 허탄한 것을 자랑하니
이러한 자랑은 다 악한 것이라"

신)찬 284장	제 25 주						
구)찬 206장	월	화	수	목	금	토	약4:16

"자랑하는 자는 주 안에서 자랑할지니라"(고후10:17) 라고 했습니다. 이것은 성도가 무엇을 자랑하여야 하는지를 깨닫게 해 주는 말씀입니다. 그러나 성경은 자랑하지 말아야 될 것에 대하여 경계하여 말씀하고 있습니다. 그것이 바로 허탄한 것입니다. 허탄한 것이란 '허무하고 헛된것' 또는 '거짓 자랑', '허영' 이라는 뜻을 포함하고 있습니다. 그러므로 허탄한 자랑이란 인간적인 욕심과 자랑에서 나오는 것입니다. 이와 같은 것을 경계하라고 하는 것입니다.

첫째, 허탄한 것을 자랑하는 것은 악한 일입니다.

일반적으로 자랑은 자기 교만에서 온다고 보는 것이 옳습니다. 이렇듯 교만한 사람은 하나님이 보시기에는 아무짝에도 쓸모없는 허무하고 헛된 것을 자랑합니다. 하나님은 이것을 악한 것으로 간주하십니다. 하나님이 악하게 여기시는 것은 절대로 해서는 안됩니다. 설령 사람의 눈으로 보기에 옳게 보일지라도 하나님이 보시기에 옳지 않다면 그것은 어떤 경우에라도 하나님께 인정받을 수 없습니다. 하나님은 허탄한 것을 자랑하는 사람을 악하게 여기신다는 사실을 성도는 분명히 알아야 합니다.

둘째, 자랑은 주안에서 해야 합니다.

"자랑하는 자는 주 안에서 자랑할지니라"(고후10:17) 라고 하였습니다. 여기에서 "주안에서 자랑하라"는 말은 주님을 자랑하라는 말입니다. 성도의 자랑은 오직 예수 그리스도여야 합니다. 사람은 저마다 육신적으로는 자랑할 것이 많을 것입니다. 돈이 많은 사람은 돈을 자랑하고 싶고, 미모가 뛰어난 사람은 미모를 자랑하고 싶으며, 명예가 있는 사람은 명예를 자랑하고 싶을 것입니다. 그러나 성도는 이런 것들보다 그리스도를 자랑할 수 있어야 합니다. 왜냐하면 하나님께서 그것을 원하시기 때문입니다.

오늘의 기도

주님, 허탄하여 악한 것을 자랑하지 않게 하여 주옵소서, 예수님의 이름으로 기도드립니다. 아멘

한마음 한뜻인 교회

"믿는 무리가 한마음과 한뜻이 되어
모든 물건을 서로 통용하고 제 재물을 ..."

(신)찬 524장	제 25 주							
(구)찬 313장	월	화	수	목	금	토	행4:32

초대교회의 특징은 성도들이 한 마음으로 주의 일을 감당한 것이었습니다. 교회가 가장 강력한 영향력을 행사할 때가 바로 하나 될 때입니다. 그런 의미에서 초대교회는 놀라운 영향력을 가진 교회였습니다. 하나됨의 능력이야말로 사단의 강력한 진을 파하는 능력이 될 수 있습니다. 그래서 사단은 가급적 교회와 성도가 하나되지 못하도록 훼방을 합니다. 그러나 성령은 교회가 하나 되도록 적극 도우십니다.

첫째, 성도의 하나됨을 방해하는 장애물을 이겨야 합니다.

오늘날 교회와 성도는 강력한 영적 도전에 직면해 있습니다. 그 이유는 공중 권세를 사단이 잡고 있기 때문입니다.(엡6:12) 사단은 항상 교회와 성도의 하나됨을 방해하고 훼방합니다. 성도는 이런 도전과 장애물들을 믿음으로 극복하고 하나님이 원하시는 하나됨의 능력을 나타내어야 합니다. 교회도 가정도 사회도 하나되는 공동체는 그보다 더 강력할 수 없습니다. 그러나 사단은 끊임없이 방해할 것입니다. 그러나 성도는 예수 그리스도로 하나됨의 능력을 추구하며 사단의 각종 훼방과 장애물들을 이기며 살아야 합니다.

둘째, 하나됨이 능력입니다.

"또 내가 네게 이르노니 너는 베드로라 내가 이 반석 위에 내 교회를 세우리니 음부의 권세가 이기지 못하리라"(마16:18) 라고 말씀하셨습니다. 음부의 권세가 교회를 이기지 못하는 이유가 무엇입니까? 그 이유는 교회의 머리가 그리스도이시기 때문입니다. 그리고 교회는 그리스도로 하나되는 강력한 공동체이기 때문입니다. 하나됨의 능력이 있는 교회를 사단이 이기지 못한다는 의미입니다. 사단은 그리스도로 하나되는 교회, 그리스도로 하나되는 성도나 가정을 절대로 이기지 못합니다. 이 진리는 앞으로도 변하지 않으며 영원히 변하지 않을 것입니다.

오늘의 기도

주님, 하나되는 공동체의 능력을 경험하게 하여 주옵소서, 예수님의 이름으로 기도 드립니다. 아멘

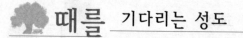

때를 기다리는 성도

"하나님이 모든 것을 지으시되 때를 따라
아름답게 하셨고 또 사람에게 영원..."

신)찬 523장	제 25 주							
구)찬 262장	월	화	수	목	금	토	전3:11	

　사람이 인생을 살면서 좋은 때를 만나는 것보다 더 중요한 것은 없습니다. 때를 잘못만나면 아무리 유능한 사람이어도 성공을 장담할 수 없습니다. 하나님도 때를 따라 모든 것을 지으셨습니다. 아무렇게나 지으신 것이 아닙니다. 철저한 하나님의 계획과 하나님의 정하신 때를 따라 모든 것을 창조하시고 지으셨습니다. 그러므로 참된 인생의 성공과 신앙생활을 성공을 하려면 지혜로 때를 기다릴 줄 아는 사람이 되어야합니다. 때를 기다릴 줄 모르는 사람보다 어리석은 없습니다.

첫째, 범사에는 반드시 때가 있습니다.

　구약성경 "범사에 기한이 있고 천하 만사가 다 때가 있나니"(전3:1) 라고 했습니다. 범사에는 반드시 때가 있기 마련입니다. 사람이 때를 알지 못하면 조급해집니다. 하나님이 만드시 자연의 법칙에도 때를 따라 모든 것이 이루어지는 것을 알수 있습니다. 조급함으로 풀한송이 나무 한그루를 더 빨리 자라게 할 수는 없습니다. 이는 사람도 마찬가지입니다. 과정이 없이 결과를 기대해서는 안됩니다. 모든 것은 기다림을 통한 때가 있기 마련입니다. 성도는 하나님의 말씀을 통해서 이와 같은 지혜로움을 터득해야 합니다. 절대로 무슨 일이든 조급해 하지 말아야 합니다.

둘째, 하나님은 때를 따라 역사하십니다.

　하나님은 모든 일에 하나님의 때를 정해놓으셨습니다. 아브라함에게 아들을 주시겠다고 약속하셨지만 하나님은 아브라함을 25년이나 기다리게 하셨습니다. 아브라함은 급했지만 하나님은 하나님의 정한 때에 아들을 주셨습니다. 하나님은 사람의 때를 따라 일하시지 않습니다. 하나님의 정하신 때를 따라 역사하십니다. 하나님의 정한 때를 기다릴 줄 아는 성도야 말로 성숙한 신앙인이요 성숙한 성도라고 할수 있습니다.

오늘의 기도

주님, 때를 기다릴 줄 아는 지혜로운 성도가 되게하여 주옵소서, 예수님의 이름으로 기도드립니다. 아멘

하나님을 의지하라

"내가 하나님을 의지하고 그 말씀을 찬송하올지라
내가 하나님을 의지하였은..."

(신)찬 542장	**제 26 주**						
(구)찬 340장	월	화	수	목	금	토	시56:4

구약의 인물중 다윗이 탁월한 인물이 될 수 있었던 결정적 이유가 있습니다. 그것은 하나님의 의지하는 마음과 삶의 자세입니다. 다윗은 그 누구보다 하나님을 잘 의지했습니다. 어떤 경우에라도 하나님을 의지하는 것을 잊지 않았습니다. 결국 그 중심을 아신 하나님께서는 다윗을 높이 들어 사용하여 주셨습니다. 하나님은 하나님을 의지하는 사람을 높여 주십니다. 하지만 혈육이나 인생을 의지하는 사람은 돕지 않으십니다. 그러므로 그 어떤 경우에라도 성도는 하나님 의지하는 것을 잊지 말아야 합니다.

첫째, 다윗의 인물됨의 특징은 하나님을 의지하는 자세에 있습니다.

구약의 시편중 다윗의 시편은 사람이 하나님을 어떻게 의지해야 하는지에 대하여 좋은 본을 많이 보여 줍니다. 시편42편에서는 하나님을 찾는 자신의 모습을 목마른 사슴으로 비유 하였습니다. 건기 때 사슴은 생명을 걸고 물을 찾습니다. 독특한 표현이지만 이보다 더 적절하고 간절한 표현은 없을 듯 합니다. 하나님을 의지하는 사람은 이와같은 자세로 하나님을 의지해야 합니다.

둘째, 다윗은 찬송함으로 하나님을 의지했습니다.

다윗은 항상 하나님을 찬송하는 일을 쉬지 않았습니다. 즐거울 때도 하나님을 찬송하였고, 슬플 때에도 하나님을 찬송하였으며, 고난중에서도 하나님께 찬송하는 일을 쉬지 않았습니다. 그것이 가능한 이유는 하나님을 의지하였기 때문에 가능한 일이었습니다. 하나님을 의지하여 살아가는 사람들은 다윗처럼 찬송할수 있습니다. 뿐만 아니라 하나님을 의지하는 사람들은 어떤 일을 만나도 하나님을 찬송하므로 두려워하지 않습니다.

오늘의 기도

주님, 어떤 경우에라도 하나님을 의지하는 믿음을 주옵소서, 예수님의 이름으로 기도드립니다. 아멘

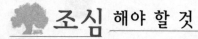

조심 해야 할 것

"내가 말하기를 나의 행위를 조심하여
내 혀로 범죄치 아니하리니 악인이 내..."

신)찬 216장	제 26 주						
구)찬 356장	월	화	수	목	금	토	시39:1

　성도의 신앙생활에서 조심해야 할 몇가지가 있습니다. 이를 본문에서는 두가지로 요약하고 있습니다. 그 첫째가 바로 행동입니다. 믿는 사람은 행동이 달라야 합니다. 행동이 달라야 그리스도인으로서 인정을 받을 수가 있습니다. 둘째가 '혀'입니다. 즉 말입니다. 악인과 같은 말을 하고서 그리스도인이라 할 수는 없습니다. 이 두가지의 변화는 그리스도인으로서의 변화의 시작이라고 볼 수 있습니다. 말과 행동의 변화가 없는 사람은 참된 그리스도인이라 할 수 없습니다.

첫째, 그리스도인의 행동은 세상과는 달라야 합니다.

　그리스도인이 된다는 것은 신분의 변화를 의미합니다. 이와같은 신분의 변화는 여기서만 그쳐서는 안됩니다. 신분에 걸맞는 행동의 변화 삶의 변화가 있어야 합니다. 임금이 종처럼 행동하여서는 안됩니다. 임금은 임금처럼 행동하여야 합니다. 즉 신분에 맞는 행동을 하여야 된다는 의미입니다. 그러므로 성도도 자신의 신분이 하나님의 아들이요 자녀인 것을 기억하고 신분에 맞는 삶으로의 행동의 변화가 있어야 합니다. 세상과는 구별된 사람임을 항상 기억하고 각별히 주의하여 조심하고 행동해야 합니다.

둘째, 그리스도인의 혀에는 권세가 있습니다.

　성도는 그리스도인으로서 혀를 주의하여 사용해야 합니다. 혀를 잘못사용하면 자칫 하나님의 영광을 가릴 수 있습니다. 말에는 반드시 책임을 수반합니다. 책임질 수 없는 말, 남에게 상처를 주는말, 자신을 가볍게 보이게 하는 말 등... 이런 말들은 모두 성도가 조심해야 할 말들입니다. 그러나 이와는 반대로 혀를 권세있게 사용하면 그 사람은 권세자가 됩니다. 성도는 그리스도인으로서 자신의 혀에 권세가 있음을 알고 능력있게 사용하여야 합니다.

　오늘의 기도

　주님, 항상 말과 행동을 조심하여 살게 하여 주옵소서, 예수님의 이름으로 기도드립니다. 아멘

하나님의 얼굴을 구하는 자의 유익

"내 이름으로 일컫는 내 백성이 그 악한 길에서 떠나
스스로 겸비하고 기도하여 내 ..."

(신)찬 535장	제 26 주							
(구)찬 391장	월	화	수	목	금	토	대하7:14

하나님은 회개치 않는 백성들을 가장 싫어하십니다. 이스라엘 백성들이 구약에서 망할 수밖에 없었던 이유는 회개가 없었기 때문입니다. 하나님의 백성으로서 범죄한 이후에도 그들은 끊임없이 같은 죄를 반복해서 지었습니다. 하나님은 회개하고 돌이킬 기회를 여러번 주었지만 결국 아무런 소용이 없었습니다. 결국 스스로 망하는 길을 선택한 것입니다. 그러나 하나님은 그럼에도 한가지 분명한 사실을 말씀해 주시고 있습니다. 언제라도 악한 길에서 돌이키면 하나님은 그 백성들에게 하나님의 은혜를 베푸시겠다는 것입니다. 그 이유가 무엇일까요? 바로 하나님의 자녀이기 때문입니다.

첫째, 하나님의 얼굴을 구하는 사람은 죄악에서 떠나야 합니다.

회개의 특징은 죄에서 돌이켜 떠나는 것입니다. 죄에서 떠나는 것 없이 회개하였다고 할 수 없습니다. 하나님의 은혜를 구하는 사람, 하나님의 얼굴을 구하는 사람은 반드시 죄에서 돌이켜서 떠나 있어야 합니다. 하나님의 은혜는 죄 가운데 그대로 임하지 않습니다. 하나님도 하나님의 백성들이 악한 길에서 떠나라고 말씀하고 있습니다. 악한 길에서 떠나 하나님을 구하며 기도할 때 하나님은 함께 하시고 은혜 베풀어 주십니다.

둘째, 결단이 있어야 죄에서 떠날 수 있습니다.

어떤 사람이 죄에서 떠날 수 있을까요? 죄에서 떠날 수 있는 사람은 죄의 자리를 청산하고 다시는 그 자리로 돌아가지 않겠다고 결단하는 사람이 떠날 수 있습니다. 이런 결단이 없이는 언젠가 그 사람은 다시 그 자리로 돌아갈 수 있습니다. 하나님은 자녀된 백성들이 죄에서 돌이켜 다시는 그리로 가지 않겠다는 과감한 결단을 하기를 원하십니다. 하나님은 우상이나 죄를 겸하여 섬길 수 없는 분이시기 때문입니다.

오늘의 기도

주님, 항상 악에서 돌이키고 하나님의 얼굴을 구하게 하옵소서, 예수님의 이름으로 기도드립니다. 아멘

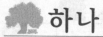하나님 의 이름의 능력

"다윗이 블레셋 사람에게 이르되
너는 칼과 창과 단창으로 내게 오거니와 …"

신)찬 354장	제 26 주							
구)찬 394장	월	화	수	목	금	토	삼상17:45	

다윗과 골리앗의 싸움은 기싸움이라고 할 수 있습니다. 기싸움에서 가장 중요한 것은 자신감입니다. 자신감이 없으면 절대로 상대방의 기를 죽일 수 없습니다. 상대편 골리앗은 자신의 신체적인 장점을 무기삼아 자심감을 표현했습니다. 그러나 다윗은 전혀 다른 것으로 자신감을 표현했습니다. 어느 누구도 생각지 못한 것이었습니다. 바로 하나님의 이름의 능력이었습니다. 이것은 경험에서 오는 자신감이었습니다. 성도는 하나님의 이름의 능력을 경험해야 합니다. 예수 이름의 능력을 경험해야 합니다. 그 경험에서 삶의 자신감이 나온다는 사실을 기억해야 합니다.

첫째, 삼위 하나님의 이름에는 능력이 있습니다.

구약에서는 이름을 상당히 중요시 여기는 경향이 있습니다. 야곱도 그 이름이 하나님 보시기에 합당치 않았습니다. 그래서 하나님은 이름을 바꾸어 주셨습니다. 야곱의 바뀐 이름은 이스라엘 이었습니다. 이는 하나님도 마찬가지입니다. 구약의 사람들은 하나님의 이름을 절대로 함부로 부르지 않았습니다. 함부로 쓰지도 않았습니다. 영적인 의미에서도 사단이 가장 두려워하는 이름은 바로 삼위 하나님의 이름입니다. 성도는 이 이름을 굳게 붙들고 살아야 합니다.

둘째, 이름에서 오는 능력을 경험해야 합니다.

신약에서 성령강림 사건 이후 베드로와 요한은 기적을 일으키는 주인공이 되었습니다. 그들이 그렇게 될수 있었던 배경에는 예수 이름의 능력을 경험했기 때문이었습니다. "나사렛 예수 그리스도의 이름으로 일어나 걸으라"(행3:6) 라고 예수 그리스도의 이름으로 명령하는 것을 볼 수 있습니다. 결과는 앉은뱅이가 일어나 걸었다고 하는 것입니다. 이와 같은 능력은 성경에만 기록되어 있는 것이 아닙니다. 하나님은 오늘날도 성도가 그 권세와 능력을 사용하면 동일한 능력으로 하나님께 영광 돌릴수 있습니다.

오늘의 기도

주님, 예수 이름의 능력을 삶에 적용하며 살게 하여 주옵소서, 예수님의 이름으로 기도드립니다. 아멘

지혜 에 장성한 사람

"형제들아 지혜에는 아이가 되지 말고
악에는 어린아이가 되라 지혜에 장성한..."

신)찬 242장	제 26 주							
구)찬 233장	월	화	수	목	금	토	고전14:20

본문에서는 지혜와 악을, 아이와 장성한 사람을 대조하여 말씀하고 있습니다. 결론적으로 지혜롭고 성숙한 사람이 되라는 말입니다. 성도의 신앙생활과 교회생활에서 필요한 사람은 지혜롭고 성숙한 사람입니다. 그리고 악을 행하지 않는 사람입니다. 고린도교회에서는 교회 안에서 악을 행하는 사람들로 인하여 교회가 분열 위기에 놓이게 되었습니다. 분별없이 행동하고 악한일을 저지르는 사람들로 인하여 많은 사람이 피해를 입게 되었습니다. 이로 인하여 바울은 여러차례 권면하고 책망하였습니다. 그러나 지혜롭고 성숙한 사람들은 분별없이 행동하지 않습니다. 교회와 성도들간에 덕을 세우는 행동을 합니다. 그것이 성도의 본분입니다.

첫째, 지혜에 장성한 성도는 교회에 덕을 세웁니다.

고린도교회의 분열의 원인은 지혜롭지 못하고 절제하지 못하는 무분별한 사람들로 인한 것이었습니다. 이는 지혜에 장성하지 못했기 때문입니다. 그러나 장성한 분량에 이른 성도는 결코 교회에 악을 행하지 않습니다. 스스로 절제하며 조심하고 오히려 다른 사람을 위해 기도하며 그들을 세워주기를 애씁니다. 또한 분별없이 행동하여 타인에게 상처를 주지 않습니다. 오히려 모든 행동이 교회에 덕이 됩니다.

둘째, 성숙한 성도는 지혜를 추구합니다.

성숙한 성도일수록 무엇을 추구하여야 하는지 잘 알게 됩니다. 교회는 이와 같은 사람들이 많을 수록 다툼이 없습니다. "지혜를 얻는 것이 금을 얻는 것보다 얼마나 나은고"(잠16:16) 라고 했습니다. 이는 지혜의 중요성에 대해 말하고 있는 것입니다. 금보다 귀한 것이 지혜라는 말입니다. 일반적인 사람들은 금을 추구하지만 지혜의 중요성을 아는 성숙한 사람은 금보다 지혜를 구하게 되어 있습니다. 하나님은 성도가 이와 같이 성숙한 성도가 되어지기를 원하십니다. 이는 하나님이 원하시는 것이기 때문입니다. 하나님이 원하시는 것을 추구할 줄 아는 성도야 말로 가장 지혜롭고 성숙한 성도라고 할 수 있습니다.

오늘의 기도

주님, 항상 지혜에 장성한 성도가 되게하여 주옵소서, 예수님의 이름으로 기도드립니다. 아멘

참된 가치에 집중하는 사람

"내가 모든 사람에게 자유하였으나
스스로 모든 사람에게 종이 된 것은 더 …"

(신)찬 536장	제 26 주						
(구)찬 326장	월	화	수	목	금	토	고전9:19

사도 바울의 삶의 특징은 '열정' 이라고 할 수 있습니다. 그야말로 미친듯이 복음을 전했다는 표현이 어울릴 정도로 복음에 열심이며 헌신적인 사람이 었습니다. 무엇이 그를 그토록 열정적인 사람으로 만들었을까요? 그것은 바로 가치입니다. 바울은 가치를 발견한 사람이었습니다. 그리고 그 가치에 집중하는 삶을 살았습니다. 스스로 종이 될 정도로 낮아지면서 까지 바울이 추구한 것은 가치에 대한 헌신 이었습니다.

첫째, 바울이 발견한 가치는 예수그리스도였습니다.

원래 바울의 이름은 사울이었습니다. 그러나 회심이후 바울이 되었습니다. '바울' 은 '작은자' 라는 뜻입니다. 이는 스스로 그리스도 앞에서 낮아지겠다는 자신의 결심입니다. 왜 사울은 스스로 바울이 되었을까요? 이는 '예수 그리스도' 라는 참된 가치를 발견했기 때문입니다. 그 가치 앞에 낮아질 수밖에 없었습니다. 겸손은 모든 그리스도인들의 최고의 덕목입니다. 이는 바울처럼 가치를 발견한 사람이 가질 수 있는 행함입니다.

둘째, 가치에 집중하는 사람은 인생이 달라집니다.

사람은 그사람의 추구하는 것을 통해 그사람의 가치관을 알 수 있습니다. 운동에 전념하고 건강을 특별하게 관리하는 사람은 건강에 가치를 둔 사람입니다. 장사나 사업을 우선적으로 생각하고 행동하는 사람은 가치를 물질에 둔 사람입니다. 이처럼 사람은 자신이 추구하는 가치에 집중하게 되어있습니다. 그렇다면 그리스도인들은 무엇을 추구하여야 할까요? '예수그리스도' 라고 하는 가치를 발견한 사람이라면 당연히 복음에 집중할 것입니다. 십자가에 집중할 것입니다. 여기에 집중하는 삶을 살다보면 자신도 모르게 삶이 변화되는 것을 알게 됩니다. 이는 가치관이 변했기 때문입니다.

성도는 당연히 '예수 그리스도' 라고 하는 가치에 집중할 줄 아는 인생이어야 합니다.

🍀 오늘의 기도

주님, 예수 그리스도의 가치에 집중하는 사람이 되게 하여 주옵소서, 예수님의 이름으로 기도드립니다. 아멘

하나님 이 세우신 리더의 자질

"여호와께서 사울을 떠나 다윗과 함께 계시므로
사울이 그를 두려워한지라 …"

신)찬 304장	제 27 주						
구)찬 404장	월	화	수	목	금	토	삼상18:12-14

요즘은 리더십에 대한 관심이 뜨겁습니다. 당연히 기업들도 CEO들의 리더십에 많은 관심을 가집니다. 왜냐하면 리더들의 리더십과 성향에 따라 그 단체나 기업의 성격이 달라지며, 방향이 달라지기 때문이다. 리더십의 실패는 때로 한 나라의 국운을 좌우 하기도 합니다. 성경에서도 리더십에 실패한 사람의 이야기가 나옵니다.

첫째, 실패한 리더십의 전형은 사울입니다.

사울은 실패한 리더십의 전형입니다. 그는 하나님이 주신 왕권을 가졌음에도 불구하고 그 왕권을 지키지 못했습니다. 하나님이 주신 왕권의 특징은 하나님이 허락하지 않으시면 어느 누구도 그것을 가질 수 없다는 것입니다. 그럼에도 불구하고 사울은 끝까지 그 왕권을 지키지 못했습니다. 리더십에 실패했기 때문입니다. 리더는 어떤 경우에도 부하들을 시기하거나 질투해서는 안됩니다. 오히려 부하의 재능을 높여주고 세워 줄 때 그 리더십은 더 빛이 나게 됩니다.

둘째, 성공한 리더십의 전형은 다윗입니다.

다윗은 성경에서 성공한 리더십의 전형입니다. 다윗의 리더십의 특징중 하나는 하나님의 주권에 대한 인정입니다. 사울을 왕으로 세우신 분은 하나님이시라는 것을 알고 그 주권을 인정하여 사울에게 함부로 하지 않았습니다. 그 결과로 자신에게 많은 위험이 닥쳐왔지만 그럼에도 불구하고 다윗은 끝까지 그 주권을 인정했습니다. 하나님의 주권이 변하지 않는다는 것을 다윗은 알았습니다. 그리고 그는 사람이 임의대로 그것을 변경하려 하지 않았습니다. 왕권에 대한 집착으로 욕심을 부릴 수도 있었지만 그렇게 하지 않았습니다. 그와같은 다윗의 중심이 결국 하나님께 상달 되었습니다. 하나님은 결국 그 주권을 철저하게 인정한 다윗을 이스라엘의 2대 왕으로 세우셨습니다.

오늘의 기도

주님, 언제나 하나님의 주권을 인정하는 삶이 되게 하여 주옵소서, 예수님의 이름으로 기도드립니다. 아멘

실력 이라는 진검승부

"그 블레셋 사람이 둘러보다가 다윗을 보고
업신여기니 이는 그가 젊고 용모..."

(신)찬 382장	제 27 주						
(구)찬 432장	월	화	수	목	금	토	삼상17:42

다윗과 골리앗의 싸움에서 골리앗은 다윗을 이길 수 있는 여러 가지 조건을 가지고 있었습니다. 골리앗은 다윗보다 용사로서의 힘과 신장이 탁월하게 앞서 있었습니다. 뿐만 아니라 실전에서의 경험 또한 풍부한 사람이었습니다. 그러나 다윗과의 승부에서는 그야말로 처참하게 짓이겨지고 말았습니다. 그이유가 무엇일까요? 그것은 실전에서 승부는 실력이라는 사실을 그가 잠시 간과했기 때문입니다.

첫째, 그리스도인은 경건이라는 훈련을 통해 실력을 길러야 합니다.

성도의 신앙생활은 잘 훈련된 '경건' 이라는 실력이 있을 때 비로소 사단과의 승부가 가능합니다. 훈련되지 않은 성도는 절대로 영적전쟁에서 승리하는 인생이 될 수 없습니다. 전쟁에서 잘 훈련된 군사보다 중요한 요소는 없습니다. 실전에서는 잘 훈련된 사람만이 살아남을 가능성이 많습니다. 사단은 결코 호락호락한 존재가 아닙니다. 뿐만 아니라 때로는 상대를 무자비하게 짓밟는 잔인성도 가지고 있습니다. 그러나 두려워 할 필요가 없음은 잘 훈련된 군사와 같은 그리스도인들은 예수의 이름으로 이 모든 것들을 이길 수 있기 때문입니다. 그러므로 그리스도인들은 경건의 훈련을 통해 실전에서 지지않는 영적 강인함을 키워야 합니다.

둘째, 가진 재능에 교만하면 안됩니다.

사람은 각기 다른 재능을 가지고 있기 마련입니다. 그중에는 남다른 재능을 보여주는 사람도 있습니다. 똑같은 일을 하여도 재능이 남다른 사람들은 탁월한 성과를 거둡니다. 그러나 한가지 분명한 사실은 자신의 재능에 너무 자신만만하면 때로 그 교만함 때문에 넘어질 수도 있음을 알아야 합니다. 골리앗은 다윗에게 실력이 모자라서 진것이 결코 아닙니다. 다윗을 너무 얕잡아 본 것이 실수 였습니다. 너무 자신감이 넘친 나머지 신중하게 처신하지 못했습니다. 결국 그것은 골리앗의 패배로 연결되었습니다. 교만은 재능을 망치는 괴물입니다.

오늘의 기도

주님, 경건의 훈련을 게을리하지 않게 하여 주옵소서, 예수님의 이름으로 기도드립니다. 아멘

고난 에 처한자의 기도

"내가 여호와를 가리켜 말하기를 저는나의 피난처요
나의 요새요 나의 ..."

(신)찬 384장	제 27 주							
(구)찬 434장	월	화	수	목	금	토		시91:2-3

하나님은 사람의 입에서 나오는 말을 중요하게 여기십니다. 불평을 말하고 원망을 말하는 사람에게는 벌을 내리시고, 긍정적이고 적극적이며 창조적으로 말하는 사람에게는 그 입의 고백이 이루어지게 하여 주십니다. 그러므로 성도는 어떠한 경우에라도 그 입을 부정적으로 열어서는 안됩니다. 특히 고난 가운데 성도는 불평보다는 감사를, 부정적인 말 보다는 긍정적인 말을 하여야 합니다. 시편 기자의 고백처럼 하나님에 대한 분명한 긍정적인 자기 신앙 고백이 있을 때 하나님은 그를 높여 주십니다.

첫째, 고난에 처할수록 불평을 멀리해야 합니다.

성도의 신앙생활에서 가까이 해야할 것과 멀리해야 할 것이 있습니다. 고난에 처할수록 가까이 해야할 것은 더 가까이 해야 합니다. 멀리해야 할 것은 더 멀리해야 합니다. 멀리해야 할 것 가운데 하나가 바로 불평입니다. 불평은 멀리할 수록 신앙생활에 유익합니다. 어떤 일이 있어도 불평은 가까이 하지 말아야 합니다. 불평은 사막의 낙타와 같습니다. 한번 발을 들여 놓으면 급기야는 주인을 몰아내고 온 집을 다 차지해 버립니다. 그러므로 불평은 아예 처음부터 성도의 삶에 발을 들여놓지 못하게 해야 합니다.

둘째, 고난에 처할수록 긍정적인 자세로 하나님을 바라보아야 합니다.

다윗의 시편에는 특히 그가 고난에 처했을 때 상황을 묘사한 부분이 많이 있습니다. 그러나 그의 시편에는 한번도 하나님을 불평하거나 원망하는 모습은 보이지 않습니다. 오히려 고난 가운데도 하나님을 높이고 하나님을 찬양하는 모습을 목격하게 됩니다. 항상 긍정적인 신앙의 자세를 잃지 않았습니다. 이것이 바로 성도가 본받아야 할 신앙의 자세입니다.

오늘의 기도

주님, 항상 긍정적인 사람이되게 하시고 믿음의 말을 하게 하여 주옵소서, 예수님의 이름으로 기도드립니다. 아멘

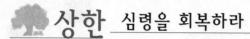

상한 심령을 회복하라

"사람의 심령은 그 병을 능히 이기려니와
심령이 상하면 그것을 누가 ..."

(신)찬 370장	제 27 주							
(구)찬 455장	월	화	수	목	금	토		잠18:14

"모든 병은 마음에서 온다"라는 말이 있습니다. 곧 이말은 오늘날 스트레스와 같다 하겠습니다. 상한 마음을 빨리 회복하지 않고 스트레스를 빨리 회복하지 않으면 그것은 곧 그사람으로 하여금 병을 가져다 줍니다. 뿐만 아니라 마음이 회복되지 않은 사람, 스트레스에서 좀처럼 벗어나지 못하는 사람은 아무리 약을 먹어도 병을 잘 이길 수 없습니다. 이와같은 문제를 극복하고 해결하는 길은 마음을 잘 다스리는 방법 밖에는 없습니다.

첫째, 성령의 충만함은 마음의 문제를 이길 수 있게 합니다.

성령이 충만함이란 무엇을 의미하는 것일까요? "너희가 하나님의 성전인 것과 하나님의 성령이 너희 안에 거하시는 것을 알지 못하느뇨"(고전3:16)은 우리 몸이 하나님의 영이신 성령이 거하시는 하나님의 '성전'이라고 했습니다. 성령이 우리 안에 거하시면 그사람은 성령의 통제와 성령의 지혜를 따를 수 있습니다. 성령이 우리안에 거하실 때는 사단이 그 어떤 악한 생각으로 역사할 수 없습니다. 그러므로 마음의 문제를 극복할 수 있는 길은 성령의 충만함을 받는 길인 것입니다.

둘째, 성령의 충만은 질병의 고통도 극복하게 합니다.

사람이 범죄함으로 인류에 들어온 것 중 하나는 질병입니다. 흙으로 왔으니 흙으로 돌아가라는 하나님의 말씀에 인류에 '노화'라는 질병이 찾아왔습니다. 이를 계기로 인간은 각종 질병에 시달리게 되었습니다. 결국 질병은 죄로 인해 들어온 것입니다. 그러나 성령의 충만을 구하고 사람이 성령으로 충만하면 질병은 충분히 극복할 수 있습니다. 성령이 충만하면 마음의 문제를 극복하고 성령이 충만하면 마음으로부터 오는 질병을 다스릴 수 있습니다. 뿐만 아니라 성령은 그 사람의 전인격을 회복시켜 주시기를 원하십니다. 그러므로 성도는 신앙생활에서 성령충만을 가장 중요시 여기고 항상 성령의 충만을 구하여야 합니다.

오늘의 기도

주님, 성령의 충만함으로 모든 마음의 문제를 이기게 하여 주옵소서, 예수님의 이름으로 기도드립니다. 아멘

소금 의 가치

"소금이 좋은 것이나 소금도 만일 그 맛을 잃었으면
무엇으로 짜게 하리요 ..."

(신)찬 218장	제 27 주						눅14:34-35
(구)찬 369장	월	화	수	목	금	토	

예수님께서는 소금의 가치에 대해 말씀하셨습니다. 소금을 일컬어 좋은 것이라고 하셨습니다. 소금이 좋은 이유는 소금이 지니는 고유의 맛을 가졌기 때문입니다. 그런데 만일 소금이 맛을 잃어버렸을 경우에 대해 예수님은 어느 누구도 귀히 여기지 않고 땅에 버린다고 말씀하셨습니다. 소금이 귀한 이유는 소금이 가지고 있는 고유의 맛 때문입니다. 그리고 잃어버리는 것은 소금에게는 치명적인 결과입니다.

첫째, 성도는 소금과 같은 가치가 있습니다.

소금은 음식이나 사람에게는 없어서는 안되는 절대적인 것이라고 해도 과언이 아닙니다. 그럼에도 불구하고 소금의 가치가 평가절하 되는 이유는 양이 많기 때문입니다. 흔하기 때문에 그 가치를 제대로 인정받지 못하고 있습니다. 그러나 그 기능면에서 소금은 무한한 가치를 지니는 것만은 틀림없습니다. 성경에서 예수님은 성도가 소금의 양이 아닌 기능면에서 소금과 같다고 말씀하고 있습니다. 성도는 세상의 소금과 같은 사람들입니다. 그러므로 성도는 소금과 같은 가치를 잃어버리지 않도록 그리스도안에서 힘쓰고 애써야 합니다.

둘째, 희생을 통한 가치가 소금의 가치입니다.

소금의 특징은 녹아지지 않으면 소금이 지닌 짠맛을 낼 수 없다는 것입니다. 소금은 녹아질때 비로서 짠만을 내며 부패를 방지할 수 있습니다. 그러나 녹아지지 않으면 제 역할을 감당할 수 없습니다. 녹아진다는 것은 희생이나 헌신을 의미합니다. 성도가 세상에서 녹아질 때, 헌실할 때, 희생할 때 비로소 세상은 그 가치를 인정해 줍니다. 자기 헌신이나 희생 없이는 절대로 성도의 가치는 드러나지 않습니다. 성도는 헌신과 희생의 의미를 올바로 알고 소금과 같은 사명을 감당할 때 그 가치는 하나님과 사람앞에 인정받을 수 있습니다.

오늘의 기도

주님, 맛잃은 소금같은 성도가 되지 않게 하여 주옵소서, 예수님의 이름으로 기도드립니다. 아멘

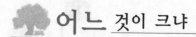 # 어느 것이 크냐

"예수께서 눈을 들어 부자들이 연보궤에
헌금 넣는 것을 보시고 또 어떤 가난한 …"

신)찬 331장	제 27 주							
구)찬 375장	월	화	수	목	금	토	눅21:1-4

이 본문은 부자와 가난한 사람의 삶을 대조적으로 보여주고 있습니다. 부자들의 삶이란 항상 넉넉했습니다. 반면 가난한 사람들, 특히 과부와 같은 사람들은 항상 모자르고 부족했습니다. 이는 하나님께 예물을 드릴 때에도 나타났습니다. 부자들은 넉넉한 중에 드렸고 가난한 사람은 없는 중에 드렸습니다. 그런데 이 말씀을 통해서 예수님은 가난한 중에 예물드린 과부를 더 귀하게 여기셨습니다. 그 이유가 무엇일까요,

첫째, 마음의 태도, 삶의 태도 때문이었습니다.

부자들의 삶의 태도는 마음의 태도는 정성을 다하지 않았습니다. 있는 것 중에 넉넉한 중에 드렸습니다. 이런 태도는 하나님의 기뻐하시는 마음의 자세가 아닙니다. 있는 중에 드려도 최선을 다해서 드려야 합니다. 최고의 것을 드려야 합니다. 좋아 보인다고 많아 보인다고 반드시 좋은 것은 아닙니다. 마음을 다해 구별하지 않았다면 하나님이 보시기에 좋은 것이 아닙니다. 하나님이 보시기에 좋아야 진짜 좋은 것입니다. 올바른 마음의 태도로 드리는 예물은 하나님께서 과부의 두렙돈 처럼 귀히 여기십니다.

둘째, 없는 중에도 구별하여 드렸기 때문입니다.

두렙돈을 드린 과부가 잘한 것이 있다면 없다고 안드린 것이 아니라 오히려 없는 중에도 최선을 다해 구별하여 드렸다는데 있습니다. 일반적으로 사람들은 없을때는 하지 않으려고 합니다. 없다는 것이 그 이유입니다. 그러나 없다고 드릴 수 없는 것은 아닙니다. 아무리 작은 예물이어도 하나님께 구별하여 드리기만 한다면 하나님은 많고 적음을 절대 따지시지 않습니다.

 오늘의 기도

주님, 언제나 우리의 삶의 태도가 하나님 보시기에 정직하게 하여 주옵소서, 예수님의 이름으로 기도드립니다. 아멘

거만 한자와 지혜있는 자

"거만한 자를 책망하지 말라 그가 너를 미워할까
두려우느라 지혜있는 자를..."

(신)찬 303장	제 28 주						
(구)찬 403장	월	화	수	목	금	토	잠9:8

성경은 거만한 자를 책망하지 말라고 말씀하고 있습니다. 그 이유는 오히려 그 책망이 역효과를 가져오기 때문입니다. 책망을 통한 회개보다는 오히려 반발심을 가지고 미움을 가질 수 있습니다. 이것은 미련한자, 거만한자, 교만한 사람들의 특징이라고 볼 수 있습니다. 그러나 지혜있는 사람은 오히려 그 책망을 통해서 자신의 삶을 돌아보고 고칠것은 고치고 자신을 바로잡는 기회로 삼습니다.

첫째, 지혜로운 사람은 책망을 달게 받습니다.

성경에서 말하는 지혜로운 사람은 자신이 책망을 받을 때 오히려 자신을 위해 책망하는 사람을 귀하게 여깁니다. 이런 사람에게 책망은 유익합니다. 그러나 미련하고 어리석은 사람은 이와는 반대로 자신의 잘못을 지적하고 책망하는 사람에게 분노와 적개심을 가지는 경우가 있습니다. 성도는 책망을 달게 받는 지혜로운 사람이 되어야 합니다. 이런 삶이 하나님이 보시기에 성도로서 합당한 삶의 태도요 지혜로운 자세입니다.

둘째, 거만한 사람은 하나님을 두려워하지 않습니다.

"거만하여 가증한 일을 내 앞에서 행하였음이라 그러므로 내가 보고 곧 그들을 없이 하였느니라"(겔16:50) 라고 하였습니다. 거만하여 가증한 일을 행하였다는 대목을 주목하여 볼 필요가 있습니다. 왜 가증한 일을 하였습니까? 하나님을 두려워하지 않으므로 거만하였기 때문입니다. 이처럼 거만한 사람들은 사람도 두려워 아니하고 하나님도 두려워 하지 않습니다. 이런 사람들에게는 반드시 하나님의 심판이 있음을 알아야 합니다. 그러므로 성도는 거만하여 지지 않도록 하여야 하며 지혜있고 슬기로운 사람이 되도록 하여야 합니다.

오늘의기도

주님, 거만하여 악한자 되지 아니하고 지혜로운 의인이 되게하여 주옵소서, 예수님의 이름으로 기도드립니다. 아멘

육에 속한 사람과 영에 속한 사람

"육에 속한 사람은 하나님의 성령의 일을
받지 아니하나니 저희에게는 미련하게 ..."

신)찬 320장	제 28 주						고전2:14
규)찬 350장	월	화	수	목	금	토	

　어린아이는 어른들이 하는 말과 행동을 잘 이해하지 못할 때가 있습니다. 이는 아직 경험이 부족하고 지식이 부족하기 때문입니다. 성경에도 이런 비슷한 상황에 대해서 말씀하고 있습니다. 영적인 삶과 육적인 삶에 대한 것입니다. 육적인 사람은 마치 어린아이와 같아서 성령의 하시는 일을 잘 이해하지 못합니다. 오히려 미련하게 여깁니다. 그러나 영에 속한 사람은 성령이 하시는 일을 깨달을 뿐 아니라 분변할 수 있게 됩니다.

첫째, 영에 속한 사람이 되어야 합니다.

　성령의 하시는 일은 하나님이 하시는 일입니다. 그러므로 성도는 육에 속한 사람이 아닌 영에 속한 사람이 되어서 하나님의 하시는 일을 깨닫고 그 일을 분변하는 지혜로운 사람이 되어야 합니다. 성도는 성령이 하시는 일에 민감해야 합니다. 영에 속한 사람은 성령이 하시는 일에 민감합니다. 그러나 이와는 반대로 육에 속한 사람은 성령이 하시는 일에는 별로 관심이 없습니다. 오직 육의 일에만 관심이 있습니다. 그러나 성도는 육이 아닌 영에 속한 사람임을 분명히 알고 성령이 하시는 일에 민감하여야 합니다.

둘째, 성도는 육의 일을 멀리하여야 합니다.

　"이 사람들은 분열을 일으키는 자며 육에 속한 자며 성령이 없는 자니라" (유1:19) 라고 하였습니다. 이 말씀은 육에 속한 사람들이 일으키는 분쟁에 대하여 말씀하고 있습니다. 분쟁은 절대로 성령의 하시는 일이 아닙니다. 왜 분쟁이 일어납니까? 육의 속한 사람은 저마다 생각이 다르고 주장이 다르기 때문에 타협이 되지 않을 때는 부득불 다투게 되어 있습니다. 그러나 영에 속한 사람은 성령이 한분 이심으로 성령을 따라 행함으로 다툼이 없습니다. 다툼은 하나님이 싫어하시는 육의 일입니다. 성도는 이것을 멀리하여 육이 아닌 성령에 속한 사람으로 살아가야 합니다.

 오늘의 기도

　주님, 육에 속한 사람보다 언제나 영에 속한 성령의 사람이 되게하여 주옵소서, 예수님의 이름으로 기도드립니다. 아멘

하나님의 진노를 피하는 삶

"그러므로 땅에 있는 지체를 죽이라
곧 음란과 부정과 사욕과 악한 정욕과..."

(신)찬 240장	제 28 주						
(구)찬 231장	월	화	수	목	금	토	골3:5-6

소돔과 고모라가 망한 이유는 음란과 우상숭배 때문이었습니다. 그것이 극에 달했을 때 하나님은 그들을 심판하셨습니다. 이는 오늘날도 마찬가지입니다. 성경에서는 이를 땅의 지체라고 말씀하고 있습니다. 땅의 지체의 특징은 음란과 부정, 사욕과 악한정욕, 탐심이라고 말씀하고 있습니다. 더 놀라운 것은 탐심은 우상숭배라고 정의합니다. 왜냐하면 탐심을 가진 사람은 절대로 하나님을 최고의 우선 순위로 여기지 않기 때문입니다. 그래서 탐심은 우상숭배가 되는 것입니다. 성도는 어떤 경우에도 이런 탐심을 피해야 합니다.

첫째, 땅에 있는 지체를 따르지 않는 것이 신앙생활에 유익합니다.

성경은 땅에 있는 지체를 음란과 부정과 사욕과 악한정욕과 탐심으로 정의하고 있습니다. 이와 비슷하게 인간에게는 오욕칠정(五欲七情) 있다고 합니다. 이는 다섯가지 인간의 욕심과 일곱가지 인간의 감정을 말합니다. 성경에서 말하는 땅의 지체를 정의하는 말씀과 유사합니다. 결국 성경에서 정의하는 땅의 지체는 하나님 보시기에도 사람이 보기에도 결코 사람에게 유익하지 않다는 뜻입니다. 그러므로 성도는 더욱 땅의 지체를 죽이기에 힘써야 합니다.

둘째, 땅에 있는 지체를 따르면 망하게 되어 있습니다.

땅에 있는 지체를 따르지 말아야할 두 번째 이유로는 결국 땅에 있는 지체를 따르다가는 망하기 때문입니다. 민수기 11장에는 탐욕을 품은 백성들이 망하는 장면이 나옵니다. 하나님은 탐심을 품고 하나님을 원망하는 백성들을 불로 심판하셨습니다. 탐심의 결말을 제대로 보여준 사건이라고 볼 수 있습니다. 그럼에도 불구하고 사람들은 끊임없이 땅의 지체의 특징인 탐심을 가지고 살아가려고 발버둥치는 것을 볼 수 있습니다. 그러나 성도는 달라야 합니다. 땅에 있는 지체를 죽이고 말씀을 따르는 삶, 성령을 따르는 삶, 예수그리스도를 본받는 삶을 살아야 합니다.

🍀 오늘의 기도

주님, 어떤 경우에라도 탐심은 피하게 하여 주옵소서, 예수님의 이름으로 기도드립니다. 아멘

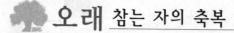 # 오래 참는 자의 축복

"하나님이 아브라함에게 약속하실때에 가리켜 맹세할 자가 자기보다 더 큰 ..."

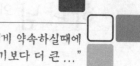

신)찬 197장	제 28 주						
구)찬 178장	월	화	수	목	금	토	히6:13-15

믿음의 조상 아브라함의 신앙은 약속의 신앙이라고 할 수 있습니다. 하나님의 약속을 받아서 실제 그 약속을 성취한 인물입니다. 이런 사람은 그리 흔치 않습니다. 그런데 성경은 아브라함이 하나님의 약속을 받고 그것을 성취한 이유로 '오래참음'이라고 말씀합니다. 오래참았기 때문에 하나님의 약속대로 복을 받았다는 것입니다. 성도는 무엇보다 신앙생활에서 오래 참을 줄 알아야 합니다.

첫째, 인내는 하나님의 뜻입니다.

신약성경 (갈5:22-23)은 성령의 아홉가지 열매에 대해 말씀하고 있습니다. 그중 하나가 '오래참음'입니다. 인내의 중요성을 말씀하고 있는 부분이라고 볼 수 있습니다. 하나님은 성도가 오래참음의 중요성을 깨닫기를 원하십니다. 왜냐하면 하나님의 뜻은 사람의 때에 이루어지는 것이 아니라 하나님의 때에 이루어지기 때문입니다. 그러므로 성도는 하나님의 때를 기다릴 줄 알아야 합니다. 기다리려면 인내가 필요합니다. 인내하는 사람이야 말로 가장 성경적인 사람이라고 할 수 있습니다.

둘째, 하나님의 약속은 오래 인내하는 사람이 성취할 수 있습니다.

모세는 애굽에서 사람을 죽이고 도망하여 미디안 광야에서 40년을 지내었습니다. 그러던 어느날 하나님은 광야의 떨기나무 가운데 모세에게 임재하셨습니다. 이미 오래전부터 모세는 이스라엘을 인도할 지도자로 택함을 받았습니다. 그럼에도 불구하고 혈기왕성하여 자신감이 하늘을 찌를듯할 때 그를 부르지 않으신 이유는 하나님의 때를 기다림으로 인내할 줄 몰랐기 때문입니다. 모세는 미디안 광야에서 기다림의 때를 훈련받은 것입니다. 하나님은 오래 기다릴 줄 아는 사람을 통해 하나님의 약속을 성취하여 주십니다.

오늘의 기도

주님, 오래 참음으로 하나님의 약속을 이루게 하여 주옵소서, 예수님의 이름으로 기도드립니다. 아멘

교만을 물리치는 기도를 하라

"그때에 히스기야가 병들어 죽게된 고로
여호와께 기도하매 여호와께서 그에게 …"

신)찬 374장 ·	제 28 주						대하32:24-26
구)찬 423장	월	화	수	목	금	토	

히스기야는 남유다의 13대 왕으로 29년간 유다를 다스렸습니다(왕하 18:2). 그는 예루살렘 성전을 수리하고(대하 29:3) 우상숭배하던 산당을 없애는(왕하 18:4) 종교개혁을 단행한 왕입니다. 그런 그가 어느날 병들어 죽게 되었을 때 히스기야는 적극적으로 하나님께 기도하여 하나님의 기적을 경험하게 되었습니다. 그러나 그 이후 마음이 교만하여졌습니다. 결국 하나님은 교만한 히스기야를 징계하셨고 히스기야는 자신의 잘못을 뉘우치고 회개의 기도를 드림으로 용서함을 받을 수 있었습니다.

첫째, 하나님은 성도의 교만을 기뻐하지 않으십니다.

구약성경에는 교만하였기 때문에 망한 사람이 여럿 있습니다. 이스라엘의 초대 왕이었던 사울도 그 가운데 한 사람입니다. 사울은 처음부터 교만하지 않았습니다. 그러나 자신을 왕으로 세워주신 하나님의 은혜를 저버리기 시작하면서 사울은 교만해지기 시작했습니다. 삼상15장에는 사울이 하나님의 명을 어기고 아말렉와 아각을 살려두는 장면이 나옵니다. 사울은 왜 하나님의 뜻을 순종하지 않았을까요? 그가 교만하여졌기 때문입니다. 결국 사울은 자신의 교만으로 하나님께 버림을 받고 말았습니다. 하나님은 어떠한 경우에라도 교만한 사람을 기뻐하시지 않습니다.

둘째, 기도로 교만을 물리쳐야 합니다.

성도의 삶에 기도가 중요한 이유는 여러 가지가 있겠지만 그 중에 하나는 성도가 지속적인 기도의 생활을 할 때 교만에 빠지지 않는다는 것입니다. 그러나 기도하지 않는 사람은 쉽게 교만에 빠지게 됩니다. 복음서에 나타나는 예수님의 삶의 특징 가운데 하나는 기도입니다. 왜 예수님은 기도를 중요시하셨을까요? 지속적인 기도의 생활이야말로 하나님의 뜻을 순종할수 있는 중요한 수단이 되기 때문입니다. 예수님의 겸손은 기도의 생활에서 오는 열매라고 보아도 과언이 아닙니다. 그러므로 성도는 항상 겸손하고 하나님의 뜻을 지속적으로 깨닫고 순종할수 있도록 기도를 쉬지 말아야 합니다.

오늘의 기도

주님, 교만을 물리치는 믿음의 사람으로 살게하여 주옵소서, 예수님의 이름으로 기도드립니다. 아멘

연약한 자의 약점을 담당하라

"우리 강한 자가 마땅히 연약한 자의 약점을 담당하고
자기를 기쁘게 하지…"

(신)찬 303장	제 28 주						
(구)찬 403장	월	화	수	목	금	토	롬15:1-2

우리나라 조선 중기 양주에 임꺽정이라는 산적이 있었습니다. 가난한 평민들과 천민들에게는 의적으로 불리웠지만 조정의 중신들에게는 그야말로 가시같은 존재였습니다. 가난한 이들과 권세있는 이들의 임꺽정에 대한 평가는 극과 극이었습니다. 가난하고 비천한 사람들은 그를 의적이라 부르기에 주저하지 않았습니다. 그 이유는 가난한 이들의 고통을 이해하고 함께 나누었기 때문입니다. 성경은 약한 자의 약점을 담당하라고 말씀하고 있습니다. 강하고 많은 것을 가졌을수록 약한자를 돌아 보아야 합니다.

첫째, 하나님은 약한자를 돌아보시는 분이십니다.

동물의 세계는 약육강식의 세계입니다. 강한자가 미덕인 사회가 바로 동물의 세계입니다. 그러나 하나님은 강한것을 미덕으로 보지 않습니다. 강할수록 약한자를 돌아보라고 말씀하고 있습니다. 하나님이 주신 율법에는 과부와 가난한자와 나그네에 대한 언급이 있습니다. 이들은 사회적으로 보면 사회적 약자들이라고 볼 수 있습니다. 하나님은 이런 사람들을 업신여기거나 무시하지 말라고 말씀하셨습니다. 약한자를 괴롭히고 무시하는 것은 절대로 하나님의 뜻이 아닙니다. 하나님도 약한자를 돌아보시기 때문입니다.

둘째, 약한자에 대한 생각을 바꾸어야 합니다.

누가복음 16장에는 부자와 거지 나사로의 이야기가 나옵니다. 거지였던 나사로는 부자의 문간에서 살았습니다. 그것도 몸에 헌데를 앓으면서 부자가 던져주는 음식 찌꺼기를 먹고 살았습니다. 왜 나사로는 이런 취급을 받았을까요? 성경적으로라면 부자는 마땅히 나사로를 섬겨주었어야 옳습니다. 그러나 그렇게 하지 않았습니다. 그 이유는 자신의 생각을 성경적으로 바꾸지 않았기 때문입니다. 자신이 돌아보아야 될 대상이 아닌 귀찮은 존재라는 생각을 바꾸지 않았습니다. 오늘날도 마찬가지입니다. 성도가 약한자의 약점을 함께 당당하려면 생각부터 바꾸어야 합니다.

🍀 오늘의 기도

주님, 약한자의 약점을 함께 담당하게 하여 주옵소서, 예수님의 이름으로 기도드립니다. 아멘

성령 받기를 위하여 기도하라

"예루살렘에 있는 사도들이 사마리아도
하나님의 말씀을 받았다 함을 듣고..."

(신)찬 197장	제 29 주						
(구)찬 178장	월	화	수	목	금	토	행8:14-17

신약의 사도행전은 유독 성령과 관련된 일들이 많이 기록되어 있습니다. 특히 성령강림 사건 이후로 성령의 사역은 더 활발하게 이루어지고 있는 것을 알 수 있습니다. 성령은 하나님의 복음이 전해지고 말씀이 선포되어지는 곳에 더욱 두드러지게 나타났습니다. 오늘날도 성령은 말씀이 전해지는 곳에 임하시기를 원하십니다. 뿐만 아니라 성령의 임하심을 사모하는 모든 사람에게 임하여 주시기를 원하십니다.

첫째, 성령의 인도없이 사는 사람은 불행한 사람입니다.

성령의 인도없이 신앙생활 한다는 것은 거의 재앙에 가까운 일입니다. 성도는 신앙생활에서 성령의 인도를 받기 위해서 기도해야 합니다. 사람은 한치 앞도 볼 수 없는 인생들입니다. 당장 내일 무슨일이 일어날지도 모릅니다. 그래서 사람들은 불안해하고 염려하기도 합니다. 그러나 성령의 인도를 받는 사람들은 전혀 그렇지 않습니다. 오히려 평안함을 느낍니다. 사도행전에서 성령이 임재를 경험하기 전의 제자들의 모습과 성령의 임재를 경험하고 난 후의 모습이 다른 이유가 여기에 있습니다.

둘째, 성령은 보혜사로 오셨습니다.

예수님께서는 아버지께서 보내실 성령을 가리켜설 '보혜사'라고 하였습니다. 보혜사는 '다른 사람에게 도움을 베풀도록 곁에 부름받은 자'로 '변호사, 조력자, 위로자, 상담자, 친구'를 뜻합니다. 보혜사로 오신 성령은 하나님의 자녀인 성도들의 삶에서 적극 함께 하시고 성도들의 편이 되어서 도와주시기를 기뻐하시는 분이십니다. 사람의 도움을 구하는 것보다 보혜사의 도움을 구하는 것이 낫습니다. 왜냐하면 사람의 힘으로 할 수 없는 것을 보혜사로 오신 성령은 하시기 때문입니다. 그러므로 성도는 항상 보혜사 성령을 의지하여야 합니다.

오늘의 기도

주님, 오늘도 성령의 인도를 받는 삶이 되게 하여 주옵소서, 예수님의 이름으로 기도드립니다. 아멘

지혜 로운 자의 재물과 미련한 자의 소유

"지혜로운 자의 재물은 그의 면류관이요
미련한 자의 소유는 다만 그 미련한 ..."

(신)찬 267장	제 29 주						
(구)찬 201장	월	화	수	목	금	토	잠14:24

하나님이 믿는 자에게 주시는 복가운데 하나가 바로 물질의 복입니다. 그러나 이 재물은 소유하는 것도 중요하지만 어떻게 사용하느냐의 문제는 더 중요한 문제라고 볼 수 있습니다. 미 역사상 최고의 부자라고 손꼽히는 록펠러는 받은 복 만큼이나 하나님이 주신 물질을 잘 사용하기로도 유명합니다. 그는 4900여개가 넘는 교회를 세웠으며 학교를 세우는 일과 각종 기부활동으로도 유명합니다. 그러나 물질을 잘못 사용하면 없는 것만 못할때가 있습니다. 눅16장의 부자가 바로 그런 예입니다. 그러므로 성도는 하나님이 주신 물질을 지혜롭게 사용할 수 있도록 기도해야 합니다.

첫째, 성도는 물질을 지혜롭게 소유하여야 합니다.

물질이 많다는 것은 하나님이 주신 복인 것은 분명합니다. 아브라함도 하나님께로부터 부르심을 받고 많은 물질의 복을 받았습니다. 그 아들 이삭도 거부가 되는 복을 받았습니다. 그러나 물질은 소유가 다가 아님을 알아야 합니다. 하나님 보시기에 합당하도록 지혜롭게 사용하여야 비로소 유익이 될 수 있습니다. 하나님의 자녀인 성도들은 물질을 구할 때 그것을 지혜롭게 사용할 수 있는 은혜도 함께 구하여야 합니다.

둘째, 미련한 자의 재물은 하나님을 욕되게 합니다.

미련한 사람의 특징 가운데 하나는 물질을 지혜롭게 사용하지 않는다는 점입니다. 자기중심적이거나 하나님과는 상관없이 물질을 사용합니다. 예수님의 열두 제자 가운데 하나인 가룟유다는 물질을 미련하게 사용한 본보기입니다. 예수님을 겨우 은 삼십으로 바꾼 사람이 가룟유다입니다. 어리석고 미련하다보니 예수님을 돈으로 보았습니다. 미련한 사람의 전형적인 특징이라고 볼 수 있습니다. 결국 그 물질은 하나님을 욕되게 하는 재물이 되고 말았습니다. 이와 같은 미련한 사람이 되지 않도록 성도는 기도하여야 합니다.

오늘의 기도

주님, 하나님이 주신 재물을 지혜롭게 사용하게 하여 주옵소서, 예수님의 이름으로 기도드립니다. 아멘

정직히 행하는 자와 주께 의지하는 자의 복

"여호와 하나님은 해요 방패시라
여호와께서 은혜와 영화를 주시며 정직히 행하는 …"

신)찬 264장	제 29 주						
구)찬 198장	월	화	수	목	금	토	시84:11-12

　　그리스도인과 비그리스도인의 차이는 정직에 있습니다. 하나님은 정직한 사람을 기뻐하하십니다. 정직이 중요한 것은 말하지 않아도 모두 아는 사실이지만 그것을 실천하기는 쉽지 않습니다. 거짓말도 관행처럼 하다보면 진실을 말하기가 쉽지 않을 때가 있습니다. 이런 상황에서 정직할 수 있는 용기는 주를 의지할 때 나타납니다. 주를 의지하는 사람에게 하나님은 해가 되시고 방패가 되어주십니다. 그러므로 성도는 세상의 관행에 흔들리지 말고 정직한 그리스도인으로 세상에 영향력을 행사할 수 있는 믿음의 사람이 되어야 합니다.

첫째, 하나님은 정직히 행하는 사람을 도와 주십니다.

　　정직은 그리스도인의 절대덕목입니다. 하나님의 자녀이면서 상황에 따라 거짓말도 할 수 있다는 생각은 버려야 합니다. 이것은 상황윤리주의 자들이나 하는 행동입니다. 어떤 경우에라도 거짓은 용납할 수 없습니다. 이는 하나님이 정직하시기 때문입니다. 하나님께는 어떤 불의도 거짓도 없습니다. 뿐만 아니라 하나님은 정직히 행하는 사람에게는 은혜의 빛을 비춰주시고 때를 따라 만날 도움이 되어주십니다. 다윗과 같이 원수들로 부터도 지켜 주십니다.

둘째, 관행을 좇지 말고 성경을 좇아야 합니다.

　　세상에는 관행을 따라 거짓말을 하는 곳이 있습니다. 안타까운 일이지만 정치가 바로 그런 곳입니다. 거짓말을 하여도 관행이기 때문에 그 세계에서는 아무런 문제가 되지 않습니다. 그러나 하나님의 자녀인 성도들은 이와같은 관행을 따라서는 절대 안됩니다. 오히려 믿는자인 하나님의 자녀들 때문에 잘못된 관행이 변화되어지고 바뀌어져야 합니다. 그것이 하나님이 원하시는 바입니다.

　　오늘의 기도

　주님, 그리스도인으로서 항상 정직히 행하게 하여 주옵소서, 예수님의 이름으로 기도드립니다. 아멘

말씀을 깨닫는 사람

"백성이 율법의 말씀을 듣고 다 우는지라
총독 느헤미야와 제사장 겸 학사 에스라와..."

(신)찬 95장	제 29 주						
(구)찬 82장	월	화	수	목	금	토	느8:9

느헤미야는 바사(페르시아)의 관원으로 있으면서 자신의 고국으로 돌아가 예루살렘 성벽을 재건한 사람으로 유명합니다. 초토화된 고국의 안타까운 상황을 전해듣고 눈물로 기도하다가 하나님의 응답으로 자신의 고국에서 성벽을 재건하는 중대한 일을 맡게 됩니다. 성벽을 재건하는 중 제사장 에스라가 회중들 앞에서 율법책을 낭독하였는데 그들의 반응은 실로 놀라웠습니다. 말씀을 듣는 모든 이들이 일어났고, 아멘으로 화답하며 눈물로 하나님의 말씀을 들었습니다. 오늘날 교회와 성도가 이런 감격과 깨달음이 있어야 합니다.

첫째, 하나님의 말씀을 들을 때 깨닫는 사람이 되어야 합니다.

하나님의 말씀을 들을 때 감격해하는 사람, 깨닫는 사람, 우는 사람이 이 시대의 중요한 사명을 감당할 수 있습니다. 말씀을 깨닫지 못하고서는 하나님이 주신 중요한 사명을 감당할 수 없습니다. 이스라엘 백성들이 성벽을 건축하다가 하나님의 말씀을 듣고 울었던 이유가 무엇이겠습니까? 그동안 그들은 하나님의 뜻을 잊어버리고 살았기 때문입니다. 그들이 하나님의 뜻을 깨닫는 순간 울 수 밖에 없었습니다. 하나님은 깨닫는 사람을 통하여 역사하시고 일하십니다.

둘째, 하나님은 깨닫는 사람에게 사명을 주십니다.

"내가 또 주의 목소리를 들으니 주께서 이르시되 내가 누구를 보내며 누가 우리를 위하여 갈꼬 하시니 그 때에 내가 이르되 내가 여기 있나이다 나를 보내소서 하였더니"(사6:8) 라고 하였습니다. 이 말씀은 선지자 이사야의 고백입니다. 이사야는 하나님의 음성속에 부르심의 음성이 있음을 깨달았습니다. 그리고 그 부르심에 응답하여 자신을 보내달라고 고백합니다. 이와같은 이사야의 행동은 부르심의 뜻을 깨달았기 때문입니다. 그러므로 성도는 무엇보다 자신을 향한 하나님의 뜻을 깨닫기를 위해 기도해야 합니다.

🍀 오늘의 기도

주님, 하나님의 말씀을 들을 때 깨닫는 은혜가 있게 하여 주옵소서, 예수님의 이름으로 기도드립니다. 아멘

하나님 이 기뻐하시는 것

"내가 무엇을 가지고 여호와 앞에 나아가며
높으신 하나님께 경배할까 내가 번제물..."

신)찬 523장	제 29 주						
구)찬 262장	월	화	수	목	금	토	미6:6-8

우리나라는 예로부터 동방에서 가장 예의있는 동방예의지국이라 불리웠습니다. 예(禮)를 중시하고 효(孝)를 중시했기 때문입니다. 효는 부모의 뜻을 중요시 여겨서 부모의 뜻을 거역하지 않는 것을 말합니다. 뿐만 아니라, 효자는 부모를 기쁘시게 해드리기 위해서 최선을 다합니다. 하나님도 그렇습니다. 자녀인 성도들이 하나님의 뜻을 따라 행하기를 원하십니다. 하나님의 뜻을 구하지 아니하고 형식적인 예배나 예물을 드리는 것을 기뻐하지 않으십니다. 정한 예물을 드리는 것보다 하나님의 뜻을 구하고 하나님의 기뻐하시는 뜻대로 사는 것을 더 기뻐하십니다.

첫째, 하나님의 뜻을 구하는 것을 기뻐하십니다.

예수님은 십자가를 지시기전 겟세마네 동산에서 기도하셨습니다.(막 14:32) 이때 예수님이 기도하신 주된 내용은 아버지의 뜻대로 하게 해 달라는 것이었습니다. 예수님은 가장 결정적인 순간에 기도를 통해 하나님의 뜻을 구하였습니다. 하나님의 뜻을 구하는 기도는 하나님이 기뻐여기시는 것입니다. 하나님은 기도를 통해 하나님의 뜻을 깨닫게 해 주시기를 기뻐하십니다. 그러므로 성도는 항상 사람의 뜻을 구하는 것보다 하나님의 뜻을 구하기를 위해 힘써야 합니다.

둘째, 하나님의 뜻대로 사는 것을 기뻐하십니다.

하나님의 자녀인 성도가 하나님의 뜻을 구하는 이유는 무엇입니까? 그 이유는 하나님의 뜻대로 살기 위함입니다. 만일 이스라엘 백성들이 가나안에서 하나님의 뜻대로만 살았다면 결코 망하는 일이 없었을 것입니다. 그러나 그들은 하나님의 뜻과는 전혀 상관없는 일들을 행하였고 하나님의 뜻을 구하지도 않았습니다. 그것이 화근이었습니다. 하나님의 자녀인 성도가 하나님의 뜻대로 살기만 한다면 그 삶은 보장된 삶이라고 할 수 있습니다.

오늘의 기도

주님, 하나님이 기뻐하시는 뜻대로 살게하여 주옵소서, 예수님의 이름으로 기도드립니다. 아멘

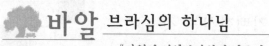

바알 브라심의 하나님

"다윗이 바알브라심에 이르러 거기서 저희를 치고
가로되 여호와께서 물을 흘..."

<table>
<tr><td>(신)찬 536장</td><td colspan="7">제 29 주</td></tr>
<tr><td>(구)찬 326장</td><td>월</td><td>화</td><td>수</td><td>목</td><td>금</td><td>토</td><td>삼하5:20</td></tr>
</table>

'바알'은 '주'라는 뜻을 가지고 있으며, '브라심'은 '격파함'의 의미를 가지고 있습니다. 그래서 이 둘을 합쳐 '바알브라심'이라하면 '주는 격파함'이라는 뜻이 됩니다. 다윗에게 하나님은 바알브라심의 하나님이었다는 사실은 어떤 대적도 바알브라심의 하나님 앞에서는 모두 무너지고 흩어질 수밖에 없다는 것을 뜻합니다. 이는 오늘날 성도의 삶에 아주 중요한 교훈을 줍니다. 사람이 무서워하는 것이 무엇입니까, 성도가 두려워하는 것이 무엇입니까? 바알브라심의 하나님께 맡기면 그 어떤것도 다 부수어 버립니다. 그러므로 성도는 언제나 믿음을 가지고 당당하게 살아야 합니다.

첫째, 하나님은 대적을 흩으시는 분이십니다.

독자 이삭을 하나님께 드린 아브라함은 하나님으로부터 한가지 약속을 받았습니다. 그 약속은 대적의 문을 얻게 하겠다(창22:17)는 약속이었습니다. 다시 말하면 이 말씀은 대적들과의 전쟁에서 이기게 하시겠다는 말씀입니다. 어떤 싸움에서도 지지않는 이유는 하나님께서 대적들을 흩어버리시기 때문입니다. 하나님은 그 어떤 원수나 대적이라 흩어버리실 수 있습니다. 그러므로 성도는 하나님을 의지함으로 문제 앞에 결코 두려워하거나 물러서지 말아야 합니다.

둘째, 하나님이 아닌 다른 것을 두려워해서는 안됩니다.

의외로 사람들은 두려워하지 말아야 될 것을 위해 두려워하는 경우가 많이 있습니다. 실제로 일어나지 않은 일들로도 미리 염려하고 근심하는 사람도 있습니다. 그러나 하나님의 자녀인 성도들은 하나님 외에 다른 것을 두려워해서는 안됩니다. 하나님만이 생사화복(生死禍福) 주관 하실 수 있습니다. 그 누구도 하나님을 대신해서 이와같은 것들을 마음대로 주장할 수 없습니다. 성도가 믿음을 가지고 담대하기만 하면 하나님은 반드시 승리로 갚아 주십니다.

오늘의 기도

주님, 어떤 문제라도 주께 맡기게 하여 주옵소서, 예수님의 이름으로 기도드립니다. 아멘

하나님 께 구하라

"한나가 잉태하고 때가 이르매 아들을 낳아
사무엘이라 이름하였으니 이는 내가 ..."

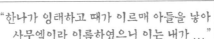

신)찬 204장	제 30 주						
구)찬 379장	월	화	수	목	금	토	삼상1:20

기도는 어떤이는 영적인 호흡이라고도 합니다. 물론 기도는 항상 호흡하는 것처럼 해야하고 항상 하나님과 교제할수 있는 도구로 삼아야 하는 것은 분명한 사실입니다. 그러나 대체적으로 기도는 하나님께 필요에 의해 구할 때 많이 하게 되어있습니다. 하나님 앞에서 간절한 소원을 가졌던 구약의 한나도 마찬가지였습니다. 자신의 삶에서 가장 필요한 것을 하나님께 가장 간절하게 구한 여인이 한나였습니다. 하나님은 무엇이든 자신에게 구하시기를 원하십니다. 그러므로 성도는 무엇이든 어떤 문제든 먼저 하나님께 먼저 구하는 습관을 가져야 합니다.

첫째, 기도는 습관이어야 합니다.

기도는 해도되고 안해도 되는 것이 아니라 기도는 할 때 유익을 얻을 수 있습니다. 안하는 것보다 하는 것이 훨씬 더 많은 신앙생활의 유익을 얻을 수 있습니다. 그 유익함은 상상을 초월합니다. 어떤 사람이 기도를 잘할 수 있습니까? 기도를 잘하는 사람은 기도의 습관이 되어있는 사람입니다. 그러나 기도를 생활 하지 않고 습관화 하지 않은 사람은 모처럼 기도하려고 하여도 잘 되지 않는 것을 볼 수 있습니다. 기도는 영적생활이므로 습관화 하여야 합니다.

둘째, 하나님은 기도를 통해 응답하십니다.

한나는 항상 자녀의 문제로 고민하던 사람이었습니다. 그러나 언제 한나가 자녀를 얻을 수 있었습니까? 하나님께 그 문제로 기도할 때 였습니다. 기도할 때 하나님은 응답하신 것입니다. 기도는 응답의 통로와도 같은 것입니다. 무엇이든 통로가 있어야 합니다. 하나님의 응답을 바라는 사람들은 기도의 통로를 통해 응답을 구하여야 합니다. 하나님은 기도의 통로를 통해 응답하시기를 기뻐하시는 분이시기 때문입니다.

오늘의 기도

주님, 우선순위의 신앙을 가지고 주께 기도하게 하여 주옵소서, 예수님의 이름으로 기도드립니다. 아멘

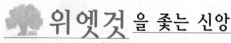

위엣것을 좇는 신앙

"형제들아 나는 아직 내가 잡은 줄로 여기지 아니하고
오직 한 일 즉 뒤에 …"

(신)찬 353장	제 30 주						
(구)찬 391장	월	**화**	수	목	금	토	빌3:13-14

바울의 신앙의 특징은 뒤를 돌아보지 않는 신앙이라고 해도 무방합니다. 오직 하나님께 받은 사명과 부르심의 상을 위하여 앞만 보고 달린 사람입니다. 많은 업적이 있는 사람은 자칫 교만해지기 쉽습니다. 그러나 바울은 뒤를 돌아보지 않았다고 하였습니다. 왜 그럴까요? 그 이유는 돌아보지 않았기 때문에 자신의 업적이 보이지 않았기 때문이요, 자신의 상급은 땅에서가 아닌 하늘에서 있을 것임을 믿었기 때문입니다. 이것이 바로 성도로서 하나님의 일을 감당하는 자세입니다. 오직 앞에 있는 것만 보고 달려야 합니다.

첫째, 믿음은 미래지향적이어야 합니다.

시제는 과거, 현재, 미래가 있습니다. 사람들도 이와같은 맥락에서 보면 과거형의 사람과 현재형의 사람과 미래형의 사람이 있습니다. 하나님의 자녀인 성도들은 미래지향적인 사람이어야 합니다. 과거에 집착하는 태도나 현재에 매이는 삶의 태도는 하나님이 보시기에 합당하지 않습니다. 앞을 바라보고 분명한 목표를 향하여 믿음을 가지고 달려가야 합니다. 미래지향적으로 나아갈 때 하나님은 역사하십니다. 결코 과거를 보고 낙망하거나 현재를 보고 넘어져서는 안됩니다. 혹은 과거를 보고 만족하거나 현재의 안일함에 빠져서도 안됩니다.

둘째, 성도는 땅의 사람이 목적이 아니라 하늘의 사람이 목적입니다.

하나님의 자녀인 성도들은 땅에 있는 것이 인생의 최종 목적이 아닙니다. 성도의 목적은 하늘에 있는 것입니다. 하늘에 목적을 둔 사람이 어찌 세상의 일에만 매일 수 있겠습니까? 땅에 것만 바라보고 달려가는 사람은 결코 하늘의 사람이 될 수 없습니다. 왜냐하면 이미 땅에 있는 것을 보고 만족해 하기 때문에 하늘의 것을 구하지 않습니다. 그러나 성도는 하늘의 시민권을 가진 하늘에 속한 사람임을 기억하고 부지런히 앞만 보고 위를 향해 달려야 합니다.

오늘의 기도

주님, 앞엣것만 바라보고 달려가는 신앙이 되게 하여 주옵소서, 예수님의 이름으로 기도드립니다. 아멘

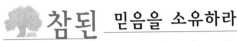

참된 믿음을 소유하라

"믿음으로 모든 세계가 하나님의 말씀으로 지어진 줄을 우리가 아나니 보이는..."

(신)찬 310장	제 30 주						
(구)찬 410장	월	화	수	목	금	토	히11:3

믿음의 특징은 보이지 않는 것을 신뢰하고 인정하는 것에 있습니다. 우선 하나님의 존재 자체가 사람의 눈에는 보이지 않습니다. 그러나 성도는 하나님이 존재하신다는 사실을 있는 것처럼 믿고 나아갑니다. 이런 사실은 모든 신앙생활의 기초가 됩니다. 보이지 않는다고 존재하지 않는 것이 아니며, 보이지 않는다고 아무것도 할 수 없는 것이 아닙니다. 참된 믿음은 보이지 않는 것을 믿고, 아직 일어나지 않은 일을 일어난 일인 것처럼 믿고 나아가는 것입니다. 이런 사실에 대해 의심하지 않는 것이 참된 믿음입니다. 그러나 분명한 사실은 이런 믿음에 대해 하나님은 반드시 보답하신 다는 것입니다.

첫째, 믿음의 사람들을 본받아야 합니다.

사람이 누구를 본받느냐 하는 것은 중요한 문제입니다. 하나님의 자녀인 성도들은 성경에 기록된 믿음의 사람들을 자신의 삶에 본보기로 삼아야 합니다. 신앙생활에 멘토(mentor)가 있다는 것은 유익한 일입니다. 좋은 멘토는 사람을 성공적인 사람이 되게 합니다. 하나님께 인정받은 믿음의 사람들을 신앙생활의 멘토로 삼는다면 그들과 같은 인정받는 믿음의 사람이 될 가능성이 많습니다. 성경의 인물이 유익한 이유가 여기에 있습니다.

둘째, 믿음의 사람들은 보이지 않는 것을 믿고 나아갔습니다.

보이지 않는 것을 믿는다는 것은 결코 쉬운일이 아닙니다. 아직 이루어지지 않은 일을 현실로 받아들인다는 것도 무모해 보입니다. 그러나 보이지 않는다고 존재하지 않는 것도 아니며 아직 이루어지지 않았다고 앞으로 이루어지지 않는다고는 누구도 장담할 수 없습니다. 그래서 믿음의 사람들은 보이지 않지만 믿고 나아갔고 이루어지지 않았지만 믿고 나아갔습니다. 오늘날 성도들에게는 이와같은 믿음의 자세가 필요합니다.

🍀 오늘의 기도

주님, 참된 믿음을 가지고 하나님을 섬기게 하여 주옵소서, 예수님의 이름으로 기도드립니다. 아멘

믿음 의 기도와 의인의 간구

"믿음의 기도는 병든 자를 구원하리니
주께서 저를 일으키시리라 혹시 죄를 …"

신)찬 390장	제 30 주						
구)찬 444장	월	화	수	목	금	토	약5:15-16

똑같은 장소에서 동일한 시간에 같은 분량의 기도를 하여도 어떤 이는 응답을 받고 어떤 이는 그렇지 못할 때가 있습니다. 그 이유가 무엇일까요, 결론부터 말하자면 믿음이 없기 때문이라고 말할 수 있습니다. 기도는 분량의 문제가 아니라 믿음의 문제입니다. 믿음이 있는 기도는 병든자를 낫게하고 죄사함의 은총을 은혜로 받지만 믿음이 없는 사람들은 구하여도 얻지 못할뿐 아니라, 하나님께서 응답하시지 않습니다. 그러므로 성도는 하나님 보시기에 의로운 신앙과 믿음의 기도를 드릴 줄 아는 사람이 되어야 합니다.

첫째, 믿음으로 기도하여야 기적을 경험할 수 있습니다.

믿음의 기도의 특징은 하나님의 능력을 경험한다는 것입니다. 하나님은 구약에서 '엘샤다이'의 하나님으로 불렸습니다. 그 뜻은 '전능하신 하나님'이라는 뜻입니다. 구약의 사람들은 하나님을 전능하신 분으로 이해했습니다. 믿음의 기도는 전능하신 하나님의 능력을 경험하도록 하여 줍니다. 문제는 믿음으로 기도하지 않는 것이 문제입니다. 여호수아가 가나안 정복전쟁때 태양과 달을 멈추게 한 사건은 성경에서 가장 놀라운 기적중에 기적이라고 말할 수 있습니다. 이는 여호수아의 믿음이 이룬 결과입니다. 이처럼 믿음의 기도는 불가능을 경험하는 기적의 주인공이 될 수 있습니다.

둘째, 하나님은 의인의 간구를 들어 주시기를 기뻐하십니다.

"기록된 바 의인은 없나니 하나도 없으며"(롬3:10) 라고 했습니다. 이와같이 아무도 의인이 없다면 누가 하나님께 기도할 수 있겠습니까? 그러나 이 말씀은 믿기 전의 상태를 말합니다. 예수를 믿기 이전에는 어느 누구도 하나님 앞에서 의롭다 할 수 없습니다. 그러나 예수를 믿음으로 구원받은 사람들은 용서받은 의인이 됩니다. 이런 사람은 하나님께 기도할 자격을 얻게 됩니다. 그러므로 무엇이든 예수님의 이름으로 믿음을 가지고 기도할 때 하나님은 응답하여 주십니다.

오늘의 기도

주님, 의인의 삶으로 응답받는 기도생활을 하게 하여 주옵소서, 예수님의 이름으로 기도드립니다. 아멘

가서 씻으라

"대답하되 예수라 하는 그 사람이 진흙을 이겨 내눈에 바르고 나더러 실로암 …"

신)찬 304장	제 30 주						요9:11
구)찬 404장	월	화	수	목	금	토	

성경에 많은 기적의 사건이 있지만 예수님께서 소경의 눈을 뜨게 하신 사건은 참으로 독특합니다. 말씀으로 무엇이든 하실 수 있는 예수님께서 실로암이라는 연못으로 가서 씻을 것을 요구하셨습니다. 그이유가 무엇일까요? 여러 가지 이유가 있겠지만 그 중 하나는 말씀에 대한 순종입니다. 믿음이 없이는 실로암에 가서 씻으라는 말씀을 순종할 수 없었을 것입니다. 때로 하나님은 우리의 삶에서도 이런 순종을 요구하실 때가 있습니다. 순종이 없는 믿음은 상상할 수 없습니다. 그러므로 성도는 항상 순종할 준비를 하고 신앙생활을 해야 합니다.

첫째, 말씀을 순종하는 것이 복입니다.

성경에는 하나님의 말씀에 순종하는 사람들의 이야기가 많이 나옵니다. 순종이 중요하기 때문에 순종에 대한 사건이 다루어지고 있는 것입니다. 왜 하나님은 순종을 중요시 여길까요? 하나님의 말씀에 순종한다는 의미는 하나님을 인정하는 것으로 여겨지기 때문입니다. 하나님을 인정하지 않는 사람은 하나님의 말씀에 순종하지 않습니다. 그러나 하나님을 인정하고 믿음으로 살아가는 사람들은 그 말씀에 순종하며 살아갑니다. 이런 사람들이 복된 사람이요 복된 하나님의 백성들입니다.

둘째, 하나님은 순종하는 사람을 쓰시기를 기뻐하십니다.

하나님께 쓰임받은 대부분의 사람들은 한결같이 순종의 사람들이었습니다. 이를 통해 내릴 수 있는 결론은 하나님은 순종하는 사람을 쓰신다는 것입니다. 하나님께 쓰임받길 원하면서도 하나님의 말씀에 순종하지 않는 것은 있을 수 없는 일입니다. 하나님께 쓰임받기를 원하는 사람은 순종의 결단도 함께 내려야 합니다. 왜냐하면 하나님은 순종하는 사람을 하나님의 일꾼이요 사명자로 쓰시기 때문입니다.

오늘의 기도

주님, 언제나 순종할 수 있는 믿음을 주옵소서, 예수님의 이름으로 기도드립니다. 아멘

잃은 영혼에 대한 하나님의 관심

"내가 너희에게 이르노니 이와같이 죄인 하나가
회개하면 하늘에서는 회개할 ..."

(신)찬 539장	제 30 주						
(구)찬 483장	월	화	수	목	금	토	눅15:7

　예수님의 공생애에서 사역의 초점은 잃어버린 영혼들에게 있었습니다. 예수님은 의인을 찾아다닌 것이 아니라 죄인을 찾아다니셨고 그들과 함께 동거하셨습니다. 하나님의 관심이 이땅의 잃어버린 영혼들에게 있었음을 보여주신 것입니다. 오늘날 성도의 관심사도 예수님의 관심사를 닮아가야 합니다. 잃어버린 영혼에 대한 안타까움과 그들을 향한 구령에 대한 열정을 가져야합니다. 왜냐하면 예수님이 오신 목적이 바로 거기에 있기 때문입니다.

첫째, 하나님은 죄인이 회개하는 것을 기뻐하십니다.

　본문의 말씀은 죄인이 회개하는 것에 대한 중요성을 강조하는 예수님의 말씀입니다. 하나님은 왜 십자가라고 하는 극단적인 방법을 선택하여 죄인을 구원하려고 하셨을까요, 그 이유는 그 길이 죄인을 구원하는 가장 쉽고도 빠른 길이었기 때문입니다. 죄인들이 회개하고 하나님께로 돌아올 수 있는 가장 쉬운 길이 바로 십자가입니다. 하나님은 이렇게 까지 해서라도 죄인들을 구원하기 원하셨습니다. 하나님은 죄인이 회개하고 주께 돌아오는 것을 기뻐하십니다.

둘째, 하나님은 잃어버린 영혼을 찾기를 원하십니다.

　사람은 누구나 잃어버린 것에 대한 미련과 애착을 가지게 되어 있습니다. 귀한 것을 잃어버렸을수록 그 미련은 더 클 것입니다. 하나님도 그렇습니다. 하나님은 인간의 영혼을 귀히 여기시는 분이셨습니다. 그러나 하나님은 안타깝게도 선악을 알게하는 나무의 실과를 따먹은 결과로 영혼들을 잃어버리게 되었습니다. 결국 하나님은 십자가를 통해 그 영혼들을 되찾기로 결심하신 것입니다. 십자가는 잃어버린 영혼에 대한 하나님의 뜨거운 사랑이요 관심입니다.

　오늘의 기도

주님, 예수님의 관심사를 본받는 성도가 되게하여 주옵소서, 예수님의 이름으로 기도드립니다. 아멘

 **나를** 안전하게 거하게 하시는 이

"내가 평안히 눕고 자기도 하리니 나를 안전히 거하게
하시는 이는 오직 여호와시니이다"

신)찬 523장	제 31 주						
구)찬 262장	월	화	수	목	금	토	시4:8

인생에서 시험이나 위기는 언제나 예고없이 찾아옵니다. 준비되지 않은 사람은 뜻하지 않은 문제나 시험이 오면 낙심하고 실의에 빠지는 경우가 다반사입니다. 그러나 하나님을 의지하고 믿음으로 사는 사람에게는 하나님께서 어떤 상황에서라도 평안함을 주시고 환난을 이기고 문제를 극복할 수 있는 안전한 삶을 허락하십니다. 하나님께서 안전히 거하게 한 사람은 어떤 누구도 위협하거나 해할 수 없습니다. 이런 사람은 환난 가운데서도 안식과 평안함을 누릴 수 있습니다.

첫째, 나를 안전하게 하실 분은 오직 하나님 한 분이십니다.

인생은 마치 지뢰밭을 걷는 것과 같다고도 말할 수 있습니다. 지뢰는 매설되었기 때문에 쉽게 찾을수 없습니다. 우연히 모르고 그 길을 갔다가는 자신도 모르게 밟거나 터트릴 수 있습니다. 그것은 그사람의 최대의 위기가 됩니다. 인생의 곳곳에 기다리고 있는 위협과 어려움을 어떻게 극복하여 지날 수 있습니까? 그 방법은 오직 하나님 한분만을 의뢰하여 하나님의 도우심으로 안전하게 지나가는 방법 밖에 없습니다.

둘째, 고난속에서도 건지실 분은 오직 하나님 한 분이십니다.

용감한 베드로가 예수님을 보고 반가운 마음에 덤벙대고 건너다가 주위에 불어오는 풍랑으로 인하여 물에 빠진 사건은 성경에서 유명합니다. 그러나 예수님은 곧 베드로를 건져주심으로 예수님이 하나님의 아들이심을 나타내 보이셨습니다. 차라리 오지 말았으면 좋을 것 같은 고난이나 환난때에 하나님의 자녀인 성도들은 고난속에서도 건져주시는 하나님을 의지하여 바라보아야 합니다. 심각한 환난의 소용돌이 속에서도 하나님은 건져 주실수 있습니다. 이와 같은 분은 오직 하나님 한 분이십니다.

🍀 오늘의 기도

주님, 오직 하나님만 의지하게 하여 주옵소서, 예수님의 이름으로 기도드립니다.
아멘

결실 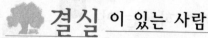이 있는 사람

"악인은 불의의 이를 탐하나
의인은 그 뿌리로 말미암아 결실하느니라"

신)찬 79장	제 31 주							
구)찬 40장	월	화	수	목	금	토		잠12:12

복음서에서 예수님은 열매없는 무화과 나무를 저주하셨습니다. 열매가 없이는 하나님을 기쁘시게 할 수 없습니다. 그러나 악한 사람은 열매가 없어도 하나님을 기쁘시게 할 수 있다는 착각을 하고 살아갑니다. 뿐만 아니라 자신이 수고하지 않은 것을 추구하고 욕심을 가집니다. 이런 사람은 절대로 좋은 열매를 맺을 수 없을 뿐 아니라 하나님을 기쁘시게 할 수도 없습니다. 그러나 뿌리가 깊은 믿음의 사람은 반드시 결실을 합니다. 성경은 이런 사람을 의인이라고 말씀하고 있습니다. 결실하는 의인의 삶이 인정받는 믿음의 삶이라는 사실을 기억해야 합니다.

첫째, 불의의 이를 탐하는 사람은 열매 맺는 삶이 될 수 없습니다.

악인의 삶의 특징중 하나는 불의의 의를 탐하는 것입니다. 자신이 수고하지 않고 노력하지 않았음에도 수고하지 않은 것을 불의한 방법을 통해 욕심을 가집니다. 구약성경에서는 아합이 그 대표적인 예입니다.(왕상21장) 나봇은 좋은 포도원을 가지고 있었습니다. 그런데 아합이 이를 탐낸 것입니다. 결국 이세벨의 간교한 꾀로 나봇을 죽이고 그 포도원을 차지하였습니다. 하나님은 이를 악하게 보셨습니다. 이처럼 불의의 이는 하나님이 악하게 보십니다.

둘째, 뿌리 깊은 성도가 열매를 맺습니다.

의인의 삶의 특징 중 하나는 열매가 있다는 것입니다. 하나님은 열매있는 사람을 귀히 여기십니다. 아무리 신앙생활을 오래하여도 삶에 합당한 열매가 없다면 이는 하나님이 기뻐하지 않습니다. 그 이유는 정상적으로 신앙생활을 하면 반드시 열매가 있기 때문입니다. 열매가 없다는 것은 하나님이 원하시는대로 정상적으로 신앙생활을 하지 않았다는 뜻입니다. 그러므로 하나님의 자녀인 성도들은 하나님이 보시기에 합당한 삶으로 믿음의 깊은 뿌리를 내리고 열매맺는 성도가 되어야 합니다.

오늘의 기도

주님, 열매맺는 신앙생활을 할수 있도록 하여 주옵소서, 예수님의 이름으로 기도드립니다. 아멘

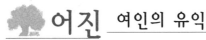

어진 여인의 유익

"어진 여인은 그 지아비의 면류관이나
욕을 끼치는 여인은 그 지아비로 뼈가 썩음같게..."

가정에서 여인의 역할은 너무나 중요합니다. 어머니로서도 중요하지만 한 남자의 아내로서도 중요합니다. 아내가 바로서지 못하면 그 가정은 제대로 설 수 없습니다. 어진 여인은 강직하고 올바르게 행동합니다. 그러나 욕을 끼치는 여인은 남편의 수치가 됩니다. 결코 이런 여인이 되어서는 안됩니다. 성도의 가정은 남편의 면류관이 되는 어진 여인이 가정을 세워 나가야 합니다. 어진 여인은 가정과 남편을 유익하게 합니다. 하나님은 그런 사람이 가정을 세워나가기를 원하십니다.

첫째, 어진 여인은 남편의 면류관이 됩니다.

'어진'의 뜻은 대체 훌륭한 성품을 지닌 여인을 일컫는 말입니다. 이런 여인은 남편에게 유익이 됩니다. 보다 정확한 표현은 남편을 높인다는 표현이 옳습니다. 여인은 무엇보다 좋은 성품의 소유자여야 합니다. 한 남자의 아내로서 좋은 성품은 그 어느것보다 중요합니다. 아내 때문에 남편이 높아지는 것은 성경적 가정의 좋은 본보기입니다. 성경적 여인상은 남편을 높이는 어진 여인임을 분명히 알아야 합니다.

둘째, 욕을 끼치는 여인은 남편에게 근심거리가 되게 합니다.

욕을 끼친다는 의미는 부끄럽게 한다는 의미입니다. 아내의 행위가 남편을 부끄럽게 만들어서는 안됩니다. 그런 가정은 망하는 가정입니다. 남편을 부끄럽게 하는 여인의 행동에는 무엇이 있을까요? 여러 가지가 있을 수 있습니다. 그 가운데 하나는 하나님을 인정하지 않고 불신하는 것입니다. 구약의 미갈과 같은 여인이 그런 여인입니다.(삼하6장) 하나님께 미움을 받은 여인 미갈은 죽는날까지 자식이 없었습니다. 이는 남편을 부끄럽게 한 댓가입니다. 어떤 경우에라도 여인은 남편을 부끄럽게 하지 말아야 합니다.

오늘의 기도

주님, 가정에서 아내가 어진 여인이 되게 하여 주옵소서, 예수님의 이름으로 기도 드립니다. 아멘

믿음 으로 선포하라

> "여호와께서 아모리 사람을
> 이스라엘 자손에게 붙이시던 날에 여호수아가 …"

신)찬 352장	**제 31 주**							
구)찬 390장	월	화	수	목	금	토	수10:12-14	

구약에는 '야살의 책'이라는 말이 종종 나옵니다. 이책은 중요한 역사적 사건을 기록한 책입니다. 특히 이스라엘의 초기 전쟁에 대한 기록이 많습니다. 여호수아가 가나안 정복전쟁을 할 때 하나님은 여호수아로 하여금 아모리 족속과의 전쟁에서 태양과 달을 머무르게한 사실을 이 책은 상기시켜 줍니다. 그 이유는 믿음으로 모든 일을 행하라는 이유에서 였습니다. 믿음이 없이는 믿음의 역사를 경험할 수 없습니다. 믿음은 하나님에 대한 신뢰의 표현입니다. 그러므로 성도는 어떤 경우에라도 믿음으로 말하는 것을 잊어버리지 말아야 합니다.

첫째, 성도가 믿음으로 행하지 않는 것은 죄입니다.

할 수 있는데도 아무런 이유없이 하지 않는 것을 일컬어 '직무유기'라는 말로 표현합니다. 이것은 엄연한 불법입니다. 이는 하나님의 자녀인 성도의 경우도 마찬가지입니다. 믿음으로 행동해야 할 때 믿음으로 행동하지 않으면 그것은 하나님 보시기에 죄가 됩니다. 이것이 왜 죄가 되냐고 할 수 있을지도 몰라도 분명 그것은 죄입니다. 이스라엘 백성들이 가나안땅에 들어갈 때 그들이 가나안땅에 못가겠다고 한 것을 죄로 여기는 이유는 싸워보지도 않고 미리 포기했기 때문입니다. 이는 하나님의 백성의 올바른 태도가 아닙니다. 믿음으로 행하지 않은 결과 입니다.

둘째, 믿음으로 선포할 때 역사가 일어납니다.

여호수아의 믿음의 특징은 '선포'였습니다. 선포의 사전적 의미는 세상에 널리 알리는 것을 의미합니다. 믿음은 세상에 알리는 것입니다. 무엇을 알려야 합니까? 하나님의 전능하심을 알려야 합니다. 하나님을 불신하는 세상을 향해 하나님은 하실 수 있다고 세상에 알리는 것입니다. 여호수아가 아모리 사람과의 전투에서 태양과 달을 향하여 멈추라고 선포한 것은 하나님의 전능하심을 나타낸 믿음의 행동이었습니다. 하나님의 전능하심을 알린 행동이었습니다. 그때 역사는 일어났습니다. 하나님을 믿는 하나님의 백성들은 선포의 능력을 알고 믿음으로 행동해야 합니다.

🍀 *오늘의 기도*

주님, 항상 믿음의 말을 선포하는 믿음의 사람이 되게하여 주옵소서, 예수님의 이름으로 기도드립니다. 아멘

 # 세상 의 빛

"너희는 세상의 빛이라 산위에 있는 동네가 숨기우지 못할것이요 사람이 등불을 켜서…"

(신)찬 502장	제 31 주						
(구)찬 259장	월	화	수	목	금	토	마5:14-15

예수님께서는 제자들에게 세상의 빛이라고 말씀하셨습니다. 하나님께서 천지를 창조하실 때 가장 먼저 창조하신 것이 빛이었습니다. 이는 빛이 중요하기 때문입니다. 우리 그리스도인들도 중요하기 때문에 예수님께서는 제자들에게 빛이라고 말씀하셨습니다. 그러므로 성도는 빛의 사명을 감당하며 살아야합니다. 빛처럼 세상을 밝게 비추고 살아야 합니다. 그리고 빛과 같이 어두움을 몰아내고 살아야 합니다.

첫째, 전도자의 삶은 빛과 같은 삶입니다.

많은 사람을 그리스도께로 인도하는 전도자의 삶이야 말로 빛과 같은 삶이라고 할 수 있습니다. "지혜 있는 자는 궁창의 빛과 같이 빛날 것이요 많은 사람을 옳은데로 돌아오게 한 자는 별과 같이 영원토록 비취리라"(단12:3)라고 하였습니다. 빛은 숨길 수 없는 특징을 가지고 있습니다. 빛이 있는 곳에는 어두움이 물러가고 숨겨진 것이 드러납니다. 전도자는 어둠을 몰아내는 능력이 있습니다. 어두움 가운데 있는 영혼들을 빛 가운데로 인도하는 사람들이 전도자들입니다.

둘째, 빛의 사명은 어두움을 몰아내는 것입니다.

어두움은 빛이 없을 때 왕노릇 합니다. 하나님은 어두움을 싫어하십니다. 하나님이 이스라엘 백성들에게 주신 성막에도 보면 항상 꺼뜨리지 말아야 할 빛이 있었습니다. 그것은 성소의 등대 였습니다. 성소의 등대는 꺼뜨리면 안되었습니다. 제사장들은 항상 그것을 점검하였습니다. 그 이유가 무엇일까요? 하나님이 빛이시기 때문입니다. 빛이신 하나님이 그 자녀인 성도들에게 "너희도 빛이다"라고 말씀하고 있습니다. 그러므로 빛으로서의 사명을 성도는 감당해야 합니다.

오늘의 기도

주님, 세상의 빛과 같은 삶을 살게하여 주옵소서, 예수님의 이름으로 기도드립니다. 아멘

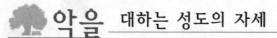

악을 대하는 성도의 자세

"네 원수가 주리거든 먹이고 목마르거든 마시우라
그리함으로 네가 숯불을 …"

(신)찬 268장	제 31 주						
(구)찬 202장	월	화	수	목	금	토	롬12:20-21

구약성경 잠언서에는 의인과 악인에 대한 대조적인 표현들이 많이 나옵니다. 우리 그리스도인들은 의인으로서의 삶을 살아야 하는 사람들입니다. 의인의 삶은 어떠해야 할까요? 먼저 의인으로서 그리스도인의 삶은 악을 미워하는 삶이어야 합니다. 혹 자신이 악한 행실을 가졌다면 이것을 과감히 버려야 합니다. 뿐만 아니라 성도의 의로운 행실로 악을 이기는 삶을 살아야 합니다. 그렇지 않고서야 성도의 삶이 의인의 삶이라고 말할 수 없습니다.

첫째, 악을 미워하는 영적 자세를 가져야 합니다.

죄를 짓지 않고 악한 일에 빠지지 않으려면 우선적으로 죄에 대한 올바른 태도를 가져야 합니다. 악한 일을 멀리하고 죄를 미워하여야 합니다. 죄를 멀리하고 미워하는 것과 죄인을 멀리하고 미워하는 것은 다릅니다. 죄인은 죄로 인해 죄인이 된 것이기 때문에 죄 문제만 해결하면 죄와 상관없는 사람이 될 수 있습니다. 그러나 죄 자체는 그렇지 않습니다. 아예 가까이 하지 않아야 하며, 혹이라도 가까이 할 수 없도록 철저히 미워하여야 합니다.

둘째, 원수를 돌아보는 영적 자세를 가져야 합니다.

성경에는 원수에 대한 성경적 자세에 대해 말씀하고 있습니다. 본문의 말씀이 바로 그 말씀입니다. 원수가 기세등등하고 나를 죽이려고 할때는 도망을 가거나 대적을 하거나 둘 중 하나입니다. 그러나 상황이 변해서 원수의 상황이 죽을 지경이라면 그냥 내버려 두지 말라고 말씀하고 있습니다. 오히려 그 원수를 돌보아 주라고 말씀합니다. 왜 그렇게 하여야 할까요? 원수는 하나님이 갚으실 것이기 때문입니다. "내 사랑하는 자들아 너희가 친히 원수를 갚지 말고 진노하심에 맡기라 기록되었으되 원수 갚는 것이 내게 있으니 내가 갚으리라고 주께서 말씀하시니라"(롬12:19)

오늘의 기도

주님, 의인의 삶을 살아가는 성도의 삶이 되게 하여 주옵소서, 예수님의 이름으로 기도드립니다. 아멘

생명 의 떡이신 예수그리스도

"내가 곧 생명의 떡이로라 너희 조상들은 광야에서
만나를 먹었어도 죽었거 …"

신)찬 261장	제 32 주						요6:48-50
구)찬 195장	월	화	수	목	금	토	

예수님은 자신을 가리켜서 생명의 떡이라고 말씀하셨습니다. 이 말씀의 의미는 예수님을 통해 성도가 얻게되는 축복을 말씀하는 것입니다. 그 축복이란 하나님의 자녀인 성도들 예수그리스도를 통해서 사망에서 생명으로 옮기워진 사실을 말합니다. 뿐만 아니라 새생명을 얻은 그리스도인들에게 참된 양식이 되신 것을 의미합니다. 예수님이 아니고서야 어찌 영생에 이를 수 있겠습니까? 성도는 예수그리스도를 통해서 놀라운 축복을 누릴수 있습니다.

첫째, 떡은 생명입니다.

예수님은 자신을 가리켜서 생명의 떡이라고 말씀하셨습니다. 떡 자체는 사람의 생명과 직결된 것입니다. 사람은 먹지않고 살 수 없기 때문입니다. 떡 자체는 좋은 것이지만 그것이 사람을 영원히 살게 하지는 않습니다. 그러나 예수님께서는 이스라엘 백성들이 광야에서 먹었던 만나와 비교하면서 자신은 영원히 죽지 않을 생명의 떡이라고 말씀하고 있습니다. 예수님은 육신의 떡과는 비교할 수 없는 영원한 생명의 떡인 것입니다. 사람은 이 떡을 먹어야 영원히 살 수 있습니다.

둘째, 예수님은 새 생명의 떡입니다.

죄가 세상에 들어온 후 사람들에게 일어난 변화는 누구나 죽는 다는 것입니다. 하나님과의 관계는 단절되어졌고 고통속에 살아갈 수밖에 없게 되었습니다.(창3장) 그런데 하나님께서는 예수 그리스도를 통해 인류에 새로운 생명을 허락해 주셨습니다. 새 생명을 얻은 사람들에게는 새로운 떡이 필요했습니다. 그것이 바로 새 생명의 떡인 예수 그리스도인 것입니다. 예수님 자신도 자신을 일컬어 "나는 하늘로서 내려온 산 떡이니 사람이 이 떡을 먹으면 영생 하리라" 라고 말씀하셨습니다. 예수님만이 새 생명을 얻게 하는 산 떡입니다.

🍀 오늘의 기도

주님, 예수님을 통해 누리는 축복에 감사하며 살게하여 주옵소서, 예수님의 이름으로 기도드립니다. 아멘

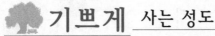

기쁘게 사는 성도

"범사에 너희에게 모본을 보였나니
곧 이같이 수고하여 약한 사람들을 돕고..."

(신)찬 197장	제 32 주						
(구)찬 178장	월	**화**	수	목	금	토	행20:35

　사람은 세상에 살면서 어쩔 수 없이 희노애락(喜怒哀樂)의 감정을 느끼고 경험하면서 살아갑니다. 그런데 문제는 기뻐할 수 있는 여러 가지 이유를 가지고 있으면서도 기쁨을 누리지 못하고 살아가는데 있습니다. 그러나 하나님의 자녀인 성도들은 하나님이 주신 사랑 안에서 기쁨을 누리면서 살아가야 합니다. 뿐만 아니라 그 사랑을 나눠주며 살아가야 합니다. 세상이 줄 수 없는 기쁨을 소유하고 나눠주는 삶이야 말로 참된 기쁨을 소유한 사람의 삶이라고 할수 있습니다.

첫째, 약한 사람들을 도울때 기쁨을 누릴수 있습니다.

　사도 바울은 항상 예수그리스도로 인하여 성도들에게 본을 보이는 삶을 살았습니다. 그 가운데 하나가 약한 사람들을 돕는 생활이었습니다. 동정심으로 돕는 것이 아닌 하나님의 긍휼하심을 힘입어 도왔습니다. 약한 사람들을 돕는 것은 어찌보면 성도의 본문이라고 할수 있습니다. 하나님의 자녀인 성도가 본분을 다하면서 살 때 어찌 기쁘지 않을수 있겠습니까, 그리스도를 본받은 바울처럼 바울을 본받는 성도로서의 삶을 살아야 합니다.

둘째, 베푸는 삶을 살 때 기쁨을 누릴 수 있습니다.

　"네 하나님 여호와께서 네게 허락하신 대로 네게 복을 주시리니 네가 여러 나라에 꾸어 줄지라도 너는 꾸지 아니하겠고 네가 여러 나라를 치리할지라도 너는 치리함을 받지 아니하리라"(신15:6) 라고 하였습니다. 복있는 사람은 나누어 줄지라도 꾸지않는 삶을 살 것이라고 말씀하고 있습니다. 나누어 주고 꾸어주는 삶은 복된 삶입니다. 하나님의 복을 받았기 때문에 이런 일이 가능한 것입니다. 성도로서 이와 같은 복을 누리고 산다는 것은 기쁨입니다.

오늘의 기도

주님, 날마다 감사와 기쁨으로 사는 성도가 되게하여 주옵소서, 예수님의 이름으로 기도드립니다. 아멘

수치 를 알지 못하는 신앙

"네가 말하기를 나는 부자라 부요하여
부족한 것이 없다 하나 네 곤고한 것 ..."

신)찬 288장	**제 32 주**						
구)찬 204장	월	화	수	목	금	토	계3:17

　신약성경 요한계시록의 서두에는 소아시아에 있는 일곱교회에 대한 메시지가 있습니다. 그중에 한 교회인 라오디게아 교회에게 주어진 메시지를 보면 스스로 부자인체 하면서도 부끄러운 수치를 가진 교회로서 책망받는 모습을 볼 수 있습니다. 오늘날 교회나 성도도 마찬가지입니다. 하나님 보시기에 신앙생활을 제대로 하지 못하면 마치 이와 같을 수도 있습니다. 그러므로 성도는 항상 깨어 있어서 자신의 신앙이 수치스럽지 않도록 날마다 말씀에 비추어 자성하며 자신을 돌아보아야 합니다.

첫째, 자신의 수치를 깨닫는 성도가 되어야 합니다.

　유대인들이 즐겨보는 탈무드에는 굴뚝을 청소한 두 사람의 이야기가 나옵니다. 똑같이 굴뚝을 청소했지만 한사람은 시커먼 검정이 잔뜩 온몸에 묻어 있었고 또한 사람은 검정이 별로 묻지 않은 채로 멀쩡했습니다. 과연 이 두 사람 중에 물로 가서 씻을 사람은 누구냐는 것이 이 이야기의 질문입니다. 결론은 멀쩡한 사람입니다. 상대방을 바라보다가 자기도 그렇지 않을까 생각한 것입니다. 그러나 정말 씻어야 할 사람은 온통 시커멓게 검정으로 뒤범벅된 사람입니다. 사람의 수치도 마찬가지입니다. 남은 아는데 자신이 알지 못하는 것이야 말로 정말 수치스러운 일입니다. 하나님의 자녀인 성도들은 항상 자신을 돌아보고 수치스러움이 없도록 하여야 합니다.

둘째, 수치를 보이지 않게 하여야 합니다.

　성경은 라오디게아 교회의 수치를 가리라고 말씀하고 있습니다. 수치스러운 것은 가려야 합니다. 성도의 수치는 어떻게 가릴수 있을까요? 먼저 회개해야 합니다. 회개함으로 그리스도의 보혈이 죄인의 수치를 덮도록 하여야 합니다. 그리스도의 보혈이 성도의 수치와 부끄러움을 덮을 때 비로소 수치는 보이지 않게 됩니다.

　　오늘의 기도

　주님, 자신의 수치를 깨닫고 교만하지 않는 삶이 되게 하여 주옵소서, 예수님의 이름으로 기도드립니다. 아멘

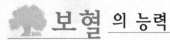

보혈 의 능력

"그의 십자가의 피로 화평을 이루사
만물 곧 땅에 있는 것들이나 하늘에 있는..."

(신)찬 536장	제 32 주						
(구)찬 326장	월	화	수	목	금	토	골1:20

 기독교는 피의 종교라고 할 수 있습니다. 왜냐하면 예수님께서 인류의 죄를 대속하시기 위해서 십자가에서 피흘려주셨기 때문입니다. 이 피는 죄인들을 위한 위대한 대속의 보혈입니다. 그래서 피의 종교라 할 수 있는 것입니다. 이 피로 말미암아 인간들은 하나님과 비로소 화목할 수 있게 되었습니다. 참 생명을 얻을 수 있는 길이 이 피로 말미암아 열린 것입니다. 그러므로 예수님이 흘리신 대속의 피는 전 우주에서 가장 위대한 능력의 피라고 할 수 있습니다.

첫째, 그리스도의 보혈은 죄사함의 은총의 피입니다.

 "율법을 좇아 거의 모든 물건이 피로써 정결케 되나니 피흘림이 없은즉 사함이 없느니라"(히9:22) 라고 하였습니다. 성경에서 피는 죄와 밀접하게 연관되어 있습니다. 죄를 사할 수 있는 것은 오직 피 밖에 없었습니다. 그러나 구약에서의 피흘림과 신약에서 예수님의 피흘림은 의미상으로는 같은 것이나 차원은 전혀 다른 것입니다. 예수님은 한번의 죽으심으로 모든 죄 문제를 해결해 주신 피였습니다. 인간의 죄를 가장 완벽하게 해결해 줄 수 있는 피가 바로 예수 그리스도의 흘리신 보혈입니다.

둘째, 그리스도의 보혈은 사단을 이기는 강력입니다.

 사단은 실로 강력한 능력을 가지고 있습니다. 심지어는 자신을 광명의 천사로도 가장할 수도 있습니다.(고후11:14) 그러나 사단은 어디까지나 한계를 가질 수 밖에 없습니다. 사람이 할 수 없는 것을 할 수 있지만 그렇다고 모든 것을 다할 수 있는 것은 아닙니다. 사단이 하지 못하는 영역은 어디 일까요? 바로 예수 그리스도의 보혈이 있는 곳입니다. 하나님의 자녀인 성도들은 보혈의 피로 죄사함을 받은 사람들이므로 사단은 절대로 해할 수 없습니다. 그러나 성도가 이 사실을 알고 담대함으로 사단을 대적할 때 그 능력은 사단을 이기는 강력이 됩니다.

오늘의 기도

주님, 보혈의 능력과 그 위대함을 날마다 찬양하게 하여 주옵소서, 예수님의 이름으로 기도드립니다. 아멘

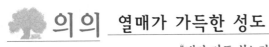

의의 열매가 가득한 성도

"내가 기도 하노라 너희 사랑을 지식과
모든 총명으로 점점 더 풍성하게 하사..."

(신)찬 516장	제 32 주						
(구)찬 265장	월	화	수	목	금	토	빌1:9-11

사람이든 동물이든 자연에는 법칙이 있습니다. 이는 식물도 마찬가지입니다. 모든 식물은 하나님이 만드신 자연의 이치대로 각종 열매를 맺게 되어있습니다. 설령 열매가 없는 나무가 있다고 하더라도 의미없이 존재하는 나무는 없습니다. 바울도 빌립보 교인들을 향하여 하나님을 향한 올바른 신앙의 열매를 기대하고 있음을 알 수 있습니다. 특히 성도는 의의 열매를 맺고 살아가야 합니다. 이는 그리스도 예수 안에서만 가능한 일입니다.

첫째, 신앙생활에는 열매가 있어야 합니다.

열매가 왜 중요할까요? 그 이유는 열매로 나무를 알기 때문입니다. 사과나무가 만일 열매를 맺지 않는다면 그 나무는 보기에는 사과나무지만 엄밀한 의미에서는 열매가 없으므로 사과나무라고 보기 힘듭니다. 성도의 신앙생활도 마찬가지입니다. 겉보기에는 성도이지만 만일 성도로서 신앙생활의 열매가 없다면 이는 세상 사람들과 조금도 다를 것이 없습니다. 하나님의 자녀인 성도가 하나님의 말씀대로 신앙생활을 한다면 성령을 따라 열매는 반드시 맺게 되어 있습니다.

둘째, 의의 열매를 맺어야 합니다.

사도 바울이 빌립보 교인들에게 기대한 것은 의의 열매였습니다. 의의 열매는 어느날 갑자기 맺히지 않습니다. 사도 바울의 권면처럼 지극히 선한 것을 분별할 줄 아는 지혜와 진실된 마음으로 주를 섬길때 가능합니다. 이런 열매가 가득할 때 성도로 인하여 하나님은 영광을 받으십니다. 그러므로 하나님의 자녀인 성도들은 의의 열매를 맺기를 힘써야 합니다.

오늘의기도

주님, 항상 의의 열매가 가득한 성도가 되게하여 주옵소서, 예수님의 이름으로 기도드립니다. 아멘

실천 하는 그리스도인

"너희는 내게 배우고 받고 듣고 본 바를 행하라
그리하면 평강의 하나님이…"

신)찬 338장	제 32 주						
구)찬 364장	월	화	수	목	금	토	빌4:9

"하나님의 나라는 말에 있지 아니하고 오직 능력에 있음이라"(고전4:20)
라고 하였습니다. 하나님은 말로만 하는 구호는 싫어하십니다. 행함이 따르
는 외침을 기뻐하십니다. 율법의 중심은 가르침과 행함입니다. 오늘날 성도
의 삶도 마찬가지입니다. 듣기만 하는 성도의 삶은 능력이 없습니다. 사도
바울은 자신의 사역에서 중요한 포인트를 행함에 두고 있습니다. 이는 행함
을 강조하려는 것이 아니라 하나님의 말씀은 적용하여 실천할 때, 순종할 때
그 능력이 나타나기 때문입니다.

첫째, 듣는 것의 중요성을 깨달아야 합니다.

하나님의 말씀은 주의하여 듣는 것이 중요합니다. 깨달음은 들음에서도 오
기 때문입니다. 니느웨 사람들이 회개할 수 있었던 것은 요나의 외침이 있었
기 때문입니다. 하나님의 심판을 선포하는 요나의 소리를 들었기 때문에 그
들은 깨닫고 회개할 수 있었습니다. 하나님은 성도의 신앙생활에서 듣는 것
의 중요성을 강조하십니다. 경외심을 가지고 말씀을 들을 때 하나님의 뜻을
보다 정확하게 이해할 수 있게 됩니다.

둘째, 적용하여 실천하는 믿음이 있어야 합니다.

"너희는 도를 행하는 자가 되고 듣기만 하여 자신을 속이는 자가 되지말
라"(약1:22) 라고 하였습니다. 하나님의 말씀을 듣기만하고 그 말씀을 자신
의 삶속에 적용하여 실천하지 않으면 이런 사람은 자신을 속이는 자라고 말
씀하고 있습니다. 듣는 것도 중요하지만 그 말씀을 적용하여 실천하는 것은
더 중요하다고 볼 수 있습니다. 하나님의 말씀은 삶속에 실천하여 행동으로
옮길 때 하나님의 뜻을 이룰 수 있습니다.

🍀 오늘의 기도

주님, 행함이 있는 그리스도인이 되게하여 주옵소서, 예수님의 이름으로 기도드립
니다. 아멘

 생명의 샘

"여호와를 경외하는 것은 생명의 샘이라
사망의 그물에서 벗어나게 하느니라"

(신)찬 304장	제 33 주							잠14:27
(구)찬 404장	월	화	수	목	금	토		

여호와를 경외하는 것을 '생명의 샘'으로 비유한 것은 적당한 비유라고 할 수 있습니다. 샘의 중요성은 물의 중요성을 의미합니다. 없어서는 안되는 삶의 근원과도 같은 것이 '샘'입니다. 그러므로 성도가 하나님을 섬기고 경외한다는 것은 영육간에 없어서는 안되는 '샘'과도 같은 것입니다. 하나님은 여호와 경외하기를 생명처럼 여기는 사람에게 사망의 고통을 이기게 하시고 생명의 근원이 되어주십니다.

첫째, 경외의 중요성을 아는 성도가 되어야 합니다.

경외라는 말은 '이르아'라고 합니다. 이 말은 공포나 두려움을 표현할 때 사용되었습니다. 즉, 하나님을 두려워 하라는 의미입니다. 하나님을 두려워하는 사람은 하나님께 대하여 경거망동하지 않습니다. 존경심을 가지고 진지하게 대하게 됩니다. 뿐만 아니라 하나님을 경외할 때 악을 멀리 할 수 있습니다. 하나님이 악을 멀리하신 다는 사실을 생각할 때 여호와를 경외하는 것이야 말로 악에서 떠날 수 있는 유일한 길인 것을 알 수 있습니다.

둘째, 여호와를 경외하는 자에게는 복이 있습니다.

"내가 그들에게 복을 주기 위하여 그들을 떠나지 아니하리라 하는 영영한 언약을 그들에게 세우고 나를 경외함을 그들의 마음에 두어 나를 떠나지 않게 하고"(렘32:40)라고 하였습니다. 하나님이 떠나지 않는 사람이 있습니다. 그사람이 바로 여호와를 경외하는 사람입니다. 하나님은 이런 사람에게 복을 주시겠다고 하십니다. 그러므로 성도가 하나님을 경외하므로 섬기는 것이 복있는 삶인 것은 분명한 사실입니다.

오늘의 기도

주님, 생명의 샘이신 여호와 하나님을 항상 경외하며 살게하여 주옵소서, 예수님의 이름으로 기도드립니다. 아멘

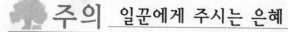

주의 일꾼에게 주시는 은혜

"길르앗에 우거하는 자 중에 디셉사람 엘리야가
아합에게 고하되 나의 섬기는…"

신)찬 360장	제 33 주						
구)찬 402장	월	화	수	목	금	토	왕상17:1-7

구약을 대표하는 선지자는 단연 엘리야라고 할 수 있습니다. 엘리야는 아합 시대에 많은 기적을 행하였습니다. 뿐만 아니라 그가 행한 기적만큼 어려움에 처하기도 하였습니다. 먹을 것의 어려움과 생명의 위협이 엘리야를 힘들게 하기도 하였습니다. 그러나 하나님은 하나님의 종인 엘리야를 그냥 두시지 않았습니다. 하나님의 손길로 모든 어려움으로부터 벗어나도록 인도하셨습니다.

첫째, 하나님은 하나님의 일꾼된 사람에게 은혜를 베푸시는 분이십니다.

"세상에 공짜가 어딨어!" 라는 말이 있습니다. 물론 우스개 소리로 하는 말입니다. 그러나 이 말은 신앙생활에 그대로 적용됩니다. 하나님의 일꾼으로 부름받은 사람들이 하나님께 헌신하며 충성할 때 이런 사람들은 절대로 하늘의 상급을 잃지 않습니다. 하나님은 이런 사람들을 반드시 구별하여 상주십니다. 그러므로 하나님께는 공짜가 없는 셈입니다. 하나님의 일에는 공짜가 없습니다.

둘째, 주의 일꾼은 하나님의 말씀에 순종하는 사람입니다.

교회에는 세종류의 사람이 있다고 합니다. 일꾼, 구경꾼, 싸움꾼, 이 세 종류의 사람중에 교회에 필요한 사람은 일꾼입니다. 좋은 일꾼의 특징은 하나님의 말씀에 대한 순종이 있다는 것입니다. 엘리야도 하나님의 말씀에 순종하는 사람이었습니다. 순종하지 않고 좋은 일꾼이 될 수는 없습니다. 하나님은 일꾼을 부르실 때 순종하는 사람을 부르십니다.

오늘의 기도

주님, 주의 일을 기쁨으로 감당하는 성도가 되게하여 주옵소서, 예수님의 이름으로 기도드립니다. 아멘

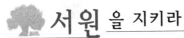 # 서원을 지키라

"입다가 미스바에 돌아와 자기 집에 이를 때에
그 딸이 소고를 잡고 춤추며 ..."

신)찬 220장	제 33 주							삿11:34-35
구)찬 278장	월	화	수	목	금	토		

구약의 사사중 가장 비운의 사사는 입다라고 할수 있습니다. 왜냐하면 자신의 사랑하는 딸을 하나님께 번제로 드린 사람이기 때문입니다. 입다가 딸을 번제물로 드린 결정적인 이유는 자신이 하나님께 드린 서원 때문입니다. 전쟁터에서 돌아올 때 그는 차마 자신의 딸이 제일 먼저 앞장서서 나올 것을 생각을 못하고 서원을 했습니다. 그러나 막상 개선가를 부르며 미스바에 돌아올때 자신의 친딸이 가장 먼저 춤추며 환영을 하였습니다. 그러나 입다는 자신의 서원을 지킴으로 하나님께 대한 약속을 지켰습니다.

첫째, 서원은 자발적으로 해야 합니다.

서원은 보통 하나님의 도우심을 받기 위해서나 베풀어주신 은혜에 감사하기 위해 했습니다. 서원은 남의 강요에 의해 하지 않았습니다. 자발적으로 하였습니다. 서원의 특징은 자발성입니다. 하나님도 자발적 서원을 받으십니다. 자원하는 마음이 없이는 올바른 서원이라고 할 수 없습니다. 입다도 자발적 마음에서 우러나오는 서원을 하였습니다. 그러므로 서원은 서원 당사자의 자발적 마음이 가장 중요하다는 것을 꼭 기억해야 합니다.

둘째, 서원은 손해 보더라도 지켜야 합니다.

서원을 하는 것이 유익할 때도 있고 그렇지 않을 때도 있지만 서원을 하지 않는다고 죄가 되지는 않습니다. 하나님도 억지로 서원하는 것을 원하시지 않기 때문입니다. 그러나 한번 한 서원은 무슨 일이 있어도 지켜야 합니다. 설령 자신이 한 서원 때문에 손해를 입게 생겼더라도 그것이 하나님께 한 것이라면 분명히 지켜야 합니다.

오늘의 기도

주님, 어떠한 경우에라도 헛된 서원은 하지 않게 하여 주옵소서, 예수님의 이름으로 기도드립니다. 아멘

공의 를 겸한 소득을 취하라

"적은 소득이 공의를 겸하면 많은 소득이
불의를 겸한 것보다 나으니라"

신)찬 542장	제 33 주						
구)찬 340장	월	화	수	목	금	토	잠16:8

하나님은 공의의 하나님입니다. 하나님께는 불의가 있을 수 없습니다. 하나님이 공의로우신 것처럼 성도도 하나님께 대하여 공의로워야 합니다. 특히 물질에 대해서 공의로워야 합니다. 정직하지 못하여 불의한 재물을 취하는 사람을 하나님은 별로 기뻐하시지 않습니다. 그러나 적은 소득일지라도 하나님 보시기에 정직하고 공의로운 재물을 취하는 사람은 하나님께서 인정하시고 기뻐하십니다. 이것이 올바른 그리스도인의 물질관입니다.

첫째, 성도들은 올바른 물질관을 가져야 합니다.

그리스도인들은 물질에 대하여 올바른 물질관을 가져야 합니다. 모든 것이 다 하나님의 것이라는 생각을 하여야 합니다. 그리고 물질은 정직히 벌어야 합니다. 또한 물질을 정직하게 사용해야 합니다. 혹 어떤이는 물질을 뇌물로 사용하는 경우가 있습니다. 그러나 하나님이 주신 물질은 하나님께 영광 돌려야 한다는 생각을 가져야 합니다. 이처럼 올바른 물질관을 가지지 않으면 물질을 잘못 사용하는 우를 범할 수도 있습니다.

둘째, 성도들은 적은 소득으로도 기뻐할 수 있어야 합니다.

일반적으로 사람들은 적은 것을 무시하는 경향이 있습니다. 물질도 그렇습니다. 반드시 많은 것이 좋은 것이라는 생각을 가지고 있습니다. 그러나 하나님이 보시기에는 그렇지 않습니다. 하나님의 자녀인 성도들은 적은 물질이라도 기뻐할 수 있는 마음의 자세를 가져야 합니다. 적은 것에 만족하지 못하는 사람에게 하나님은 많은 것으로 채워주시지 않습니다. 이는 작은 것을 감사하는 것과 같은 이치입니다.

오늘의 기도

주님, 그리스도인으로서 올바른 물질관을 가지게 하여 주옵소서, 예수님의 이름으로 기도드립니다. 아멘

지키 시는 하나님

"아브라함이 거기서 남방으로 이사하여 가데스와
술 사이 그랄에 우거하며 그 ..."

(신)찬 191장	제 33 주							창20:1-7
(구)찬 427장	월	화	수	목	금	토		

우리는 성경을 통하여 택하신 백성들을 향한 하나님의 놀라운 은혜를 발견할 때가 있습니다. 그 은혜는 이미 첫 사람 아담 때 부터 시작 되었습니다. 그리고 아브라함 때에는 그가 자신의 실수와 잘못으로 아내를 애굽의 왕에게 빼앗겼습니다. 하나님은 이 때에도 은혜를 베푸셨습니다. 하나님은 아브라함을 위하여 아내 사라를 지켜 주신 것입니다. 그 이유는 아브라함이 하나님의 약속의 백성이요 택한 족속이었기 때문입니다. 오늘날도 하나님은 자신의 택한 백성을 지키시기를 기뻐하십니다. 그러므로 어떤 경우를 만나더라도 실망하거나 낙담하지 말아야 합니다. 하나님은 반드시 지키실 것이기 때문입니다.

첫째, 하나님은 택한자를 지키시는 분이십니다.

구약의 이스라엘 백성들은 하나님의 택한 백성들이었지만 사실은 약소국 이었습니다. 그들은 잘 훈련된 백성들도 아니었고 숫자가 많은 백성들도 아니었습니다. 가나안 정복전쟁을 제외하면 먼저 전쟁을 일으키는 법도 없었습니다. 그러나 하나님은 약한 백성들 편에서 언제나 은혜를 베푸시고 강국들의 위험들로부터 언제나 지켜주셨습니다. 그 이유는 오직 하나님의 택한 선민백성들이라는 것이 그 이유였습니다. 성도가 하나님께 은혜를 입는 이유도 이와 같습니다. 예수그리스도로 말미암아 하나님의 자녀가 되었기 때문에 하나님은 은혜를 베푸시는 것입니다.

둘째, 하나님은 실수로부터 지켜주시는 분이십니다.

한 화가가 절친한 친구를 방문했습니다. 그런데 이 화가가 도착해 보니 그녀는 울고 있었습니다. 그래서 왜 우느냐고 물어보았더니 그녀는 아주 예쁜 손수건 한 장을 보여 주었습니다. 그 손수건은 사연이 있는 매우 소중한 것이었는데 실수로 지워지지 않는 잉크가 떨어져 손수건이 망가졌다는 것이었습니다. 이 얘기를 듣고 화가는 그 손수건을 며칠만 자기에게 빌려 달라고 했습니다. 그녀는 친구인 화가에게 손수건을 주었는데 며칠후 소포가 하나 날아왔습니다. 그것을 열어본 그녀는 자기의 눈을 의심하였습니다. 이 위대한 화가는 거기에 떨어진 잉크방울을 기초로 손수건에 더 멋진 무늬를 그려 넣었던 것입니다. 하나님도 이와 같으신 분이십니다. 우리의 실수로 부터 하나님은 언제나 보다 나은 것으로 갚아 주십니다.

오늘의 기도

주님, 날마다 지키시는 하나님의 은혜를 경험하며 살게 하옵소서, 예수님의 이름으로 기도드립니다. 아멘

축복 하시는 하나님

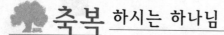

"야곱이 청하여 가로되 당신의 이름을 고하소서
그 사람이 가로되 어찌 내 이름..."

(신)찬 189장	제 33 주						
(구)찬 181장	월	화	수	목	금	**토**	창29-30

구약성경에서 남을 속이는 대명사는 '야곱' 입니다. 야곱은 자기 형을 속여 장자의 명분을 샀으며, 아버지를 속여 장자의 축복을 받았습니다. 뿐만 아니라 삼촌 라반의 집에서는 삼촌을 속여 삼촌의 양떼들을 취합니다. 그러나 어찌된 일인지 하나님은 이런 야곱을 얍복강가에서 축복하십니다. 그 이유는 야곱이 죽기를 각오하고 하나님을 붙들었기 때문입니다. 하나님은 하나님을 붙드는 사람을 절대 외면하시지 않습니다. 오히려 하나님을 붙드는 사람을 축복하십니다.

첫째, 하나님은 축복하시는 하나님 이십니다.

역사상 제일 많은 돈을 남에게 기부한 사람이 '록펠러' 입니다. 그는 일생 동안 각 방면에 7억5천만 달러(6천억)을 기부 했습니다. 오늘날의 환율로 본다면 이 보다 훨씬 많습니다. 이것은 예수님 탄생이후 따져보면 2천년 동안 1분당 75센트(약500원)씩 남에게 준 꼴이 됩니다. 모세때부터 다지면 3500년 동안 매일 같이 하루에 40만원씩 남에게 준 셈입니다. 이와같은 일이 가능한 이유는 '록펠러'가 하나님의 축복을 받은 사람이기 때문에 가능한 일이었습니다.

둘째, 하나님을 붙드는 사람을 축복하십니다.

야곱이 축복의 사람이 될 수 있었던 이유는 얍복강가에서 하나님의 사자와 씨름 할 때 그는 생명을 걸고 놓지 않고 붙들었기 때문입니다.. 그것이 야곱이 축복의 사람이 된 이유였습니다. 가장 위험한 순간에 가장 적극적으로 하나님을 붙들었더니 하나님께서 그를 기억하시고 축복해 주셨습니다. 하나님을 붙드는 사람을 하나님께서는 축복해 주십니다. 어떤 경우에라도 하나님을 놓치지 말아야 합니다.

🍀 오늘의 기도

주님, 축복하시는 하나님을 날마다 붙들게 하여 주옵소서, 예수님의 이름으로 기도드립니다. 아멘

한나 의 기도가 주는 교훈

"한나가 잉태하고 때가 이르매 아들을 낳아
사무엘이라 이름하였으니 이는 내..."

신)찬 380장	제 34 주						
구)찬 424장	월	화	수	목	금	토	삼상1:20

　"한나"라는 여인은 원래 아이를 낳지 못하던 여인이었습니다. 그런데 이런 여인이 성경에는 사무엘 이라는 걸출한 시대의 영웅을 낳았습니다. 그것이 가능했던 이유는 한나가 하나님께 아들을 구하였기 때문입니다. 안된다고 포기한 것이 아니라 적극적으로 하나님께 구하였습니다. 이처럼 하나님은 구하는 자에게 주시기를 기뻐하십니다. 기도는 그런 의미에서 성도의 신앙 생활에 없어서는 안되는 중요한 것입니다. "구하는 이마다 얻을 것이요 찾는 이가 찾을 것이요 두드리는 이에게 열릴 것이니라"(마7:8)
첫째, 한나의 기도는 믿음의 기도였습니다.
　중국 오지에서 선교가 제대로 안되어서 고생할 때 선교본부에서는 테일러에게 몇 번이나 철수할 것을 독촉했고 마침내 선교비까지 중단되었습니다. 그러나 그는 사무실에 '여호와 이레, 에벤에셀' 이라는 두 표어를 걸어 놓고 기도했습니다. 그리하여 테일러는 오직 기도로만 35만 파운드 이상의 선교비를 얻었다고 합니다. 믿음의 기도가 이룬 결과입니다. 이처럼 하나님은 기도하는 사람을 외면하지 않으십니다.
둘째, 주실 것을 믿고 구한 기도였습니다.
　한나는 하나님께서 자신의 구하여 기도한 것을 반드시 주실 것이라는 확신을 가졌습니다. "가로되 당신의 여종이 당신께 은혜 입기를 원하나이다 하고 가서 먹고 얼굴에 다시는 수색이 없으니라"(삼상1:18) 라고 하였습니다. 한나는 자신의 기도하여 구한 것을 조금도 의심하지 않았습니다. 마침내 하나님은 믿고 구한 것에 대한 응답으로 사무엘을 주신 것입니다. 사무엘은 한나가 믿음으로 구한 기도의 결과입니다.

오늘의 기도

주님, 무엇이든 믿음으로 구하는 신앙이 되게하여 주옵소서, 예수님의 이름으로 기도드립니다. 아멘

담대히 복음을 증거하라

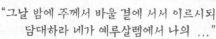

"그날 밤에 주께서 바울 곁에 서서 이르시되
담대하라 네가 예루살렘에서 나의 ..."

신)찬 407장	제 34 주						
구)찬 465장	월	화	수	목	금	토	행23:11

바울은 다메섹에서 하나님의 음성을 듣고 변화된 후로 복음을 전하는 일에 열심을 내었습니다. 마치 엘리야 처럼 열심이 특심인 사람이 되었습니다. 예수님의 십자가 사건 이후로 예루살렘에는 그리스도인들에게 많은 핍박이 있었습니다. 그러나 그 핍박 속에서도 복음을 전한 사람이 바로 사도들과 바울이었습니다. 그러나 바울의 사역은 점점 확대되어 나갔습니다. 예루살렘을 중심으로 아시아에서만 복음을 증거한 것이 아니라 유럽으로 복음을 증거하였습니다. 그 배경에는 하나님의 요구가 있었기 때문입니다. 복음을 어디서나 담대히 증거하여야 하는 이유는 이것이 하나님의 뜻이기 때문입니다.

첫째, 복음을 전하는 사람은 담대함이 있어야 합니다.

하나님의 복음을 전하는 사람에게 필요한 것은 담대함입니다. 왜냐하면 복음에는 핍박이 따르기 때문입니다. 핍박이 올 때 담대하지 않으면 복음을 전할수 없습니다. "그러므로 너희 담대함을 버리지 말라 이것이 큰 상을 얻게 하느니라"(히10:35) 라고 하였습니다. 복음을 담대히 전할 때 이것이 큰 상을 얻게 하는 것입니다. 이는 하나님께서 주시는 것입니다. 복음의 확신이 있는 사람에게 하나님은 담대함을 주십니다.

둘째, 복음에는 능력이 있습니다.

"내가 복음을 부끄러워하지 아니하노니 이 복음은 모든 믿는 자에게 구원을 주시는 하나님의 능력이 됨이라"(롬1:16) 라고 하였습니다. 복음은 하나님의 능력입니다. 이 능력은 복음을 통해서 나타납니다. 성도는 이와같은 능력을 경험하며 살아야 합니다. 복음의 능력을 경험하는 사람들은 삶이 변하게 되어 있습니다. 바울의 복음에 대한 헌신은 복음의 능력을 경험하였기 때문입니다. 복음에는 하나님의 능력이 있습니다.

🍀 오늘의기도

주님, 언제나 복음을 담대히 증거하며 살게 하여 주옵소서, 예수님의 이름으로 기도드립니다. 아멘

의롭게 행동하라

"그런즉 한 범죄로 많은 사람이 정죄에 이른 것 같이
의의 한 행동으로 말미..."

(신)찬 488장	**제 34 주**							
(구)찬 539장	월	화	수	목	금	토		롬5: 18

'죄'는 한 사람에게만 영향을 미치는 것이 아니라 다른 사람에게도 영향을 미칩니다. 아담 한 사람이 범죄하였지만 이것은 그 후손들에게도 영향을 미쳤습니다. '의' 역시도 마찬가지입니다. '예수 그리스도' 한 사람이 하나님께 순종하였지만 그 혜택을 누리는 사람은 이 땅의 수많은 그리스도인들입니다. 이처럼 하나님은 오늘날 하나님의 백성들이 그리스도를 본받아 죄가 아닌 의로운 행실을 가지기를 원하십니다. 죄를 행하면 하나님이 슬퍼하시지만 의를 행하면 하나님은 기뻐하십니다. 그러므로 성도들은 의를 행하기를 노력하고 의를 행하기에 앞장서야 합니다.

첫째, 죄는 한사람만 망하게 하지 않습니다.

첫사람 아담은 그의 아내 하와의 영향을 받아 죄를 지었습니다. 하와는 뱀의 유혹을 받아 선악을 알게 하는 나무의 실과를 따먹게 되었습니다. 그리고 하와는 남편에게도 주어 그것을 먹게 하였습니다. 결국 한가정이 같은 죄를 범하게 된 것입니다. 결과는 한사람만 망하지 않았습니다. 함께 망하게 되었습니다. 이것이 죄의 특징입니다. 사단은 죄를 통해 한사람만 망하게 하지 않습니다. 개인을 망하게 하고 공동체를 망하게 합니다. 그러므로 죄는 무조건 멀리 해야만 합니다.

둘째, '의'로 죄를 이겨야 합니다.

의로운 행동이 있는 사람이 의인입니다. 세상에 누가 의로운 행위를 할 수 있습니까, 오직 예수그리스도 뿐입니다. 예수님의 의로운 행동에 힘입어 죄를 이겨야 합니다. 인간의 힘으로는 죄를 이길 수 없습니다. 그러나 죄를 이기신 예수님의 의로움으로는 얼마든지 죄를 이길 수 있습니다. 그러므로 성도는 자신의 노력이나 힘으로 살려고 하지말고 예수 그리스도의 의를 힘입어 죄를 이기고 믿음의 승리를 경험하며 살아야 합니다.

🍀 *오늘의 기도*

주님, 언제나 그리스도를 닮은 의로운 행실이 있게 하여 주옵소서, 예수님의 이름으로 기도드립니다. 아멘

끊을수 없는 하나님의 사랑

"높음이나 깊음이나 다른 아무 피조물이라도
우리를 우리 주 그리스도 예수안에 ..."

신)찬 314장	**제 34 주**						
구)찬 511장	월	화	수	목	금	토	롬8:39

하나님의 사랑의 표현의 극치는 바로 예수그리스도입니다. 예수님을 보면 하나님의 사랑을 알 수 있습니다. 하나뿐인 하나님의 독생자였지만 하나님은 그 예수님을 십자가에 내어주셨습니다. 그 희생을 통해 다른 생명들을 얻고자 하셨기 때문입니다. 하나님의 자녀인 성도들이 그리스도안에 있으면 누구도 하나님의 사랑에서 끊을 수 없습니다. 그러므로 이 끊을 수 없는 사랑에서 떠나지 않아야 합니다. 사람들이 감사를 잃어버리고, 기쁨을 잃어버리고 살아가는 이유는 그 사랑에서 떠나있기 때문입니다. 자녀인 우리가 하나님을 떠나지 않는 한 하나님은 절대 우리를 떠나시지도 않으시며 누구도 그 사랑에서 끊을 수 없습니다.

첫째, 하나님의 사랑에는 감동이 있습니다.

미국에 사는 어느 남편이 아내를 지극히 사랑했습니다. 그는 잠시 어디를 나갈 때에도 아내의 손이 닿는 곳에 "나는 당신을 사랑합니다"라는 말을 써 놓았습니다. 그래서 이 아름다운 말이 적힌 쪽지는 집안 구석구석에 숨어 있게 되었습니다. 아내가 피곤에 지쳐 호주머니에 손을 넣으면 거기에도 그 쪽지가 있었습니다. 찬장 속, 서랍, 보석 함 등 아내의 손이 닿는 구석구석에 사랑의 말이 숨겨져 있었다. 이 쪽지를 읽을 때마다 아내의 어두운 마음은 밝아지고 가슴이 시원해졌습니다. 언제나 자기를 잊지 않는 남편을 생각하면 행복했기 때문입니다. 하나님은 이보다 더 놀라운 사랑을 성경에 기록하셨습니다. 그것을 읽고 묵상하는 사람은 그 사랑에 감동을 느낄 수 있습니다.

둘째, 하나님의 사랑은 사단의 권세로도 끊을 수 없습니다.

하나님의 사랑은 얼마나 놀랍고 견고한지 세상에서 하나님의 사랑으로부터 끊을 수 있는 것은 아무것도 없습니다. 시편23편의 다윗의 고백처럼 하나님은 사망의 음침한 골짜기를 다닐 때에라도 보호자가 되시고 인도자가 되어주십니다. 누구도 그 사랑에서 끊을 수가 없습니다. 그러나 그 사랑은 무조건 일방적이지 만은 않습니다. 내가 하나님의 사랑을 인정하고 그것을 받아 들일 때만 하나님은 자녀로 인정하시고 끊을 수 없는 하나님의 사랑 속에 거하게 하십니다.

🍀 ～오늘의 기도

주님, 끊을수 없는 하나님의 사랑을 날마다 확신하며 살게하여 주옵소서, 예수님의 이름으로 기도드립니다. 아멘

악한자의 모략을 파하시는 하나님

"압살롬과 온 이스라엘 사람들이 이르되
아렉 사람 후새의 모략은 아히도벨..."

신)찬 189장	제 34 주						
구)찬 181장	월	화	수	목	금	토	삼하17:14

  사람은 때론 살다보면 위기를 만날때가 있습니다. 어떤 경우에는 스스로 잘 극복할 수 있는 문제가 있기도 하고 어떤 경우에는 누군가의 도움 없이는 문제를 극복할 수 없는 위기가 있기도 합니다. 만일 당신의 인생에서 혼자 힘을 극복할 수 없는 문제를 만났을 때 당신은 어떻게 행동합니까, 믿음의 사람 다윗도 자신의 인생에서 최대의 위기를 만난 경험이 있었습니다. 그 위기는 다름아닌 아들 압살롬의 반역이었습니다. 이 위기를 더 힘겹게 만든 사람은 압살롬이 자문관으로 불러들였던 아히도벨이었습니다. 그는 원래 다윗의 모사였습니다. 그러나 반란이 일어나자 다윗을 배신한 것입니다. 위기를 만나면 이런 악한 사람들 때문에 더 어려워질 때가 있습니다. 그러나 하나님의 사람에게는 이와같은 위기를 극복할 수 있도록 도우심을 베푸십니다.
첫째, 하나님은 위기를 기회로 사용하십니다.
  사람의 실패가 하나님의 실패는 아닙니다. 본문에서도 다윗의 실패는 인생의 심각한 위기임에는 틀림없었습니다. 그러나 하나님은 그 위기를 기회로 사용하셨습니다. 사람의 위기는 하나님이 일하실 수 있는 기회입니다. 그러므로 성도가 문제를 만나고 위기를 만났을 때 반드시 망한다고 생각하면 안됩니다. 사람의 위기는 하나님이 일하시는 기회의 때임을 기억하여야 합니다.
둘째, 악한자의 모략은 하나님이 파하십니다.
  사람이 아무리 똑똑하고 탁월해도 하나님이 막으실 때는 누구도 그 능력을 제대로 발휘할 수 없습니다. 분명 아히도벨은 똑똑한 지략가였지만 하나님이 다윗을 위하여 막으시니 그 지혜가 무용지물이 되고 말았습니다. 왜 하나님께서 막으셨습니까, 그 이유는 아히도벨이 악한 사람이었기 때문입니다. 친구를 배신한 사람이 아히도벨 이었습니다. 악한 사람은 아무리 재능과 실력이 탁월해도 하나님이 사용하시지 않습니다.

  ᐁ오늘의기도
  주님, 악한자의 모략을 파하시는 하나님을 찬양하게 하여 주옵소서, 예수님의 이름으로 기도드립니다. 아멘

생수의 근원이신 하나님

> "내 백성이 두 가지 악을 행하였나니
> 곧 생수의 근원 되는 나를 버린 것과..."

신)찬 346장	제 34 주						
구)찬 221장	월	화	수	목	금	토	렘2:13

   선지자 예레미야는 이스라엘 백성들의 죄악을 두가지로 지적하였습니다. 그것은 생수의 근원되신 하나님을 버린 것과 물을 저축지 못할 터진 웅덩이를 판 것입니다. 그럼 생수의 근원의 의미와 물을 저축지 못할 터진 웅덩이가 비유하는 것은 무엇일까요

첫째, 생수의 근원은 이스라엘이 사는 길을 의미합니다.

   이스라엘 백성들은 지형적으로 물이 귀한 곳에 살고 있었습니다. 그래서 그들에게 샘이란 생명과도 같은 것이라고 볼 수 있습니다. 그런데 이것을 버렸다는 것입니다. 참으로 심각한 일이라고 볼 수 있습니다. 그들이 생수의 근원을 버렸다는 것은 사는 길을 포기한 것이나 마찬가지입니다. 이것을 하나님께서는 심각한 죄로 보신 것입니다. 이것은 오늘날도 마찬가지입니다. 여전히 하나님은 생수의 근원 되십니다. 곧 성도의 사는 길을 의미합니다.

둘째, 물이 터진 웅덩이는 헛된 노력을 의미합니다.

   이스라엘 백성들은 가만히 있어도 끊임없이 솟아나는 샘의 근원을 버리고 그들 스스로 웅덩이를 팠습니다. 그 결과는 물을 저축치 못하는 터진 웅덩이였습니다. 이것은 하나님을 버린 결과 였습니다. 사람들은 때로 하나님 없이도 잘살 수 있다고 생각합니다. 그러나 그것은 일시적인 것입니다. 하나님 없이 사는 사람들의 노력은 결국 헛될 뿐입니다. 왜냐하면 결국 실패와 수고뿐이기 때문입니다. 그러므로 하나님의 자녀인 성도들은 어떤 경우에라도 생수의 근원이신 하나님을 버리고 스스로 살겠다고 터진 웅덩이를 파는 어리석은 일은 하지 말아야 합니다.

오늘의 기도

주님, 생명이신 그리스도를 굳게 붙들고 살게하여 주옵소서, 예수님의 이름으로 기도드립니다. 아멘

 **흥하고** 망할 때

"의인이 많아지면 백성이 즐거워하고
악인이 권세를 잡으면 백성이 탄식하느..."

(신)찬 542장	제 35 주						잠29:2
(구)찬 340장	월	화	수	목	금	토	

케나다의 재목 왕 깁슨은 처음 물방아꾼으로 시작해서 마침내 280마일의 철도와 5,200정보의 산림을 소유하게 되었습니다. 그는 성공의 비결을 세가지로 요약 하였습니다.
"첫째, 술을 먹지 말것
둘째, 열심히 일 할 것,
셋째, 하나님을 믿고 만사를 맡길 것"
이런 사람들의 행위는 바로 가정을 흥하게 하고 나라를 흥하게 하며 교회를 잘되게 하는 의인과 같은 삶의 행실입니다. 이와 같이 의인인 많으면 많은 사람이 유익하게 됩니다.
첫째, 흥하는 나라는 의인의 행실이 있는 사람이 많습니다.
나라에는 남을 이롭게 하고 정직히 행하는 의로운 사람들이 많아야 합니다. 이런 사람들이 많으면 가정도 잘되고, 사회도 잘되며 나라도 잘됩니다. 구약성경에서 다윗을 영접하여 극진히 보살폈던 바르실래는 남을 이롭게 하는 사람이었습니다. 결국 그의 가정과 후손들은 다윗의 보살핌을 받으며 복을 받았습니다. 잘되는 나라에는 이와 같이 의로운 행실을 가진 사람이 많이 있습니다. 성도의 행실도 남을 이롭게 하는 의인과 같은 삶을 사는 사람이어야 합니다. 그 행실이 가정을 잘되게 하고 교회를 잘되게 하며 나라를 잘되게 합니다.
둘째, 망하는 나라는 악한 행실이 있는 악인이 권세를 잡습니다.
예수님 당시 이스라엘에는 바리새인들이 많이 있었습니다. 이들은 신약시대에 가장 큰 세력을 지니고 영향력을 발휘했던 사람들이었습니다. 그런데 예수님께서는 그들을 많이 책망하셨습니다. 그 이유가 무엇이었을까요? 그 이유는 그들은 외식하는 사람들이었고 돈을 좋아하는 사람들이었기 때문이었습니다. 율법을 엄격하게 지키기로 유명한 그들이 실상은 겉과 속이 달랐던 것입니다. 이런 사람들은 악한 사람들입니다. 그들로 인해 다른 유대인들이 많은 어려움을 당했습니다. 그러므로 성도는 악인이 권세를 잡지 않도록 기도하여야 합니다.

오늘의 기도

주님, 의인의 행실을 가진 성도가 되게하여 주옵소서, 예수님의 이름으로 기도드립니다. 예수님의 이름으로 기도드립니다. 아멘

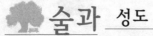

술과 성도

"포도주는 붉고 잔에서 번쩍이며 순하게 내려가나니
너는 그것을 보지도 말지…"

신)찬 523장	제 35 주							
구)찬 262장	월	화	수	목	금	토	잠 23:31	

인류 역사가 발전되어 오면서 함께 발전해온 가운데 하나가 바로 술입니다. 술은 나라마다 지방마다 고유의 술을 가지고 있을 정도로 그 종류도 다양합니다. 그러나 술은 결코 인류 역사에서 좋은 영향을 끼치지 못했습니다. 술은 장점보다 단점이 훨씬 많기 때문입니다. 그럼 왜 사람들은 술을 좋아할까요, 그것은 중독성 때문입니다. 성경은 술에 대해서 대부분 부정적 입장을 취하고 있습니다. 본문 같은 경우에는 술은 먹지도 말뿐 아니라 보지도 말라고 말씀하고 있습니다. 이것이 성도가 술에 대한 바른 자세라고 볼수 있습니다.

첫째, 술은 보기에 유익하게 보입니다.

미국의 술집은 교회 숫자의 거의 2배에 달한다고 합니다. 미국 사람들은 교회에서 보내는 시간의 5배를 술 마시는데 소비합니다. 그 이유는 교회보다 술이 보기에 좋아 보이기 때문입니다. 그러나 술은 실상 보기에만 좋아 보일 뿐입니다. 마셔보면 결국 사람을 망하게 하는 것임을 알 수 있습니다. 술을 좋아하고 술을 많이 마셔서 성공한 민족은 없습니다. 이는 성도의 신앙생활에서도 마찬가지입니다. "술 취하고 음식을 탐하는 자는 가난하여질 것이요" (잠23:21) 라고 했습니다. 술은 사람을 결코 유익하게 하지 않습니다. 그냥 유익하게 보일 뿐입니다.

둘째, 술은 아예 보지않는 것이 좋습니다.

'견물생심(見物生心)' 이라는 말이 있습니다. 좋은 물건을 보면 가지고 싶은 마음이 든다는 뜻입니다. 이는 술도 마찬가지입니다. 술은 아예 처음부터 보지 않는 것이 좋습니다. 먹고 싶은 생각은 쳐다 볼 때 강해지는 것입니다. 그러므로 술을 먹지 않는 가장 좋은 방법은 아예 처음부터 보지 않는 것임을 반드시 기억해야 합니다.

🍀 오늘의 기도

주님, 술은 보지도 말게하여 주옵소서, 예수님의 이름으로 기도드립니다. 아멘

수고 와 노력이 유익한 이유

"모든 수고에는 이익이 있어도
입술의 말은 궁핍을 이룰 뿐이니라"

신)찬 544장	제 35 주						
구)찬 343장	월	화	수	목	금	토	잠 14:23

하나님은 사람이 에덴에서 쫓겨난 후에 열심히 일을 하고 얼굴에 땀을 흘리도록 하셨습니다. 땀흘리는 수고뒤에 노력의 대가를 얻도록 하신 것입니다. 수고하지 않고 대가를 바라는 것은 잘못된 생각입니다. 본문에도 하나님은 모든 수고에는 이익이 있다고 말씀하셨습니다. 그러므로 성도는 모든 일에 부지런하여 수고와 노력을 게을리 하지 말아야 합니다.

첫째, 하나님은 노력한 대가를 주시는 분이십니다.

1869년 에디슨은 열다섯 살의 나이로 최초의 발명품인 '전기 투표기록기'를 만들었습니다. 돌이켜 생각해보면 에디슨은 발명의 천재였던 것 같습니다. 그런 그는 이런 유명한 말을 남겼습니다.

"천재란 99%가 땀이며, 나머지 1%가 영감이다"

노력의 중요성을 역설한 말이라고 볼 수 있습니다. 사람의 노력에는 반드시 대가가 있습니다. 하나님은 분명히 노력의 대가를 주시는 분이십니다.

둘째, 일하지 않는 입술은 가난해 질 뿐입니다.

열심히 일하지 않고 노력하지 않는 사람의 최고의 불행은 가난하다는 것입니다. 사람의 가난은 열심히 일하지 않은 결과입니다. 그러나 게을러서 일하지 않는 사람들은 가난을 남의 탓으로 돌립니다. 성공은 우연히 일어나지 않습니다. 이는 가난도 마찬가지입니다. 우연히 가난은 찾아오지 않습니다. 입술로 말뿐인 사람의 성공은 절대로 불가능합니다. 오히려 가난만 자초할 뿐입니다. 성도는 어떤 경우에라도 말 뿐인 입술을 멀리하고 게으름을 멀리하여야 합니다.

오늘의 기도

주님, 게으른 사람이 되지않고 일하기를 즐겨하는 사람이 되게하여 주옵소서, 예수님의 이름으로 기도드립니다. 아멘

우상 을 섬기는 사람의 수치

> "조각한 우상을 의뢰하며 부어 만든 우상을 향하여
> 너희는 우리의 신이라 하는..."

(신)찬 211장	**제 35 주**							
(구)찬 346장	월	화	수	**목**	금	토	사 42:17	

하나님이 가장 싫어 하시는 것 중의 하나는 우상입니다. 우상은 절대로 만들어서도 섬겨서도 안되는 것입니다. 본문에는 '부어 만든 우상' 이라고 말씀하고 있습니다. 그러나 우상은 부어 만든 우상만 있는 것이 아닙니다. 때로는 돈이 우상이 될 때도 있고, 명예가 우상이 될 때도 있고, 자식이 우상이 될 때도 있습니다. 그러나 문제는 이와 같은 것들을 우상으로 생각하지 않는 것이 문제입니다. 그렇다면 왜 하나님은 우상을 싫어하실까요, 그 이유는 간단합니다. 우상은 다 사람이 만든 것이기 때문입니다. 사람이 만든 것의 특징이 무엇이니까, 아무것도 할 수 없다는 것입니다. 그러나 하나님은 이런 우상들과는 다릅니다. 말씀으로 천지를 창조하신 창조주이십니다.

첫째, 우상을 만들어서도 섬겨서도 안됩니다.

우상을 섬기지 말라는 것은 하나님의 명령입니다.(출20:3-5) 사람이 우상을 만드는 데에는 이유가 있습니다. 그 이유로는 사람이 하지 못하는 불가능의 영역을 깨달았기 때문입니다. 만일 사람이 모든 것을 다 할 수 있다면 아무것도 의지할 필요를 느끼지 못할 것입니다. 그러나 사람은 부득불 인간의 힘으로 안되는 하지 못하는 일들을 만나게 됩니다. 그래서 사람들은 우상을 만드는 것입니다. 그러나 이와 같은 우상 때문에 사람이 하나님을 만날 수 있는 길이 막힌다면 그 얼마나 하나님께서 원통하시겠습니까, 그러므로 우상은 만들어서도 섬겨서도 안되는 어리석은 것들임을 분명히 알아야 합니다.

둘째, 우상을 섬기면 반드시 수치를 당하게 되어 있습니다.

'수치' 라는 말은 '부끄러움' 이라는 말입니다. 우상을 섬기는 사람이 왜 수치를 당합니까, 결국 그 우상이라는 것들을 다 하나님께서 부수시고 깨뜨려 버리실 것이기 때문입니다. 자신들이 의지했던 것들이 허무하게 부숴지고 깨어질 때 얼마나 하나님 앞에서 부끄럽겠습니까, 특히 하나님의 자녀인 성도들은 더욱 우상을 멀리해야 합니다. 하나님의 자녀들이 우상을 섬길 때는 더 부끄러운 일을 당하게 될 것입니다.

오늘의 기도

주님, 어떤 일이 있어도 우상은 멀리하게 하여 주옵소서, 예수님의 이름으로 기도 드립니다. 아멘

복주시기 위해 부르시는 하나님

"의를 좇으며 여호와를 찾아
구하는 너희는 나를 들을지어다 너희를 떠낸 반석..."

신)찬 214장	제 35 주						사 51:1
구)찬 349장	월	화	수	목	금	토	

어머니가 어린 딸에게 말했습니다.

"엄마가 널 부르면 언제나 달려 오너라."

"네 그렇게 할게요, 그렇지만 어떤 때는 너무 멀리 나가놀아서 어머니가 부르시는 소리를 듣지 못하고 그냥 지나칠 때가 있어요" 라고 대답했습니다.

이 이야기에서 우리는 무엇을 느낄수 있습니까, 그것은 부르심의 음성입니다. 어머니의 음성을 듣지 못할 정도로 멀리 나가노는 아이는 나중에 어머니가 부를 때 어떻게 반응할까요, 제 때 응답하지 못할 것입니다. 그리고 어머니의 마음을 애태우게 될 것입니다. 이는 하나님의 자녀들도 마찬가지입니다. 하나님의 부르심을 듣지 못하고 산다면 이는 결국 불행이 되고 맙니다.

첫째, 하나님의 부르심에는 분명한 이유가 있습니다.

하나님의 부르심에는 반드시 이유가 있게 마련입니다. 본문에서도 "나를 들으라"라고 말씀하시는 이유는 부르심에 하나님의 뜻과 목적이 있기 때문입니다. 하나님께서 아브라함을 부르실 때도 하나님은 그냥 부르시지 않았습니다. 하나님은 아브라함에게 복 주시려고 그를 부르셨습니다. 만일 아브라함이 그 부르심을 거절했거나 듣지 못했다면 아마도 오늘날 믿음의 조상은 다른 사람이 되었을 것입니다. 하나님은 오늘도 수많은 하나님의 백성들을 부르시고 계십니다. 그 부르심에 응답하는 사람이 하나님의 예비하신 복을 받아 누릴 수 있습니다.

둘째, 하나님의 부르심의 음성을 듣는 훈련을 해야 합니다.

하나님의 자녀인 성도들은 모름지기 듣는 귀를 훈련해야 하는 사람들입니다. 항상 하나님의 부르심의 음성에 귀를 기울이고 하나님의 음성을 분별하는 훈련을 해야 합니다. 세상에는 하나님의 부르심의 소리가 아닌 소리도 있기 때문입니다. 그러나 양이 목자의 음성에 귀를 기울이는 것처럼 하나님의 음성에 귀를 기울이는 훈련을 하는 사람들은 분명히 하나님의 부르심의 음성을 들을 수 있습니다.

오늘의 기도

주님, 부르심의 음성을 듣는 성도가 되게하여 주옵소서, 예수님의 이름으로 기도드립니다. 아멘

마음이 여호와에게서 떠나지 말라

"나 여호와가 이같이 말하노라 무릇 사람을 믿으며
혈육으로 그 권력을 삼고..."

신)찬 204장	제 35 주						
구)찬 379장	월	화	수	목	금	토	렘 17:5

　　하나님의 자녀로서 삶을 살아간다는 것은 하나님을 떠나지 않는 삶을 의미합니다. 눅15장의 탕자의 이야기에서 탕자의 인생이 불행진 것은 그가 아버지를 떠났기 때문입니다. 하나님의 자녀가 하나님을 떠나면 그 인생이 아무리 성공하고 아무리 행복해 보여도 인생의 결국은 흙으로 돌아가는 것입니다. 사람은 그때 한결같은 후회를 합니다. 그러나 그때는 후회해도 소용이 없음을 알아야 합니다. 하나님의 자녀들을 사람을 의지하며 사는 것보다 하나님을 의지하고, 사람의 말을 따르는 것보다 하나님의 말씀을 따르며 살아야 합니다. 곧 그것이 그 사람에게는 복이 되기 때문입니다.

첫째, 사람을 의지하는 인생이 되어서는 안됩니다.

　　이 세상에는 '기회주의자'들이 있습니다. 이들은 상황이 불리해질 때마다 자신의 상황을 던져버리고 금세 돌아서 버리는 경향이 있습니다. 이런 사람들의 특징은 절대 하나님을 의지하지 않는다는 것입니다. 사람을 의지하기 때문에 상황이 자신에게 불리해질 때마다 이들을 그 상황을 벗어나기 위해 기회를 틈탑니다. 그러나 하나님의 자녀들인 성도들은 이런 인생을 철저히 멀리해야 합니다. 아무리 환경이나 상황이 어려워지더라도 하나님을 의지하는 것이 곧 인생의 희망이요 소망임을 기억해야 합니다.

둘째, 마음이 여호와를 떠나는 신앙은 곧 불행해집니다.

　　1994년 '존 내쉬'라는 사람은 '노벨 경제학상'을 받았습니다. 그러나 그는 젊은 시절 프린스턴 대학에서 공부할 때 정신이 돌게 되었습니다. 그때 그에게는 아내가 있었습니다. 그의 아내는 그의 이런 행동에도 끝까지 그 남편의 곁을 지킵니다. 결국 아내의 이런 헌신과 사랑이 마침내 남편의 정신을 돌아오게 만들었습니다. 이 영화는 마침내 '뷰티풀 마인드'라는 영화로 제작되어 사람들에게 감동을 주었습니다. '존 내쉬'의 아내는 아무리 어려워도 그 마음이 남편을 떠나지 않았습니다. 하나님의 백성들인 성도의 마음도 이와 같아야 합니다. 마음이 하나님을 떠나는 백성들은 정말 어리석고 불행한 사람들입니다.

　오늘의 기도

주님, 언제나 마음에서 하나님을 떠나지 않게하여 주옵소서, 예수님의 이름으로 기도드립니다. 아멘

후손들을 위한 믿음

"내가 그들에게 한 마음과 한 도를 주어
자기들과 자기 후손의 복을 위하여 ..."

(신)찬 549장	제 36 주							
(구)찬 431장	월	화	수	목	금	토		렘 32:39

세상에는 "저 사람은 정말 복있는 사람이구나"라고 말할 수 있는 사람이 있습니다. 어떤 사람들이 이와 같은 사람들일까요, 그것은 한 사람 개인보다 그 후손들이 잘되는 복을 누리는 사람들입니다. 다윗이 복된 사람인 진짜 이유는 그의 계보에서 예수그리스도가 나셨기 때문입니다. 사람은 그 후손이 잘되어야 합니다. 가계가 잘되는 복을 받아야 정말 복있는 사람이라고 할 수 있습니다. 하나님은 성경에서 사람에게 복 주시되 천대(출20:6)에 이르기까지 복주신다고 말씀하셨습니다.

첫째, 한 마음으로 하나님의 말씀을 순종하고 지키며 살아야 합니다.

사람이 천대까지 하나님의 복을 누릴수 있는 비결은 하나님의 주신 말씀을 순종하고 지키며 사는 것입니다. "그런즉 너는 알라 오직 네 하나님 여호와는 하나님이시요 신실하신 하나님이시라 그를 사랑하고 그 계명을 지키는 자에게는 천대까지 그 언약을 이행하시며 인애를 베푸시되"(신7:9) 라고 하였습니다. 하나님을 사랑하고 말씀을 지키는 것이 인생이 잘되는 비결이요 가계가 잘되는 비결입니다. 그러므로 성도에게는 말씀을 지키는 것이 우선이요, 순종이 우선임을 잊지 말아야 합니다. 이와 같은 삶이 복되고 형통한 삶이 되는 길입니다.

둘째, 하나님은 후손에 후손들까지 기억하시는 분이십니다.

성경에는 족보에 대한 부분이 많이 언급되어 있습니다. 처음 창세기에는 가인의 계보와 셋의 계보를 중심으로 사람의 족보가 언급되어 있습니다. 분명한 한가지 사실은 하나님은 예수 그리스도가 가인의 계보에는 절대로 나타나게 않게 하셨다는 것입니다. 결국 셋의 계보를 따라 하나님은 그리스도를 주셨습니다. 수천 년의 기나긴 기다림속에서도 하나님은 그 축복의 후손들을 기억하신 것입니다. 그러므로 '나' 개인의 순종과 헌신이 가정을 잘되게 하고 그 후손들이 잘되게 할 수 있다면 마땅히 성도는 그렇게 해야 되지 않겠습니까?

오늘의 기도

주님, 나로 인해 우리의 후손이 잘되는 복을 누리게 하여 주옵소서, 예수님의 이름으로 기도드립니다. 아멘

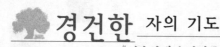

경건한 자의 기도

"여호와께서 자기를 위하여 경건한 자를 택하신 줄
너희가 알지어다 내가 부..".

신)찬 382장	제 36 주						
구)찬 432장	월	화	수	목	금	토	시 4:3

  성경에는 경건한 사람들의 이야기가 많이 나옵니다. '경건(Godliness) 경건은 하나님의 거룩한 성품을 닮는 것을 말하는 것입니다. 다시 말하면 하나님이신 예수님의 성품과 모습을 닮는 것을 경건이라고 합니다. 그래서 하나님은 경건한 사람들을 가까이 하시는 모습을 우리는 성경을 통해 목격할 수 있습니다. 그러나 경건의 사람은 하루 아침에 만들어지거나 태어나지 않습니다. 처음부터 경건한 사라은 없습니다. 경건의 사람은 만들어집니다.
첫째, 경건의 훈련이 있는 삶이 되어야 합니다.
  '경건'은 훈련을 통해 만들어집니다. "망령되고 허탄한 신화를 버리고 오직 경건에 이르기를 연습하라"(딤전4:7) 라고 하였습니다. 하나님은 경건의 모양과 훈련이 있는 사람들을 가까이 하십니다. 경건한 사람은 어느날 갑자기 나타날 수 없습니다. 오랜 기간 성숙의 기간과 훈련의 세월을 거친 사람이 경건한 사람으로 세워질 수 있습니다. 하나님의 자녀인 성도들은 경건을 쉬지 않고 훈련하는 사람이 되어야 합니다. 훈련된 경건의 삶이 있는 사람들은 언젠가 하나님께서 복주시고 하나님의 계획속에 일꾼으로 부르실 날이 옵니다.
둘째, 하나님은 경건한 사람의 기도를 들으십니다.
  본문에서는 기도를 들으시는 하나님에 대해서 확신있게 말하고 있습니다. 그 이유가 무엇입니까, 그 이유는 기도하는 사람이 경건하기 때문입니다. 경건한 사람의 기도가 잘 응답되는 이유는 경건한 사람은 하나님의 성품을 닮는 훈련을 한 사람이기 때문입니다. 엘리야의 기도가 능력 있고 하나님이 응답하셨던 이유는 그가 경건한 사람이었기 때문입니다. 성도는 경건하여야 합니다. 기도가 응답되지 않는다고 불평할 것이 아니라 자신이 먼저 하나님 앞에서 경건한 사람인지를 돌아보고 하나님이 들으실 수 있는 경건의 모습과 능력으로 기도해야 합니다.

🍀 오늘의 기도

  주님, 하나님이 들으시는 경건의 사람이 되도록 하여 주옵소서, 예수님의 이름으로 기도드립니다. 아멘

주께서 주신 기쁨을 소유하라

"주께서 내 마음에 두신 기쁨은 저희의 곡식과
새 포도주의 풍성할 때보다 …"

신)찬 446장	제 36 주						
구)찬 500장	월	화	수	목	금	토	시 4:7

사람에게 기쁨의 감정은 너무나 중요하고 소중한 자산입니다. 통계를 보면 한국 남자 0.1회/주, 한국 여자 3회/일. 웃는다고 합니다.

"좀 웃으시오. 그리고 부하들에게도 웃음을 가르치시오. 웃을 줄 모른다면 최소한 빙글거리기라도 하시오. 만일 빙글거리지도 못한다면 그럴 수 있을 때까지 구석으로 물러나 있으시오."

이것은 처칠이 제1차 세계대전 때 폭탄이 떨어지는 전장의 참호 속에서 부하 장교들에게 했던 말입니다. 처칠은 웃음을 중요하게 여겼습니다. 웃음이 무엇입니까, 유머라고도 합니다. 그러나 결국 웃음을 통해 유발할 수 있는 것은 기쁨입니다.

첫째, 하나님이 주시는 기쁨은 사람이 주는 기쁨과 비교할 수 없습니다.

하나님은 사람에게 기쁨을 주시는 분이십니다. 기뻐할 수 있는 조건을 주시고 기뻐할 수 있는 마음을 주십니다. 시편 기자는 자신에게 있는 기쁨을 하나님이 주신 것이라고 하였습니다. 하나님이 주시는 기쁨이 중요한 이유는 하나님이 주시는 기쁨은 쉽게 소멸되지 않기 때문입니다. 그러나 사람으로 인하여 얻는 기쁨은 오래가지 않습니다. 항상 기뻐하기를 노력하고, 하나님이 주시는 기쁨을 소유할 때 그 인생은 행복한 인생이라고 할수 있습니다.

둘째, 하나님이 기쁨입니다.

기쁨의 근원은 하나님이십니다. 하나님이 처음 만드신 에덴 동산은 기쁨의 동산이었습니다. 70인역은 '에덴'을 '기쁨의 동산'으로 번역하였습니다. 하나님은 처음부터 사람들이 기뻐하기를 원하셨습니다. 그 이유는 하나님 자체가 기쁨이시기 때문입니다. 하나님을 아는 지식, 하나님을 가까이 하는 신앙, 하나님을 의지하는 믿음, 이와 같은 것들은 곧 그 사람의 기쁨이 되기에 충분한 요소들입니다. 그러므로 성도의 기쁨은 하나님께 있음을 기억하고 하나님을 아는 지식에서 날마다 자라가야 합니다.

🍀 오늘의 기도

주님, 날마다 기쁨을 가지고 살게하여 주옵소서, 예수님의 이름으로 기도드립니다. 아멘

주의 법을 잊지 아니할 때의 유익

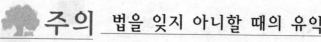

"나의 고난을 보시고 나를 건지소서
내가 주의 법을 잊지 아니함이니이다"

신)찬 453장	제 36 주							
구)찬 506장	월	화	수	목	금	토	시 119:153

양심을 가지고 살아가는 사회에는 반드시 법이 있기 마련입니다. 어느 나라를 막론하고 법이 없는 나라는 없습니다. 사람에게 법이 왜 필요한 것일까요, 사람에게 법이 필요한 이유는 법이 사람을 유익하게 하기 때문입니다. 공동체 사회에는 모든 사람이 함께 지켜야 할 법이 반드시 있습니다. 그러나 그 법은 공동체를 위한 법입니다. 법을 위해 사람이 존재하는 것이 아닌, 사람을 위해, 공동체를 위해 법이 존재합니다. 법이 있으므로 사람들은 보다 많은 유익을 누리며 살아갈 수 있습니다. 이는 하나님의 자녀인 성도들도 마찬가지입니다. 하나님께서 백성들에게 '주의 법(율법)'을 주신 이유는 하나님의 자녀들을 유익하게 하기 위해서입니다.

첫째, '주의 법'이 주는 유익을 알아야 합니다.

하나님은 이스라엘 백성들을 구속할 목적으로 법을 주지 아니하셨습니다. 오히려 법을 통해서 하나님 앞에 자유롭기를 원하셨습니다. 법이 주는 유익은 구속이나 억압이 아닌 자유함입니다. 하나님의 백성들은 하나님이 주신 법 안에서 놀라운 자유를 누릴 수 있습니다. 이것이 법이 주는 유익입니다. 그러나 많은 사람들은 이 법을 벗어나길 원합니다. 법이 주는 유익을 잘못 이해하였기 때문입니다. 하나님의 자녀인 성도들은 하나님께서 주신 법의 목적을 바로 알아야 합니다. 그리고 그 법의 유익을 누리며 살아야 합니다.

둘째, '주의 법'을 잊지 않는 것이 복입니다.

하나님이 주신 법을 잊지 않을 때의 유익이 무엇일까요, 하나님은 '주의 법'을 지키는 사람에게 은혜를 베푸시고 복을 주십니다. 그 특혜의 은혜를 누린 사람이 바로 다윗입니다. 다윗은 주의 법을 지킴으로 하나님께 복을 받은 사람입니다. 하나님의 법을 잊지 않는 것이 복입니다. '주의 법'을 잊지 않고 기억할 때 하나님이 주시는 복을 누리며 살 수 있습니다.

오늘의 기도

주님, 언제나 주의 법을 잊지않고 살게하여 주옵소서, 예수님의 이름으로 기도드립니다. 아멘

말씀을 묵상하는 열심을 가져라

"주의 말씀을 묵상하려고
내 눈이 야경이 깊기 전에 깨었나이다"

(신)찬 435장	제 36 주
(구)찬 492장	월	화	수	목	금	토	시 119:148

본문을 보면 하나님의 말씀을 묵상하는 사람의 열심을 볼 수 있습니다. "묵상(Meditation)" 깊이 생각하는 것을 말합니다. 묵상의 어원은 원래 라틴어 '메디켈루스'라는 말로서 '약'(Medicine)이란 말의 어원이기도 합니다. 약이 몸 안에 들어와 온 몸에 퍼져 약효를 내듯이 묵상이란 어떤 한 생각이나 사실이 인간의 내면으로 들어가서 영향을 미치는 것을 뜻합니다. 특히 말씀의 묵상은 너무나 중요한 성도의 삶의 한 부분입니다. 하나님의 말씀을 묵상함으로 그 말씀이 온 몸과 영과 혼과 육을 지배하도록 하여야 합니다.

첫째, 하나님의 말씀에 대한 사모함을 가져야 합니다.

'사모함' 이란 단순히 기대하고 바라는 마음과는 다른 것입니다. 하나의 은혜에 대한 사모함, 말씀에 대한 사모함은 보다 열정적이며 보다 적극적이어야 합니다. 그것을 얻지 못하면 죽겠다는 심정으로 구하는 것이 올바른 사모함입니다. 하나님의 말씀을 이와같이 사모하여야 합니다. 이런 사모함이 없이는 올바른 하나님의 은혜를 기대할 수 없습니다. 시편기자의 야경이 깊기 전에 깨는 열심은 바로 이와 같은 열심입니다. 성도는 이런 열정과 사모함을 가져야 합니다.

둘째, 묵상의 열심을 가져야 합니다.

천재는 노력하는 사람을 이길 수 없고, 노력하는 사람은 즐기며 일하는 사람을 이길 수 없다는 말이 있습니다. 즐기면서 일한다는 것은 무슨 뜻입니까, 좋아하기 때문에 열정적으로 한다는 말입니다. 하나님의 말씀을 묵상하는 사람은 좋아해야 합니다. 말씀을 묵상하는 것을 좋아하고 그것을 즐겨야 합니다. 그것이 올바른 말씀에 대한 묵상입니다. 열심있는 자세로 하나님의 말씀을 묵상할 때 그 말씀이 주는 놀라운 유익을 성도는 경험할 수 있습니다.

오늘의 기도

주님, 하나님의 말씀을 열심히 묵상하게 하여 주옵소서, 예수님의 이름으로 기도드립니다. 아멘

말씀을 사모하는 사람

"너는 하나님의 전에 들어갈 때에 네 발을 삼갈지어다
가까이하여 말씀을 듣는.."

(신)찬 358장	제 36 주						
(구)찬 400장	월	화	수	목	금	토	전 5:1

본문은 하나님의 전에 들어가는 사람의 두가지 자세에 대해 말씀하고 있습니다. 그 가운데 하나는 삼가서 행하는 것입니다. 본문에 '삼갈지어다' 의 기본적인 의미는 '큰 주의를 하여 행한다' 라는 뜻입니다. 하나님의 전에 가까이 나아가는 사람들은 이와 같은 기본적인 자세를 유지해야 합니다. 이것이 올바른 하나님의 자녀로서 올바른 자세입니다. 하나님 앞에서는 경솔하여 함부로 행동해서는 안됩니다. 항상 주의하고 자신을 돌아봄으로 행동해야 합니다. 오늘날은 구약의 성전은 이미 없어진지 오래 되었지만 그렇다고 할지라도 예배자로서의 마음은 여전히 동일해야 합니다. 뿐만 아니라 말씀에 대한 사모함을 가지고 나아가야 합니다.

첫째, 사모함으로 하나님의 전에 나아가야 합니다.

구약에 제사의 중심이었던 성전은 오늘날 존재하지 않습니다. 그러나 여전히 그 개념은 남아 있습니다. "너희는 너희가 하나님의 성전인 것과 하나님의 성령이 너희 안에 계시는 것을 알지 못하느냐"(고전3:16) 라고 하였습니다. 오늘날은 우리 몸이 하나님의 성전입니다. 여전히 성전은 존재하는 것입니다. 그렇다면 행동 또한 변함이 없어야 합니다. 하나님께 예배자로서 나아가는 성도의 자세는 항상 행동을 조심하고 경박하게 하지 말아야 합니다. 항상 주의해서 행동해야 합니다.

둘째, 하나님의 말씀을 가까이 하여 들어야 합니다.

하나님의 말씀을 가까이 하여 듣는 자세는 말씀을 사모하는 사람의 기본 자세입니다. 그것이 곧 그렇지 못한 우매자들의 제사보다 낫기 때문입니다. 하나님은 사모함으로 말씀을 가까이 하는 사람을 기뻐여기십니다. 오늘날 강단에서 선포되어지는 말씀을 듣는 성도의 자세는 많은 변화를 요구합니다. 성경적인 자세로 변해야 합니다. 자기중심적인 행동에서 말씀 중심적인 자세로 변화되어야 합니다.

🍀 **오늘의 기도**

주님, 언제나 하나님의 말씀을 사모하여 가까이하게 하여 주옵소서, 예수님의 이름으로 기도드립니다. 아멘

깨끗한 손을 가져라

"여호와께서 내 의를 따라 상 주시며
내 손의 깨끗함을 좇아 갚으셨으니"

신)찬 354장	제 37 주							
구)찬 394장	월	화	수	목	금	토	삼하 22:21	

예수를 진실되게 믿는 여종이 있었습니다. 하루는 어떤 사람이 여종의 주인에게 물었습니다.

"당신은 여종의 어떤 행실을 보고 진실된 신앙인임을 아십니까?"

이 말을 듣고 주인은 이렇게 대답했습니다.

"그 아이가 방을 깨끗이 청소하는 것만 보아도 그녀가 진실한 신앙인임을 알 수 있습니다" 라고 하였습니다.

이 이야기는 옳은 행실의 중요성을 깨닫게 해줍니다. 이는 성도의 경우도 마찬가지입니다. 하나님 보시기에 바른 행실을 가져야 하나님께 인정 받을수 있습니다.

첫째, 의를 따라 행해야 합니다.

사람의 행동은 무엇을 기준으로 하느냐에 따라 달라 집니다. 그리스도인으로서 예수 그리스도의 성품을 닮고 그것을 기준으로 행동하는 사람은 그것이 삶에 그대로 나타나게 되어 있습니다. 그러나 세상의 기준을 따라 행동하고 살아가는 사람은 역시 그사람의 삶에서 세상적인 냄새를 풍기게 되어 있습니다. 하나님은 성도가 올바른 삶의 기준을 가지고 살아가길 원하십니다. 하나님이 주신 말씀을 붙들고 예수 그리스도를 본받는 의를 따라 행하는 삶을 살아야 합니다.

둘째, 깨끗한 행실을 가져야 합니다.

성도의 깨끗한 행실에는 반드시 보상이 따릅니다. 하나님께서는 반드시 기억하시고 그것을 되갚아 주십니다. 본문에서 '손'은 인간의 행실을 뜻합니다. 다윗의 깨끗한 행실을 일컫는 말입니다. 성도의 삶이 구별되어 깨끗하지 못하며 믿지 않는 세상 사람들과 다를 것이 없습니다. 이는 하나님께서 갚아 주실 것이 없는 사람이라고 볼 수 있습니다. 성도의 구별된 깨끗한 행실은 마땅히 행해야 할 신앙의 도리입니다.

오늘의 기도

주님, 깨끗한 손을 가지게 하여 주옵소서, 예수님의 이름으로 기도드립니다. 아멘

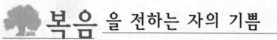

복음을 전하는 자의 기쁨

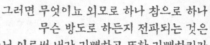

그러면 무엇이뇨 외모로 하나 참으로 하나
무슨 방도로 하든지 전파되는 것은
그리스도니 이로써 내가 기뻐하고 또한 기뻐하리라

신)찬 351장	제 37 주						
구)찬 389장	월	화	수	목	금	토	빌 1:18

사람의 기뻐하는 것은 다양합니다. 어떤 이는 장사가 잘되기 때문에 벌어들이는 물질로 인해 기뻐하고, 어떤 사람은 자식이 공부를 잘하는 장학생이어서 기뻐하고, 어떤 사람은 자신의 외모로 인해 기뻐하는 사람도 있습니다. 그러나 하나님은 이와 같은 것들로 인해 기뻐하는 것보다 다른 것으로 기뻐하시기를 원하십니다. 그것은 바로 나로 인해 하나님 나라의 '복음'이 증거되어지고 전해지는 것으로 인해 기뻐하기를 원하십니다.

첫째, 하나님은 복음의 중요성을 알기를 원하십니다.

어떤 사물이 넘어지고 쓰러진다면 이는 분명 사물의 중심이 되는 중심을 잃어버렸기 때문입니다. 이는 세상도 마찬가지입니다. 세상의 중심이 무엇일까요, 그것은 바로 복음입니다. 만일 세상에서 복음이 없어진다면 이는 중심 잃은 사물과도 같이 휘청거릴 것입니다. 세상의 중심은 바로 복음입니다. 이것이 바로 복음의 중요성입니다. 성도는 이와 같은 사실을 바로 알아야 합니다. 복음은 있어도 되고 없어도 되는 것이 아니라 반드시 있어야 되는 세상의 중심입니다.

둘째, 복음을 전하는 것을 진정한 기쁨으로 여겨야 합니다.

바울은 복음을 전하는 것을 지상 최고의 기쁨으로 여겼습니다. 무슨 방도든지 그리스도를 전하고 증거하기 원하였습니다. 그리고 그것으로 인하여 기뻐하겠다는 것입니다. 이는 복음을 전하는데서 오는 기쁨을 깨달았기 때문입니다. 이런 깨달음이 있는 사람은 다른 것을 기쁨으로 여기지 않습니다. 설령 다른 것을 기뻐한다고 할지라도 그것을 최고의 기쁨으로 여기지는 않습니다. 이미 그사람의 마음에는 복음의 최고의 기쁨으로 자리잡고 있기 때문입니다.

오늘의 기도

주님, 복음을 전하는 자의 기쁨을 가지고 살게하여 주옵소서, 예수님의 이름으로 기도드립니다. 아멘

영원한 하나님의 말씀

"풀은 마르고 꽃은 시드나
우리 하나님의 말씀은 영영히 서리라 하라"

(신)찬 575장	제 37 주							사 40:8
(구)찬 302장	월	화	수	목	금	토		

존 번연은 베드퍼드 형무소에서의 복역 기간이 끝난 후 이렇게 말했습니다. "감옥에서 그 많은 세월을 허비한 후에야 비로소 성경 안에 이 모든 것이 들어 있었다는 것을 알게 되었다. 그동안 나는 끊임없이 새로운 보물을 찾아 다녔으니 말이다."

존 번연의 고백은 성경의 중요성에 대해 말한 것입니다. 하나님의 말씀인 성경의 중요성은 아무리 강조해도 그 정도는 절대로 지나치지 않습니다. 왜냐하면 천지는 다 변해도 하나님의 말씀은 변하지 않을 것이기 때문입니다.

첫째, 성경은 변하지 않는 진리입니다.

세상에는 변하지 않을 것처럼 보이면서 변하는 것이 의외로 많이 있습니다. 그러나 하나님의 말씀인 성경의 진리는 변하지 않습니다. 미국의 저명한 법학자인 사이몬 그린리프는 〈증거법에 관하여〉라는 책에 다음과 같이 썼습니다.

"만일 예수가 실제로 죽음에서 다시 살아나지 않았더라면 그의 제자들이 그렇게까지 끈질기게 부활의 진리를 증언한다는 것을 불가능했을 것입니다." 라고 하였습니다. 이는 예언의 성취입니다. 하나님의 말씀이 변하지 않는 진리이기 때문에 일어난 당연한 결과입니다. 그러므로 성도는 하나님의 말씀을 신뢰하는 것을 세상의 그 어떤 다른 것보다 더 신뢰하여야 합니다.

둘째, 성경은 영원한 하나님의 언약입니다.

세상에 영원한 것은 아무것도 없습니다. 단지 영원해 보이는 것뿐입니다. 그러나 하나님의 말씀은 영원합니다. 세상이 변해도 없어지지 않는 것이 하나님의 말씀입니다. 천년이 열두번이 더 지나도 하나님의 말씀은 변하지 않습니다. "여호와여 주의 말씀이 영원히 하늘에 굳게 섰사오며"(시119:89)라고 했습니다. 하나님의 말씀을 신뢰하는 것이 중요한 이유는 이는 변하지 않는 영원한 하나님의 언약의 말씀이기 때문입니다.

🍀 오늘의 기도

주님, 변치않는 하나님의 말씀을 믿음으로 붙들며 살아가게 하여 주옵소서, 예수님의 이름으로 기도드립니다. 아멘

술 　취하지 말라

"술 취하지 말라 이는 방탕한 것이니
오직 성령의 충만을 받으라"

(신)찬 574장	제 37 주						
(구)찬 303장	월	화	수	목	금	토	엡 5:18

성경은 술에 대한 경고를 많이 하고 있는 것을 볼 수 있습니다. 왜 하나님께서는 술에 대해 엄격히 말씀하고 있을까요, 본문에서 '취하지 말라'라는 말의 의미는 먹지 말라는 의미와 동일합니다. 왜냐하면 이스라엘은 지리적 문화적으로 술을 마시지 않고는 안되는 지역에 있었습니다. 이런 상황에서 '술 취하지 말라'는 하나님의 말씀은 먹지 말라는 말씀보다 더 강력한 권고의 말씀이라고 보아도 무방합니다. 물이 풍부한 지리적 위치에 있는 우리나라로서는 술은 아예 쳐다보지도 말아야 할 것들 가운데 하나입니다.

첫째, 술은 사람을 방탕하게 합니다.

'방탕'이라는 말의 뜻은 '거칠고 무질서한 생활'을 의미합니다. 하나님은 질서의 하나님이십니다. 그런데 사람이 술에 취하여 질서없는 거친 행동을 한다면 이는 하나님의 뜻과는 거리가 멀어집니다. 그래서 성경은 술에 대하여 경고하고 있는 것입니다. 오늘날 그리스도인들은 취하지 않으면 된다고도 합니다. 그러나 그런 생각들은 사단의 얄팍한 꾀임에 불과합니다. 술에 취하지 않으려면 아예 멀리하고 가까이하지 말아야 합니다. 술은 사람을 방탕하게 합니다.

둘째, 술취함보다 성령의 충만함을 받아야 합니다.

성령의 충만함이 중요한 이유는 성령의 충만은 곧 회복을 의미하기 때문입니다. 성령이 충만하면 무질서가 회복이 됩니다. 성령이 충만하면 육신의 방탕함을 멀리할 수 있게 됩니다. 성령이 충만하면 사단의 악한 꾀를 대적할 수 있습니다. 성령이 충만하면 하나님의 뜻을 따라 기도할 수 있습니다. 그러므로 성도는 오직 성령의 충만함을 받아야 합니다.

 오늘의 기도

주님, 성령의 충만함으로 살게하여 주옵소서, 예수님의 이름으로 기도드립니다.
아멘

변하지 않는 십자가

*"어리석도다 갈라디아 사람들아
예수 그리스도께서 십자가에 못박히신 것이..."*

신)찬 361장	제 37 주						
구)찬 480장	월	화	수	목	금	토	갈3:1

소련의 강제수용소에 갇혀 지내던 솔제니친은 매우 낙심하여 자신이 언젠가는 죽게 될지도 모른다는 사실에도 무관심하게 되는 지경에 이르렀습니다. 어느날 작업 중의 휴식 시간에 그가 밖에서 작업 공구를 손보고 있는데 낯선 사람이 그의 곁에 와 앉았습니다. 그날 처음 만났고 그 후로도 다시 볼 수 없었던 그 사람은 막대기로 땅 위에 십자가를 그려 보여 주었습니다. 솔제니친은 한참 동안 뚫어지게 십자가를 내려다 보다가 이렇게 말했습니다.
"이제 깨달았습니다. 이 십자가 속에 인간의 자유가 있다는 것을!"
솔제니친이 깨달은 것은 영원히 변치 않는 십자가의 사랑과 능력이었습니다. 그리고 그속에 참된 자유함이 있다는 것을 깨달았습니다.
첫째, 십자가의 사랑의 진리는 변치 않습니다.
개와 늑대는 비슷한 동물입니다. 그러나 개가 아무리 노력해도 늑대 될수 없습니다. 이는 늑대도 마찬가지입니다. 늑대가 아무리 개처럼 되려고 해도 늑대는 늑대입니다. 이는 십자가도 마찬가지입니다. 십자가의 사랑은 영원히 변치 않는 진리입니다. 이 진리는 사람이 변질시킨다고 변질되지 않습니다. 그러나 사단은 끊임없이 이 진리를 변화시키려고 합니다. 그러나 진리는 변할 수 없습니다. 왜냐하면 십자가는 변치 않는 하나님의 사랑의 진리이기 때문입니다.
둘째, 십자가의 진리의 능력은 변하지 않습니다.
십자가의 진리가 가진 또 한가지 특징은 그 능력이 변하지 않는다는 것입니다. 십자가는 예수님이 흘리신 보혈을 통해 죄사함의 능력을 가지고 있습니다. 이 보혈의 능력은 사단이 결코 넘보지 못하는 강력입니다. 그러나 사단은 이런 진리를 변질시키고 왜곡시키려고 시도합니다. 죄사함의 은총이 다른 종교에도 있다고 주장합니다. 그러나 오직 인간의 죄를 용서하는 보혈은 그리스도께서 십자가에서 흘린 보혈의 피밖에는 없습니다. 이 능력은 영원히 변치 않습니다.

오늘의 기도
주님, 변치않는 십자가의 진리를 전하며 살게하여 주옵소서, 예수님의 이름으로 기도드립니다. 아멘

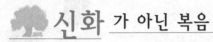

신화 가 아닌 복음

"우리 주 예수 그리스도의 능력과 강림하심을
너희에게 알게 한 것이 공교히..."

(신)찬 292장	제 37 주						
(구)찬 415장	월	화	수	목	금	토	벧후 1:16

세상에 어떤 사람들은 성경이 신화라고 주장하는 사람들이 있습니다. 그러나 하나님께서 천지를 창조하신 사건이나 예수님께서 십자가를 지신 사건은 결단코 신화가 아닙니다. 하나님의 말씀을 신화로 여기려는 시도는 분명하게 하나님의 뜻과는 거리가 멉니다. 본문에서도 사도들이 전하는 복음은 신화가 아니라고 말씀하고 있습니다. 특히 복음은 예수 그리스도에 대한 사건으로 분명히 목격자가 있고 그것을 증거하는 증인들이 있습니다. 엄연히 신화와는 거리가 먼 사실입니다. 신화는 하나님이 아닌 사람이 꾸며낸 이야기에 불과합니다. 그러나 성경은 절대 사람들이 꾸며낸 소설같은 이야기가 아닙니다.

첫째, 복음은 신화가 아닌 언약의 성취입니다.

언약의 특징은 공적으로 계약을 맺는 계약 당사자가 있다는 것입니다. 복음은 엄연히 하나님께서 자신의 백성들과 맺은 계약을 이루시는 언약의 성취입니다. 사람들의 허무한 이야기와는 차원이 다릅니다. 하나님은 자신의 백성들을 대상으로 분명히 오실 메시야에 대한 약속을 주셨습니다. 이는 창세기에서도 드러납니다. "여자의 후손은 네 머리를 상하게 할 것이요 너는 그의 발꿈치를 상하게 할 것이니라 하시고"(창3:15) 라고 하셨습니다. 이는 예수님의 부활로 완벽하게 성취되었습니다. 결코 복음은 허무한 신화적 사건이 아닙니다.

둘째, 복음은 목격자들이 있으며 하나님의 언약입니다.

복음에는 목격한 증인들이 많이 있습니다. 사도들도 그 증인들 가운데 하나였습니다. 그들은 예수 그리스도가 얼마나 위대한 분이신지 똑똑히 보았습니다. 말씀의 약속대로 예수님이 약속을 성취하시는 것도 그들은 보았습니다. 그리고 그들은 다시오실 예수님에 대한 분명한 믿음의 확신도 가지게 되었습니다. 만일 복음이 신화라면 절대로 있을 수 없는 일입니다. 그러므로 성도들은 복음에 확실한 소망과 믿음을 가져야 합니다.

🍀 오늘의 기도

주님, 나도 복음의 증인으로서 삶을 살게하여 주옵소서, 예수님의 이름으로 기도드립니다. 아멘

진보 된 그리스도인으로서의 삶

"이 모든 일에 전심전력하여
너의 진보를 모든 사람에게 나타나게 하라"

신)찬 295장	제 38 주						딤전 4:15
구)찬 417장	월	화	수	목	금	토	

그리도인으로서의 삶이란 그리 간단한 것이 아닙니다. 무턱대고 믿기만 한다고 다 그리스도인이라고 할 수 없습니다. 변화된 삶의 모습을 보여주는 것이 참된 그리스도인의 삶이라고 할 수 있습니다. 예수를 믿는데도 믿지 않는 세상 사람들과 다른 것이 하나도 없다면 이는 올바른 그리스도인의 삶은 아닌 것입니다. 성경은 하나님의 자녀인 성도들이 날마다 성숙하여 그것을 나타내기를 원하십니다.

첫째, 그리스도인은 그리스도를 따르는 사람입니다.

그리스도인(Christian)은 '그리스도에게 속한 사람', '그리스도를 따르는 사람'을 뜻하는 말인 헬라어 '크리스티아노스'(Christianos)이며, 예수 그리스도를 구주로 믿고 섬기는 사람을 이르는 말입니다. 그리스도를 따른다는 것은 그리스도의 삶을 본받는 삶을 말합니다. 단지 따라 다니기만 하는 사람을 그렇게 부르지는 않습니다. 예수님이 하신 일, 예수님이 하신 말씀을 본받아 삶에 실천하는 사람이 그리스도인입니다.

둘째, 그리스도인은 성숙된 삶을 보여주는 사람입니다.

그리스도인을 두 종류로 나눌수 있습니다. 성숙한 그리스도인과 비성숙한 그리스도인입니다. 성숙한 그리스도인들은 본문에서 말하는 진보가 있는 사람을 말합니다. 진보된 삶이란 그리스도인으로서 발전된 삶의 모습을 일컫습니다. 예전의 모습이 아닌 진보된 모습을 보여주는 사람이 그리스도인입니다. 하나님은 성도가 이와 같은 진보된 삶으로서 사람들에게 나타내기를 원하십니다.

오늘의 기도

주님, 그리스도인으로서 진보된 삶을 살게하여 주옵소서, 예수님의 이름으로 기도드립니다. 아멘

허무한 것을 주목하지 말라

> "네가 어찌 허무한 것에 주목하겠느냐
> 정녕히 재물은 날개를 내어 하늘에 나는..."

신)찬 342장	제 38 주						
구)찬 395장	월	화	수	목	금	토	잠 23:5

성경은 성도들이 조심해야 할 허무한 것에 대하여 말씀하고 있습니다. 본문의 말씀도 그 가운데 하나입니다. 성경이 말하는 허무한 것은 마치 신기루 같은 것입니다. 있는 듯하여 달려가 보면 아무것도 없는 것이 허무한 것입니다. 그리고 막상 잡아보면 아무것도 아닌 것이 허무한 것입니다. 그러나 세상의 많은 사람들이 허무한 것에 마치 목숨이라도 건 사람처럼 미친듯이 달려가는 것을 볼 수가 있습니다. 그러나 하나님의 자녀인 성도들은 성경이 말하는 허무한 것들을 구별하여 그것들을 주목하지 않는 인생이 되어야 합니다.

첫째, 재물은 허무한 것입니다.

성경이 말하는 허무한 것 가운데 하나가 재물입니다. 그러나 재물을 아무도 허무한 것으로 생각하지 않습니다. 오히려 재물을 상전 모시듯 받들며 사는 세상에 살고 있습니다. 그럼 왜 성경은 재물을 허무한 것으로 보고 있을까요, 그 이유는 하나님보다 재물을 더 귀히 여기는데서 오는 지적이라고 볼 수 있습니다. 재물을 따라 살면서 하나님의 뜻을 구한다는 것은 있을 수 없습니다. 하나님 없는 재물은 막상 잡아보면 허무하기 짝이 없습니다. 그래서 성도들은 하나님을 섬기면서 재물을 따라가는 삶을 살면 안되는 것입니다. 하나님 없는 재물을 하나님은 허무한 것으로 보십니다.

둘째, 재물은 없어질 때가 옵니다.

세상에 영원하지 않은 것 가운데 하나가 땅에 있는 재물입니다. 아무리 재물을 많이 가지고 있어도 그것을 죽을 때 가지고 가는 사람은 아무도 없습니다. 사람이 흙으로 돌아가는 그때가 그토록 귀히 여기던 재물이 없어질 때입니다. 그래서 하나님은 말씀을 통하여 재물을 귀히 여기지 말며 그것을 주목하여 보지 말라고 말씀하고 있는 것입니다.

🍀 오늘의 기도

주님, 허무한 것을 분별하여 주목하지 말게하여 주옵소서, 예수님의 이름으로 기도드립니다. 아멘

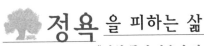 # 정욕을 피하는 삶

"너희 중에 싸움이 어디로, 다툼이 어디로 좇아 나느뇨
너희 지체 중에서 싸우는…"

(신)찬 214장	제 38 주						
(구)찬 349장	월	화	수	목	금	토	약 4:1

'정욕'은 열정적이며 쾌락적인 욕망이며, 때로 성적인 욕망을 뜻하기도 합니다. 즉 정욕은 사람의 마음 안에 있는 잘못된 열정이나 욕망이라고 할 수 있습니다. 잠언에서는 "게으른 자의 정욕이 그를 죽이나니 이는 그 손으로 일하기를 싫어함이니라"(잠 21:25)고 했습니다. 그러므로 정욕으로 사는 삶은 절대로 행복할 수 없음을 알아야 합니다. 잠시 유혹에 이끌려 정욕대로 살아보지만 결국 정욕대로 사는 삶은 후회와 슬픔밖에 없습니다.

첫째, 정욕대로 사는 삶은 하나님의 뜻이 아닙니다.

도스토예프스키의 명언 가운데 이런 말이 있습니다. "만약 신이 참으로 존재하지 않는다고 확신만 한다면 사람들은 못할 일이 없다."라고 하였습니다. 이 말은 하나님이 없다는 확신을 하는 사람들에게는 윤리적인 기준이나 도덕적인 기준이 필요 없다는 말입니다. 이와 같이 하나님은 기준없이 사는 삶을 기뻐하시지 않습니다. 정욕대로 사는 삶은 분명히 하나님의 뜻이 아닙니다.

둘째, 정욕대로 사는 삶은 싸움과 다툼만 있을 뿐입니다.

본문에서는 인간의 다툼과 싸움이 정욕대로 사는 것으로부터 오는 것이라고 했습니다. 이말은 정욕에 대한 정확한 지적입니다. 배고픈 늑대들이 토끼 한 마리를 놓고 싸운다면 그들에게 그들에게 왜 싸우냐고 말할 사람은 아무도 없을 것입니다. 왜냐하면 짐승은 정욕대로 살게 되어 있기 때문입니다. 그러나 사람은 다릅니다. 특히 하나님의 자녀인 성도들은 정욕대로 살아서는 안됩니다. 사람이 정욕대로 산다는 것은 짐승과 다를 바 없는 삶이라고 볼수 있습니다.

 오늘의 기도

주님, 정욕을 피하는 삶을 살게하여 주옵소서, 예수님의 이름으로 기도드립니다.
아멘

온전치 못한 것을 멀리하라

"음행과 온갖 더러운 것과 탐욕은 너희 중에서
그 이름이라도 부르지 말라 이는..."

신)찬 526장	제 38 주						엡 5:3
구)찬 316장	월	화	수	목	금	토	

하나님께서는 "나는 너희의 하나님이 되려고 너희를 애굽 땅에서 인도하여
낸 여호와라 내가 거룩하니 너희도 거룩할찌어다"(레11:45) 라고 하셨습니
다. 이는 하나님의 백성들이 하나님의 자녀로서 마땅히 해야 할 도리인 것입
니다. 그렇다면 무엇이 거룩한 삶입니까, 그것은 바로 구별된 삶을 의미합니
다. 무엇으로부터 구별입니까, 세상의 악한 것들로부터의 구별입니다. 하나
님의 자녀가 세상의 악한 것들로부터 구별되지 못하면 이는 반드시 망하게
되어 있습니다.

첫째, 음행과 온갖 더러운 것과 탐욕이 악한 것들입니다.

본문에서 말하는 악한 것들은 음행입니다. 음행은 영적인 음행과 육적인
음행이 있습니다. 이 두가지 음행은 모두 하나님 보시기에 악한 것입니다.
그리고 더러운 것이 있습니다. '더러운 것'은 자신을 더럽히는 행위를 말하
는 것입니다. 자신을 더럽히는 행위로부터 조심하여 스스로를 구별해야 합
니다. 그리고 탐욕입니다. 이는 '탐욕'은 인간의 본능과도 같은 악한 것입니
다. 이와 같은 것들은 가까이 하지 말아야 합니다. 구별된 삶이란 이와 같은
것들로부터 분리된 것을 말합니다.

둘째, 악한 것은 그 이름도 부르지 말아야 합니다.

위에서 말하는 악한 것들은 왜 이름조차 부르지 말아야 할까요, 그것들의
이름을 부르면 악한 일들이 생각나기 때문입니다. 사람의 이름을 부르면 그
사람의 얼굴을 떠올리듯이 악한 일도 그 이름을 부르면 악한 일을 기억하여
떠올리게 되어 있습니다. 그래서 하나님은 악한 것들의 이름조차도 부르지
말라고 말씀하시는 것입니다. 이처럼 구별된 삶은 성도의 마땅히 행할 바라
고 성경은 말씀하고 있습니다.

오늘의 기도

주님, 하나님 보시기에 온전치 못한 것들을 멀리하게 하여 주옵소서, 예수님의 이
름으로 기도드립니다. 아멘

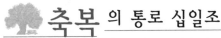 축복의 통로 십일조

"만군의 여호와가 이르노라 너희의 온전한 십일조를
창고에 들여 나의 집에 양…"

신)찬 531장	제 38 주							
구)찬 321장	월	화	수	목	금	토		말 3:10

맨소래담이라는 약을 발명한 하이드는 예수를 진실하게 믿는 사람이었습니다. 그는 처음 그 약을 팔기 시작할 때 이익 중에 10분의 1을 하나님께 바쳤습니다. 그 후 장사가 잘되어 사업이 번창하자 이익에서 10분의 2를 하나님께 바쳤습니다. 사업이 점점 번창하자 그 다음은 10분의 3을 드리는 등 계속해서 액수를 늘려 나중에는 10분의 9를 하나님께 드렸습니다. 그는 자기 몫인 10분의 1도 생활에 꼭 필요한 돈 외에는 공장에서 일하는 직공들의 복지와 후생을 위해 썼습니다. 하나님께로부터 받은 축복을 하나님을 위해 쓴 사람이었습니다.

첫째, 온전한 십일조를 드려야 합니다.

십일조는 하나님께 드리는 수익의 10분의 1을 말하는 것입니다. 십일조는 하나님이 명령하신 것입니다. "너는 레위인에게 고하여 그에게 이르라 내가 이스라엘 자손에게 취하여 너희에게 기업으로 준 십일조를 너희가 그들에게서 취할 때에 그 십일조의 십일조를 거제로 여호와께 드릴 것이라"(민 18:26) 라고 하였습니다. 백성들의 십일조는 하나님의 것으로 구별하여 레위인에게 가져가고 레위인들은 그것들 중에 십분의 일을 또 하나님께 거제로 바쳤습니다. 십일조는 자기 생각대로 임의로 드리는 것이 아니었습니다. 오늘날도 십일조는 분명히 구별하여 온전히 하나님께 드려야 합니다.

둘째, 십일조는 축복의 통로입니다.

하나님께서는 십일조를 드리는 이스라엘 백성들에게 하나님은 땅의 소산을 풍성케 하심으로 그들에게 갚아 주셨습니다. 하나님은 십일조를 통해 하나님의 축복을 베푸시는 통로로 사용하신 것입니다. 십일조는 하나님께 심는 것입니다. 이는 내것을 심는 것이 아니고 하나님의 것을 다시 심는 것입니다. 그러나 사람들은 십일조를 내것을 심는다고 생각합니다. 그것은 잘못된 생각입니다. 하나님은 축복의 통로로 사용하시기 위해서 수입의 10분의 1인 십일조를 드리라고 한 것입니다.

🍀 ～오늘의 기도

주님, 하나님의 것을 도적질 하지 않는 사람이 되게하여 주시옵소서, 예수님의 이름으로 기도드립니다. 아멘

모든 것을 주관하시는 하나님

> 그는 구원도 하시며 건져내기도 하시며
> 하늘에서든지 땅에서든지 이적과..."

신)찬 528장	**제 38 주**						
구)찬 318장	월	화	수	목	금	토	단 6:27

"어떻게 그런 걸 믿을 수 있니?"
한 대학생이 성경을 읽으며 걸어오는 친구에게 외쳤습니다.
"야 홍해가 갈라졌다는 그 거짓말 같은 기적을 너는 정말 아무런 의심도 하지 않고 믿을 수 있단 말이냐?"
"아 물론 문제는 있지"
"문제는 말이야 홍해가 어떻게 갈라졌는가 하는 것이 아니라 그게 어떻게 만들어지게 되었을까 하는 거야, 분명히 그것을 만드신 분은 갈라지게도 할수 있을 테니까 말이야" 라고 하였습니다.
하나님은 하늘과 땅, 모든 것을 주관하시는 분이시기 때문에 하나님께는 모든 것이 가능합니다.
첫째, 하나님은 모든 상황을 다스리시는 분이십니다.
 일반적으로 사람들은 상황에 많이 지배를 당합니다. 어려운 환경이나 상황이 되면 곧 그 상황에 지배되어 불안해 하게 됩니다. 신약성경에서 풍랑 만난 제자들의 경우에도 그랬습니다. 잔잔한 바다가 갑자기 광풍이 불어와 배가 뒤집혀지게 되었을 때 제자들은 곧 환경에 지배당하여 두려움에 떨었습니다. 그러나 예수님은 바람과 바다를 잠잠케 하시므로 상황을 다스렸습니다. 하나님은 절대로 환경이나 상황에 영향을 받으시는 분이 아니라는 것을 보여주신 것입니다. 오히려 그것들을 다스리시고 통제하시는 분이십니다.
둘째, 하나님은 공간을 초월하여 역사하십니다.
 하나님은 하늘에서도 역사하실 수 있으며 땅에서도 역사하실 수 있습니다. 언제 어디서나 시간과 공간을 초월하여 역사하실 수 있는 분이 하나님이십니다. 환경의 영향을 받거나 공간의 제약을 받는 것은 오직 하나님이 만드신 피조물뿐입니다. 창조주이신 하나님은 모든 것을 초월하여 역사하십니다. 믿음은 이와 같은 사실을 믿는 것입니다.

오늘의 기도

주님, 우리의 삶의 모든 것을 주관하여 주셔서 주께 영광돌리게 하여 주옵소서,
 예수님의 이름으로 기도드립니다. 아멘

생명 의 빛을 얻는 성도

"예수께서 또 일러 가라사대 나는 세상의 빛이니
나를 따르는 자는 어두움에 다..."

(신)찬 267장	제 39 주						
(구)찬 201장	월	화	수	목	금	토	요 8:12

빛의 특징은 밝다는 것입니다. 빛은 어두움과는 상반된 것입니다. 빛이 있는 곳에는 어두움이 있을 곳이 없습니다. 어두움은 사람을 불안하게 하는 경향을 가지고 있습니다. 영적인 의미로 빛은 곧 예수 그리스도요 어둠은 사단의 의미합니다. 세상의 온갖 비도덕적이고 부조리한 일들은 어둠의 영인 사단의 주관아래 행해지는 것들입니다. 그러나 빛은 다릅니다. 세상을 밝게하고 부조리와 부도덕을 몰아냅니다. 빛의 하는 일입니다. 성도는 빛에 거하는 사람이 되어야 합니다.

첫째, 성도는 어두움에 다니지 말아야 합니다.

어두움은 빛이 없는 곳을 어두움이라고 할 수 있습니다. 빛은 예수 그리스도이십니다. 다시 말하면 예수 그리스도가 없는 곳이 어두움이라고 할 수 있습니다. 성도는 예수 그리스도가 없는 곳은 다니지 말아야 합니다. 이 말의 의미는 복음을 전하는 것과는 무관한 의미입니다. 왜 예수가 없는 곳에 다니면 안됩니까, 나 스스로가 빛이 아닌 다음에야 어찌 빛도 없이 어두움에 다닐 수 있겠습니까, 어두움은 빛을 소유한 다음에 다녀야 합니다.

둘째, 생명의 빛을 얻어야 합니다.

예수님께서는 자신을 '세상의 빛'이라고 하셨습니다. 그리고 이 빛은 생명을 얻게 하는 빛이라고 하셨습니다. 어두움을 이길 수 있는 것은 빛밖에 없습니다. 빛이 아니고는 절대로 어두움에 다닐 수도 없으며 어두움을 이길 수도 없습니다. 생명의 빛되신 예수 그리스도를 얻은 다음에야 어두움에서도 자유롭게 다닐 수 있습니다. 하나님은 성도가 생명의 빛을 소유하여 살기를 원하십니다. 어두움 가운데 낙심하고 실패하여 살기를 원치 않으십니다.

오늘의 기도

주님, 생명의 빛되신 주님을 늘 따르며 살게하여 주옵소서, 예수님의 이름으로 기도드립니다. 아멘

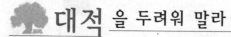

대적 을 두려워 말라

"그에게 이르기를 너는 삼가며 종용하라
아람 왕 르신과 르말리야의 아들이 심히..."

신)찬 263장	제 39 주						
구)찬 197장	월	화	수	목	금	토	사 7:4

 어떤 사람이 루터에게 다가와 말하였습니다.
"루터 선생, 온 세계가 당신을 대적하고 있다는 것을 아시오?"
그러자 이 용감한 종교개혁자는 이렇게 말하였습니다.
"그래요? 그렇다면 하나님과 내가 나서서 세상에 맞서야지요"
이 이야기는 루터가 세상을 두려워 아니하고 자신을 대적하는 사람들을 두려워하지 않았다는 것을 보여주는 이야기입니다. 성도도 마찬가지입니다. 결코 세상이나 대적들을 두려워 할 필요가 없습니다.
첫째, 두려움을 극복하는 것이 우선입니다.
 사람이 위기를 만나게 되면 우선 마음에 두려움이 먼저 생깁니다. 결국 두려움 때문에 문제를 제대로 파악하지 못하는 경우도 있습니다. 그러나 두려움을 극복하고 문제에 부딪치면 우리가 두려워하는 일들이 실제로 일어나는 경우는 드뭅니다. 두려움은 사단의 전유물입니다. 하나님의 자녀인 성도들은 담대하게 두려움을 극복해야 합니다. 문제를 만나면 문제보다 두려움을 극복하는 것이 우선입니다. 하나님을 의지하고 말씀을 붙드는 사람은 이런 두려움을 극복할수 있습니다.
둘째, 하나님이 도우심을 믿어야 합니다.
 본문의 르신은 아람의 마지막 왕 이었습니다(왕하 16:9). 유다 왕 아하스와 동맹하여 앗수르를 대항하고자 하였으나 아하스가 거절하자 북이스라엘 왕 베가와 동맹하여 예루살렘을 공격하였던 사람입니다. 그러나 하나님께서는 앗수르에 의해 패배하게 하시고 결국 르신은 죽임을 당하였습니다. 이는 하나님이 개입하셔서 도우신 결과였습니다. 어떤 경우에라도 하나님의 도우심이 있다는 것을 기억하고 항상 믿음으로 담대하여야 합니다.

오늘의 기도

주님, 대적을 두려워하지 않는 믿음을 주옵소서, 예수님의 이름으로 기도드립니다. 아멘

허탄한 것을 좇지 말라

"망령되고 허탄한 신화를 버리고
오직 경건에 이르기를 연습하라"

(신)찬 265장	제 39 주						
(구)찬 199장	월	화	수	목	금	토	딤전 4:7

'허탄'은 허무하고 허황된 것을 말합니다. 다윗은 손이 깨끗하며 마음이 청결하며 뜻을 허탄한 데 두지 않고 거짓 맹세하지 않는 자가 하나님의 성산에 오를 수 있다고 노래했습니다(시 24:4). 하나님의 자녀인 성도들은 허탄한 것에 마음을 두지 않는 인생이어야 합니다. 허탄한 것에 마음을 빼앗기면 하나님이 기뻐하시는 믿음의 삶을 살 수 없습니다. 그러나 사단은 에덴에서도 그렇게 했던 것처럼 끊임없이 성도를 향한 유혹의 손길을 뻗쳐옵니다. 때로는 그 손길이 너무 달콤하여 뿌리치기 힘들 때도 있습니다. 하지만 이와 같은 상황에서도 성도들은 믿음을 지키고 사단의 유혹을 이겨야 합니다.

첫째, 망령되고 허탄한 것의 무익함을 알아야 합니다.

'망령되고'의 의미는 불경스럽고 신성하지 않는 것을 의미합니다. 이는 신성하지 않을 뿐 아니라 하나님을 모욕스럽게 하는 것들을 일컬을 때 '망령되다'라는 말을 사용합니다. 본문에서는 많은 사람들의 주된 관심사인 '신화'를 망령되고 허탄한 것으로 보았습니다. 그러나 오늘날에는 망령되고 허탄한 것으로 하나님을 욕되게 하는 것들이 수도 없이 많이 생겨났습니다. 그것들은 하나도 성도를 유익하게 하지 못합니다. 성도는 그와 같은 망령된 것을 분별할 수 있는 안목을 길러야 합니다.

둘째, 경건의 연습을 게을리 하지 않아야 허탄한 것을 멀리할 수 있습니다.

본문에서는 망령되고 허탄한 것을 멀리할 수 있는 방법을 제시하고 있습니다. 그것은 아름아닌 '경건의 훈련'입니다. 훈련의 유익은 단련하는 것입니다. 성도는 부지런히 경건을 훈련하여야 합니다. 그 훈련을 통해서 자신을 단련하고 하나님이 불경스럽게 여기는 망령된 것들과 허탄한 것들로부터 자유로울 수 있도록 해야 합니다. 그것이 하나님이 원하시는 성도의 삶입니다.

🍀 오늘의 기도

주님, 경건의 유익을 깨닫고 실천하게 하여 주옵소서, 예수님의 이름으로 기도드립니다. 아멘

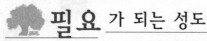

필요 가 되는 성도

"그러나 에바브로디도를 너희에게 보내는 것이
필요한 줄로 생각하노니 그는 나..."

(신)찬 26장	제 39 주							
(구)찬 194장	월	화	수	목	금	토	빌 2:25	

본문에 나오는 '에바브로디도(Epaphroditus)'는 바울의 사역을 도왔던 사람 중 한 명입니다. 에바브로디도는 빌립보가 고향이며 바울이 옥에 갇혔다는 소식을 듣고 빌립보 교회의 헌금을 로마에 전달하였습니다(빌 4:18). 그는 로마 여행 도중 중병에 걸렸으나 고침을 받았으며(빌 2:25-30), 바울은 그를 '나의 형제, 함께 수고하고 함께 군사 된 자, 나의 쓸 것을 돕는자'라고 하였습니다. 바울의 사역에서 그의 사역을 돕는 아주 유익한 사람이었습니다. 성도들도 이와 같이 유익한 사람 남의 필요가 되는 사람이 되어야 합니다.

첫째, 필요를 채울 수 있는 성도가 되어야 합니다.

성도들은 본문의 에바브로디도 같은 다른 사람을 도우며 다른 사람의 필요를 채워줄 수 있는 신실한 사람이어야 합니다. 바울은 헌신적인 에바브로디도를 빌립보 교회에 추천하였습니다. 왜냐하면 그가 가면 여러 가지로 교회와 성도에게 유익할 것을 믿었기 때문입니다. 남의 필요를 채운다는 것은 쉬운 일이 아닙니다. 남의 필요를 채우는 사람에게는 헌신된 자세가 필요하기 때문입니다. 그러나 성도는 하나님의 뜻을 따라 남의 필요를 채워줄 수 있는 유익함의 자세를 가져야 합니다.

둘째, 교회는 복음의 사역에 필요한 일꾼을 요구합니다.

교회는 다양한 헌신된 일꾼을 필요로 합니다. 광야에서 모세도 장인 이드로의 충고에 따라 백성들을 위하여 천부장,백부장,오십부장,십부장을 세웠습니다. 모세 혼자서 모든 백성을 다 상대한다는 것은 어려운 일이었기 때문입니다. 이는 교회도 마찬가지입니다. 목회자 혼자서 모든 일을 다 감당할 수는 없습니다. 필요에 따라 일꾼을 선발하고 일을 나누어서 위임하여야 합니다. 그러기 위하여서는 반드시 복음에 헌신된 일꾼을 필요로 합니다.

오늘의 기도

주님, 주님의 필요를 채우는 성도가 되게하여 주옵소서, 예수님의 이름으로 기도드립니다. 아멘

악인 과 손잡지 말라

"악인은 피차 손을 잡을 지라도 벌을 면치 못할 것이나
의인의 자손은 구원을 ..."

신)찬 258장	제 39 주						
구)찬 190장	월	화	수	목	금	토	잠 11:21

성경에는 악인과 연합하는 사람들의 이야기가 나옵니다. 하나님의 일을 위해 하나님의 백성을 모으는 것은 어려워도 죄인과 악인이 선한 사람을 치기 위해 연합하는 것은 매우 쉽습니다. 그러나 하나님은 악인의 연합을 두고보지 않으십니다. 구약의 '아히도벨'이나 아람왕 '르신' 같은 사람은 모두 악인과 연합하다가 망한 케이스입니다. 이는 오늘날도 마찬가지입니다. 하나님은 악인과 연합하는 것을 싫어하십니다. 성도는 어떠한 경우에라도 악인과 연합하는 것을 피하여야 합니다.

첫째, 쉬운 길을 조심해야 합니다.

악인이 연합하는 이유 가운데 하나는 연합의 유익을 알기 때문입니다. 그리고 연합은 혼자하는 것보다 쉽습니다. 악인은 어려울수록 연합을 도모합니다. 그리고 악한 꾀로 연합을 도모합니다. 악인의 연합은 쉬워 보이지만 이것은 하나님이 미워하시는 것입니다. 하나님이 미워하는 일을 행하는 사람은 반드시 망하게 되어 있습니다. 성도는 이와같은 사실을 잘 기억할 필요가 있습니다. 어렵다고 아무하고나 손잡으면 안됩니다. 어려울수록 신중하게 생각해야 합니다.

둘째, 의를 행하는 사람이 도우심을 받습니다.

하나님은 어떤 사람들을 도우실까요, 본문에는 '의인의 자손'이라고 말씀하고 있습니다. 믿음으로 공정하게 행하는 사람은 그 후손들도 하나님의 도우심을 입을 수 있습니다. 하나님이 도우셔야 안전합니다. "공의를 지키는 자들과 항상 의를 행하는 자는 복이 있도다"(시106:3) 라고 하였습니다. 하나님은 의를 행하는 사람을 기뻐여기시고 그와 그의 후손들까지도 인도하여 주십니다.

🍀 오늘의 기도

주님, 악인의 쉬운길과 연합을 멀리하게 하여 주옵소서, 예수님의 이름으로 기도드립니다. 아멘

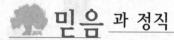 # 믿음 과 정직

"보라 그의 마음은 교만하며
그의 속에서 정직하지 못하니라 그러나 의인은 …"

(신)찬 259장	제 39 주						
(구)찬 193장	월	화	수	목	금	토	합 2:4

허공에 매달려 있는 거미를 건드려 놀라게 하면 거미는 명주실 같은 거미줄을 타고 단숨에 올라갑니다. 그 줄은 너무 가늘어서 사람의 눈으로 볼 수 없습니다. 거미는 허공에 매달려 있는 동안에도 무언가에 붙어 있습니다. 어떤 힘이 급히 올라가는 거미를 떠받치고 있습니다. 그러나 그것은 우리의 눈에 보이지 않습니다. 이것은 하나님께서 마치 "바로 믿음이 역사하는 방법이란다. 너는 나를 볼수 없지만 나는 너와 함께있다. 나는 너를 유지시키고 도와줄 수 있다. 너를 두려움에서 끌어올릴 수 있다. 오로지 믿음 안에서 나에게 의지하라"고 말씀하시는 것 같다고 '존 레이 밀즈'는 말했습니다. 이와 같이 믿음으로 사는 의인은 삶은 두가지 특징이 있어야 합니다.

첫째, 교만하지 않고 정직하여야 합니다.

교만은 하나님이 싫어하시는 것이지만 정직은 하나님께서 기뻐하시는 것입니다. 의인의 삶은 정직하여야 합니다. 정직은 모든 그리스도인들의 가치 기준이 되어야 합니다. 왜냐하면 하나님께는 거짓이 없기 때문입니다. 하나님이 정직하시기 때문에 하나님의 자녀인 성도들도 마땅히 정직해야 합니다. 그러나 교만한 사람은 정직과는 거리가 먼 생활을 합니다. 의인의 합당한 삶의 태도는 교만이 아닌 정직입니다. 성도들의 믿음의 삶은 정직을 바탕으로 하여야 합니다.

둘째, 믿음으로 살아야 합니다.

성도의 신앙생활에 가장 중요한 것은 '믿음'입니다. 무엇에 대한 믿음입니까, 하나님에 대한 믿음이요, 하나님이 하시는 일에 대한 믿음입니다. 믿음으로 사는 것이 중요한 이유는 하나님은 믿음을 통하여 역사하시기 때문입니다. 믿음이 없으면 하나님이 하시는 일을 불신하게 됩니다. 이런 사람은 하나님이 보시기에 합당치 않습니다. 하나님은 그 백성이 믿음으로 살기를 원하십니다. 구약의 선지자 '하박국'도 믿음의 중요성을 강조했습니다. 믿음의 사람은 하나님이 하시는 일에 대한 기대를 가집니다.

🍀 오늘의 기도

주님, 믿음과 정직을 잃지 않는 성도가 되게하여 주옵소서, 예수님의 이름으로 기도드립니다. 아멘

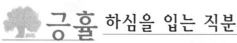 **긍휼** 하심을 입는 직분

"이러하므로 우리가 이 직분을 받아
긍휼하심을 입은 대로 낙심하지 아니하고..."

(신)찬 184장	**제 40 주**						
(구)찬 173장	월	화	수	목	금	토	고후 4:1

교회에서 설교하다가 길거리로 나와 설교하게 된 부드 부부는 사람들로부터 광인이라 불려지고 이단자라는 말을 들었고 심지어 돌팔매와 몽둥이 세례를 받을 뻔 하기도 했습니다. 어느날 부드 부부가 가두에서 설교를 하고 있을 때 악한들이 흉기를 갖고 나타나 캐서린 부드의 가슴에다 칼을 대고는 "연설을 중단하지 않으면 이 칼로 찌르겠다"라고 위협하였습니다. 그러나 부인은 침착하게 대꾸했습니다.

"조용히 하시오, 가두 전도는 내가 하나님으로부터 받은 천직이요, 지금 여기서 설교를 하고 있는 것은 내가 아니요, 하나님의 것이요, 찌를테면 찌르시오, 나는 기쁘게 직무에 충성하다 죽을 뿐이요"라고 말하고는 다시 설교를 시작하였습니다. 이는 자신의 직분이 어떤 직분인지를 알고 있었기 때문에 가능한 일이었습니다.

첫째, 직분을 받은 사람은 하나님의 긍휼하심을 입을수 있습니다.

초대교회 이후로 교회에서는 많은 직분이 생겨났습니다. 오늘날도 교회에는 많은 직분이 있습니다. 그러나 직분에 대한 올바른 이해를 가지고 직분을 감당하는 사람은 그리 많지 않습니다. 하나님은 직분을 맡은 사람을 긍휼히 여기십니다. 그러므로 교회 안에서 직분을 감당한다는 것은 하나님의 긍휼을 입는다는 뜻이 되는 것을 알아야 합니다. 직분을 소홀히 여겨서는 안됩니다.

둘째, 직분을 받은 사람은 낙심하지 않아야 합니다.

교회에서 받은 직분을 감당하다 보면 가끔씩은 낙심할 일이 생깁니다. 그러나 그때마다 직분을 맡은 사람은 낙심을 극복함으로 주신 직분을 잘 감당해야 합니다. 하나님이 주신 직분에 대한 바른 이해가 있는 사람들은 얼마든지 낙심되는 일들을 이겨 나갈수 있습니다. 교회는 이와 같은 사람들로 인하여 보다 굳게 세워져 나갈수 있습니다.

🍀 오늘의 기도

주님, 직분을 감당하다가 실족지 않게하여 주옵소서, 예수님의 이름으로 기도드립니다. 아멘

형통한 날과 곤고한 날

"형통한 날에는 기뻐하고 곤고한 날에는 생각하라 하나님이 이 두가지를 병행..."

(신)찬 88장	제 40 주						
(구)찬 88장	월	**화**	수	목	금	토	전7:14

일반적으로는 현재 상태에서 더욱 잘되어 물질적으로 영적으로 번영하고 풍성해지는 것을 '형통'이라고 합니다. 이에 해당하는 히브리어 '사칼'(sakal)은 '깨닫다, 지혜롭게 행하다, 신중하다'라는 뜻으로 성경에서는 하나님의 은혜로 어떠한 외부의 압력에도 흔들리지 않는 평안한 상태를 말합니다. 하나님께서는 이스라엘 백성에게 하나님의 언약의 말씀을 지켜 행하면 형통하게 된다고 말씀하셨습니다. 그러나 살다보면 항상 형통한 일만 있을 수 없습니다. 곤고한 날도 있게 마련입니다. 그 이유는 그것이 하나님의 뜻이기 때문입니다.

첫째, 형통한 날에는 기뻐해야 합니다.

모든 일이 잘되고 번성할 때는 기뻐하는 것이 당연합니다. 잘되고 있는데 미리 걱정할 필요는 없습니다. 하나님이 주신 형통의 날에는 기뻐하는 것이 마땅합니다. 이 기쁨은 주변의 사람들과 함께 나누면서 기뻐하는 것이 옳습니다. 하나님은 믿는 자들이 주안에서 형통하시기를 원하십니다. 믿는 자의 형통은 하나님이 주시는 것입니다. 하나님이 주신 형통에는 기뻐함이 있습니다.

둘째, 곤고한 날도 옳니다.

성도의 삶에는 항상 형통한 일들만 있는 것이 아닙니다. 곤고한 날도 있습니다. 본문은 곤고한 날에 해야할 일에 대하여 말씀하고 있습니다. '생각하라'는 것입니다. 이 말은 곤고한 날도 하나님이 주시는 날이라는 것을 생각하라는 것입니다. 하나님은 형통한 날도 곤고한 날도 주십니다. 그 이유는 하나님이 하시는 장래일을 알지 못하게 하는 것이라고 말씀합니다. 장래 일은 하나님이 주관하십니다. 그러므로 곤고한 날이 올지라도 언제인지는 모르지만 또 다시 형통한 날이 올 것이라는 기대를 가지고 하나님을 바라 보아야 합니다.

🍀 오늘의 기도

주님, 형통한 날에도 곤고한 날에도 감사하며 살게하여 주옵소서, 예수님의 이름으로 기도드립니다. 아멘

안식일 을 지키는 유익

"너는 기억하라 네가 애굽 땅에서 종이 되었더니
너의 하나님 여호와가 강한 손..."

(신)찬 478장	제 40 주							
(구)찬 78장	월	화	수	목	금	토	신 5:15	

　　벤자민 프랭클린의 자서전에는 한 목사에 대한 이야기가 나옵니다. 그 목사는 주일에 운동하는 것을 금한다는 찰스1세의 성명서를 낭독하도록 요청받았습니다. 그 목사의 회중들은 성명서의 내용에 대해 경악을 표시했지만 그 목사는 교회에서 칙령을 발표하였습니다. 많은 목사들이 그렇게 하는 것을 거절하였으나 그 목사는 성명서를 따랐고 다음과 같이 말했습니다.
"기억 하십시오 안식일을 거룩하게 지키십시오, 형제들이여, 나는 전에 당신들에게 이 나라의 왕의 법을 선포하였지만 지금은 하나님의 율법을 선포합니다. 안식일을 거룩하게 지키십시오, 이 두가지를 모두 준수하십시오"라고 하였습니다.
그렇습니다. 안식일은 하나님의 백성들이 반드시 지켜야 할 하나님의 법입니다.
첫째, 안식일을 지키는 것은 하나님의 명령입니다.
　　안식일을 지켜야 할 중요한 이유 가운데 하나는 이것이 하나님의 명령이기 때문입니다. 하나님의 명령은 반드시 지켜야 하는 것입니다. 가볍게 여기거나 소홀히 여길 수 없는 것이 하나님의 명령입니다. 하나님의 명령은 지키면 복되지만 지키지 않으면 하나님의 진노를 받습니다. 성도는 그것을 지킴으로 복된 성도가 되어야 합니다.
둘째, 안식일을 지킬때 안식일은 성도를 지켜줍니다.
　　안식일을 지킬 때 잘못된 생각 가운데 하나는 사람이 안식일을 지킨다고 생각하는 것입니다. 물론 이것은 틀리지 않을 수도 있습니다. 그러나 엄밀히 말하면 안식일은 그것을 지킴으로 인하여 하나님께서 복을 주시는 것이므로 안식일이 사람을 지켜준다고 보는 것이 옳습니다. 안식일을 지키는 것은 하나님이 주신 법이지만 그것은 사람을 유익하게 하는 법임을 기억하여야 합니다.

오늘의 기도

　　주님, 안식일을 기억하여 올바로 지키는 성도가 되게하여 주옵소서, 예수님의 이름으로 기도드립니다. 아멘

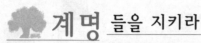

계명들을 지키라

하나님을 사랑하는 것은 이것이니 우리가 그의 계명들을
지키는 것이라 그의 계명들은 무거운 것이 아니로다

(신)찬 134장	제 40 주						
(구)찬 84장	월	화	수	목	금	토	요일 5:3

하나님은 이스라엘 백성들이 가나안에 들어가기전 시내산에서 모세를 통하여 율법을 주셨습니다. 율법은 '언약'이라고도 합니다. 이는 쌍방계약적 용어입니다. 계약이라는 것은 서로가 그것을 지키는 것을 전제로 하여 맺는 약속입니다. 어느 한쪽이 그것을 지키지 않으면 계약은 자동으로 파기가 되는 것입니다. 그래서 하나님은 엄격하게 계명을 지킬 것을 요구하셨습니다. 하나님의 백성이라면 당연히 하나님의 주신 계명을 지키는 것이 마땅합니다.

첫째, 계명을 지키는 사람은 하나님을 사랑하는 사람입니다.

사람이 말로만 하는 것은 진실성이 결여되어 있을 수 있습니다. 그러나 행동이 뒤따르면 그 말에 진실이 있다고 여깁니다. 하나님의 자녀인 성도들이 계명을 지키는 것도 이와 같은 이치입니다. 성도가 하나님을 사랑한다고 말로만 하면 무엇으로 그 사랑을 증명할수 있습니까, 그러나 하나님이 주신 계명들을 지키면서 하나님을 사랑한다고 하면 그것은 분명 하나님을 사랑한다고 볼 수 있습니다. 하나님을 진실로 사랑하는 사람은 계명을 즐거운 마음으로 지키게 되어 있습니다.

둘째, 계명을 지키는 것은 힘든 일이 아닙니다.

율법에 대한 대부분의 부정적 인식은 지키기 힘들다는 것입니다. 그렇다면 하나님이 지키기 힘든 율법을 왜 지키라고 자기 백성들에게 주셨을까요, 이는 말이 안되는 이야기입니다. 사람이 계명을 지키지 못하는 진짜 이유는 그것을 무겁게 여기고 부담스럽게 여기기 때문입니다. 그러나 즐거운 마음으로 지키면 계명은 조금도 무겁거나 부담스러운 것이 아닙니다. 산을 귀찮아 하는 사람은 등산이 제일 싫을 것입니다. 그러나 산을 좋아하는 사람은 조금도 귀찮지 않습니다. 산을 오르는 내내 즐겁습니다. 하나님의 계명도 이와 같습니다. 계명을 즐거운 마음으로 지키면 절대로 부담스럽거나 무거운 것이 아닙니다.

오늘의 기도

주님, 계명을 즐거워하여 감사함으로 지키게하여 주옵소서, 예수님의 이름으로 기도드립니다. 아멘

악한 꾀와 악한 자를 불평하지 말라

"여호와 앞에 잠잠하고 참아 기다리라
자기 길이 형통하며 악한 꾀를 이루는 …"

(신)찬 93장	제 40 주						
(구)찬 93장	월	화	수	목	금	토	시 37:7

독일 대통령 힌덴부르크는 90평생 그의 얼굴에서 분노를 본 사람이 없었다고 합니다. 그를 섬긴 그의 비서관까지도 노기를 띤 그의 얼굴을 본 일이 없었습니다. 어떤 신문기자가 힌덴부르그 대통령을 방문하여 그 비결을 물어보았더니 대통령은 이렇게 대답하였습니다.

"나라고 어찌 화나는 일이 없겠는가? 그럴 때면 휘파람을 불어 분노를 날려버리곤 한다네"라고 하였습니다. 그는 화나는 일이 있을 때 그것은 표현하는 것이 아니라 참는 방법을 터득하였던 것입니다.

첫째, 악인의 형통을 인하여 불평하지 말아야 합니다.

악인이 잘되는 것을 보면 대개의 경우 불평을 하기 마련입니다. 일제시대 때 우리나라의 친일파가 그런 사람들이었습니다. 그들은 창씨개명은 물론이고 적극적으로 일본의 모든 것을 지지한 사람들이었습니다. 이런 친일파들은 일제시대 때 어려움 없이 잘먹고 잘살았습니다. 어찌 이런 사람들을 보면 불평하지 않을 수 있겠습니까, 그러나 하나님은 악인의 형통을 절대로 불평하지 말라고 말씀하고 있습니다. 그 이유는 악인의 결국은 망할 것이기 때문입니다.(시1:6)

둘째, 기다림으로 인내하여야 합니다.

성도가 오래 인내하여야 하는 이유는 무엇일까요, 그 이유는 하나님의 정한 때가 있기 때문입니다. 사람은 하나님의 정한 때를 알지 못합니다. 단지 기다림으로 하나님의 때를 기다리는 수밖에 없습니다. 그러나 때가 되면 하나님은 의인의 길을 형통케 하시고 악인의 길은 반드시 망하게 하는 때가 임하게 하십니다. 이것이 악인의 형통 앞에서 성도가 인내하여야 하는 이유입니다.

🍀 오늘의 기도

주님, 악인이 잘되는 것을 불평하지 말게하여 주옵소서, 예수님의 이름으로 기도드립니다. 아멘

하늘 에 보물을 쌓아 두라

"오직 너희를 위하여 보물을 하늘에 쌓아 두라
거기는 좀이나 동록이 해하지 못..."

(신)찬 95장	제 40 주						
(구)찬 82장	월	화	수	목	금	토	마 6:20

　사람은 물질을 모을 줄도 알아야 되지만 그것을 잘 관리 할 줄도 알아야 합니다. 관리하지 못해서 실패하는 경우도 있습니다. 어떤 사람은 도둑이 들어서 평생 수고하여 모은 것을 빼앗기는 경우도 있습니다. 그러나 어떤 사람은 은행을 통해서 그것을 관리하는 경우도 있습니다. 그러나 그리스도인들은 성경적 방법으로 물질을 관리하는 법을 배워야 합니다. 성경적 물질 관리법이란 무엇일까요?

첫째, 하늘에 보물을 쌓는 지혜가 있어야 합니다.

　하늘에 보물을 쌓는 방법은 무엇일까요, 그것은 하나님께 감사함으로 드리는 각종 예물과 구제의 예물을 말하는 것입니다. 믿음이 없는 사람들은 하나님께 헌금 드리는 것을 손해 본다고 생각합니다. 어떤 사람은 많을수록 아까워하여 제대로 드리지 못합니다. 그러나 하나님께 감사함으로 물질을 정성껏 심는 사람은 반드시 그 심은대로 거두는 역사가 있습니다. 많이 심으면 많이 심은대로 적게 심으면 적게 심은대로 하나님은 거두게 하십니다.

둘째, 땅보다 하늘의 장소를 택할줄 알아야 합니다.

　하늘에 보물을 쌓아둘 때의 유익은 그곳은 안전하다는 것입니다. 땅에서는 불안하지만 하늘에서는 전혀 불안해 할 필요가 없습니다. 왜냐하면 그곳은 좀이나 동록, 도적이 구멍을 뚫지 못하는 안전한 곳이기 때문입니다. 하늘에는 많이 쌓아두면 많이 쌓아둘수록 유익합니다. 할 수만 있으면 안전한 하늘에 쌓아둘 수 있도록 노력하여야 합니다.

 오늘의 기도

　주님, 하늘에 보화를 쌓는 지혜가 있게하여 주옵소서, 예수님의 이름으로 기도드립니다. 아멘

실족지 않는 삶

"그러므로 형제들아 더욱 힘써
너희 부르심과 택하심을 굳게 하라 너희가 …"

신)찬 96장	제 41 주						
구)찬 94장	월	화	수	목	금	토	벧후 1:10

'넘어지게 하는 것', 혹은 '죄를 짓게 하는 것'으로 번역되는 '실족'은 일차적으로 한 인격 자체의 문제이지만 여러 사람들과의 관계에서도 적용될수 있습니다. 실족하는 삶은 대부분 사람들과의 관계에서 일어나는 경우가 많이 있습니다. 사단은 인간관계를 이용하여 성도들을 넘어지게 합니다. 그러나 굳게 서 있는 사람은 쉽게 잘 넘어지거나 실족하지 않습니다.

첫째, 부르심과 택하심을 더욱 견고히 해야 합니다.

때로는 자신이 하나님으로부터 택함 받았다는 사실을 잊어버릴 때가 있습니다. 그때가 성도는 가장 약할 때입니다. 확신이 없는 상태는 사단이 틈을 비집고 들어갈 빌미를 제공합니다. 그러나 성도는 분명하게 하나님께로부터 택하심을 받았으며 부르심을 받은 사명자라는 사실을 분명히 할 필요가 있습니다. 사단은 확신에 찬 사람은 실족케 하지 못합니다. 사단은 처음부터 의심을 통해서 역사했기 때문입니다. 그러나 의심없이 확신에 찬 사람은 반석위에 서 있는 견고한 사람 같아서 결코 사단이 실족케 할수 없습니다.

둘째, 연합하여 서 있어야 합니다.

"한 사람이면 패하겠거니와 두 사람이면 능히 당하나니 삼겹줄은 쉽게 끊어지지 아니하느니라"(전4:12) 라고 하였습니다. 연합의 중요성에 대해 말씀하고 있는 부분입니다. 성도의 연합은 견고한 진과도 같은 것입니다. 성도가 서로 연합하면 무서운 힘을 발휘합니다. 한 사람 보다는 두세 사람이 연합하여 서로 위로하고 권면하며 굳게 세워주는 것이 유익합니다.

오늘의 기도

주님, 어떤 상황에서라도 실족지 않는 성도가 되게하여 주옵소서, 예수님의 이름으로 기도드립니다. 아멘

사람을 얻는 자 되라

"의인의 열매는 생명 나무라
지혜로운 자는 사람을 얻느니라"

신)찬 144장	제 41 주						
구)찬 144장	월	화	수	목	금	토	잠 11:30

　잠언서는 지혜서로서 지혜의 중요성을 많이 언급하고 있습니다. 그중에서 본문은 사람의 중요성에 대해 말씀하고 있습니다. 많은 사람을 얻는 것이 많은 물질을 얻는 것보다 나을 때가 있습니다. 어떤 장사꾼은 이런 말을 했습니다. "장사는 돈을 남기는 것이 아니라 사람을 남기는 것입니다" 가슴에 와 닿는 말입니다. 그렇습니다. 성도의 삶에서도 사람을 얻는 것을 중여시 여겨야 합니다. 구약성경에서 사울과 다윗 같은 경우에도 사울은 사람을 얻지 못했지만 다윗은 많은 사람을 얻었습니다. 그러므로 성도는 사람을 얻는 지혜가 있어야 합니다.

첫째, 하나님도 사람을 찾으십니다.

　하나님도 사람을 찾으시는 분이십니다. "내가 또 주의 목소리를 들은즉 이르시되 내가 누구를 보내며 누가 우리를 위하여 갈꼬 그 때에 내가 가로되 내가 여기 있나이다 나를 보내소서"(사6:5) 라고 하였습니다. 하나님은 하나님의 일꾼으로 이사야을 찾으시고 이사야를 부르셨습니다. 주의 일에 합당한 사람을 부르신 것입니다. 하나님은 사람을 얻는 일에 많은 관심과 노력을 기울이시는 분이십니다.

둘째, 사람의 가치를 알아야 합니다.

　사람을 얻을 줄 아는 지혜를 가진 사람들의 특징은 사람의 중요성과 가치를 안다는 것입니다. 삼국지에는 사람을 얻는 일을 중요시 여기는 사람들이 영웅으로 등장합니다. 왜 이들은 사람을 얻으려고 했을까요, 사람의 가치를 아는 사람들이었기 때문입니다. 성공하는 그리스도인이 되려면 사람을 중요시 여기고 사람의 가치를 아는 지혜를 가져야 합니다.

오늘의 기도

주님, 사람을 얻는 지혜가 있게하여 주옵소서, 예수님의 이름으로 기도드립니다. 아멘

유리 하는 자의 슬픔

"본향을 떠나 유리하는 사람은 보금자리를 떠나
떠도는 새와 같으니라"

신)찬 184장	제 41 주						잠 27:8
구)찬 173장	월	화	수	목	금	토	

영국의 한 부호가 카나리아를 한 마리 사서는 금반지도 끼워주고 꽃관도 씌워 주기도 하면서 18년 동안 애지중지 키웠습니다. 어느날 집에서 화재가 생겨 새장의 끈이 끊어져 문이 열리는 바람에 새는 자유를 얻어 날아갔습니다. 그러자 부호는 매우 슬퍼하며 카나리아를 찾기위해 이곳저곳을 수소문 했습니다. 그로부터 두달후 카나리아는 아프리카 키네아 지방에서 발견하여 다시 집으로 데려왔습니다. 카나리아는 4천8백km를 날아갔던 것입니다. 그 새는 무려 18년이란 긴 세월이 흘렀는데 어떻게 고향을 찾아갈수 있었을까, 부호는 카나리아의 고향에 대한 애틋한 사랑으로 인해 눈시울이 젖었습니다. 그리고는 크게 깨달은 바가 있어서 카나리아를 다시 고향으로 보내 완전히 해방시켜 주었습니다. 이처럼 고향은 하나님이 만드신 모든 피조물들에게 동일하게 중요합니다.

첫째, 본향을 떠나 유리하는 사람을 긍휼히 여겨야 합니다.

성경에서도 하나님은 나그네를 멸시하지 말것을 말씀하고 있습니다. 아브라함도 부지중에 천사를 대접하였습니다(창18장), 아브라함이 천사를 부지중에 대접하였던 이유는 나그네를 대접하는 그들의 전통과 무관하지 않습니다. 나그네는 고향을 떠난 사람들이기 때문에 여러 가지로 애로사항을 겪는 사람들입니다. 그들을 긍휼히 여겨야 하는 이유가 바로 그것입니다.

둘째, 성도는 영원한 본향을 사모하여야 합니다.

사람들은 누구나 고향이 있습니다. 이를 본향이라고 합니다. 본향을 떠난 사람들은 조금의 시간이 지나면 다시금 고향을 그리워 합니다. 고향을 그리워하는 것은 사람의 본능과도 같은 것입니다. 그러나 하나님의 자녀인 성도들은 땅에 있는 본향보다 하늘에 있는 본향을 사모하여야 합니다. 종국적으로는 그곳이 돌아갈 본향이기 때문입니다.

오늘의 기도

주님, 영원한 본향을 사모하며 살게하여 주옵소서, 예수님의 이름으로 기도드립니다. 아멘

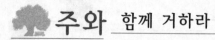 주와 함께 거하라

"우리가 담대하여 원하는 바는 차라리 몸을 떠나
주와 함께 거하는 그것이라"

(신)찬 250장	제 41 주						
(구)찬 182장	월	화	수	목	금	토	고후5:8

리빙스턴이 처음 아프리카로 가기 위해 배를 탈 때였습니다. 많은 친구들이 그의 안전한 여행을 기원하며 부두까지 나와주었습니다. 몇몇 친구들은 그가 여행하게 될 검은 대륙에서 당할지도 모르는 위험을 상기시키며 조심하기를 당부하였습니다. 그런데 한 친구가 리빙스턴에게 영국에 그대로 남아 있기를 진지하게 권하였습니다. 그러자 리빙스턴은 성경을 펼쳐서 마28장에 기록되어 있는 주님의 마지막 말씀을 큰 소리로 읽어주었습니다.

"볼지어다 내가....너희와 항상 함께 있으리라"

그러고는 갈길을 막는 그 친구를 향해 이렇게 말하였습니다.

"여보게, 이것이 주님께서 내게 주신 약속이라네, 그러니 나와 주님을 보내주게나"

이 이야기는 리빙스턴이 주와 함께 동행하는 것에 대한 확신에 대한 것입니다. 주와 함께 동행하는 사람은 어디든지 갈수 있습니다.

첫째, 주와 동행하는 삶을 기뻐해야 합니다.

예수님의 다른 이름은 '임마누엘' 이십니다. 하나님이 항상 우리와 함께 계신다는 뜻입니다. 함께 하시는 하나님은 언제 어디서나 동행하여 주시기를 원하십니다. 하나님과 함께 동행하는 확신을 가진 사람들은 세상의 다른 것들로 인하여 부러워하지 않습니다. 항상 감사함으로 동행이신 예수 그리스도를 즐거워 합니다.

둘째, 주와 함께 거하기를 사모해야 합니다.

본문은 "차라리 몸을 떠나"라고 하고 있습니다. 이 말씀은 복음을 전하다가 죽게 되더라도 그것은 주와 함께 거하는 것이기 두렵지 않다는 것입니다. 복음의 전하는 사람의 담대함을 깨닫게 하는 말씀입니다. 주와 함께 거하기를 소원하는 사람은 복음을 전하다가 당하는 어떤 어려움에도 두려워하지 않습니다. 주와 함께 거할 소망이 있기 때문입니다.

오늘의 기도

주님, 주와 함께 거하기를 사모하게 하여 주옵소서, 예수님의 이름으로 기도드립니다. 아멘

지혜 에 장성한 사람

"형제들아 지혜에는 아이가 되지 말고
악에는 어린아이가 되라 지혜에 장성한 ..."

(신)찬 242장	제 41 주						
(구)찬 233장	월	화	수	목	**금**	토	고전14:20

본문에서는 지혜와 악을, 아이와 장성한 사람을 대조하여 말씀하고 있습니다. 결론적으로 지혜롭고 성숙한 사람이 되라는 말입니다. 성도의 신앙생활과 교회생활에서 필요한 사람은 지혜롭고 성숙한 사람입니다. 그리고 악을 행하지 않는 사람입니다. 고린도교회에서는 교회 안에서 악을 행하는 사람들로 인하여 교회가 분열 위기에 놓이게 되었습니다. 분별없이 행동하고 악한일을 저지르는 사람들로 인하여 많은 사람이 피해를 입게 되었습니다. 이로 인하여 바울은 여러 차례 권면하고 책망하였습니다. 그러나 지혜롭고 성숙한 사람들은 분별없이 행동하지 않습니다. 교회와 성도들간에 덕을 세우는 행동을 합니다. 그것이 성도의 본분입니다.

첫째, 하나님은 지혜를 중요시 여깁니다.

아라비아 격언에 보면 "지혜로운 사람의 하루는 어리석은 자의 일생과 맞먹는다"라는 말이 있습니다. 이 말은 사람들이 얼마나 지혜를 중요시 여기는지를 잘 보여주는 격언이라고 볼수 있습니다. 사람도 이렇게 중요시 여기는 지혜에 대해 하나님은 어떻게 말씀하시고 있습니까, "지혜는 그 얻은 자에게 생명 나무라 지혜를 가진 자는 복되도다"(잠3:18) 라고 하였습니다. 이는 하나님이 얼마나 지혜를 중요시 여기는지를 잘 보여주는 말씀입니다. 하나님은 지혜를 중요시 여기십니다. 이처럼 하나님이 중요시 여기는 지혜에 대해 하나님의 자녀인 성도들은 장성한 어른과 같이 되어야 합니다.

둘째, 지혜를 중요시 여겨 지혜를 소유한 사람이 성숙한 성도가 될수 있습니다.

"지혜가 제일이니 지혜를 얻으라 네가 얻은 모든 것을 가지고 명철을 얻을지니라"(잠4:7) 라고 하였습니다. 지혜가 모든 것 중에 제일이라고 성경은 말씀하고 있습니다. 성숙한 성도의 잣대는 지혜로움이라고 볼수 있습니다. 신앙이 성숙한 성도일수록 모든 일에 지혜롭게 처신합니다. 그러나 지혜의 중요성을 모르는 사람은 지혜를 소유하려고 하지 않습니다. 하지만 성도는 지혜의 중요성과 가치를 알고 참 지혜를 소유한 성숙한 성도가 되어야 합니다.

오늘의 기도

주님, 항상 지혜에 장성한 성도가 되게하여 주옵소서, 예수님의 이름으로 기도드립니다. 아멘

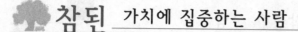

참된 가치에 집중하는 사람

"내가 모든 사람에게 자유하였으나
스스로 모든 사람에게 종이 된 것은 더 ..."

(신)찬 536장	제 41 주						
(구)찬 326장	월	화	수	목	금	토	고전9:19

　사도 바울의 삶의 특징은 '열정'이라고 할 수 있습니다. 그야말로 미친듯이 복음을 전했다는 표현이 어울릴 정도로 복음에 열심이며 헌신적인 사람이었습니다. 무엇이 그를 그토록 열정적인 사람으로 만들었을까요, 그것은 바로 가치입니다. 바울은 가치를 발견한 사람이었습니다. 그리고 그 가치에 집중하는 삶을 살았습니다. 스스로 종이 될 정도로 낮아지면서까지 바울이 추구한 것은 가치에 대한 헌신 때문이었습니다. 그 가치는 바로 예수 그리스도의 십자가입니다. 이와 같이 참된 가치에 대한 집중과 헌신은 바울과 같은 사람으로 변화 될 수 있는 요소가 될수 있습니다.

첫째, 가치의 중요성을 알아야 집중합니다.

　열정적인 사람의 공통점은 가치에 집중한다는 것입니다. 자신이 집중하는 일에 대한 가치를 알기 때문에 모든 열정을 쏟아 붓습니다. 21세기 미국에서 새롭게 조명받는 CEO가 있습니다. 그가 바로 스티브잡스(Steven Paul Jobs)입니다. 그는 한마디로 컴퓨터에 미친 사람이라고 해도 전혀 이상하지 않을 정도로 컴퓨터에 열정적인 사람이었습니다. 그는 컴퓨터에 모든 열정을 쏟아 부었습니다. 가치를 알기 때문에 집중한 것입니다. 가치는 중요성을 아는 사람이 집중할 수 있습니다.

둘째, 참된 가치는 예수 그리스도입니다.

　사람이 선택의 기로에서 한가지를 선택해야만 할 때 작용하는 기준은 가치입니다. 어느 것이 더 중요한지를 생각하고 보다 가치있는 것을 선택하게 됩니다. 세상의 모든 것을 다 버려도 여전히 소유하고 싶은 당신의 가치는 무엇입니까, 하나님의 자녀인 성도들은 당연히 "예수그리스도!"라고 대답할 수 있어야 합니다. 천하를 다 주어도 바꿀 수 없는 가치가 바로 예수 그리스도이기 때문입니다.

　오늘의 기도

주님, 예수 그리스도의 가치에 집중하는 사람이 되게 하여 주옵소서, 예수님의 이름으로 기도드립니다. 아멘

하나님이 세우신 리더의 자질

"여호와께서 사울을 떠나 다윗과 함께 계시므로
사울이 그를 두려워한지라 …"

신)찬 304장	제 42 주						
구)찬 404장	월	화	수	목	금	토	삼상18:12-14

요즘은 리더십에 대한 관심이 뜨겁습니다. 당연히 기업들도 CEO들의 리더십에 많은 관심을 가집니다. 왜냐하면 리더들의 리더십과 성향에 따라 그 단체나 기업의 성격이 달라지며, 방향이 달라지기 때문이다. 리더십의 실패는 때로 한 나라의 국운을 좌우하기도 합니다. 성경에서도 리더십에 실패한 사람의 이야기가 나옵니다. 그가 바로 사울입니다. 그러나 이와는 달리 리더십에 성공함으로 하나님께 쓰임받은 사람이 있습니다. 그는 다윗입니다. 다윗의 리더십은 하나님의 주권을 인정하는 것에 있었습니다. 다윗은 그것을 인정함으로 성공할 수 있었습니다. 이처럼 성도는 성경을 통해 성공하는 리더의 자질을 배워야 합니다.

첫째, 하나님이 세우신 리더는 하나님의 주권을 인정하는 사람입니다.

하나님이 사람을 세우실 때 적용하는 한가지 기준이 있습니다. 하나님의 주권을 인정하는 것입니다. 아무리 자질이 뛰어나고 개인의 능력이 탁월해도 하나님의 주권을 인정하지 않는 사람을 하나님은 쓰시지 않습니다. 그러나 사람이 보기에 좀 부족해 보여도 조금 미련해 보여도 하나님은 그가 하나님의 주권을 인정하는 사람이라면 일단은 합격이라고 볼수 있습니다. 다윗이 그런 사람이기 때문입니다. 그는 형들보다 용모가 출중하지 못했지만 오직 한가지 하나님의 주권을 철저히 인정하는 마음중심 때문에 선택받은 사람입니다. 하나님은 그의 주권을 인정하지 않는 사람은 쓰시지 않습니다.

둘째, 우선순위를 바꾸지 않는 사람입니다.

일에는 항상 먼저해야 할 것이 있고 나중해야 할 것이 있습니다. 일을 효율적으로 잘하는 사람은 무엇을 먼저 해야 하는지 알고 그 우선순위를 바꾸지 않습니다. 하나님이 쓰시는 사람도 마찬가지입니다. 우선순위를 정하고 어떤 경우에도 그 우선순위를 바꾸지 않는 사람을 하나님은 사용하십니다.

오늘의 기도

주님, 언제나 하나님의 주권을 인정하는 삶이 되게 하여 주옵소서, 예수님의 이름으로 기도드립니다. 아멘

실력 이라는 진검승부

"그 블레셋 사람이 둘러보다가 다윗을 보고 업신여기니 이는 그가 젊고 용모..."

신)찬 382장	제 42 주							
구)찬 432장	월	화	수	목	금	토	삼상17:42

다윗과 골리앗의 싸움에서 골리앗은 다윗을 이길수 있는 여러 가지 조건을 가지고 있었습니다. 골리앗은 다윗보다 용사로서의 힘과 신장은 탁월하게 앞서 있었습니다. 뿐만 아니라 실전에서의 경험 또한 풍부한 사람이었습니다. 그러나 다윗과의 승부에서는 그야말로 처참하게 짓이겨지고 말았습니다. 그이유가 무엇일까요, 그것은 실전에서 승부는 실력이라는 사실을 그가 잠시 간과했기 때문입니다. 그리스도인의 삶도 마찬가지입니다. 성도의 신앙생활은 잘 훈련된 '경건'이라는 실력이 있을때 비로소 사단과의 승부가 가능합니다.

첫째, 실전에서 중요한 것은 실력입니다.

골리앗이 다윗과의 싸움에서 실수한 것은 실력의 차이를 분석하지 않은 것입니다. 실력은 결코 드러나는 외형적인 것으로는 판가름 나지 않습니다. 실전에서 부딪칠 때 정확한 것을 알 수 있습니다. 성도의 삶에서 이런 실수를 범하면 안됩니다. 사단을 결코 무시하거나 얕잡아 보아서는 안됩니다. 항상 하나님의 말씀으로 무장하고 그리스도의 보혈로 정결함을 유지해야 합니다. 이것이 성도의 실력입니다. 그렇지 않고는 사단과의 정면승부에서 절대로 승리할수 없습니다.

둘째, 경험보다 앞서는 것은 실력입니다.

모든일에 경험을 앞세우는 사람이 있습니다. 물론 경험이 실전에서 중요한 것은 틀림없는 사실입니다. 그러나 실력없이 경험만 많다고 반드시 이기는 것은 아닙니다. 실력이 겸비된 사람이 경험을 앞세울 때 승리할 확률이 높은 것입니다. 성도도 마찬가지입니다. 경험만 앞세우는 사람이 되어서는 안됩니다. 항상 겸손함으로 하나님의 말씀에 대한 묵상과 적용을 통한 영적실력으로 경험을 쌓아야 합니다.

오늘의 기도

주님, 경건의 훈련을 게을리하지 않게 하여 주옵소서, 예수님의 이름으로 기도드립니다. 아멘

고난 에 처한자의 기도

"내가 여호와를 가리켜 말하기를 저는나의 피난처요
나의 요새요 나의 의뢰 …"

신)찬 384장	제 42 주						
구)찬 434장	월	화	수	목	금	토	시91:2-3

하나님은 사람의 입에서 나오는 말을 중요하게 여기십니다. 불평을 말하고 원망을 말하는 사람에게는 벌을 내리시고, 긍적이고 적극적이며 창조적으로 말하는 사람에게는 그 입의 고백이 이루어지게 하여 주십니다. 그러므로 성도는 어떠한 경우에라도 그 입을 부정적으로 열어서는 안됩니다. 특히 고난 가운데 성도는 불평보다는 감사를, 부정적인 말보다는 긍정적인 말을 하여야 합니다. 시편 기자의 고백처럼 하나님에 대한 분명한 긍정적인 자기 신앙 고백이 있을때 하나님은 그를 높여 주십니다.

첫째, 고난 가운데 있을수록 긍정적이어야 합니다.

미국 메이저리그에 카를로스 페냐(Carlos Pena)라는 선수가 있습니다. 이 선수는 1998년 마이너리그 최고의 유망주였습니다. 그러나 그는 2006년 디트로이트에서 방출선수로 전락하고 말았습니다. 하지만 절치부심 끝에 그는 2007년 시즌 46홈런으로 AL 2위에 올랐으며 121타점 99득점을 기록하며 화려하게 부활했습니다. 탬파베이 선수로는 처음으로 40홈런 고지를 넘는 선수가 되었습니다. 이런 결과는 어려울 때 긍정적 자세를 유지하고 열심히 노력한 결과입니다. 성도는 고난 가운데 있을수록 이런 긍정적 자세를 잃지 않아야 합니다.

둘째, 고난 중에라도 믿음을 잃지 않아야 합니다.

고난당한 사람에게 가장 중요한 것은 돈이나 사람, 명예나 권세가 아닙니다. 믿음을 잃지 않으며 믿음으로 인내할 줄 아는 성경적 삶의 자세입니다. 일반적으로 어려움이나 환난, 고난이 오면 사람들은 낙심하고 절망합니다. 심지어는 있던 믿음까지 잃어버리고 맙니다. 그러나 성도는 어떤 고난 가운데서라도 믿음을 잃지 않아야 합니다. 왜냐하면 소망이 거기에 있기 때문입니다.

오늘의 기도

주님, 항상 긍정적인 사람이되게 하시고 믿음의 말을 하게 하여 주옵소서, 예수님의 이름으로 기도드립니다. 아멘

상한 심령을 빨리 회복하라

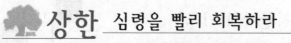

"사람의 심령은 그 병을 능히 이기려니와
심령이 상하면 그것을 누가 일으키겠.."

신)찬 370장	제 42 주						
구)찬 455장	월	화	수	목	금	토	잠18:14

"모든 병은 마음에서 온다"라는 말이 있습니다. 곧 이말은 오늘날 스트레스와 같다 하겠습니다. 상한 마음을 빨리 회복하지 않고 스트레스를 빨리 회복하지 않으면 그것은 곧 그사람으로 하여금 병을 가져다 줍니다. 뿐만 아니라 마음이 회복되지 않은 사람, 스트레스에서 좀처럼 벗어나지 못하는 사람은 아무리 약을 먹어도 병을 잘 이길 수 없습니다. 이와같은 문제를 극복하고 해결하는 길은 마음을 잘 다스리는 방법밖에는 없습니다. 그러므로 성도는 항상 성령의 충만함으로 이와같은 문제로부터 자유함을 얻어야 합니다.

첫째, 상한 심령의 회복이 우선입니다.

마음에 상처를 받아 낙심한 사람들이 우선 해야 할 일이 있다면 그것은 문제의 회복이나 상황의 변화가 아닙니다. 문제로부터 상한 마음입니다. 일단 사람이 마음이 상하고 상처를 받게되면 문제를 바라볼 줄 아는 안목이 상실됩니다. 위기의식이나 두려움 때문에 올바른 판단력을 상실하기 때문입니다. 그럴수록 상한 마음을 회복하기 위해 힘써야 합니다. 말씀과 성령으로 상한 심령의 회복을 경험하는 것이 우선입니다.

둘째, 여호와 라파의 하나님을 의뢰해야 합니다.

성경에는 '여호와 라파(Jehovah-rapha)'의 하나님이 등장할 때가 있습니다. 여호와 라파'란 말은 영어로는 'Healing God'에 해당하는 말로 '치료하시는 의사이신 하나님'을 일컬을 때 사용합니다. 하나님은 무엇을 치료하실까요? 하나님은 모든 것을 다 치료하시는 분이십니다. 하나님은 만물의 의사가 되십니다. 그러므로 하나님의 자녀인 성도들은 상한심령이 되었을 때 속히 만물의 의사이신 여호와 라파의 하나님께 나아가야 합니다.

오늘의 기도

주님, 성령의 충만함으로 모든 마음의 문제를 이기게 하여 주옵소서, 예수님의 이름으로 기도드립니다. 아멘

믿는 자가 돌아보아야 할 사람

"손님 대접하기를 잊지말라 이로써
부지중에 천사들을 대접한 이들이 있었느..."

(신)찬 31장	제 42 주						
(구)찬 46장	월	화	수	목	금	토	히13:2-3

성경은 믿는자가 함부로 해서는 안되는 사람들에 대해 말씀하고 있습니다. 첫째는 손님입니다. 이는 '나그네' 라고도 할 수 있습니다. 아브라함의 집에 찾아온 세사람은 손님으로 온 사람이기 보다는 나그네 처럼 다가 왔습니다. 둘째는 '갇힌자' 입니다. 이들은 복음을 위해 수고한 사람들입니다. 셋째는 '학대 받는 자' 입니다. 이유 없이 학대받는 사람은 있습니다. 복음을 위해 학대를 받든 다른 이유로 인해 학대를 받든 이 세종류의 사람들은 사회적인 약자들입니다. 믿는 자들은 이들을 돌아보아야 합니다.

첫째, 손님을 대접하는 것은 하나님의 뜻입니다.

21세기 정보화시대의 중요성은 마케팅입니다. 인터넷이 보급되면서 정보를 보다 빠르게 전달할 수 있는 시대에 살 수 있게 되었습니다. 기업들은 이런 점을 십분활용하여 기업 마케팅에 이용하고 있습니다. 기업 마케팅에서 없어서는 안될 것이 있습니다. 그것이 바로 고객입니다. 고객이 없이는 마케팅도 없습니다. 그렇다면 성도의 삶에서 중요시 여겨야 될 것은 무엇일까요? 하나님의 뜻입니다. 이것은 아무리 강조해도 지나치지 않습니다. 그런 의미에서 손님 대접하는 것이 중요한 이유는 이것이 하나님의 뜻이기 때문입니다.

둘째, 갇힌자와 학대받는 사람을 돌아보아야 합니다.

갇힌 자와 학대받는 자의 공통점은 이들은 사회적으로 약자들이라는 것입니다. 이들은 외면 받는 사람들입니다. 이들 중에는 바울처럼 복음을 전하다가 갇힌 사람들도 있고 다른 이유로 인해 갇힌 사람들도 있습니다. 그러나 분명한 한가지 사실은 하나님은 이들을 돌아보라는 것입니다. 관심을 가지고 사랑으로 돌보라는 의미입니다. 하나님은 이와같은 사람들을 하나님의 자녀인 성도들이 돌아보기를 원하십니다.

오늘의 기도

주님, 진짐으로 돌아볼 사람을 돌아보게 하여 주옵소서, 예수님의 이름으로 기도드립니다. 아멘

제자 로 부르신 사람

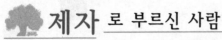

"예수께서 가라사대 나를 따라 오너라
내가 너희로 사람을 낚는 어부가 되게 ..."

(신)찬 195장	제 42 주						막1:17-18
(구)찬 175장	월	화	수	목	금	**토**	

신약성경 복음서에는 예수님께서 제자들을 부르실 때의 상황에 대해 설명하는 부분이 있습니다. 그들 중 어떤이는 어부였고, 어떤 이는 세리였습니다. 각자 자신들의 삶의 터전을 가지고 있던 사람들이었습니다. 그러나 예수님은 제자로 부르신 이들을 향하여 그들의 것을 버려두고 좇으라고 하셨습니다. 이것은 제자의 삶을 말씀하시는 것입니다. 제자로서의 삶을 살아야 하는 사람들은 내려놓아야 할 것들을 내려놓고 주를 따라야 합니다. 오늘날 그리스도인들은 하나님께서 제자로 부르신 사람들입니다. 자신이 내려 놓아야 할 것이 무엇인지를 알고 그것을 내려 놓는 신앙인이 되어야 합니다.

첫째, 제자로 부르신 사람은 내려놓아야 할 것이 있습니다.

예수님은 공생애 기간동안 12명의 제자를 구별하여 부르셨습니다. 부르심을 받은 제자들은 서로의 직업이나 삶의 환경이 다른 사람들도 있었습니다. 그러나 그들은 각자 그들의 생업을 내려놓고 예수님을 따랐습니다. 뿐만 아니라 제자들은 자신들의 생각이 아닌 예수님의 의도대로 움직였습니다. 이것이 제자로서의 삶입니다. 제자로서의 삶은 자신을 주장하는 삶이 아닙니다. 자신을 내려놓고 예수님을 따르는 삶이 제자로서의 삶입니다.

둘째, 성도는 하나님께서 제자로 부르신 사람들입니다.

하나님의 자녀인 성도들은 하나님이 제자로서 삶을 살도록 제자로 부르신 사람들입니다. 제자로서의 삶은 일반 사람들과는 다른 삶입니다. 예수님의 제자들의 삶이 달랐듯이 오늘날 제자로 부르신 성도들의 삶도 분명히 달라야 합니다. 일반 세상사람들과 똑같다면 이는 제자로 부르신 사람들이라고 할수 없습니다.

셋째, 제자에게는 사명이 있습니다.

제자로 부르심을 받은 사람들에게는 사명이 있습니다. 사명을 알지 못하면 제자로 부르심을 받은 사람이라고 할수 없습니다. 하나님은 제자로 부르신 성도들이 사명을 알지 못하는 것을 원하시지 않습니다. 사명감당은 자기 사명을 깨닫고 순종하는 사람들만이 감당할 수 있습니다.

🍀 오늘의 기도

주님, 아직도 내려놓지 못한 것을 내려놓게 하여 주옵소서, 예수님의 이름으로 기도드립니다. 아멘

이단을 경계하라

"이는 가만히 들어온 거짓 형제 까닭이라
저희가 가만히 들어온 것은 그리스도 …"

(신)찬 522장	제 43 주						갈2:4
(구)찬 269장	월	화	수	목	금	토	

초대교회로부터 지금까지 교회의 분열은 다른 곳에 있지 않았습니다. 교회의 내부적인 문제가 대부분이었습니다. 바로 이단의 문제입니다. 이단의 특징은 진실을 말하지 않는다는 것입니다. 진실을 왜곡하여 성도들로 하여금 영적 혼란을 야기시킵니다. 오늘날 유사 기독교인 신천지 집단이나, 하나님의 교회(안상홍)와 같다 할 수 있습니다. 성도는 무슨 일이 있어도 진리 안에 바로 세워져서 이단으로 인하여 넘어지는 일이 없도록 하여야 합니다.

첫째, 바로 알면 넘어지지 않습니다.

이단에 빠지지 않는 가장 좋은 방법으로 무엇이 있을까요? 이단에 대해 많이 알면 이단에 빠지지 않을까요? 아닙니다. 이단들에 대해 많이 안다고 이단에 빠지지 않는 것은 아닙니다. 많은 경우 이렇게 오해하는 사람들이 있습니다. 오히려 그 반대입니다. 이단은 복음에 대해 바로 알고 바로 믿으면 절대로 이단에 넘어지지 않습니다. 바른성경, 바른교리, 바른복음을 분명히 알고 있어야 합니다. 그러므로 이단에 대해 알려고 하지 말고 복음을 바로 이해하고 알도록 노력해야 합니다.

둘째, 이단은 교회를 분열시킵니다.

다른 복음을 전하는 이단의 특징은 교회를 분열시킨다는 것입니다. 고린도교회가 시끄럽고 다툼과 분열이 많았던 이유는 가만히 들어온 거짓 복음이 성도들을 미혹하였기 때문입니다. 미혹된 성도들은 거짓 복음으로 교회를 분열시켰습니다. 바른 복음은 교회를 절대로 분열시키지 않습니다. 오히려 희생을 통한 하나됨을 추구합니다. 이단의 특징을 바로 알고 가정이나 교회 안에서 이런 징후가 발견 되거든 속히 깨달아야 합니다. 그리고 바른 복음으로 치료해야 합니다.

오늘의 기도

주님, 언제나 말씀의 진리 안에 살게하여 주옵소서, 예수님의 이름으로 기도드립니다. 아멘

복받을 사람의 행동원칙

"그러므로 생명을 사랑하고
좋은날 보기를 원하는 자는 혀를 금하여 악한 …"

신)찬 86장	제 43 주						
구)찬 86장	월	화	수	목	금	토	벧전3:10-11

사람은 누구나 가난하거나 힘들게 살고 싶어하지 않습니다. 그러나 자신의 뜻과는 상관없이 힘들고 가난하게 사는 사람들이 있습니다. 이런 사람들은 분명 자신들의 삶의 태도와 연관이 있음을 알아야 합니다. 특히 부정적인 말이나 악한 마음의 태도는 결코 사람을 잘되게 하지 않습니다. 이런 사람들은 말이나 삶의 태도를 바꾸어야만 비로서 세상을 바로 볼 수 있으며 자신을 바로 볼 수 있습니다. 예수님의 삶의 태도나 언어는 항상 긍정 그 자체였습니다. 성경 어디서도 예수님의 부정적인 삶의 이미지는 찾아볼 수 없습니다. 복있는 성도의 삶의 태도나 말은 바로 이와 같아야 합니다.

첫째, 복있는 말을 해야 합니다.

일곱 살 난 아이가 아버지와 함께 아침 시간을 보내고 있었습니다. 아이는 얼마동안 얘기를 나눈 후 타자기 앞에 앉아서 타자를 치기 시작했습니다. 그래서 아버지가 보니 아들이 친 글은 상스러운 욕설이었습니다. 아버지는 매우 실망하고 놀랐습니다. 그러나 표현하지 않고 부드럽게 물었습니다.

"너 어디서 이 말을 배웠니?"

"어제 아버지가 화났을때 엄마한테 이 말을 했잖아요"…

말의 중요성을 보여주는 예화입니다. 그러므로 성도들은 어떤 경우에라도 복있는 사람다운 말을 해야 합니다.

둘째, 화평을 추구하는 삶을 살아야 합니다.

'화평'이라는 말은 헬라어로 '에이레네'입니다. 이 말은 전쟁이 없는 평화의 상태를 나타낼 때 이 말을 사용하였습니다. 그리고 평화적인 태도, 적의가 없는 태도를 의미하기도 합니다. 하나님의 자녀인 성도들은 누구에게나 적의가 있어서는 안됩니다. 적의가 없는 태도로 사람들을 대하는 것은 하나님이 원하시는 삶의 태도 입니다.

오늘의기도

주님, 복있는 사람의 말이나 행동을 나타내게 하소서, 예수님의 이름으로 기도드립니다. 아멘

자신 의 경험을 내려 놓을 때를 아는 사람

"시몬이 대답하여 가로되 선생이여
우리들이 밤이 맞도록 수고를 하였으되 얻은 …"

신)찬 88장	제 43 주							
구)찬 88장	월	화	수	목	금	토	눅5:5-6	

사람에게 경험은 그사람의 소중한 자산이 되어집니다. 심지어는 실패의 경험조차도 삶의 자산으로 삼을 수 있습니다. 그러나 성경은 이와 같은 경험이 아무리 유익하여도 그것을 내려놓아야 할 때에 대해서 말씀하시는 부분이 있습니다. 그것이 언제냐면 예수님께서 말씀하실 때 입니다. 주께서 말씀하실때는 아무리 많은 자신의 경험이라도 내려 놓아야 합니다. 그때 하나님께서 주시는 놀라운 은혜와 축복을 경험할 수 있습니다. 그러므로 성도는 경험보다 말씀을 앞세우며 살아야 합니다.

첫째, 때로는 전문적인 지식도 내려놓을 필요가 있습니다.

베드로가 물고기를 그물이 찢어지도록 잡은 이유는 자신의 물고기 잡는 경험을 내려놓았기 때문입니다. 베드로는 물고기 잡는 베테랑이었습니다. 만일 베드로가 자신의 경험만 의지하고 예수님의 말씀을 무시했더라면 그물이 찢어지는 경험을 할 수 없었을 것입니다. 이처럼 하나님의 말씀은 때로 인간의 경험을 내려놓게 할 때가 있습니다.

둘째, 기적은 자신을 내려놓고 하나님을 의지할 때 경험할 수 있습니다.

제2차 세계대전 말기 프랑스 북부 해안 도시인 덩케르크에서 독일군은 파리가 보이는 곳에서 47시간 동안 총을 쏘지 않고 있었습니다. 프랑스인들은 겨우 8시간 동안 지탱할 수 있는 탄약밖에 갖고 있지 않았습니다. 그러나 공교롭게도 이날은 프랑스인들이 정한 '민족을 위한 기도의 날' 바로 다음날에 발생한 사건입니다. 이런 기적은 사람의 경험으로는 설명할 수 없는 것입니다.

 오늘의 기도

주님, 경험보다 말씀을 앞세우며 살게하여 주옵소서, 예수님의 이름으로 기도드립니다. 아멘

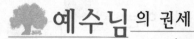

예수님의 권세

"이에 예수께서 꾸짖으시니 귀신이 나가고
아이가 그때부터 나으니라, 이때에…"

신)찬 425장	제 43 주							
구)찬 217장	월	화	수	목	금	토	마17:18-19

복음서에는 예수님께서 가끔 꾸짖으시는 장면이 나옵니다. 놀라운 것은 그
때마다 자연도 사람도 반응을 보였다는 사실입니다. 본문의 말씀에서는 귀
신들린 아이에게 예수님께서 꾸짖으시니 귀신이 나가는 모습을 보여주고 있
습니다. 예수님을 통해서 이런 초자연적인 일들이 일어나는 이유는 예수님
에게는 권세가 있기 때문입니다.

첫째, 예수님은 만물을 다스리시는 통치자 입니다.

'권세'는 '엑수시아' 입니다. 이 말은 '통치력' 또는 '권력자' 라는 의미를
가지고 있습니다. 예수님은 이땅 뿐만 아니라 온 우주를 다스리는 통치력을
가지신 권력자입니다. "또 만물을 그의 발 아래에 복종하게 하시고 그를 만
물 위에 교회의 머리로 삼으셨느니라"(엡1:22) 라고 하였습니다. 성도가 예
수님의 다스림과 통치아래 있다는 것은 전혀 부끄러운 일이 될수 없습니다.
오히려 자랑해야 할 일입니다.

둘째, 예수님은 자신의 권세를 성도들에게도 주셨습니다.

"내가 너희에게 뱀과 전갈을 밟으며 원수의 모든 능력을 제어할 권세를 주
었으니 너희를 해할 자가 결코 없으리라"(눅10:19) 라고 하였습니다. 예수님
은 칠십인의 제자들을 각 고을로 파송하시면서 그들에게 권세를 주셨습니
다. 그 권세는 예수님이 가지신 권세였습니다. 오늘날도 동일하게 이 말씀을
적용할수 있습니다.

오늘의 기도

주님, 오늘도 예수님의 권세를 인정하고 순종하게 하여 주옵소서, 예수님의 이름으
로 기도드립니다. 아멘

그리스도 의 지체라는 의미

"너희 몸이 그리스도의 지체인 줄을 알지 못하느냐
내가 그리스도의 지체를 ..."

(신)찬 505장	제 43 주							고전6:15
(구)찬 268장	월	화	수	목	금	토		

하나님의 자녀들은 그 몸을 자신들 마음대로 할 수 없습니다. 예로부터 우리 조상들도 몸은 부모님이 주신 것이라 하여 함부로 하지 않았습니다. 사람도 이럴진대 예수그리스도로 말미암아 하나님의 자녀가 되고 그리스도의 지체가 된 성도가 그 몸을 자신의 의지대로 함부로해도 된다는 생각은 잘못된 생각입니다. 지체라는 말은 몸의 일부라는 뜻입니다. 그러므로 성도들은 그리스도와 한몸인 것입니다. 오직 그리스도의 뜻을 따라 움직이고 살 때 참된 지체로서 온전한 삶을 살 수 있습니다.

첫째, 성도는 그리스도의 지체라는 한몸 의식을 가져야 합니다.

몸의 각 지체들은 한 몸이면서 서로 다른 다양한 기능들을 가지고 있습니다. 서로 다른 기능을 가진 지체들이지만 분명 한 몸인 것은 틀림없습니다. 한 몸의 특징은 한 인격으로 인정받는 다는 것입니다. 성도도 이와 같습니다. 그리스도의 지체로서 그리스도의 인격을 가진 사람으로 인정 받을 수 있습니다.

둘째, 성도는 자기 몸을 창기와 같이 더럽혀서는 안됩니다.

성경은 왜 성도의 몸을 창기와 같이 더럽혀서 안된다고 말씀하고 있을까요? 그 이유는 '지체'를 잘 이해함으로 알 수 있습니다. 성도가 자신의 몸을 함부로 자기것인양 마음대로 부려 자신을 더럽게 하면 그것은 자기 몸만 더럽게 하는 것이 아니라 곧 그리스도를 욕되게 하는 것이 됩니다. 그래서 성경은 창기와 같이 더럽히지 말라고 권면하고 있는 것입니다.

오늘의 기도

주님, 그리스도의 지체로서 올바른 삶을 살 수 있도록 하여 주옵소서, 예수님의 이름으로 기도드립니다. 아멘

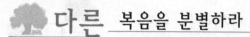

다른 복음을 분별하라

> "만일 누가 가서 우리의 전파하지 아니한
> 다른 예수를 전파하거나 혹 너희의 …"

신)찬 348장	제 43 주							
구)찬 388장	월	화	수	목	금	토	고후11:4

모라비아 교회 선교사들이 예수 그리스도의 복음을 전하기 위하여 최초로 그린랜드에 파견되었을 때 그들은 그곳 사람들에게 먼저 자연종교의 교리를 가르치는 것이 필요하다고 생각하였습니다. 그러나 그 결과는 단 한사람의 개종자를 얻는데 무려 17년이나 걸리는 비참한 결과를 초래했습니다. 뜻밖에 그 한사람의 개종자는 십자가와 그리스도의 희생에 관한 말씀을 전했을 때 였습니다. 다른 복음으로는 절대로 사람을 구원에 이르게 할 수 없음을 증명한 사건 이라고 볼 수 있습니다.

첫째, 복음은 죄를 깨닫게 하는 것입니다.

복음은 죄인들에게 죄인임을 깨닫게 하는 것입니다. 죄인임을 깨닫게 하지 않고 죄를 지적하지 않는 것은 복음이라고 할 수 없습니다. "모든 사람이 죄를 범하였으매 하나님의 영광에 이르지 못하더니"(롬3:23) 라고 하였습니다. 죄인이 아닌 사람은 아무도 없습니다.

둘째, 복음은 그리스도를 전하는 것입니다.

그리스도를 전하지 않는 복음 또한 온전한 복음이라고 할 수 없습니다. 유대주의 자들은 그리스도를 전하지 않고 할례를 전했습니다. 이것은 복음이 아닙니다. 복음은 그리스도를 전하는 것입니다. 예수가 아닌 다른 그리스도를 전하는 것 또한 복음이라고 할 수 없습니다. 예수 그리스도만이 참된 복음입니다.

셋째, 복음은 십자가를 전하는 것입니다.

십자가는 피흘림이 있습니다. 피흘림은 죄사함의 보혈입니다. 오직 예수그리스도의 보혈만이 온 인류의 죄를 대속할 수 있습니다. 그런데 십자가를 빼놓고 전하는 복음은 있을 수 없는 일입니다. 말세 일수록 다른 복음을 주의해야 합니다.

오늘의 기도

주님, 다른 복음을 좇지 않는 선한 분별력을 주옵소서, 예수님의 이름으로 기도드립니다. 아멘

스데반 의 순교가 주는 교훈

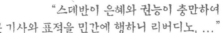
(신)찬 546장	**제 44 주**						
(구)찬 399장	월	화	수	목	금	토	행6:8-15

초대교회 최초의 순교자인 스데반은 초대교회의 처음 일곱집사 가운데 한 사람이었습니다. 그는 분명한 믿음의 확신과 그리스도에 대한 정확한 이해가 있는 사람이었습니다. 그러나 오늘날은 자신이 그리스도인이면서 복음에 대한 올바른 이해가 없는 사람이 너무 많습니다. 이런 사람들은 항상 사단의 공격대상이 됩니다. 그러므로 성도는 자신의 신앙에 대해 복음에 대해 스데반처럼, 성경과 교회 그리고 그리스도인을 변호할 수 있는 분명한 확신과 논리를 가지고 있어야 합니다.

첫째, 주님을 기억하는 사람이 순교할 수 있습니다.

알렉산드리아의 클레멘트의 글에 이런 글이 기록되어 있습니다.

베드로는 자기와 거의 같은 시기에 사형장에 끌려가는 아내를 보고 아내가 천국에 갈 것을 마음속으로 기뻐하여 그를 위로하고 격려하느라 이렇게 말했다고 합니다.

"여보, 주님을 기억합시다."

이처럼 어느 때에라도 항상 그리스도를 기억하는 사람은 목숨과 맞바꾸는 순교의 사명을 감당할 수 있습니다.

둘째, 순교는 새 생명을 얻는 영광스러운 순간입니다.

교회사에서 순교에 대한 일화는 수도 없이 많이 있습니다. 이는 순교를 영광스럽게 생각한 그리스도인들이 많았다는 것을 의미합니다. 요한 노에스의 이야기입니다. 요한 노에스는 화형에 처해지자 기둥에 입을 맞추면서 말했습니다.

"이날을 만나기 위해 이 세상에 태어난 것을 감사한다"

그리고는 옆 기둥에 묶인 친구에게 말했습니다.

"우리들은 이 불속에서 생명을 잃는 것이 아니네 더 훌륭한 생명을 얻기 위해서 잠시 고통을 받는 것 뿐이야 말하자면 석탄이 진주로 변하는 것이지"라고 하였습니다. 요한 노에스는 순교를 새 생명을 얻는 영광스러운 순간으로 생각했습니다.

 오늘의 기도

주님, 스데반과 같은 믿음의 사람이 되게하여 주옵소서, 예수님의 이름으로 기도드립니다. 아멘

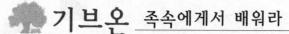

기브온 족속에게서 배워라

"기브온 거민들이 여호수아의 여리고와 아이에 행한
일을 듣고 꾀를 내어 사..."

신)찬 309장	**제 44 주**						
구)찬 409장	월	화	수	목	금	토	수9:3-15

　구약의 여호수아서의 초반부에는 특이한 사건이 나옵니다. 그 사건이 바로 기브온 족속이 여호수아를 속이고 이스라엘과 조약을 맺는 사건입니다. 처음부터 기브온 족속들은 이스라엘과 조약의 대상이 되지 않았습니다. 그것을 잘 알고 있는 기브온 족속들이 거짓으로 꾀를 냅니다. 당연히 쫓겨나야 할 땅에서 오히려 이스라엘과 조약을 맺음으로서 가나안을 차지하게 되는 특혜를 누립니다. 지혜롭게 행동한 결과입니다. 하나님은 성도가 지혜롭게 행동하기를 원하십니다. 오히려 기브온 족속들보다 더 지혜롭게 행동할 수 있어야 합니다.

　성도의 지혜로움은 하나님께 영광이 됩니다.

　칼라일은 "인간에게 제일 무서운 것은 행운과 행복이 없는 것이 아니라 지혜가 없는 것이다"라고 했습니다. 지혜의 중요성을 이보다 더 실감나게 표현할 수는 없을 것 같습니다. 지식보다 중요한 것이 지혜입니다. 본문의 상황에서 본다면 기브온 족속의 지혜가 그들의 민족을 살렸습니다. 기브온 족속의 지혜는 무엇보다 상황을 잘 파악했다는데 있었습니다. 첫째로는 이스라엘 백성이 가나안땅의 주인이 될 수 있다는 점을 파악하였고 둘째로는 그들은 절대로 이스라엘 백성들의 적수가 될 수 없다는 점을 파악하였습니다. 모든 상황을 파악한 기브온 족속들이 내린 결론은 전쟁을 피하고 화친조약을 맺는 것이었습니다. 그러나 가나안에 살고 있는 한 이스라엘 백성들과 조약을 맺기는 불가능했습니다. 그래서 꾀를 낸것이 멀리서 온 것 처럼 변장을 하고 분장을 하는 것이었습니다. '막히면 돌아가라' 는 말처럼 기브온 족속들은 상황이 불리해질 때 마다 해법을 마련해 내었습니다. 결국 그들은 성공적으로 이스라엘 백성들과 조약을 맺을 수 있었고 가나안 땅에서 쫓겨 나지도 않았으며 가나안의 주인이 아니면서 가나안 땅에서 살 수 있는 특권을 누린 족속들이 되었습니다. 지혜롭게 행동한 결과입니다. 그러나 이 말씀을 통해서 성도는 적어도 이들 보다는 지혜로워야 한다는 사실을 알 수 있습니다 이들보다 지혜롭지 못하고서야 어찌 하나님의 자녀라고 할 수 있습니까? 성도가 세상에서 지혜로울 때 하나님은 성도들로 인하여 영광을 받으실 수 있는 것입니다.

오늘의 기도

주님, 지혜로운 하나님의 자녀가 되게하여 주옵소서, 예수님의 이름으로 기도드립니다. 아멘

고난을 통해 배우는 욥의 신앙

"욥이 일어나 겉옷을 찢고 머리털을 밀고
땅에 엎드려 경배하며 가로되 내가 ..."

(신)찬 350장	제 44 주							욥1:20-22
(구)찬 393장	월	화	수	목	금	토		

의인으로서 고난을 받은 대표적인 구약의 사람은 욥입니다. 욥은 고난받을 아무런 이유가 없는 사람이었습니다. 그러나 사단은 이런 욥을 그냥 내버려 두지 않았습니다. 기어이 그를 고난 가운데 빠드리고 말았습니다. 사단이 고난을 통해 욥에게 바라는 것이 있었다면 그것은 하나님에 대한 불평과 원망이었습니다. 그러나 그는 오히려 고난 가운데서도 하나님께 대하여 원망함으로 범죄하지 않았습니다. 이런 욥의 절대 신앙은 오늘날 성도가 배워야할 신앙의 모범 사례입니다.

첫째, 욥은 고난 가운데 다른 사람을 탓하지 않았습니다.

성경에서 고난당한 욥을 보면 정말 마음이 아픕니다. 멀쩡한 자녀들이 하루아침에 다 죽어 버렸고, 그 많던 재산들도 없어지고 말았습니다. 뿐만 아니라 몸에 악창까지 나서 죽을 지경이 되었습니다. 이보다 더 불쌍하고 불행한 인생이 어디있겠습니까, 그러나 그럼에도 불구하고 욥이 잘한 것은 다른 아무도 탓하지 않았다는 것입니다. 고난 중에 남을 탓하는 사람보다 어리석은 사람은 없습니다.

둘째, 욥은 고난 중에도 하나님의 주권을 인정하고 찬양하였습니다.

하나님의 주권을 인정하고 찬양하며 살아간다는 것은 쉽고도 어려운 일입니다. 특히 고난 중에서도 하나님의 주권을 인정하기는 쉽지 않습니다. "왜 나에게 이런 고통을 주십니까?" 라고 말하는 것이 쉽습니다. 그러나 욥은 고난 자체도 하나님의 주권속에 이루어지는 섭리라고 믿었습니다. 그리고 찬양하는 것 또한 잊지 않았습니다. 바로 이런 점이 욥의 신앙의 장점이라고 볼 수 있습니다. 성도는 이런 신앙을 본받는 자 되어야 합니다.

오늘의 기도

주님, 욥의 신앙을 본받는 성도가 되게하여 주옵소서, 예수님의 이름으로 기도드립니다. 아멘

인정 받는 믿음의 사람이 되라

"바로와 그 모든 신하가 이 말을 좋게 여긴지라
바로가 그 신하들에게 이르되 …"

(신)찬 270장	제 44 주							
(구)찬 214장	월	화	수	목	금	토	창41:37-45

구약성경에서 지혜로웠던 사람들 중 한 사람은 요셉입니다. '지혜'라는 말은 구약성경에서 150회 정도 나옵니다. 그중에 절반 이상은 지혜서가 차지합니다. 지혜가 중요함은 이는 다른 사람들로 하여금 인정받는 사람이 되기 때문입니다. 요셉이 애굽에서 바로의 인정을 받을 수 있었던 것도 지혜 때문입니다. 그리스도인들이 다른 사람에게 인정을 받는 것은 중요한 문제입니다. 오늘날 교회의 문제는 세상에서 인정받지 못한다는데 있습니다. 그 이유는 영향력이 없기 때문입니다.

첫째, 영향력이 있어야 인정받을 수 있습니다.

사람이 살면서 다른 사람으로부터 인정받는 것은 쉬운 일이 아닙니다. 그 사람의 영향력의 크기 만큼 인정 받을 수 있습니다. 미국의 여성 방송인 오프라 윈프리는 2003년초 실시된 해리스 여론 조사에서 1998년과 2000년에 이어 미국인들이 가장 좋아하는 TV 방송인으로 꼽혔으며 흑인 여성으로서는 처음으로 경제 전문지 포브스로부터 재산 10억 달러 이상의 부자중 한 사람으로 지목됐습니다. 이것은 영향력이 없으면 인정받을 수 없는 일들입니다. 흑인으로서 이런 일들이 가능한 이유는 그녀의 영향력의 크기가 크기 때문입니다.

둘째, 훈련된 거룩함이 영향력을 가질 수 있습니다.

요셉의 인물됨은 훈련된 거룩함이 있었기 때문에 가능한 일이었습니다. 요셉이 애굽에서 차지하는 영향력은 절대적인 것이었습니다. 바로의 전권을 다 맡긴 사람이 요셉입니다. 하나님은 요셉의 훈련된 거룩함을 쓰셨습니다. 요셉이 잘 훈련된 사람이 아니었다면 하나님은 그를 쓰시지 않았을 것입니다. 그러므로 그리스도인은 훈련을 통한 거룩한 영향력으로 세상에서 인정받는 사람이 되어야 합니다.

오늘의 기도

주님, 하나님이 주신 지혜로 인정받는 사람이 되게하여 주옵소서, 예수님의 이름으로 기도드립니다. 아멘

슬로브핫의 딸들이 주는 교훈

"슬로브핫의 딸들이 여호와께서 모세에게 명하신 대로
행하니라 슬로브핫의 …"

(신)찬 438장	제 44 주							민36:10-12
(구)찬 495장	월	화	수	목	금	토		

슬로브핫은 므낫세 사람 헤벨의 아들입니다. 그는 아들이 없이 딸만 다섯을 남기고 죽었습니다. 슬로브핫이 죽은 후 문제는 슬로브핫의 기업의 문제였습니다. 아들이 없이 딸만 있었기 때문에 아무도 기업을 받을 수가 없었습니다. 그러나 그녀들은 모세에게 요구하여 기업을 받습니다. 그 이유에 대해서 성경은 슬로브핫의 딸들이 여호와께서 모세에게 명하신대로 행했기 때문이라고 하였습니다. 슬로브핫의 딸들은 하나님 보시기에 합당한 결혼을 함으로써 기업을 받을 수 있는 구실을 만들었던 것입니다. 그러므로 성도는 하나님 보시기에 항상 합당한 삶을 살도록 노력해야 합니다.

첫째, 하나님 보시기에 합당한 삶이 우선입니다.

독일의 위대한 작곡가 요한 제바스티안 바흐의 아들중 가장 재능이 뛰어났던 프리데만 바흐는 술을 마시다가 인생을 탕진했습니다. 프란츠 요제프 하이든 보다 재능이 뛰어났던 동생 미하엘 하이든은 술 때문에 인생을 망쳤습니다. 슈베르트는 상습적으로 포도주를 마셨기 때문에 30대 초반에 죽었습니다. 슈만은 음주벽으로 정신착란을 일으켰습니다. 36세에 상처한 렘브란트는 알코올 중독자가 되었습니다. 이들은 한결같이 재능이 뛰어난 사람들이었지만 비운의 삶을 살았습니다. 이들과 같은 삶은 결코 하나님이 보시기에 합당한 삶이 아닙니다. 성도는 하나님 보시기에 합당한 삶이 무엇인지 분별하여 살아야 합니다.

둘째, 말씀을 순종하여야 기업을 받을 수 있습니다.

슬로브핫의 딸들이 땅을 기업으로 받을 수 있었던 이유는 말씀에 순종하여 원칙을 지켰기 때문입니다. 정해진 규칙을 따르지 않고 이익을 챙기려고 하는 사람들이 있습니다. 그러나 하나님의 자녀인 성도들은 말씀이 요구하는 대로의 원칙과 규칙을 지켜야 합니다. 하나님의 언약은 지키는 사람에게 주어지기 때문입니다.

오늘의 기도

주님, 항상 말씀에 합당한 삶을 살도록 하여 주옵소서, 예수님의 이름으로 기도드립니다. 아멘

그리스도 인의 삶의 중심이 되는 것

"또 안식일에 제사장들이 성전안에서 안식을 범하여도
죄가 없음을 너희가 율..."

(신)찬 88장	제 44 주						
(구)찬 88장	월	화	수	목	금	토	마12: 5-6

신약시대에 예수님은 종종 안식일 때문에 논쟁을 벌이신 일이 있었습니다. 그 이유는 예수님께서 안식일날 유대인들이 보기에 율법과 어긋나는 일들을 가끔 하셨기 때문입니다. 제자들이 안식일날 밀밭 사이로 지나다가 그것을 잘라 먹는 일이라든지, 안식일에 손마른 사람을 고치는 사건들을 통해서 예수님은 논쟁의 발화점이 되셨습니다. 그러나 이 때 마다 예수님께서는 안식일보다 중요한 것, 성전보다 중요한 것에 대해 말씀하셨습니다. 그것이 바로 예수 그리스도입니다. 예수님은 안식일 보다 중요하며, 성전보다 중요합니다. 그리스도인들의 삶에 진짜 중심은 예수그리스도여야 합니다.

첫째, 외식하는 사람들은 항상 핵심을 벗어납니다.

성경에서 외식하는 사람들의 특징은 진짜 중요한 핵심은 비켜간다는 것입니다. 바리새인들이 예수님을 싫어했던 이유는 그들이 중요시 여기는 것을 예수님께서는 중요시 여기지 않았기 때문입니다. 그러나 바리새인들이 진짜 중요하게 여겨야 했던 것은 바로 그들이 싫어했던 예수그리스도 였습니다.

둘째, 그리스도인의 삶의 중심은 예수그리스도여야 합니다.

어떤 사람이 아인슈타인의 부인에게 물었습니다.
"당신은 아인슈타인 박사의 아내니까 상대성 이론에 대해 잘 알겠네요?"
그러나 아인슈타인의 부인은 이렇게 대답했습니다.
"아니요, 아인슈타인의 상대성 이론은 잘 모르지만 남편 아인슈타인에 대해서는 잘 알아요"
이 이야기는 아인슈타인의 부인이 중요시 여기는 것은 상대성 이론이 아니라 그녀의 남편인 아인슈타인이었다는 것을 말해줍니다. 오늘날 모든 그리스도인들이 진짜 중요시 여기는 것이 무엇일까요? 예수 그리스도가 중요한 삶의 중심이라면 예수님이 누구신지에 대해 잘 알것입니다.

오늘의 기도

주님, 오늘도 나의 삶의 중심이 예수 그리스도가 되게하여 주옵소서, 예수님의 이름으로 기도드립니다. 아멘

행동 으로 옮기는 때

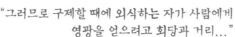

"그러므로 구제할 때에 외식하는 자가 사람에게 영광을 얻으려고 회당과 거리..."

(신)찬 91장	제 45 주						
(구)찬 91장	월	화	수	목	금	토	마6:2

성경에서 구제는 하나님께서 귀히 여기시는 것 가운데 하나입니다. 이스라엘 백성들은 전통적으로 추수 때에 모든 곡물을 다 베어내지 않았습니다. 뿐만 아니라 의도적으로 이삭들도 남겨두었습니다. 이는 나그네와 가난한 사람들을 위한 배려였습니다. 그런데 그것을 지키는 사람들에게 문제가 생겼습니다. 순수한 의도로 하는 것이 아닌, 자신을 나타내려고 하는 경우가 생기기 시작했습니다. 무엇을 하든 그리스도인은 절대로 자신을 먼저 나타내어서는 안됩니다. 하나님의 말씀을 실천할 때는 항상 그것을 실천해야하는 적당한 때를 알고 겸손히 행해야 합니다.

첫째, 구제는 하나님의 백성이 당연히 해야 할 도리입니다.

옛말에 "가난은 나랏님도 구제 못한다"라는 말이 있습니다. 이 말은 성경과는 맞지 않는 말입니다. 왜냐하면 하나님은 가난하고 불쌍한 사람들에 대하여는 긍휼과 자비로 구제하는 것을 원하시기 때문입니다. 하나님의 자녀인 성도들은 가능한 한 자신이 베풀 수 있는 처지에 있는 사람이라면 반드시 구제의 사명을 감당해야 합니다.

둘째, 진실된 마음으로 때를 따라 구제하여야 합니다.

성경에서 외식하는 자들의 구제는 자기가 영광을 받으려고 사람들이 많은 회당이나 거리에서 하였습니다. 여기에 긍휼이나 자비, 진실된 마음으로의 구제는 전혀 찾아볼 수 없습니다. 이런 외식적인 행동은 하나님이 가장 싫어하시는 것 가운데 하나입니다. 진실된 마음으로 상대방의 마음을 배려하여 최선을 다해 때를 따라 구제하는 것이 마땅합니다.

오늘의 기도

주님, 때를 알고 행동하는 성도가 되게 하여 주옵소서, 예수님의 이름으로 기도드립니다. 아멘

기도 의 교훈을 주신 예수 그리스도

"조금 나아가사 얼굴을 땅에 대시고 엎드려
기도하여 가라사대 내 아버지여 ..."

신)찬 191장	제 45 주						
구)찬 427장	월	**화**	수	목	금	토	마26:39

　예수님께서 하신 겟세마네 기도는 성도들의 신앙생활에 기도에 대한 교훈을 주기에 충분한 사건입니다. 그 기도의 중심에는 철저히 하나님의 뜻을 구하며 그뜻에 순종하려는 강한 의지가 나타나 있는 것을 알수 있습니다. 기도는 철저히 하나님의 뜻을 구하는 것이어야 합니다. 뿐만 아니라 순종에 대한 겸손한 자세도 가지고 있어야 합니다. 하나님의 뜻을 구하는 사람은 절대로 교만하지 않습니다. 또한 기도는 결코 자신만 위하는 것이 되어서는 안됩니다. 자신을 통해 하나님의 뜻을 이루는데 중점을 두어야 합니다.

첫째, 성경을 통해 기도를 배워라

　'조지 스위팅'은 기도에 대해 이렇게 말했습니다.

"우리들은 요즘 책을 읽을 때 저자가 대답하고 설명해 주길 바라지만 그것은 불가능한 일이다. 그러나 아주 놀라운 일인 것처럼 보이지만 성경을 읽을 때 그것이 가능하다" 이 말은 성경에 모든 설명과 답이 있다는 말입니다. 실제로 그렇습니다. 기도에 대해 알기를 원하는 사람은 기도에 대한 좋은 책보다, 사람들의 간증보다 성경에서 배워야 합니다.

둘째, 예수님의 기도를 통해 배워야 합니다.

　성경속에 있는 많은 기도의 인물중 예수님보다 좋은 기도의 본은 없습니다. 올바른 기도를 하기를 원하는 사람은 예수님을 통해 기도를 배워야 합니다. 왜냐하면 예수님처럼 하나님의 뜻대로 기도한 사람은 드물기 때문입니다. 뿐만 아니라 기도를 통한 하나님의 뜻을 철저히 순종하며 실천하신 분이 예수 그리스도입니다. 그러므로 예수님보다 더 좋은 기도의 본보기는 없다고 해도 과언이 아닌 것입니다.

오늘의 기도

　주님, 하나님의 뜻을 구하는 기도를 하게 하여 주옵소서, 예수님의 이름으로 기도드립니다. 아멘

교회 공동체가 해야할 세가지

"우리가 너희 무리를 인하여 항상 하나님께 감사하고
기도할 때에 너희를 말..."

신)찬 86장	제 45 주						
구)찬 86장	월	화	수	목	금	토	살전1:2-3

사도 바울은 데살로니가 교회를 위하여 기도하고 권면할 때 그들의 행실에 대하여 칭찬하였습니다. 그 칭찬은 오늘날 교회와 성도에게 있어야 할 교훈입니다. 첫째, 믿음의 역사가 있어야 합니다. 둘째, 사랑의 수고가 있어야 합니다. 셋째, 소망의 인내가 있어야 합니다. 이와 같은 역사가 교회와 성도를 통해서 나타나야 합니다. 이런 교회와 성도가 세상에서 칭찬받을 수 있습니다. 예수 그리스도를 중심으로하는 교회와 가정, 성도는 항상 이 세가지를 위해 항상 기도해야 합니다.

첫째, 교회는 믿음의 역사가 있어야 합니다.

교회는 믿음의 공동체입니다. 교회의 구성원들은 믿음을 중심으로 움직입니다. 믿음이 없다면 이 공동체는 실상 유지 하기가 가장 힘든 공동체입니다. 그러므로 이 교회 공동체에서는 믿음의 역사가 끊이지 않고 일어나야 합니다. 믿음의 역사는 믿음으로 행동하는 결과를 말합니다. 믿음의 행위가 없는 교회는 믿음의 역사가 일어날 수 없습니다.

둘째, 교회는 사랑의 수고가 있어야 합니다.

'수고'는 '코포스'입니다. 이 말의 의미 속에는 '고된 일, 고통'이라는 의미가 포함되어 있습니다. 사랑의 수고라는 것은 사랑으로 고통스러운 일, 고된일을 극복한다는 의미입니다. 교회 공동체에서 일어나는 각종 어렵고 힘든일을 사랑으로 극복한다는 의미입니다. 오늘날의 교회에도 이런 사랑의 수고가 있어야 합니다.

셋째, 교회는 소망의 인내가 있어야 합니다.

소망은 기대를 나타내는 말입니다. 플라톤은 인간 존재는 단순히 현재를 수용하고 과거를 회상하는 것만으로 결정되는 것이 아니라, 좋은 것이든 나쁜 것이든 간에 미래에 대한 기대에 의해 결정된다고 말했습니다. 이와 같은 기대감으로 인내함이 교회에는 반드시 필요합니다.

오늘의 기도

주님, 믿음으로 사랑의 수고를 마다하지 않는 성도가 되게하여 주옵소서,
예수님의 이름으로 기도드립니다. 아멘

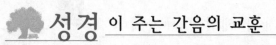

성경 이 주는 간음의 교훈

"무녀의 자식, 간음자와 음녀의 씨
너희는 가까이 오라 너희가 누구를 희롱하..."

신)찬 445장	제 45 주							사57:3-10
구)찬 502장	월	화	수	목	금	토		

결혼한 남녀는 언제나 서로를 존중하며 살아야 합니다. 구약 성경에서도 종종 하나님과 이스라엘 백성과의 관계를 혼인한 신랑과 신부의 관계로 묘사하는 하는 경우가 있습니다. 남편은 아내에게 아내는 남편에게 서로 순결성을 유지해야 할 의무가 있습니다. 일반적인 혼인 관계에서도 그렇지만 하나님은 이스라엘 백성에게 육적으로 영적으로 간음한 죄를 무겁게 보셨습니다. 그리고 간음의 결과를 용납하지 않으셨습니다. 그러므로 성도는 육신적으로도 결코 간음을 하지 말아야 하겠지만 영적인 간음도 하지 말아야 합니다. 하나님은 결코 간음한 사람을 용납하지 않으십니다.

첫째, 육적인 간음도 멀리해야 합니다.

왓슨은 "간음은 인간의 명예를 더럽힌다"라고 했습니다. 간음은 결코 사람에게 유익하지 않습니다. 이는 성도도 마찬가지입니다. 하나님이 만드신 피조물 중에 산비둘기는 순결한 짐승으로 인정 받습니다. 그 이유는 부부관계를 굳게 지킬 줄 아는 동물이기 때문입니다. 사람이 또는 성도가 이보다 못하다면 하나님이 보시기에 선할리 없다는 것은 당연한 이치입니다.

둘째, 영적인 간음도 멀리해야 합니다.

십계명의 제1계명은 하나님외에 다른 신을 섬기지 않는 것입니다. 이 첫 번째 계명은 영적 간음에 대한 계명으로도 볼 수 있습니다. 여인이 남편이 아닌 다른 남편과 관계를 맺는 것은 불법이요 간음입니다. 하나님도 하나님 외에 다른 신을 섬기는 것을 간음으로 여깁니다. 성도는 하나님 앞에 순결해야 합니다. 영적으로도, 육적으로도 간음은 짓지 말아야 할 중요한 죄입니다.

오늘의 기도

주님, 항상 그리스도인으로서 순결성을 잃지 않게 하여 주옵소서, 예수님의 이름으로 기도드립니다. 아멘

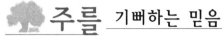 주를 기뻐하는 믿음

"비록 무화과 나무가 무성치 못하며
포도나무에 열매가 없으며 감람나무에 ···"

(신)찬 446장	제 45 주						
(구)찬 500장	월	화	수	목	금	토	합3:16-19

　19세기 이후 산업화가 가속화 되면서 두드러지게 나타나는 특징은 사람들이 점점 물질 중심으로 바뀌고 있다는 것입니다. 그래서 '물질만능주의' 라는 말까지 생겨났습니다. 예나 지금이나 물질이 사회생활을 하는 인간에게 중요한 것은 사실입니다. 그러나 성경은 물질중심적인 사고를 철저히 멀리합니다. 하박국은 특히 주의 백성이 무엇을 중심으로 살아야 하는지에 대해 말하고 있습니다. 그리스도인은 물질보다 신본주의 사상으로 살아야합니다. 항상 여호와를 기뻐하고 예수 그리스도로 인하여 만족함을 누리며 살아갈 수 있어야 합니다. 참된 그리스도인의 모습이란 바로 그런 것입니다.

첫째, 예수 그리스도 자체가 기쁨입니다.

　아버지와 함께 애리조나에 사냥하러 왔던 아이가 그만 길을 잃어 캠프를 찾지못해 6일 밤낮을 헤매다가 마침내 캠프에서 32마일 떨어진 곳에서 발견되었습니다. 그러자 어머니는 돌아온 아들을 껴안고 흐느껴 울며 이렇게 소리쳤습니다.

"내 아들을 다시 찾으리라고는 꿈에도 생각지 못했어요" 그리고는 너무 기뻐 기절하고 말았습니다. 1천여명을 동원해 사냥 캠프 근처에서 아들을 찾고 있던 아버지도 전화로 아들을 찾았다는 소식을 듣고 역시 그 자리에서 기절하고 말았습니다. 이들 부부에게는 아들 찾은 기쁨보다 아들 자체가 소중 했던 것입니다. 성도에게도 예수 그리스도는 그 자체가 소중하고 그 자체로서 기쁨입니다.

둘째, 주님 한분만으로도 기뻐해야 합니다.

　하박국 선지자의 고백은 오직 여호와로만 즐거워하고 기뻐하겠다는 고백입니다. 다른 것보다 여호와만으로 기뻐하겠다는 것입니다. 하박국서에서 이 고백은 하박국이 하나님과의 논쟁에서 결론적인 고백이라고 볼 수 있습니다. 하나님께 불만을 터트렸던 하박국은 하나님의 크신 뜻을 깨닫고 난 후에는 하나님 한분의 중요성을 고백하고 자신의 신앙고백으로 받아들였습니다. 이 고백이 오늘날 모든 성도들에게도 있어야 합니다.

🍀 오늘의 기도

　주님, 주를 기뻐하며 그리스도를 중심으로 살게하여 주옵소서, 예수님의 이름으로 기도드립니다. 아멘

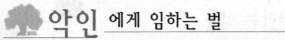

악인 에게 임하는 벌

"그 때에 내가 등불로 예루살렘에 두루 찾아 무릇 찌끼같이 가라앉아서 심중…"

신)찬 435장	제 45 주						
구)찬 492장	월	화	수	목	금	토	습1:12-13

본문은 스바냐를 통해서 하나님께서 유다를 심판 하신다는 예언입니다. 무엇 때문에 그들은 하나님의 심판을 받게 되었을까요? 그 이유는 하나님이 주신 율법을 어겼기 때문입니다. 하나님께서는 율법을 어긴 사람들을 악하게 보셨습니다. 악인들은 결코 하나님 앞에서 물질의 풍성함이나 삶의 안락함을 누릴 수 없게 되어 있습니다. 있다고 하더라도 그것은 잠시 뿐입니다. 결코 오래가지 않습니다. 그러나 의인의 삶을 추구하는 사람에게는 하나님께서 은혜를 베푸십니다.

첫째, 하나님은 악한 자를 반드시 심판하십니다.

등불로 예루살렘에 두루 찾는다는 말씀은 하나님의 심판이 예외없이 철저하게 임한다는 것을 표현한 말씀입니다. 하나님은 복도,화도 내리지 아니할 것이라고 생각하는 사람들의 이런 생각은 하나님을 무시하는 생각입니다. 그러나 하나님은 그들에 대하여 그들의 생각이 잘못되었으며 그런 그들의 악한 행실을 심판하시겠다고 말씀하신 것입니다. 악한 일을 행하면서도 하나님이 심판하지 않으실 것이라는 안일한 생각은 정말 위험한 발상입니다. 하나님은 이런 사람들을 향하여 반드시 심판하십니다.

둘째, 하나님은 심판을 통해서 하나님의 섭리를 나타내십니다.

하나님의 심판의 목적은 때로 징계 자체보다는 하나님이 역사의 주관자요 섭리하시는 분이시라는 것을 깨닫게 하실 목적으로 심판하실 때가 있습니다. 인생역사의 모든 섭리는 반드시 하나님께서 주관하십니다. 깨닫지 못하는 사람들에게 하나님은 심판이라는 징계를 통해서라도 알게 하여 주십니다. 어떠한 경우에라도 하나님의 섭리와 주권을 부정하는 말이나 행동을 해서는 안됩니다.

오늘의 기도

주님, 의인의 삶을 추구하는 성도가 되게하여 주옵소서, 예수님의 이름으로 기도드립니다. 아멘

믿음의 사람 백부장에서 배우라

"예수께서 가버나움에 들어가시니
한 백부장이 나아와 간구하여 가로되 주여 ..."

신)찬 288장	제 46 주						
구)찬 204장	월	화	수	목	금	토	마8:5-13

신약성경에는 이방인으로서 특이한 신앙의 전력을 보여주는 사람이 있습니다. 그 사람이 바로 백부장입니다. 신약의 백부장처럼 예수님을 제대로 이해한 사람은 드뭅니다. 그는 예수님의 권세와 권위를 인정했고, 예수님의 신성과 인성을 인정한 사람이었습니다. 뿐만 아니라 자신을 예수님 앞에서 한없이 낮추는 겸손한 모습까지 보여주고 있습니다. 오늘날 그리스도인이 보여주어야 할 신앙의 모습을 이방인이었던 백부장이 보여주고 있습니다. 어떻게 그런 일이 가능할수 있을까요? 그 이유는 예수님을 제대로 이해하려고 할때 가능합니다.

첫째, 백부장은 바른 신앙고백이 있는 사람이었습니다.

백부장이 믿음의 사람이라는 것은 누구도 부인할 수 없습니다. 왜냐하면 백부장의 신앙의 고백을 그것을 증거하여 주기 때문입니다. 백부장은 예수님의 권세를 인정함을 받아들였습니다. 자신의 권세와는 비교 되지 않는 하늘의 권세를 가진 분으로 인정하였습니다. 그 고백을 예수님께 전하였을 때 예수님은 백부장의 믿음을 인정하여 주셨습니다. 믿음의 사람이란 이처럼 바른 신앙의 고백이 있는 사람이 믿음의 사람입니다.

둘째, 백부장은 자신의 종을 사랑하는 사람이었습니다.

백부장의 믿음의 장점은 사랑이 있는 사람이라는 것입니다. 비록 자신의 하인이요 종이지만 그는 그사람을 사랑하였습니다. 예수님께 종을 위해 간청할 때 그는 그에 대한 사랑의 마음이 있었습니다. 예수님은 백부장의 믿음을 기이히 여기시고 그의 믿음을 귀히 여기신 이유는 백부장의 이와같은 사랑의 마음을 이해하셨기 때문입니다. 믿음의 사람은 사람을 귀히 여기며 사랑합니다.

오늘의 기도

주님, 주를 온전히 깨닫게 하시고 본받는 삶이 되게 하여 주옵소서, 예수님의 이름으로 기도드립니다. 아멘

아흔 아홉 마리 양과 한 마리 양

"너희 생각에는 어떻겠느뇨
만일 어떤 사람이 양 일백 마리가 있는데 그 중에 …"

(신)찬 277장	**제 46 주**						
(구)찬 335장	월	**화**	수	목	금	토	마18:12-14

　예수님은 양 일백마리의 비유를 통해서 예수님이 사람을 어떻게 귀히 여기시는 지를 보여주셨습니다. 잘못 생각하면 길 잃은 한 마리 양을 나머지 아흔 아홉보다 더 귀하에 여기신다는 생각을 하게 합니다. 그러나 예수님은 길 잃은 한 마리 양의 중요성을 목자 잃은 양이기 때문에 측은하게 생각하여 중요히 여기셨다는 것을 알 수 있습니다. 목자 잃은 양은 그야말로 서럽기 짝이 없습니다. 우리의 인생이 이와 같이 목자없는 양같이 되지 말아야 합니다. 항상 목자를 중심으로 삶의 초점을 맞추고 살아야 합니다. 길 잃은 양, 목자 없는 양은 짐승의 표적, 사탄의 표적이 됨을 분명히 기억해야 합니다.
첫째, 목자없는 양보다 불쌍한 것은 없습니다.
　양의 특징은 보호가 필요한 동물이라는 것입니다. 뿐만 아니라 스스로를 지킬 수 있는 능력이 부족한 동물이라는 것입니다. 이런 의미에서 양은 목자가 없을 때 가장 위험한 상태가 됩니다. 보호 받을 수 없기 때문에 가장 위험한 것입니다. 그래서 양은 목자가 없을 때 가장 불쌍합니다. 예수님께서 양의 비유를 말씀하신 이유는 아흔 아홉 마리의 양이 한 마리 양보다 덜 귀하다는 의미가 아니라 목자없는 한 마리 양이 불쌍하다는 말씀인 것입니다. 양은 목자가 없을 때 가장 불쌍합니다. 성도들도 마찬가지입니다. 목자인 예수가 없을 때 가장 불쌍해 집니다.
둘째, 자기 뜻대로 움직이면 길을 잃어버립니다.
　본문에서 잃어버린 한 마리의 양은 본인의 부주의가 더큽니다. 나머지 양들이 다 목자의 인도를 받고 갈 때 한 마리는 그 무리를 따르지 못했습니다. 목자의 잘못보다는 양 스스로의 잘못이 더 크다고 볼 수 있습니다. 성도들도 자기 뜻대로 살아가면 이와 같은 상태가 됩니다. 절대 목자의 음성에 귀를 귀울이며 따라가는 삶을 살아야 합니다.

🍀 　오늘의 기도

주님, 언제나 주를 붙들고 살아가게 하여 주옵소서, 예수님의 이름으로 기도드립니다. 아멘

 **보혜사**를 **구하라**

"내가 아버지께 구하겠으니
그가 또 다른 보혜사를 너희에게 주사 영원토록 …"

신)찬 197장	제 46 주						
구)찬 178장	월	화	수	목	금	토	요14:16-17

　예수님은 성령에 대해 말씀하실 때 보혜사로 말씀하셨습니다. 뿐만 아니라 부활후 승천하실 때 예루살렘을 떠나지 말고 아버지의 약속하신 성령을 기다리라고 말씀하셨습니다. 그 이유는 성도는 보혜사 없이는 세상을 살아가기 힘이 들기 때문이었습니다. 하나님의 뜻을 구하고 그 뜻대로 살아가기 위해서는 반드시 보혜사 성령의 도움이 필요합니다. 그럼에도 불구하고 성령의 도우심, 보혜사의 도움을 요청하지 않는 자존심 강한 어리석은 사람들이 있습니다. 그러나 그리스도인은 반드시 성령의 인도를 받아야 온전한 믿음의 삶을 살 수 있습니다.

첫째, 하나님은 성도가 보혜사의 도움을 받기를 원하십니다.

　보혜사이신 성령은 그리스도와 동일한 분이시며 하나의 인격이십니다. '보혜사'라는 말은 '곁에 있는 사람'을 뜻하는 '파라클레테'라는 희랍어에서 온 것입니다. 인격적인 존재로서 보혜사는 우리의 대변자가 되어 주십니다. 하나님께서는 예수님을 통해서 하나님의 자녀인 성도가 보혜사의 도움을 받으며 살기를 원하십니다.

둘째, 성령을 따르며 살아야 합니다.

　어떤 부흥사의 설교를 냉소적이고 비판적인 태도로 듣고 난 한 여자가 도전적으로 질문을 던졌습니다.

"당신은 이 시대의 정신을 따르지 않는군요, 너무 시대에 뒤쳐져 있다고 생각지 않으세요?" 그러자 부흥사는 이렇게 대답했습니다.

"당신의 말이 옳습니다. 나는 이시대의 정신을 따르지 않습니다. 나는 이시대 속에서 활동하시며 또 내안에 계신 성령을 따를 뿐입니다"

하나님의 자녀인 성도들의 삶도 이와같은 성령을 따르는 삶이어야 합니다.

🍀 오늘의 기도

　주님, 오늘도 보혜사 성령의 인도를 받는 삶이 되게하여 주옵소서, 예수님의 이름으로 기도드립니다. 아멘

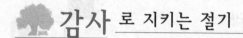

감사 로 지키는 절기

"너는 무교절을 지키되
내가 네게 명한 대로 아빕월 그 기한에 칠 일 동안 …"

신)찬 592장	**제 46 주**						
구)찬 311장	월	화	수	목	금	토	출34:18-22

추수감사절은 청교도 신앙에서 유래했습니다. 그러나 절기의 유래는 성경에서 먼저 찾을 수 있습니다. 본문은 하나님께서 이스라엘 백성에게 지켜야 할 세 절기에 대해서 말씀하시고 있습니다. 그 절기 가운데 두 절기가 추수와 관련된 절기입니다. 거두는 것이 있기 때문에 절기를 지킬 수 있는 것입니다. 이때는 무엇보다 감사가 빠져서는 안됩니다. 감사없는 절기는 의미가 없습니다. 백성들은 강요가 아닌 자발적 감사로 하나님께 절기를 지켜야 했습니다. 오늘날도 마찬가지입니다. 감사없는 절기는 하나님이 기뻐하시지 않습니다.
첫째, 추수감사절은 감사로 지켜야 합니다.
하나님은 어떤 예물이나 제물을 감사가 없이는 받지 않으시는 분이십니다. 의미없이 하나님께 드려지는 예물이 소용이 있겠습니까? 이는 예물이 많고 적음과는 상관이 없는 것입니다. 제사도 마찬가지입니다. 감사함이 없는 제사가 무슨 소용입니까? 하나님은 모든 절기나 제사, 예물에 반드시 감사가 있기를 원하십니다. 해마다 드리는 추수감사절 주일도 감사의 중요성을 알고 감사로 매년 드려야 합니다.
둘째, 감사는 신앙의 표현입니다.
윌리엄 문이라는 맹인이 있었습니다. 그는 자기와 같은 맹인들을 위하여 점자를 발명하고 5백여개의 방언을 이용하여 많은 맹인들에게 성경을 읽게 하였습니다. 그는 하나님께 이렇게 기도하였습니다.
"하나님 아버지여, 저는 맹인된 것을 당신께 감사드립니다. 저로 하여금 그 재능을 투자케 하사 주님께서 오실때에 자기 소유물의 높은 이자까지 붙여서 받으실 수 있게 하여 주시옵소서, 아멘"
이 기도는 윌리엄 문의 신앙을 가늠케하는 기도라는 것을 금새 짐작할 수 있습니다. 감사는 그 사람의 신앙의 성숙도와 신앙 상태를 표현 하는 신앙의 표현입니다.

오늘의 기도
주님, 감사로 절기를 지키게 하여 주옵소서, 예수님의 이름으로 기도드립니다. 아멘

백배 의 결실이 있는 사람

"이삭이 그 땅에서 농사하여 그 해에 백 배나 얻었고 여호와께서 복을 주시므..."

신)찬 588장	제 46 주						
구)찬 307장	월	화	수	목	금	토	창26:12-15

사람은 무슨 일을 하든 결실이 있어야 합니다. 결과가 없는 사람은 어디에 서든 인정받기 힘듭니다. 2000년 이후 부쩍 회사에서 명예퇴직, 조기퇴직이 늘어나는 이유는 성과를 중요시하는 사회적 풍토 때문이라고 볼 수 있습니다. 신앙생활 하는 사람들도 마찬가지입니다. 자기결실이 없는 믿음은 하나님이 기뻐하시는 믿음이 있다고 보기 어렵습니다. 이삭이 백배의 복을 받은 이유는 어디 있을까요? 성숙한 믿음의 열매가 있었기 때문입니다. 성숙한 믿음의 열매가 있는 사람은 이삭과 같은 백배의 복을 누리는 사람이 될 수 있습니다.

첫째, 하나님은 줄만한 사람에게 복을 주십니다.

기도가 중요한 것은 분명한 사실이지만 무조건 하는 것보다는 어떻게 하는가가 더 중요합니다. 복을 달라고 기도할 때도 그냥 "복을 주시옵소서" 이런 기도보다 더 성숙한 기도는 "복받을 행동을 하는 사람이 되게하여 주옵소서"라고 하는 것이 더 바른 기도라고 볼 수 있습니다. 하나님은 복을 달라고 한다고 해서 다 주시는 분은 아닙니다. 복을 받을 수 있을 만한 사람에게 복을 주시는 분이십니다.

둘째, 백배의 복은 순종하는 사람이 받을 수 있습니다.

이삭이 받은 백배의 복의 원인은 이삭의 신앙에 있습니다. 그는 어려서부터 순종하는 믿음을 가진 사람이었습니다. 아버지 아브라함이 모리아산으로 장작을 지워서 올라갈 때도 그는 아버지를 거역하지 않았습니다. 그는 산 정상에서 아버지에게 결박을 당할 때도 저항하거나 반항하지 않았습니다. 그는 그럴만한 이유가 아버지에게 있다고 생각하고 순종한 것입니다. 결국 이런 순종의 신앙이 이삭이 백배의 복을 받도록 하였습니다. 백배의 복은 이삭과 같은 순종이 신앙이 있는 사람이 받을 수 있습니다.

🍀 오늘의 기도

주님, 날마다 우리의 삶에 결실이 있게 하여 주옵소서, 예수님의 이름으로 기도드립니다. 아멘

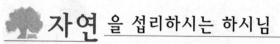

자연을 섭리하시는 하나님

"오늘 있다가 내일 아궁이에 던지우는 들풀도
하나님이 이렇게 입히시거든 하..."

신)찬 589장	제 46 주						
구)찬 308장	월	화	수	목	금	토	마6:30

예수님은 산상수훈을 통해서 하나님이 어떻게 자연을 섭리하시고 주관하시는 지에 대해서 말씀하여 주십니다. 사람이 자연을 주관할 수는 없습니다. 성경은 하나님께서 만물의 주인이 되시고 주관자가 되셔서 하찮은 들풀조차 기르신다고 말씀하고 있습니다. 본문의 말씀은 예수님께서 염려하고 근심하는 사람들을 향하여 하신 말씀입니다. 사람들은 염려하지 않아도 되는 것을 위하여 염려하는 경향이 있습니다. 자연을 섭리 하시는 하나님을 믿는다면 하나님께서 마땅히 우리의 인생도 주관하심을 믿어야하지 않겠습니까? 하나님은 우리의 인생을 주관하십니다. 그러므로 성도는 인생의 주관자가 되시는 하나님을 믿고 믿음으로 주께 맡기며 살아야 합니다.

첫째, 하나님은 소홀히 여길 수 있는 하찮은 작은 것도 주관하시는 분이십니다.

본문에서 말하는 '아궁이에 던지는 들풀'은 그야말로 사소하면서도 하찮은 것이라고 볼 수 있습니다. 들풀을 주목하여 보는 사람은 거의 없습니다. 뿐만 아니라 들풀을 보면서 감탄하는 사람 또한 아무도 없습니다. 그러나 하나님은 다릅니다. 사람들에게 관심받지 못하는 작은 들풀 조차도 하나님은 관심을 가지고 입히십니다. 하물며 하나님의 자녀인 성도들은 어떻겠습니까? 당연히 보다 많은 관심과 사랑을 가지고 대하십니다.

둘째, 믿음으로 하나님의 인도하심을 믿어야 합니다.

하나님이 인생을 주관하시고 인도하시는 것을 어떻게 알수 있을까요? 그것은 증거나 물증보다는 믿음으로 믿어야 합니다. 믿음으로 사는 사람들의 특징은 보이지 않는 것을 믿고 나타나지 않은 것을 보는 것처럼 믿는 것입니다. 하나님의 인도하심도 그렇게 믿고 나아갑니다. 놀라운 사실은 하나님은 이런 믿음을 가진 사람들을 실망시키지 않는다는 것입니다. 하나님을 믿음을 가진 사람을 실망 시키지 않습니다.

오늘의 기도

주님, 오늘도 우리의 삶을 주관하여 주옵소서, 예수님의 이름으로 기도드립니다.
아멘

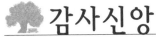

감사신앙

"여호와께 감사하라 그는 선하시며
그 인자하심이 영원함이로다 모든 신에 ..."

(신)찬 575장	**제 47 주**						
(구)찬 302장	월	화	수	목	금	토	시136:1-2

　감사를 표현할줄 아는 동물은 사람밖에 없습니다. 다른 동물들은 단지 충성심으로 그 표현을 대신합니다. 그러나 사람은 감사를 보다 적극적으로 표현할줄 압니다. 말로 표현하고, 행동으로 표현하고, 감정으로 표현합니다. 그럼에도 불구하고 하나님께 감사하지 못하고 살아가는 사람들은 무엇 때문일까요? 감사의 조건이 없기 때문일까요? 그것은 아닐 것입니다. 단지 자신이 생각하는 것보다 작기 때문에 보이지 않는 것 뿐입니다. 성도는 그런 작은 감사를 찾아내어야 합니다. 왜냐하면 그것을 통해 다른 감사의 조건이 생기기 때문입니다.

첫째, 사람은 누구에게나 감사의 조건이 있습니다.

　'메리 리드' 라는 선교사가 있었습니다. 그녀는 인도의 나병환자들을 보면서 도울 수 있는 방법이 없어 안타까워 했습니다. 그러던중 알 수 없는 병에 걸려 본국을 돌아갔습니다. 정밀검사 결과 그녀는 '나병' 이라는 진단을 받았습니다. 그 때 그녀는 불평대신 이런 고백을 했습니다. "하나님, 제게 나병을 주셔서 감사 합니다. 이제 저는 인도로 돌아 갈 수 있습니다. 그리고 인도에 있는 나병 환자들을 돌볼수 있게 되었습니다. 하나님 정말 감사합니다" 일반인들에게 이것은 도저히 감사의 조건이 아니었지만 '메리 리드' 선교사에게는 그것이 감사의 조건이었던 것입니다. 이처럼 모든 사람에게는 감사의 조건이 반드시 있습니다.

둘째, 감사의 대상은 여호와 하나님 이십니다.

　성도가 감사할 때는 감사의 대상을 분명히 해야 합니다. 하나님이 주신 것을 다른 사람이나 엉뚱한 곳에 감사를 돌려서는 안됩니다. 감사의 조건은 하나님이 주시는 것이므로 모든 감사는 반드시 하나님께 돌려야 합니다. 그것도 가장 우선적으로 해야 합니다. 우선순위가 바뀐 감사를 하나님은 기뻐하시지 않습니다.

오늘의 기도

주님, 감사의 조건을 날마다 찾는 사람이 되게하여 주옵소서, 예수님의 이름으로 기도드립니다. 아멘

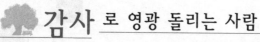

감사 로 영광 돌리는 사람

"예수께서 예루살렘으로 가실 때에
사마리아와 갈릴리 사이로 지나가시다가…"

신)찬 587장	제 47 주						
구)찬 306장	월	화	수	목	금	토	눅17:11-19

예수님께서 예루살렘으로 가실 때 사마리아와 갈릴리 사이에서 문둥이 열 사람이 예수님께 나아왔습니다. 그들은 적극적으로 나아오지 못하고 멀찍이 서서 소리를 질렀습니다. 예수님께서는 그들을 긍휼히 여기셔서 고쳐주셨습니다. 그러나 그들중 누구도 그 된일로 인하여 예수님께 감사하는 사람이 없었습니다. 그러나 사마리아 사람인 한 사람은 다시 돌아와 먼저 하나님께 영광을 돌리며 감사했습니다. 그 때 예수님은 나머지 아홉을 찾으셨습니다. 무엇 때문일까요? 다른 나머지 아홉도 같은 은혜를 경험했으며, 같은 감사의 조건을 가졌기 때문입니다. 우리 모든 사람들은 알게 모르게 같은 은혜를 경험하고 살아가고 있습니다.

첫째, 감사할 조건이 있어도 감사하지 않는 것은 죄입니다.

예수님께서 다른 아홉 명의 문둥병자에 대해 물어보신 이유는 그들도 같은 감사의 조건을 가졌기 때문입니다. 그럼에도 불구하고 그들은 예수님께 감사하며 영광 돌리러 나타나지 않았습니다. 하나님께 감사하지 못하며 살아가는 사람들은 하나님께 감사할 조건을 가지지 못했기 때문에 감사하지 않는 것은 아닙니다. 그들은 감사할 조건이 있음에도 감사하지 않는 것입니다. 분명한 사실은 감사의 조건이 있음에도 하나님께 감사하지 않는 것은 죄라는 사실을 알아야 합니다.

둘째, 감사의 조건은 하나님께 구할 때도 받을 수 있습니다.

본문의 사건은 사마리아와 갈릴리 사이에서 일어난 사건입니다. 이 사건은 문둥이 열사람의 요청에 의해 일어났습니다. 예수님께 나아온 문둥이 열사람의 요청은 그들을 긍휼히 여겨 달라는 것이었습니다. '긍휼'이라는 말은 '불쌍히 여기다' 또는 '자비를 베풀다'라는 뜻입니다. 예수님의 그들의 요청에 응답하셨습니다. 이 사건으로 인해 문둥이들에게는 감사의 조건이 생겼습니다. 요청에 의한 감사인 것입니다. 이처럼 하나님은 구하는 사람에게 감사의 조건을 주십니다.

🍀 오늘의 기도

주님, 베푸신 은혜를 기억하여 늘 감사하게 하여 주옵소서, 예수님의 이름으로 기도드립니다. 아멘

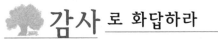

감사 로 화답하라

"돌을 옮겨 놓으니 예수께서 눈을 들어 우러러 보시고
가라사대 아버지여 내..."

(신)찬 591장	제 47 주						
(구)찬 310장	월	화	수	목	금	토	요11:41

　　예수님의 삶에서 감사는 빠질 수 없는 삶의 한 부분이었습니다. 예수님은 모든 일에 감사를 잊지 않았습니다. 본문의 말씀도 어쩌다 우연히 이와같은 고백을 한 것이 아니라 예수님의 마음에 항상 있는 마음을 표현하신 것입니다. 사람이 하나님께서 베푸신 은혜에 대해 무엇으로 보답할수 있습니까? 그것은 감사로 화답하는 것입니다. 아무리 작은 것이어도 하나님께서는 감사로 화답하는 사람을 귀히 여기시고 기뻐하십니다. 감사가 빠진 사람은 결코 하나님을 기쁘게 할수 없음을 반드시 기억해야 합니다.

첫째, 응답에는 감사로 화답해야 합니다.

　　서부 아프리카의 맛지족은 감사를 표현할 때 "내 머리가 흙속에 있다" 라고 합니다. 이는 남의 은혜에 대하여 최고의 예의를 표현하는 것입니다. 은혜를 입은 그리스도인, 응답을 받은 그리스도인들은 하나님께 대하여 어떻게 화답하여야 할까요, 그것은 감사로 보답하는 것입니다. 구할때는 마치 모든 것이라도 다 바칠것 처럼 기도하고 막상 응답을 받은 후에는 아무일도 없었던 것처럼 행동하는 것은 이율배반적인 행동입니다. 하나님의 응답에는 반드시 감사로 화답해야 합니다.

둘째, 감사는 다른 감사의 조건을 가져옵니다.

　　성도에게 감사가 유익한 이유는 감사는 하면 할수록 감사의 조건이 자꾸 생겨나기 때문입니다. "기도를 항상 힘쓰고 기도에 감사함으로 깨어 있으라"(골4:2) 라고 했습니다. 기도를 항상 힘써야 되는 이유는 감사의 조건이 생겨나기 때문입니다. 그러므로 감사는 다른 감사의 조건을 가져옴을 기억하고 쉬지 않는 감사와 기도를 드리는 성도가 되어야 합니다.

🍀 오늘의 기도

　　주님, 감사로 화답하는 믿음이 되게 하여 주옵소서, 예수님의 이름으로 기도드립니다. 아멘

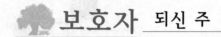

보호자 되신 주

"내가 환난 중에 다닐지라도
주께서 나를 소성케 하시고 주의 손을 펴사 내 원..."

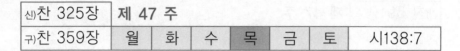

신)찬 325장	제 47 주						
구)찬 359장	월	화	수	목	금	토	시138:7

일반적으로 그리스도인들이 환난이나 고난을 대하는 자세는 세상 사람들과는 많이 다르다고 볼 수 있습니다. 실패를 성공의 기회로 삼는 부분은 어느 정도 함께 공감할 수 있으나 이것은 어디까지나 인간적인 한계를 가지고 있습니다. 다시 말하면 해도 안되는 부분이 있다는 뜻입니다. 그러나 그리스도 인은 다릅니다. 해도 안되는 부분은 하나님께서 해주시면 됩니다. 그래서 본문의 말씀에는 주의 손이 나를 구원하시기를 바라고 있습니다. 원수의 세력이 너무 크기 때문입니다. 그러므로 성도는 아무리 힘들어도 포기하지 말고 힘주시는 주를 바라보고 의지해야 합니다.

첫째, 가장 고통스러운 환난에서도 하나님은 건져주십니다.

'환난' 이라는 말은 '케레브' 라는 말로 '중앙, 한가운데' 라는 뜻을 가지고 있습니다. 그러므로 '환난중에' 라고 표현된 본문의 표현은 환난의 한 가운데를 뜻하는 것입니다. 다시 말하면 환난중에 가장 고통스러운 상황을 뜻한다고 볼수 있습니다. 이때는 가장 낙심이 되고 가장 절망이 되는 상황입니다. 그러나 하나님은 그런 가운데서도 건져 주시는 하나님 이십니다.

둘째, 원수들의 거친 공격으로 부터도 지켜주십니다.

본문에서는 '원수들의 노를 막으시며' 라는 표현이 나옵니다. 여기에서 원수들의 노가 의미하는 것은 원수들이 가장 거칠게 대적하는 상황을 말합니다. 사람들 중에도 이성을 상실한 사람이 가장 위협적입니다. 이는 동물도 마찬가지입니다. 분별력을 상실한 동물은 인간에게 치명적입니다. 하나님의 보호를 받는 사람들은 이런 위협들로 부터도 보호를 받을 수 있습니다. 하나님은 안전하게 지켜 주십니다.

오늘의 기도

주님, 언제나 나의 보호자가 되어 주시옵소서, 예수님의 이름으로 기도드립니다.
아멘

슬기로움을 가진 성도

"슬기로운 종은 주인의 부끄러움을 끼치는 아들을
다스리겠고 그 아들들 중에..."

신)찬 287장	제 47 주						잠17:2
구)찬 205장	월	화	수	목	금	토	

구약의 잠언은 지혜서로 유명합니다. 왜 지혜서 일까요? 지혜자가 지었기 때문에 지혜서입니다. 또 그 말씀을 묵상하면 지혜를 얻기 때문에 지혜서입니다. 무엇보다 성도는 세상 사람들중에 지혜로움을 지닌 사람이 되어야 합니다. 그 슬기로움이 다른 사람들로 하여금 인정받을 수 있도록 하기 때문입니다. 종종 잠언서에서는 지혜를 의인화하여 표현하곤 합니다. 지혜는 마치 전쟁에서 좋은 모사와도 같다고 할 수 있습니다. 그러므로 성도는 지혜를 얻기에 힘쓰고 슬기로운 하나님의 자녀가 되기를 힘써야 합니다.

첫째, 미련한 아들 보다 슬기로운 종이 낫습니다.

아들의 특권은 부모로부터 상속을 받을 수 있는 권한이 있다는 것입니다. 그러나 자식이 미련하면 그 특권을 상실하게 됩니다. 이는 그리스도인도 마찬가지입니다. 성도는 그리스도로 말미암아 하나님의 자녀된 특권을 누릴 수 있는 사람들입니다. 그러나 자칫 미련하여 하나님을 욕되게 하면 이는 이는 그 복을 빼앗기는 결과를 초래합니다.

둘째, 슬기로운 성도가 유업을 받습니다.

'유업'은 상속재산을 의미합니다. 하나님의 자녀인 성도들에게는 기업을 유업으로 받을 상속권이 있습니다. 이것은 하나님이 그리스도로 말미암아 주신 은혜중에 은혜요 특권입니다. 그러나 성도가 미련하고서야 어찌 이런 기업을 유업으로 받을 수 있겠습니까? 본문의 슬기로운 종과 같이 슬기로움을 간직하여야 비로서 그 유업을 받을 수 있습니다.

 오늘의 기도

주님, 세상과는 구별된 슬기로움이 있는 성도가 되게하여 주옵소서, 예수님의 이름으로 기도드립니다. 아멘

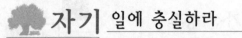

자기 일에 충실하라

"자기의 일을 게을리하는 자는 패가하는 자의 형제니라"

신)찬 263장	제 47 주						
구)찬 197장	월	화	수	목	금	토	잠18:9

이 세상에는 여러 부류의 사람이 있습니다. 어떤 이는 자기의 일을 부지런히하여 성취욕을 느끼는 사람이 있고, 어떤 이는 맡겨진 일도 게을리 하는 사람이 있습니다. 후자의 사람은 어디를 가든 성공하기 힘든 스타일의 사람입니다. 이는 성도도 마찬가지입니다. 하나님께서 저마다 주신 사명을 감당하며 사는 성도들도 있고, 자신의 사명이 무엇인지도 모르고 사는 성도들도 허다합니다. 하나님은 성도가 각자의 삶의 현장에서 성도로서 주신 사명을 감당하며 하나님께 영광을 돌리며 살기를 원하십니다.

첫째, 맡은일에 충성된 사람이 되어야 합니다.

세상에는 참으로 많은 직업과 다양한 종사자들이 있습니다. 그러나 어떤 분야에 종사하건 한결같은 공통점은 충성된 사람이 그 분야에서 인정받는다는 것입니다. 자신이 맡은 일을 게을리 하는 사람은 좀처럼 인정받기 힘듭니다. 그 이유는 사람들의 속성이 충성되고 부지런한 사람을 좋아하기 때문입니다. 하나님도 그와 같습니다. 하나님은 맡은 일에 충성된 사람을 기뻐하십니다.

둘째, 충성된 종은 주인을 기쁘게 합니다.

뉴턴은 사명과 관련하여 두 천사에 대한 이야기를 하였습니다. "두 천사가 하나님으로부터 명령을 받았습니다. 한 천사는 지상에 내려가서 온 세상을 지배하라는 명령을 받았고 다른 천사는 지상에서 가장 아름다운 꽃밭은 청소하라는 명령을 받았습니다. 그들은 명령대로 실행하였습니다. 그러나 그들은 지배자로서의 임무와 청소인으로서의 임무중에 어느 임무가 맡겨졌는가에 대해선 전혀 무관심하였습니다. 그들의 목적은 하나님의 뜻을 이루어 드리는 것이었고 그것이 기쁨이었기 때문이었습니다." 이 이야기는 주인의 기뻐하는 것이 무엇인지를 이해하는 좋은 예라고 할 수 있습니다.

오늘의 기도

주님, 오늘도 주신 사명 잘 감당케하여 주옵소서, 예수님의 이름으로 기도드립니다. 아멘

눈물이 마르지 않아야 한다

"저희 마음이 주를 향하여 부르짖기를
처녀 시온의 성곽아 너는 밤낮으로 눈물..."

(신)찬 264장	제 48 주						애2:18
(구)찬 198장	월	화	수	목	금	토	

구약의 예레미야 선지자는 '눈물의 선지자' 라는 별명을 가지고 있습니다. 이는 많이 우는 선지자 였기 때문입니다. 그리고 그의 애가에서는 백성들을 향하여 눈물을 흘리는 것을 쉬지 말라고 권면하고 있습니다. 무엇때문일까요? 눈물이 말라버린 세대는 강팍한 세대를 의미하기 때문입니다. 그래서 하나님을 저버리고 우상을 섬기다가 나라가 망한 것입니다. 그러나 눈물은 강팍함의 반대입니다. 겸손을 의미합니다. 하나님께 눈물 흘리는 사람이 교만한 사람은 없습니다. 눈물은 또 회복을 의미합니다. 눈물에는 소망이 있습니다.

첫째, 눈물은 힘은 하나님의 능력을 경험하게 합니다.

스코틀랜드의 유명한 설교자인 로버트 머레이 매케인 목사는 설교할 때마다 수많은 사람들에게 하나님 나라를 체험케 하는 놀라운 영감있는 능력의 설교자였습니다. 그런 그의 설교의 비밀은 다름 아닌 눈물에 있었습니다. 그는 설교하기 전 성경책에 얼굴을 파묻고 눈물로 성경을 적셨습니다. 그 결과는 설교의 능력으로 나타났습니다. 이처럼 눈물은 하나님의 능력을 경험케하는 놀라운 능력의 근원이 됩니다.

둘째, 공동체를 위한 눈물이 있어야 합니다.

예레미야의 눈물은 개인을 위한 것이 아니었습니다. 이스라엘이라는 공동체를 위한 눈물이었습니다. 공동체를 사랑하는 눈물이 예레미야의 눈물이었습니다. 이유없는 눈물은 아무 의미가 없습니다. 그러나 예레미야 처럼 분명한 목적을 가지고 하나님이 기뻐하시는 목적속에 흘리는 눈물은 세상에 소망이 됩니다. 교회는 이런 지도자들로 차고 넘쳐야 합니다. 가정에서는 이런 지도자를 만들기 위해 기도해야 합니다. 진실이 살아있는 눈물의 사람이 이 시대에는 필요합니다. 하나님은 그런 사람을 찾고 있습니다. 예레미야 처럼...

오늘의 기도

주님, 눈물이 메마른 강팍한 성도가 되지않게 하여 주옵소서, 예수님의 이름으로 기도드립니다. 아멘

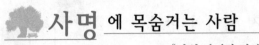

사명에 목숨거는 사람

"나의 달려갈 길과 주 예수께 받은 사명
곧 하나님의 은혜의 복음 증거하는 일..."

(신)찬 495장	제 48 주						
(구)찬 271장	월	화	수	목	금	토	행20:24

신약의 대표적인 사도는 베드로보다는 바울을 꼽습니다. 이는 바울의 사역의 범위가 컸기 때문이라고 할 수 있습니다. 바울은 베드로보다 활발한 문서 사역을 함께 하였습니다. 그래서 바울에 대한 기록이 베드로 보다 훨씬 많이 남아 있습니다. 바울은 무엇 때문에 미친듯이 복음에 목숨거는 사람이 되었을까요? 이는 그것이 자신의 사명인 것을 알았기 때문입니다. 복음을 전하는 사명에 목숨을 걸 가치가 있다고 여겼기 때문입니다. 오늘날 성도의 사명은 무엇이라고 생각하십니까? 바울처럼 목숨걸 가치를 발견하였습니까?

첫째, 복음에 헌신할 사람을 하나님은 찾으십니다.

전세계에서 해마다 죽는 사람들이 4천만명 이나 되고, 하루에 109,589명이 죽는다고 합니다. 그리고 1시간에 4,566명이 죽고 1분에 76명이 죽습니다. 그런데 이들 중에는 2/3나 되는 사람들이 복음을 전혀 들어보지 못하고 죽는다고 합니다. 그렇다면 이런 상황에 대해 하나님은 어떻게 생각 하시겠습니까? 하나님은 지금도 바울처럼 복음에 목숨걸 사람을 찾고 있습니다. 부르심에 헌신할 사람을 찾고 계십니다.

둘째, 대가를 지불하지 않고 사명을 감당할 수 없습니다.

바울은 자신의 사명을 감당하는 일에 목숨을 걸었습니다. 그 이유는 대가를 지불하지 않고 복음을 증거할 수 없다고 생각했기 때문입니다. 오늘날 많은 사람들은 대가없이 열매를 거두려고 하는 사람들이 있습니다. 복음은 대가를 지불하지 않고 전할 수 없는 것입니다. 만일 대가 없이 복음을 전할 수 있었다면 예수님도 그렇게 하셨을 것입니다. 복음을 전하는 일에 대가를 지불하는 것을 두려워해서는 안됩니다.

🍀 오늘의 기도

주님, 사명을 깨닫는 성도가 되게하여 주옵소서, 예수님의 이름으로 기도드립니다.
아멘

열심을 품고 주를 섬기라

"부지런하여 게으르지 말고
열심을 품고 주를 섬기라"

(신)찬 508장	제 48 주						
(구)찬 270장	월	화	수	목	금	토	롬12:11

　역동적인 사람의 삶에서 한결같이 느껴지는 것은 바로 '열정'입니다. 열정은 사람으로 하여금 역동적인 사람으로 만듭니다. 적극적인 사람이 되게하고 부지런하게 만듭니다. 이런 사람은 자신의 인생에서 그렇지 않은 사람들보다 성공할 확률이 훨씬 높습니다. 오늘날 예수를 믿는 그리스도인들도 예수를 믿고 주를 섬기는 일에 열심을 품어야 합니다. 역동적인 그리스도인이 되어야 합니다. 게으른 것은 하나님께서 기뻐하시지 않는 일입니다. 예수님의 삶도 짧지만 하나님의 나라와 복음전파를 위해서 역동적인 삶을 사셨습니다. 우리는 이와같은 삶을 닮아가는 것이 마땅합니다.

첫째, 주를 섬기는 사람은 부지런하여야 합니다.

　명사로서 '부지런'은 '놀지 아니하고 하는 일에 매우 꾸준함'이라는 사전적 의미를 가지고 있습니다. 주를 섬기는 사람은 이와 같아야 합니다. 놀면서 주를 섬길 수 없습니다. 이는 직업이 없이 노는 의미가 아닙니다. 주를 섬기면서 게으르게 섬긴다는 의미입니다. 하나님의 뜻과는 거리가 먼 신앙생활을 뜻합니다. 하나님은 결코 이런 신앙생활을 기뻐하지 않으십니다.

둘째, 주를 섬기는 사람은 열심을 품어야 합니다.

　독일의 철학자 '헤겔'은 "우리는 세계의 어떤 것들도 열정없이 이루어진 것이 없다고 단언할 수 있다"라고 하였습니다. 헤겔의 말 속에는 세계를 움직이는 것은 '열정'이라는 사실을 충분히 짐작할 수 있습니다. 영국의 정치인 '벨푸어'도 "열정은 세상을 움직입니다"라고 하였습니다. 이런 열정과 가장 밀접한 말이 열심입니다. 열심없는 열정은 없습니다. 하나님의 자녀인 성도들은 그 누구보다 열정적이어야 합니다. 뿐만 아니라 주를 섬기는 일에도 열심을 품고 열정적으로 섬겨야 합니다.

 오늘의 기도

　주님, 열심을 품고 주를 섬기게 하여 주옵소서, 예수님의 이름으로 기도드립니다.
아멘

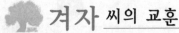

겨자 씨의 교훈

"이는 모든 씨보다 작은 것이로되
자란 후에는 나물보다 커서 나무가 되매 ..."

신)찬 532장	제 48 주							
구)찬 323장	월	화	수	목	금	토		마13:32

성경에서 겨자씨는 작은 것, 보잘것 없는 것을 나타낼 때 비유로 사용되었습니다. 하지만 결과적으로 겨자씨는 커다란 가치를 만들어 내었습니다. 예수님께서는 믿음을 겨자씨로 비유하여 믿음의 중요성과 가치에 대하여 역설하셨습니다. 사람들은 일반적으로 작은 것을 무시하는 경향이 있습니다. 그러나 작다고 무시할 수 없는 것이 있습니다. 그것이 바로 예수님께서 말씀하신 믿음입니다. 하나님의 나라는 믿음으로 건설되는 나라입니다. 하나님의 나라에서는 아무리 작은 믿음이어도 크게 쓰일 수 있음을 기억하여야 합니다.

첫째, 믿음은 작다고 무시할 수 없습니다.

한국 사람들은 큰 것을 미덕으로 여기는 경향이 있습니다. 작은 것을 무시하는 것 또한 한국 사람들의 경향입니다. 기름값이 치솟는 기름 한방울 안나는 나라에서 여전히 경차는 잘 팔리지 않는 나라가 우리나라 입니다. 성도의 신앙생활에서도 이런 경향은 곤란합니다. 믿음은 절대 작다고 무시하면 안됩니다. 예수님이 하신 말씀처럼 믿음은 작아도 나중에는 커서 커다란 나무처럼 영향력을 나타낼 수 있는 것이 바로 믿음입니다. 신앙생활에서 작은 것을 무시하는 믿음은 절대 배제해야 합니다.

둘째, 믿음의 무한한 잠재력과도 같습니다.

잠재력의 특징은 아무도 알 수 없는 무한함을 가지고 있다는 것입니다. 그것을 잘 계발하는 사람에 따라 각자의 분야에서 탁월성을 나타내는 사람이 있습니다. 믿음도 그와 같습니다. 어린아이 같아도 그것을 무시하면 안됩니다. 말씀 안에서 성령 안에서 믿음은 무한한 신앙의 잠재력을 가지고 있습니다. 성도는 하나님이 주신 믿음을 날마다 성숙 되도록 훈련하고 다듬어야 합니다. 하나님은 그런 사람을 하나님의 영광을 나타내도록 사용하실 것입니다.

오늘의 기도

주님, 항상 우리의 연약함을 도와 주시옵소서, 예수님의 이름으로 기도드립니다. 아멘

교회를 이롭게 하는 사람

"저가 이르러 하나님의 은혜를 보고 기뻐하여
모든 사람에게 굳은 마음으로 …"

(신)찬 320장	제 48 주						행11:23-24
(구)찬 350장	월	화	수	목	금	토	

초대교회 초기 역사에서 빼놓을 수 없는 인물은 단연 바울입니다. 그러나 초창기 바울이 효과적인 사역을 감당할 수 있도록 예루살렘 교회에 소개하고 그의 중재자가 되어주었던 사람은 다름아닌 바나바였습니다. 그에 대해 성경은 '착한사람, 성령과 믿음이 충만한 자' 라고 하였습니다. 오늘날 교회에는 이런류의 사람이 필요합니다. 성도와 성도 사이를 중재할 수 있는 사람, 교회와 성도를 중재할 수 있는 사람, 또는 목회자와 성도 사이를 중재하여 교회에 덕을 끼칠 수 있는 사람이 필요합니다.

첫째, 바나바처럼 성령과 믿음이 충만한 사람이 교회에 덕을 세웁니다.

교회는 덕을 세우는 사람이 반드시 필요합니다. 예루살렘 교회에서 바나바가 성령과 믿음이 충만하여 교회에 덕을 세운 것처럼 오늘날 교회에서도 이런 하나님의 일꾼은 필요합니다. 그러나 사탄은 기회만 되면 교회를 해롭게 하려고 합니다. 특히 교회 공동체 구성원들 가운데 서로를 중재하는 것이 아닌 이간질하여 교회를 해롭게 하려는 경향이 있습니다. 그러나 성령과 믿음이 충만한 하나님의 일꾼들이 교회안에 있다면 그런 방해들을 극복할 수 있습니다.

둘째, 성령이 없는 사람들은 교회를 분열시킵니다.

"이 사람들은 분열을 일으키는 자며 육에 속한 자며 성령이 없는 자니라" (유1:19) 라고 하였습니다. 성령의 인도를 받지 못하여 육에 속한 사람은 때론 교회를 분열시킵니다. 그러나 성경은 분열을 일으키는 사람들을 철저히 경계하고 있습니다. "형제들아 내가 너희를 권하노니 너희 교훈을 거슬러 분쟁을 일으키고 거치게 하는 자들을 살피고 저희에게서 떠나라"(롬16:17) 라고 하였습니다. 분쟁을 일으키는 사람과는 함께 해서 안됩니다.

오늘의기도

주님, 교회에 덕을 끼치고 성도를 이롭게 하는 사람이 되게하여 주옵소서, 예수님의 이름으로 기도드립니다. 아멘

용서의 은혜를 받은 사람

"그 후에 예수께서 성전에서 그 사람을 만나 이르시되
보라 네가 나았으니 더.."

신)찬 595장	제 48 주						
구)찬 372장	월	화	수	목	금	토	요5:14-15

복음서에서 예수님의 사역을 통해 자주 목격하게 되는 한가지 사실은 용서에 대한 교훈입니다. 요8장에서도 예수님은 현장에서 간음하다 잡혀온 여인에게 용서를 통한 자유함을 주셨습니다. 인간은 아무에게서나 죄 용서함을 받을 수 있는 것은 아닙니다. 오직 그 자격을 가진 분 만이 죄를 용서하여 주실 수 있습니다. 그러므로 본문을 통해 보여주신 치료와 용서의 사건은 예수님께서 인간의 죄를 사하실 수 있는 권세가 있으신 분임을 알 수 있습니다. 예수님은 오늘날도 여전히 죄인들의 죄를 용서하시고 사해 주시기를 원하십니다. 그 은혜를 기대하고 예수님께 나아가는 사람만이 용서의 은총을 누릴수 있습니다.

첫째, 성경은 용서를 배우기 원합니다.

아일랜드에 있는 어떤 학교에서 한 소년이 다른 소년을 때렸습니다. 처벌을 받으려는 순간에 맞은 소년이 그를 용서해 달라고 간청했습니다. 선생은 그에게 "왜 그를 용서해 주기를 원하느냐?" 라고 물었습니다. 이에 대해 그는 이렇게 대답했습니다. "저는 신약성경에서 우리 주 예수 그리스도께서 우리가 우리의 원수를 용서해 주어야만 한다고 하신 말씀을 읽은 적이 있습니다. 그러므로 저는 그를 용서해 주며 나로 인해 그가 처벌을 받지 않게 되기를 원합니다" 라고 대답하였습니다. 소년은 성경에서 용서에 대해 배운 것입니다. 성도는 성경을 통해 용서를 배울 수 있습니다.

둘째, 죄사함의 용서는 병든자를 치료할 수 있습니다.

예수님은 죄 용서를 통해 병든 사람을 치료하시는 것을 성경에서 목격하게 됩니다. 본문의 중풍병자의 경우도 그렇습니다. 예수님이 그 사람의 자리를 들고 걸어가라고 말씀하시는 순간 그의 죄도 사해 졌습니다. 그때 그는 치료를 받았습니다. 죄사함의 용서를 통해 병을 치료하신 것입니다. 오늘날도 예수님의 십자가의 보혈은 동일한 역사를 이룰 수 있습니다. 보혈의 피로 죄용서함을 받은 사람에게는 치료의 역사도 함께 일어날 수 있습니다.

🍀 오늘의 기도

주님, 죄인을 용서하시고 구원의 은혜를 베푸심을 항상 감사하게 하여 주옵소서, 예수님의 이름으로 기도드립니다. 아멘

성도 의 사명

"사울이 다메섹에 있는 제자들과 함께 며칠 있을새
즉시로 각 회당에서 …"

신)찬 508장	제 49 주						
구)찬 270장	월	화	수	목	금	토	행9:19-20

　사울은 1세기초 교회의 가장 큰 핍박자요 박해자 였습니다. 그러나 하나님께서 다메섹에서 그를 택하시고 부르신 후 나타난 가장 놀라운 사실은 변화였습니다. 사울의 변화는 당시 가장 큰 화제거리가 되기에 충분했습니다. 가장 적극적인 핍박자가 가장 적극적인 복음의 전도자로 변화되었습니다. 무엇이 그를 그렇게 만들었을까요? 그것은 바로 사명입니다. 사울은 자신의 사명을 발견한 것입니다. 예수님과의 만남을 통해서 자신의 무엇을 해야 하는 사람인지 알았기 때문에 그는 기꺼이 변화된 삶을 마다하지 않았습니다. 사명을 발견한 성도는 이와 같아야 합니다.

첫째, 사명을 아는 사람이 헌신 할 수 있습니다.

　미국의 대표적인 흑인 인권운동가 였던 마틴 루터킹 목사는 비폭력적 시위, 연좌농성 등의 갖가지 방법을 동원해서 흑인 문제를 호소하였습니다. 그는 1968년 4월 4일 암살되기 전까지 30회 이상이나 체포되었고, 가슴에 칼을 맞을 때도 있었습니다. 그는 무엇 때문에 이런 위험을 무릅쓰면서 인권운동을 했을까요? 그는 그것이 자신의 사명임을 알았기 때문입니다. 자신의 사명이 무엇인지 아는 사람은 이와 같이 사명에 헌신할 수 있습니다.

둘째, 사울의 헌신은 복음을 위한 헌신이었습니다.

　사울은 자신의 사명이 복음을 전하는 자의 사명임을 알고는 힘을 다해 헌신하였습니다. 복음의 핍박자 였던 사울이 복음에 헌신할 수 있었던 이유는 다메섹에서 예수를 만난후 복음의 가치를 발견하였기 때문입니다. 자신의 모든 열정과 삶의 모든 것을 투자해도 복음을 위한 일에는 조금도 아깝지 않다고 생각했습니다. 복음을 위해 헌신하는 사람은 바로 이와 같아야 합니다.

 오늘의 기도

　주님, 사명대로 사는 성도가 되게하여 주옵소서, 예수님의 이름으로 기도드립니다.
아멘

달려갈 길이 있는 사람

"관제와 같이 벌써 내가 부음이 되고
떠날 기약이 가까웠도다 내가 선한 싸움을..."

신) 찬 495장	제 49 주							
구) 찬 271장	월	화	수	목	금	토	딤후4:6-7

사람은 누구나 인생의 목적이 분명해야 합니다. 목적이 없는 사람은 인생의 방향을 제대로 설정하지 못합니다. 이런 사람은 대개의 경우 방황하기 쉬운 삶을 살아갑니다. 그러나 목적이 분명한 사람은 절대 인생을 소홀히 하거나 낭비하거나, 방황하지 않습니다. 바울이 디모데에게 보내는 서신에서 자신의 인생을 싸움에 비유하여 표현하였다는 것은 자신의 인생에 분명한 목적이 있었다는 것을 의미합니다. 그는 목적대로 방향을 설정하고 살았던 것입니다. 그러므로 성도는 자신의 삶에 분명한 목표를 세우고 그것을 위하여 온전히 달려갈 수 있는 사람이어야 합니다.

첫째, 목표가 분명한 사람은 다른 길로 가지 않습니다.

어느 추운날 달팽이가 사과나무를 기어오르고 있었습니다. 그가 느린 속도로 조금씩 위를 향해 올라가고 있을 때 나무 껍질 틈새에서 벌레 한 마리가 튀어나오더니 달팽이에게 말했습니다.

"너는 쓸데없이 힘을 낭비하는 구나, 저 위에는 사과가 하나도 없단 말이야"

그러자 달팽이가 계속 기어오르면서 말했습니다.

"내가 저 꼭대기에 도달할 때 쯤이면 사과가 열릴거야"

성도도 이와같이 분명한 목표를 가지면 절대 다른 인생길로 가지 않을 것입니다.

둘째, 상급은 끝까지 잘 달린 사람에게 주어집니다.

바울 자신의 삶을 정말 헌신적으로 살았습니다. 본문에서도 자신의 인생을 '관제와 같이 부음이 되고' 라고 표현하였습니다. 관제는 제사를 드릴 때 희생제물 위에 붓는 기름입니다. 이는 자신의 희생적인 삶은 이야기한 것입니다. 무엇이 바울을 그토록 희생과 헌신이 충만한 사람이 되도록 하였을까요? 이는 자신에게 주어질 상급과 면륜관이 있음을 알았기 때문입니다. 사명에는 반드시 상급이 있습니다.

 오늘의 기도

주님, 분명한 목적을 가지고 살게하여 주옵소서, 예수님의 이름으로 기도드립니다.

아멘

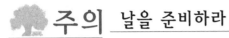

주의 날을 준비하라

"형제들아 때와 시기에 관하여는
너희에게 쓸 것이 없음은 주의 날이 밤에 도..."

신)찬 516장	제 49 주						살전5:1-2
구)찬 265장	월	화	수	목	금	토	살전5:1-2

구약의 성취는 신약에서 나타납니다. 그 성취 가운데 하나가 예수님의 초림입니다. 그리고 예수님은 죽으셨다가 부활하시고 승천하셨습니다. 그때 예수님께서는 다시오겠다고 하셨습니다. 재림에 대한 약속, 다시오심에 대한 약속을 주신 것입니다. 21세기를 살고 있지만 다시 오심에 대한 약속은 아직 성취되지 않았습니다. 그러나 분명한 것은 아무도 그 때를 알지 못한다는 것입니다. 그렇기 때문에 하나님의 자녀인 성도들은 당장이라도 오실 것처럼 항상 준비하고 살아야 합니다. 준비하지 않으면 홀연히 주께서 다시 오실 때 맞이 할수 없게 됩니다.

첫째, 성도는 항상 주의 날을 기다리며 살아야 합니다.

제2차 세계대전 중 아우슈비츠 강제수용소에 수만 명의 유대인들이 갇혀 있었는데 그곳 벽에는 그들이 쓴 글들이 남아 있다고 합니다. 그들이 남긴 글 중에 이런 글이 있습니다.

"우리는 메시야가 오실 것을 믿고 있다. 단지 그의 도착이 좀 늦어지고 있을 뿐이다"

성경에서 재림의 약속은 318번이나 나옵니다. 이것은 분명히 이루어질 하나님의 약속입니다. 그러므로 성도는 분명한 확신을 가지고 주님 다시 오심을 항상 기다리며 살아야 합니다.

둘째, 깨어 있음으로 준비하여야 합니다.

본문에서는 주의 날이 밤에 도적같이 임한다고 하였습니다. 도적은 예고하고 오는 법이 없습니다. 어느날 홀연히 준비하지 않은 때에 도적은 옵니다. 그러나 항상 준비하며 깨어있는 사람은 도적이 오는 것을 막을 수 있습니다. 성도의 믿음이 이와 같아야 합니다. 항상 깨어 있어야 합니다. 준비하지 않은 어느날 홀연히 주께서 오실때는 아무리 땅을 치며 후회해도 소용이 없습니다.

오늘의 기도

주님, 주님 다시 오심을 준비하며 살게하여 주옵소서, 예수님의 이름으로 기도드립니다. 아멘

기쁨 의 좋은 소식

"천사가 이르되 무서워 말라 보라
내가 온 백성에게 미칠 큰 기쁨의 좋은 소..."

(신)찬 112장	제 49 주						
(구)찬 112장	월	화	수	목	금	토	눅2:10-11

'물질만능주의시대' 라는 말이 나온지 벌써 한세기가 지났습니다. 이제는 물질만능주의를 넘어 돈이 최고의 가치가 되는 시대에 살고 있습니다. 심지어는 결혼까지도 돈으로 신부를 사는 시대에 살고 있습니다. 남의 나라 이야기가 아니라 오늘날 우리나라에서 일어나고 있는 이야기입니다. 그러므로 돈보다 더 좋은 소식은 사람들에게 없다고 볼수도 있습니다. 애인도 돈으로 사고, 친구도 돈으로 사는 세상에서 돈보다 더 가치 있는 것이 무엇이 있겠습니까? 성경에서는 분명 모든 사람들에게 큰 기쁨의 좋은 소식을 전하겠다고 말씀하고 있습니다. 이는 돈보다 가치있는 기쁨의 좋은 소식입니다.

첫째, 성탄은 돈보다 가치있는 기쁜 소식입니다.

돈이 최고의 가치로 통하는 세상에서 돈보다 가치 있는 것을 발견했다면 그 사람은 정말 행운아입니다. 성경은 분명 돈보다 중요한 가치에 대해서 말씀하고 있습니다. 예수님의 탄생에 대한 소식이 바로 그것입니다. 오늘날 21세기를 살아가는 이시대에도 성탄의 소식은 여전의 돈의 가치를 뛰어넘는 최고의 기쁜 소식입니다. 이 소식은 하나님의 메신저 천사들이 전하여 준 소식입니다.

둘째, 성탄은 모든 사람들이 함께 누릴 수 있는 기쁨의 좋은 소식입니다.

사람들이 함께 공유할 수 있는 기쁜 소식에는 무엇이 있을까요? 백억짜리 로또가 당첨이 되었다고 하더라도 이를 두고 기뻐할 사람은 몇 되지 않습니다. 설령 우리가 사는 동네가 재개발이 되어서 집값 땅값이 뛰어도 그 기쁨을 누릴 수 있는 사람은 별로 많지 않습니다. 그러나 성경은 온 인류가 다 누려도 충분한 기쁨의 좋은 소식에 대해 말씀하고 있습니다. 그것이 바로 예수 그리스도의 나심에 대한 소식입니다. 예수님의 탄생 소식은 인종을 초월하고 인류를 초월하는 기쁨 의 좋은 소식입니다.

 오늘의 기도

주님, 좋은 소식을 전하며 살게하여 주옵소서, 예수님의 이름으로 기도드립니다.
아멘

 **세상** 의 참 구주

"예수의 말씀을 인하여 믿는 자가 더욱 많아
그 여자에게 말하되 이제 우리가..."

신)찬 122장	제 49 주							
구)찬 122장	월	화	수	목	금	토	요4:41-42

 사마리아 지방에서 살던 한 여인은 수가성 우물가에서 예수님을 만났습니다. 예수님은 여인에게 물을 좀 달라는 이야기를 시작으로 여인과 대화를 시작합니다. 대화의 결론은 여인이 예수님을 그리스도로 인정하면서 일단락을 맺습니다. 그러나 그것이 끝이 아니었습니다. 이 여인은 사마리아 동네에 들어가서 자기가 만난 그리스도를 증거하였습니다. 그리고 더욱 놀라운 사실은 여인의 이야기를 듣고 예수님을 만난 사마리아 사람들은 예수님을 참구주로 인정하였다는 사실입니다. 이와같은 고백은 오늘날 우리 모두의 고백이어야 합니다.

첫째, 죄인에 대한 최선책은 예수 그리스도입니다.

 하나님께서는 죄를 짓고 쫓겨난 사람에게 가죽옷을 지어 입히셨습니다. 그러나 그것이 그들의 죄를 가리는 최선책은 아니었습니다. 훗날 하나님께서는 백성들에게 율법과 제사제도를 주심으로 죄에 대한 차선책을 주셨습니다. 죄를 지은 인간들에게 율법과 제사 역시도 최선책은 아니었습니다. 그러나 하나님은 주전과 주후를 기점으로하는 중심에서 참 구주를 보내 주셨습니다. 한번에 인간의 죄 문제를 해결할 수 있는 하나님의 최선책 이었습니다. 그것이 바로 예수 그리스도입니다.

둘째, 예수님을 만난 사람은 그가 참 구주이심을 알게 됩니다.

 수가성의 여인은 예수님을 만났기 때문에 그가 세상의 참 구주이심을 알게 되었습니다. 사마리아 사람들도 마찬가지입니다. 예수님을 그들이 직접 만나지 못했더라면 여전히 그들은 예수님을 그들의 참 구주로 인정하지 않았을 것입니다. 오늘날도 그렇습니다. 예수님을 만나지 못한 사람들은 예수님을 참 구주로 인정하여 받아들이지 않습니다. 그러나 복음을 통해 예수님을 알게되고 만나게 된 사람들은 한결같이 세상의 참구주로 인정하여 받아 들입니다. 그렇다면 당신은 참으로 예수를 만난 사람입니까? 예수님을 참 구주로 모셔 들였습니까?

 ～오늘의 기도

 주님, 예수 그리스도를 날마다 감사하며 살게하여 주옵소서, 예수님의 이름으로 기도드립니다. 아멘

만나 고 싶은 사람이 되라

"형제여 성도들의 마음이 너로 말미암아
평안함을 얻었으니 내가 너의 사랑으..."

(신)찬 550장	**제 49 주**						
(구)찬 248장	월	화	수	목	금	**토**	몬1:7

　사람들은 필연적으로 주변인들과 인간적인 관계를 맺고 살아갑니다. 직업에 따라 사람들을 만나기도 하고, 자신이 태어나고 자란 환경에서 사람을 만나기도 하며, 학창시절 학우들과 관계를 맺기도 합니다. 이런 다양한 만남들 속에는 세가지 유형의 사람들이 있기 마련입니다. 첫째는 만나기 싫은 사람입니다. 만나고 싶지 않은 사람입니다. 둘째는 만나도 그만 안 만나도 그만인 사람이 있습니다. 이런 사람은 관심 밖의 사람들입니다. 마지막 셋째는 만나고 싶은 사람입니다. 성도들은 이런 다양한 인간관계속에서 만나고 싶은 사람이 되어야합니다.

첫째, 남을 유익하게 하는 사람이 될 때 만나고 싶은 사람이 될 수 있습니다.

　바울은 빌레몬이 베푼 사랑으로 인해 위로와 평안을 얻었다고 하였습니다. 뿐만 아니라 빌레몬은 다른 성도들에게도 위로와 평안을 전하는 사람이었습니다. 이런 사람은 인간 관계속에서 만나고 싶은 사람의 유형이 됩니다. 바울도 빌레몬을 만나고 싶어 하였습니다. 이는 남을 유익하게 하는 사람이었기 때문입니다. 성도는 이와 같은 믿음의 사람이 되어야 합니다.

둘째, 꼭 필요한 만남이 되는 사람이 되어야 합니다.

　바울은 오네시모를 위하여 빌레몬에게 부탁을 하고 싶었습니다. 다른 사람은 몰라도 빌레몬 같은 사람이라면 오네시모를 받아 줄 수 있다고 생각하였습니다. 오네시모를 위해 꼭 필요한 사람으로 빌레몬을 생각한 것입니다. 누군가 '나' 라는 사람을 바울이 빌레몬을 생각하는 것처럼 그렇게 생각해 주는 사람이 있다면 그 사람은 만남에 필요한 사람임에 틀림없습니다. 성도는 그런 유익이 되는 사람이어야 합니다.

 　오늘의 기도

　주님, 만나고 싶은 사람이 되게하여 주옵소서, 예수님의 이름으로 기도드립니다.

아멘

매이지 않는 복음

"복음을 인하여 내가 죄인과 같이 매이는 데까지
고난을 받았으나 하나님의 말..."

신)찬 520장	제 50 주						
구)찬 257장	월	화	수	목	금	토	딤후2:9

초대교회 이후로 교회는 많은 환난과 위기를 겪었습니다. 사단은 끊임없이 교회를 훼방하고 복음을 핍박하였습니다. 그럼에도 불구하고 복음은 대적들의 훼방을 극복하고 능력있게 전파되었습니다. 어떻게 이런 일들이 있을 수 있을까요? 그것은 복음의 특성 때문입니다. 복음은 매이지 않습니다. 아니 어느 누구도 매어둘 수 없다고 하는 표현이 옳습니다. 예수그리스도의 피묻은 십자가의 복음은 세상의 그 어떤 대적이나 사단의 그 어떤 훼방에도 꺾이지 않는 하나님의 능력입니다. 그러므로 성도는 세상에서 복음의 증인으로 담대히 믿음을 가지고 복음을 선포하며 살아야 합니다.

첫째, 복음은 매어둘 수 없습니다.

복음의 특징은 머물지 않는다고 하는 것입니다. 성령의 사역도 한곳에만 머물러서 역사하지 않습니다. 항상 역동성을 가지고 움직입니다. 예수님께서도 "오직 성령이 너희에게 임하시면 너희가 권능을 받고 예루살렘과 온 유대와 사마리아와 땅끝까지 이르러 내 증인이이 되리라"(행1:8) 라고 하였습니다. 성령의 역독성을 잘 나타내주는 말씀입니다. 그 어떤 사단의 권세에도 굴하지 않고 복음은 끊임없이 성령의 주도하심 속에 땅끝까지 전파될 때 까지 쉬지 않을 것입니다. 누구도 매어둘 수 없습니다.

둘째, 사람은 매여도 복음은 매이지 않습니다.

바울은 그의 전도사역 가운데 여러번 옥에 갇히는 경험을 하였습니다. 뿐만 아니라 복음에 동참한 다른 여러사람들도 함께 옥에 갇혔던 적도 있었습니다. 그러나 핍박과 환난을 통해 사람은 매임을 당하였어도 복음은 매이지 아니하였습니다. 복음이 가진 능력 때문입니다. 이 복음은 오늘날도 여전히 확장 되어지고 있습니다. 그러므로 성도는 복음의 능력을 붙들고 매이지 않는 복음을 증거하는 일에 동참하는 믿음의 동역자가 되어야 합니다.

오늘의 기도

주님, 매이지 않는 복음의 증인이 되는 삶을 살게하여 주옵소서, 예수님의 이름으로 기도드립니다. 아멘

말씀 대로 되는 역사

신)찬 546장	제 50 주							
구)찬 399장	월	화	수	목	금	토	막3:5

　예수님의 사역의 특징은 말씀대로 되는 사역이라고 해도 과언이 아닙니다. 병자들도 말씀으로 고치셨고 귀신들도 말씀으로 쫓으셨으며 바람과 바다도 말씀으로 잠잠케 하셨습니다. 모든 사역의 중심에는 말씀이 있었습니다. 사람이 가장 하기 쉬운 일 가운데 하나는 말하는 것입니다. 말로는 못하는 것이 없습니다. 문제는 그 말을 책임질 수 없다는 것이 문제입니다. 그러나 예수님의 말씀은 그대로 이루어졌습니다. 이것이 말씀대로 되는 역사입니다. 하나님은 예수님을 통해서 오늘날도 그 역사가 이루어지기를 원하십니다.

첫째, 성도는 하나님의 말씀을 붙들어야 합니다.

　아프리카 선교사 리빙스턴의 고백입니다.

　" 내가 말이 통하지 않는 데다가 때로는 적대적인 태도를 보여주던 사람들 틈 속에서 포로생활과 같은 나날을 살아가면서 용기를 잃지 않고 위로받은 것이 무엇이었는지 당신은 알고 계십니까? 그것은 바로 이러한 성경 구절이었습니다. '아들아, 내가 세상 끝날까지 너와 항상 함께 있으리라.'"

리빙스턴은 날마다 하나님의 말씀을 붙들고 살았던 것입니다. 오늘날 하나님의 자녀인 성도들도 이와 같이 하나님의 말씀을 붙들고 살아야 합니다.

둘째, 말씀에는 능력이 있습니다.

　예수님의 사역을 이렇게도 표현할 수 있습니다. '능력사역' 왜 이렇게 부르는 것이 가능할까요? 그 이유는 하나님의 능력이 예수님의 사역속에 말씀을 통해 나타났기 때문입니다. 병든자가 치료되고, 귀신이 쫓겨 나가며, 죽은자가 말씀의 선포를 통해 살아나는 역사가 있었습니다. 이런 일들은 능력으로만 가능한 일입니다. 그런데 예수님은 말씀을 통해 이런 능력을 나타내셨습니다. 말씀대로 되는 역사를 행하셨던 것입니다. 그러므로 오늘날도 믿으면 하나님의 말씀은 동일하게 이와 같이 역사할 수 있음을 믿어야 합니다.

　　♣ 　오늘의 기도

주님, 말씀대로 되는 역사가 오늘도 일어나게 하여 주옵소서, 예수님의 이름으로 기도드립니다. 아멘

중보 기도가 필요한 사람들

"그러므로 내가 첫째로 권하노니
모든 사람을 위하여 간구와 기도와 도고와 ..."

(신)찬 382장	제 50 주							
(구)찬 432장	월	화	수	목	금	토	딤전2:1-2	

기도는 성도의 마땅히 해야할 신앙의 기본입니다. 기도를 빼놓고 신앙생활을 논할 수 없습니다. 본문에서는 특히 모든 사람을 위하여 기도하라고 말씀하고 있습니다. 중보기도를 말함입니다. 성숙한 성도일수록 다른 사람을 위하여 중보하여 기도하는 일에 익숙합니다. 뿐만 아니라 높은 지위에 있는 사람들을 위하여도 기도하라고 말씀하고 있습니다. 왜 높은 사람을 위해서 기도해야 할까요? 그들이 공정해야 백성들이 편안하기 때문입니다. 그러므로 성도는 무작정 기도하는 것보다 자신의 기도를 필요로 하는 중보의 대상이 누구인지를 알고 기도하는 것도 기도생활에 중요한 요소임을 알아야 합니다.

첫째, 중보할 대상을 정하여야 합니다.

구약성경에서 아브라함이 롯을 위한 중보는 유명합니다.(창18장), 아브라함은 왜 그토록 의인의 숫자에 집착 하였을까요? 그 이유는 소돔에 아브람의 조카 롯이 거주하고 있었기 때문입니다. 아브라함의 중보의 대상이 조카 롯이었음을 보여주는 대목입니다. 중보기도는 중보할 대상을 분명히 정하고 기도하여야 합니다. 자신이 기도해야 할 기도의 대상들을 정하고 분명한 목적을 가지고 하나님께 기도하는 것이 중보기도입니다.

둘째, 중보기도는 사정을 알고 기도하는 것이 유익합니다.

본문에는 중보기도를 뜻하는 단어로 '도고' 라는 단어를 사용하였습니다. 이 말은 '탄원, 청원'의 뜻을 가지고 있습니다. 상대방의 사정을 잘 알지 못하면 어찌 탄원할 수 있겠습니까? 중보 대상자의 사정을 잘 알고 기도하는 것이 바로 중보기도입니다. 바울은 항상 중보할 대상의 형편을 파악하려고 노력했습니다. 그리고 그들의 형편과 사정을 안 후에는 간절히 기도하였습니다. 그러므로 중보는 대상자의 상황을 잘 파악하는 것이 중요합니다.

🍀 _오늘의 기도_

주님, 중보기도의 중요성을 알고 항상 기도하게 하여 주옵소서, 예수님의 이름으로 기도드립니다. 아멘

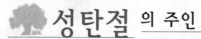

성탄절 의 주인

"보라 처녀가 잉태하여 아들을 낳을 것이요
그 이름을 임마누엘이라 하리라 하..."

신)찬 115장	제 50 주							
구)찬 115장	월	화	수	목	금	토		마1:23

크리스마스는(christmas) 일반적으로 성탄절 이라고도 부릅니다. 성탄절은 전세계 사람들이 즐기는 축제날이 되었습니다. 그러나 기쁘지 않은 축제가 되어 버렸습니다. 그 이유가 무엇일까요? 본질이 변했기 때문입니다. 심지어는 교회에서 조차도 자연스럽게 산타가 아이들에게 우상이 되고 루돌프 사슴의 반짝이는 코가 성탄을 대변하는 듯 합니다. 왜 이렇게 되었습니까? 그 이유는 성탄의 진정한 의미를 잃어버렸기 때문입니다. 성탄은 그 누구도 그 자리를 대신할 수 없습니다. 본문에서 말씀하는 것처럼 오직 '임마누엘'이어야 합니다. 임마누엘의 예수님께서 성탄절의 주인으로 회복될 때 참된 의미의 크리스마스를 지킬 수 있습니다.

첫째, 산타크로스(Santa Claus)나 문화가 예수님의 자리를 대신할 수 없습니다.

산타는 크리스마스 이브에 착한 아이들에게 선물을 가져다 준다는 전설로 어린이들에게는 아주 친숙한 이름 입니다. '산타클로스' 라는 말은 270년 소아시아 지방 리키아의 파타라시에서 출생한 세인트(성) 니콜라스의 이름에서 유래 되었습니다. 그는 자선심이 지극히 많았던 사람으로 후에 미라의 대주교(大主敎)가 되어, 남몰래 많은 선행을 베풀었는데, 그의 생전의 이런 자선행위에서 유래하여 산타클로스 이야기가 생겨났습니다. 성탄의 진정한 주인은 결코 아닌 것입니다. 그러므로 산타나 크리스마스 문화가 절대로 예수님의 성탄의 자리를 대신하여서는 안됩니다. 이들은 절대 성탄의 주인이 아닙니다.

둘째, 성탄절은 임마누엘이신 예수님을 찬양하여야 합니다.

성탄절을 하나님께 영광 돌리려면 성탄의 참 주인이며 임마누엘 되신 예수님을 찬양하여야 합니다. 개인과 가정, 교회는 모두 한 마음으로 찬양하여야 합니다. 마땅히 찬양 받으실 분이시기 때문에 성탄절을 최고의 찬양으로 영광 돌리는 절기로 삼아야 합니다. 화려한 장식이나 성탄의 추리 보다도 성도의 마음의 중심으로 영광돌리며 찬양하여야 합니다.

오늘의 기도

주님, 참된 성탄의 의미를 알고 지키게 하여 주옵소서, 예수님의 이름으로 기도드립니다. 아멘

하늘에는 영광 땅에는 평화

"지극히 높은 곳에서는 하나님께 영광이요
땅에서는 기뻐하심을 입은 사람들..."

(신)찬 114장	제 50 주							
(구)찬 114장	월	화	수	목	금	토	눅2:14	

본문에서 '영광'은 '빛' 또는 '광채'의 의미를 가지고 있습니다. 예수님의 탄생이 하나님께 영광이 된다는 것은 예수님은 하나님께 빛과 같은 존재라는 뜻입니다. 하나님을 빛나게 해주는 사람이 바로 예수님입니다. 뿐만 아니라 땅에서는 평화라고 했습니다. 예수님은 이땅에 진정한 평화가 되십니다. 21세기를 사는 오늘날 아직도 세계에서는 전쟁이 그치지 않고 있지만 전쟁을 그치게 하고 진정한 평화가 이땅에 임하도록 하는 대안은 오직 예수그리스도 뿐입니다. 그러므로 복음은 쉬지 않고 땅끝까지 전해져야 합니다.
첫째, 성탄은 하늘에도 좋은 소식입니다.
예수님의 성탄은 여러 가지 의미를 가질 수 있습니다. 먼저 생각해 볼 것은 창조사역을 주관하신 하나님께서 이미 그 뜻을 정하셨는데 마침내 그것을 이루셨다는 것입니다. 본격적인 그리스도의 시대를 열어가는 서곡이 성탄이었습니다. 하나님의 약속의 성취가 그리스도로 시작이 된 것입니다. 인류 역사에 가장 위대한 탄생의 역사는 하나님 보시기에도 좋았습니다. 이것이 성도가 기뻐해야 할 이유 가운데 하나입니다.
둘째, 성탄은 땅에서도 좋은 소식입니다.
본문은 '땅에서 기뻐하심을 입은 사람들 중에' 라고 하는 부분에 주목해 보겠습니다. 기뻐하심을 입었다는 의미는 예수님의 탄생이 하나님의 은혜라고 하는 것을 나타내 주는 것입니다. 성탄은 하나님의 은혜로 된 것입니다. 이런 은혜를 누릴 자격이 없지만 하나님의 은혜로 되었다는 것입니다. 예수님의 성탄은 자격이 되지 않는 사람들에게 베푸신 하나님의 은혜입니다. 그러므로 이 소식은 좋은 소식인 것입니다.

오늘의 기도

주님, 복음을 전하는 일에 기쁨을 가지게 하여 주옵소서, 예수님의 이름으로 기도 드립니다. 아멘

예수께 경배하는 사람들

"집에 들어가 아기와 그 모친 마리아의 함께 있는
것을 보고 엎드려 아기께 경..."

신)찬 111장	제 50 주						
구)찬 111장	월	화	수	목	금	토	마1:11

예수님이 탄생하실 때 가장 먼저 예수님께 엎드려 경배했던 사람들이 있습니다. 그들은 동방에서 온 박사들이었습니다. 그들이 가져온 예물은 황금과 유향과 몰약 이었습니다. 그들이 예수님께 경배한 이유는 그들이 별을 연구하는 박사들이었기 때문입니다. 그들은 예수님께 대한 기대감을 가지고 별을 보고 따라와 예수께 경배하였습니다. 이들의 신분이 이방인 이라는 점을 생각할 때 의외의 상황이라고 볼 수 있습니다. 오늘 우리는 하나님의 자녀로서 예수님을 어떻게 경배하고 있습니까? 적어도 동방의 박사들보다는 더큰 기대감과 경외감을 가지고 경배하여야 할 것입니다.

첫째, 예수님은 경배의 대상입니다.

동방의 박사들이 가져온 예물은 황금과 유향, 몰약 이었습니다. 이 세가지 선물은 학자들의 견해에 의하면 인성과 신성과 수난의 의미하는 것이라고 합니다. 예수님의 왕권을 인정하고 경배의 대상으로 생각하여 가져온 예물인 것입니다. 예수님은 당연히 경배의 대상이십니다. 동방의 박사들이 보여준 행동이 아니더라도 예수님은 당연히 모든 하나님의 백성들에게 마땅히 경배 받으셔야 할 대상입니다.

둘째, 예수님은 높임을 받으실 분입니다.

예수님의 사역은 출발 자체가 십자가를 위한 일이었습니다. 십자가가 없었다면 예수님은 이땅에 오실 이유가 없었습니다. 낮고 천한 곳에 오셔서 사람들을 대신하여 멸시와 천대를 받으시고 십자가를 지셨지만 그렇다고 예수님 자체가 별볼일이 없었기 때문에 그런 것은 전혀 아닙니다. 예수님은 처음부터 높으신 분이었습니다. 처음부터 경배 받으셔야 할 분이셨고 마땅히 예배 받으셔야 할 분이셨습니다. 그러나 죄인의 십자가를 대신 지심으로 예수님을 높여 드려야 할 이유가 하나 더 생긴 것 뿐입니다.

🍀 오늘의 기도

주님, 경외감을 가지고 주를 경배하게 하여 주옵소서, 예수님의 이름으로 기도드립니다. 아멘

 **날마다** 강건하라

"아기가 자라며 강하여지고 지혜가 충족하며
하나님의 은혜가 그 위에 있더라"

(신)찬 197장	제 51 주						
(구)찬 178장	월	화	수	목	금	토	눅2:40

성경에는 예수님의 유년시절에 대해 별로 기록한 것이 없습니다. 그러나 예수님의 유년시절을 특징 지을 수 있는 몇가지 사실은 기록되어 있습니다. 그 가운데 하나가 본문의 말씀입니다. 예수님은 자랄수록 강하여지는 특징이 있었습니다. 성도의 신앙도 이와 같아야 합니다. 예수님 처럼 강하여 져야 합니다. 균형이 맞지 않는 사람은 년수가 오래 되어도 좀처럼 신앙이 자라지 않습니다. 늘 약해서 시험들었다. 은혜가 안된다 이핑계 저핑계를 댑니다. 성도는 해를 거듭할수록 그 심령이 강하고 견고해져야 합니다. 신앙이 자라나는 성도는 반드시 그래야 합니다.

첫째, 예수님은 자랄수록 지혜가 충만하였습니다.

성경에서 지혜의 중요성은 말할 필요가 없을 정도입니다. 그러나 지혜는 하루 아침에 한꺼번에 생겨나는 것이 아닙니다. 배움과 학습을 통해서 이루어지는 것입니다. 지혜자들로부터 배우고 삶을 통해서 학습함으로 지혜는 생기는 것입니다. 그러나 예수님은 어려서 지혜가 충족하였다고 하였습니다. '충족'이라는 표현은 넘쳤다는 뜻입니다. 풍부하다는 뜻입니다. 예수님은 어려서 이미 지혜가 풍족하고 넘쳤습니다. 그 이유가 무엇입니까, 하나님이 함께 하셨을 뿐 아니라 예수님이 곧 하나님이시기 때문입니다.

둘째, 성도들도 날마다 자라고 지혜가 있어야 합니다.

예수님은 어려서 자랄수록 강건하여졌다고 했습니다. 이는 튼튼하여 졌다는 뜻입니다. 무엇이 튼튼하다는 뜻일까요? 육체인 몸이 그렇다는 뜻일까요? 물론 몸도 튼튼했을 것입니다. 그러나 예수님은 영육간에 모든 것이 강건하셨습니다. 성도도 이와 같아야 합니다. 해를 거듭할수록 성도는 성령안에서 자라는 사람이 되어야 합니다. 흔들리지 않는 영육이 강건한 사람으로 성장해야 합니다. 예수님의 지혜를 본받아 지혜 또한 자라야 합니다.

오늘의 기도

주님, 우리의 신앙이 날마다 자라게하여 주옵소서, 예수님의 이름으로 기도드립니다. 아멘

사명을 감당하는 성도

"저가 증거하러 왔으니 곧 빛에 대하여 증거하고
모든 사람으로 자기를 인하여 ..."

(신)찬 195장	제 51 주						
(구)찬 175장	월	화	수	목	금	토	요1:7

　예수님과 동시대(同時代)의 사람으로 예수님 보다 앞서 태어났으면서 예수님을 위해 살다간 사람이 있습니다. 바로 세례요한입니다. 요한의 사명은 자신을 통해서 예수님을 증거하는 것이었습니다. 오직 자신의 모든 것을 예수님을 위해서 아낌없이 주는 나무처럼 아낌없이 모든 것을 헌신한 사람입니다. 요한처럼 살라고 하면 부담스럽겠지만 요한처럼 자신의 사명을 감당하라고 하면 조금도 이상하지 않을 것입니다. 성도는 저마다 하나님이 주신 사명이 있습니다. 그 사명이 무엇인지 요한처럼 깨달아야 합니다. 그리고 주저하지 말고 세상속에서 그 사명을 감당해야 합니다.
첫째, 사명은 부담스러운 것이 아닙니다.
　하나님께서 주신 사명을 부담스러워 하는 사람들도 있습니다. 선지자 요나가 대표적인 케이스입니다. 자신이 무엇을 해야 하는지 알면서도 하지 않는 사람들이 있습니다. 그러나 하나님은 사명을 통해 자신의 백성들에게 부담을 안겨주는 분은 절대 아닙니다. 부담감은 하나님에 대한 오해에서 비롯된 것이라고 볼 수 있습니다. 하나님의 뜻을 잘 이해하지 못하기 때문에 생겨나는 오해입니다. "이와 같이 너희도 기뻐하고 나와 함께 기뻐하라"(빌2:18)라고 하였습니다. 바울은 사명을 감당하는 데서 오는 기쁨을 이렇게 표현하였습니다. 그는 복음을 전하는 사명이 기뻤습니다. 그러므로 사명은 절대 부담스러운 것이 아닙니다.
둘째, 사명을 감당하는 사람이 복된 성도입니다.
　사명은 감당할 때 그 사람에게 복이 되는 것입니다. 예수님보다 앞서 나서 주의 길을 예배하였던 세례요한은 어려서부터 광야에서 훈련된 사람이었습니다. 광야의 변덕스러운 날씨와 고통스러운 음식도 사명이기 때문에 감당할 수 있었습니다. 이에 대하여 예수님은 이렇게 말씀하셨습니다. "내가 너희에게 말하노니 여자가 낳은 자 중에 요한보다 큰 이가 없도다 그러나 하나님의 나라에서는 극히 작은 자라도 저보다 크니라 하시니"(눅7:28) 라고 하셨습니다. 예수님은 요한을 큰 자로 보셨습니다. 이것이 사명을 감당하는 사람의 복입니다. 이처럼 사명을 감당하는 사람에게는 하나님이 주신 복이 있습니다.

🍀 *오늘의 기도*

　주님, 주신 사명을 발견하여 깨닫게 하시고 잘 감당하게 하여 주옵소서, 예수님의 이름으로 기도드립니다. 아멘

아들 로 인해 주신 하나님의 은혜

"하나님이 그 아들을 세상에 보내신 것은
세상을 심판하려 하심이 아니요 저..."

신)찬 189장	제 51 주						요3:17
구)찬 181장	월	화	수	목	금	토	

하나님께서는 분명한 목적을 가지고 예수님을 이땅에 보내셨습니다. 그 목적은 바로 본문의 말씀입니다. 심판이 아닌 구원이 그 목적이라고 밝히고 있습니다. 하나님께서는 아들로 인해 값진 대가를 치르게 하셨습니다. 독생자를 죄인의 구원을 위해 희생하신 것입니다. 이 세상의 그 어느 누구도 예수님보다 귀하고 값지다고 볼 수 없습니다. 죄인이 귀하면 얼마나 귀하겠습니까? 그러나 하나님께서는 자신의 독생자를 죄인들을 위해 기꺼이 내어주셨습니다. 그 목적이 바로 세상의 구원이라는 것입니다. 이 얼마나 놀랍습니까? 그러므로 모든 성도는 하나님의 사랑의 목적에 날마다 깊은 감사를 가지고 살아야 할 것입니다.

첫째, 하나님은 아들로 인해 세상을 구원하시기 원하셨습니다.

하나님이 독생자 예수그리스도를 이땅에 보내신 이유는 본문에서도 밝히고 있는 것처럼 구원이 목적이었습니다. 죄인들을 구원하시기 위한 다른 대안이 없으셨던 것입니다. 이와 같은 사실은 성도의 삶에 충분한 감사의 조건이 되고도 남습니다. 하나님의 이와같은 결정이 아니었더라면 인간은 아직도 피냄새 진동하는 제사의식에서 자유롭지 못하며 여전히 하나님을 떠나 있었을 것입니다. 그러나 오늘날 우리는 믿음으로 구원에 이르게 되었습니다. 이 얼마나 감사한 일입니까, 이보다 더 감격적이고 감사한 일은 세상에 없습니다.

둘째, 구원은 하나님의 선택입니다.

A.W토저는 이렇게 말했습니다. "인간편에서 보면 구원은 일종의 선택이다. 그러나 하나님 편에서 보면, 그것은 가장 높으신 하나님에 의해 붙들리고 사로잡히고 정복당하는 것이다. 우리가 그의 은총을 기꺼이 받아 들이는 것은 '행동(actions)'이라기 보다는 '반응(reactions)'이다. 따라서 결정할 수 있는 권한은 언제나 하나님께 있게 마련이다"라고 하였습니다. 구원은 하나님의 뜻에 의한 사랑의 선택이었습니다. 구원은 사람이 선택하는 것처럼 보이지만 그러나 실상은 그것은 하나님의 예정속에 이루어지고 있는 사건인 것입니다. 이는 사람의 선택이 아닌 하나님의 선택입니다.

오늘의 기도

주님, 하나님의 은혜를 헛되이 받지 말게 하여 주옵소서, 예수님의 이름으로 기도드립니다. 아멘

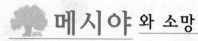

메시야 와 소망

"아들을 낳으리니 이름을 예수라 하라
이는 그가 자기 백성을 저희 죄에서 구원..."

(신)찬 112장	제 51 주							
(구)찬 112장	월	화	수	**목**	금	토		마1:21

'폴 힐'은 소망이 하는 세가지 일에 대해 다음과 같이 이야기 했습니다. 첫째, 소망은 우리에게 장차 큰 기쁨과 행복이 주어지리라는 사실을 확인시켜준다. 둘째, 소망은 우리에게 기쁨과 행복의 실상을 드러내 준다. 셋째, 소망은 우리로 하여끝까지 그것들을 기다리게 하며 그것들을 위하여 모든 고난을 견뎌내게 해준다. 이 세가지 소망에 대한 이야기는 하나님의 자녀인 성도들에게 많은 것을 느끼게 해줍니다. 메시야을 기다리는 사람들의 자세가 이와 같다는 것을 느낄 수 있습니다. 이와같은 맥락에서 '예수'라는 이름은 분명 성도들에게는 소망입니다.

첫째, 성도는 예수님 때문에 행복한 사람들입니다.

세상에서 가장 행복한 사람은 누구일까요? 일천억을 소유하면 그사람이 행복할까요? 아니면 '클레오파트라' 같은 아내를 얻으면 행복할까요? 인간이 그런다고 모두 행복할 수는 없습니다. 참된 행복이신 예수 그리스도를 소유할 때 비로서 행복의 가치에 대해 눈을 뜰 수 있습니다.

둘째, 성도는 예수님 때문에 모든 것을 인내하는 사람들입니다.

신앙의 특징 중 하나는 잘 인내하는 것입니다. 복음은 인내가 없이는 꽃피울수 없는 나무와도 같습니다. 무엇 때문에, 누구 때문에 인내하는 것일까요? '예수 그리스도'입니다. "너희의 인내로 너희 영혼을 얻으리라"(눅21:19) 라고 하였습니다. 성도에게는 예수님이 없으면 인내할 이유가 없어 집니다.

셋째, 성도는 예수님 때문에 소망을 가진 사람들입니다.

'예수 그리스도'는 소망 자체입니다. "하나님이 그들로 하여금 이 비밀의 영광이 이방인 가운데 어떻게 풍성한 것을 알게 하려 하심이라 이 비밀은 너희 안에 계신 그리스도시니 곧 영광의 소망이니라"(골1:27) 라고 하였습니다. 그리스도가 소망이라고 밝히고 있습니다. 그러므로 성도에게 소망은 바로 '예수그리스도'입니다.

오늘의 기도

주님, 예수의 이름으로 소망을 삼게하여 주옵소서, 예수님의 이름으로 기도드립니다. 아멘

다윗 의 동네에서 나신 구주

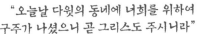

"오늘날 다윗의 동네에 너희를 위하여
구주가 나셨으니 곧 그리스도 주시니라"

신)찬 109장	제 51 주						눅2:11
구)찬 109장	월	화	수	목	금	토	

　미국의 어느 작은 마을에 윌리라고 불리는 지능이 떨어지는 아이가 있었습니다. 이 아이는 어느해 부터 교회마다 성탄절이면 유행처럼하곤 했던 "빈방 없어요"라는 성극의 실제 모델입니다. 빈방은 없지만 내방을 쓰라는 외침의 주인공입니다. 이 연극의 소재가 되었던 내용은 다윗의 동네에서 벌어진 사건을 배경으로 합니다. 예수님은 다윗의 동네에서 태어나셨습니다. 다윗의 동네는 베들레헴이었고 이는 실로 작은 마을 이었습니다. 이처럼 주목받지 못하는 곳에서 태어나신 이유가 무엇일까요? 그곳이 예언의 성취장소였기 때문입니다. 다윗의 동네는 약속이 성취되는 장소였습니다. 이는 하나님이 언약을 중요시 여긴 결과입니다.

첫째, 베들레헴은 언약의 성취장소입니다.

　예수님이 태어나신 동네는 다윗의 동네였습니다. 왜 예수님은 다윗의 동네에서 나셨을까요? 그 이유는 하나님의 약속이기 때문입니다. "이 아들로 말하면 육신으로는 다윗의 혈통에서 나셨고"(롬1:3) 라고 하였습니다. 예수님은 혈통적으로는 다윗의 혈통에 속합니다. 다윗은 베들레헴 사람이었습니다. 그래서 예수님은 다윗의 동네에서 나신 것입니다. 언약의 성취장소가 베들레헴이었습니다.

둘째, 예수님은 그리스도 이십니다.

　그리스도는 '기름부음을 받은자' 를 일컫는 말입니다. 기름부음을 받은 자들은 선지자, 제사장, 왕이었으며 이들은 그리스도의 모형입니다. 그러나 예수님은 실제 예언의 주인공이십니다. 모형의 진짜 주인공이 예수님 이십니다. 구약의 실체가 예수님이신 것입니다. 그러므로 예언의 성취로서 그리스도이신 예수님은 하나님의 자녀인 성도들이 진실된 마음으로 영접하여 기쁨으로 섬겨야 합니다.

 오늘의기도

주님, 언약의 증거인 그리스도를 날마다 찬송하며 살게하여 주옵소서, 예수님의 이름으로 기도드립니다. 아멘

허사 를 경영하지 말라

(신)찬 197장	제 51 주

(구)찬 178장	월	화	수	목	금	토	시2:1

이런 말이 있습니다. "남는 것이 없다, 밑지는 장사다" 이 말은 장사하는 사람들이 많이 사용하는 말입니다. 물론 이 말은 장사를 하기 위한 앞가림용입니다. 그러나 정말 열심히 일했는데 남는 것이 없을 때 이런 사람들의 마음은 어떨까요? 손해보지 않고 장사를 잘한것 같은데 계산을 해보니 적자가 났다면 정말 애써수고한 것이 헛것이라는 생각이 들 것입니다. 본문의 '허사'라는 말의 의미가 그런 의미입니다. '빈, 공허, 헛됨'이 허사의 뜻입니다.

첫째, 쓸데 없는 일에 분노하지 말아야 합니다.

세상 사람들은 아무것도 아닌 일에 화를 내고 분을 내는 경우가 종종 있습니다. 하나님의 자녀인 성도들은 웬만한 일로는 분을 내거나 화를 내지 말아야 합니다. 만일 별것 아닌 것을 가지고 화를 내고 분을 품는다면 이는 이방인들과 조금도 다를 것이 없습니다. 이런 일들은 이방인들이 즐겨하는 일입니다. 성도는 그와 같은 것들을 본받지 말아야 합니다.

둘째, 헛된 것을 경영하는 우를 범하지 말아야 합니다.

이방인들은 아무 이득도 없는 일을 위해 열정을 쏟는 경우가 있습니다. 심어도 열매가 없고, 장사해도 남는 것이 없으며, 수고해도 아무런 대가가 없는 일에는 시간과 열정을 투자할 가치가 없습니다. 그러나 어리석은 사람들은 헛된 것에 공을 들이고 시간과 열정을 투자합니다. 이는 지혜가 없기 때문입니다. 하나님의 자녀인 성도들은 이런 헛된 것을 추구하지 않는 지혜를 가져야 합니다.

 오늘의 기도

주님, 허사를 경영하지 않는 지혜를 주옵소서, 예수님의 이름으로 기도드립니다.
아멘

목숨 도 버리는 사랑

"그가 우리를 위하여 목숨을 버리셨으니
우리가 이로써 사랑을 알고 우리도 ..."

(신)찬 112장	제 52 주							
(구)찬 112장	월	화	수	목	금	토	요일 3:16	

한 작은 소녀가 자기 집을 방문한 손님에게 물었습니다.
"아저씨는 인형을 사랑하세요?"
"그럼, 사랑하고 말고"
 그 말을 하자마자 아이는 뛰어가서 인형을 한아름 가져왔습니다. 손님이 소녀에게 물었습니다.
"너는 이것들 중에 어느 것을 제일 사랑하니?"
"내가 말해도 웃지 않는다고 약속해 주세요"
"그래 약속하지"
소녀는 머리가 빠지고 코가 깨어졌으며 한쪽 뺨에는 상처가 나고 한 다리와 한 팔이 없는 인형을 골랐습니다.
"이것이예요" "왜?"
 손님이 묻자 그 아이는 이렇게 말했습니다.
"왜냐하면 만일 나마저 이것을 사랑하지 않으면 아무도 이것을 사랑하지 않을 것이기 때문이예요"
 만일 하나님께서 우리를 사랑하지 않으셨다면 우리는 어떻게 되었을까요? 아마 우리는 아무도 사랑하지 않아서 죄로 죽게 되었을 것입니다. 그러나 하나님께서는 죄인들을 위하여 놀라운 사랑의 은혜를 베푸셨습니다. 그 사랑은 목숨을 버리는 사랑이었습니다. 독생자의 피흘림과 희생을 통해서 죄인된 사람들에게 구원의 통로를 열어주셨습니다. 죄인인 우리가 그럴만한 가치가 있기 때문이었을까요? 그것은 아닙니다. 그 이유는 하나님이 사랑이시기 때문에 가능한 일이었습니다. 그러므로 성도에게 형제사랑이 중요한 이유는 먼저 하나님의 사랑의 은혜를 입은 사람들이기 때문입니다.

오늘의 기도

주님, 언제나 주님의 사랑을 잊지 않게 하여 주옵소서, 예수님의 이름으로 기도드립니다. 아멘

성도가 심어야 할 것

"악인의 삯은 허무하되 의를 뿌린 자의 상은
확실하니라"

(신)찬 91장	제 52 주						
(구)찬 91장	월	**화**	수	목	금	토	잠11:18

사무엘 스마일즈는 "생각을 심으시오, 행동을 거둘 것입니다. 행동을 심으시오, 습관을 거둘 것입니다. 습관을 심으시오 성격을 거둘 것입니다. 성격을 심으시오, 신의를 받아들일 것입니다. 생각을 기르십시오, 왜냐하면 자기가 하고 있는 생각 이상으로 오르지는 못할 것이기 때문입니다"라고 했습니다. 만물의 이치를 잘 역설한 말이라고 생각합니다. 모든 일에는 하나님이 정하신 순리에 따라 반드시 심은 것이 있으면 거둘것이 있게 되어있습니다.

첫째, 허무한 것을 심지 말아야 합니다.

허무한 것의 특징은 열매를 거둘때 수고를 헛되게 한다는 것입니다. 이 얼마나 허망합니까, 오직 열매를 바라보고 힘들게 수고하고 애쓰며 노력했는데 때가 되어서 아무것도 거둘것이 없다면 그간의 수고가 정말 억울할 것입니다. 그러나 분명한 것은 열매가 없는 것은 열매가 없는 것을 심었기 때문입니다. 단지 허망한것을 분별하지 못했기 때문에 거두지 못했을 뿐입니다. 그러므로 성도는 무엇이 허망하고 허무한 것인지 알 수 있는 분별력을 길러야 합니다.

둘째, 상받을 것을 위해 심어야 합니다.

하나님앞에 기왕에 심을 것이라면 상받을 수 있는 것을 심어야 합니다. "자기의 육체를 위하여 심는 자는 육체로부터 썩어진 것을 거두고 성령을 위하여 심는 자는 성령으로부터 영생을 거두리라"(갈6:8) 라고 하였습니다. 육체를 위하여 심는 사람은 상받을 것이 아무것도 없습니다. 그러나 하늘 나라를 위하여 심은 것이 있는 사람들은 반드시 받을 상이 있습니다. 그것이 물질이건, 건강이건, 무엇이건 간에 하늘 나라를 위하여 심은 것은 준비된 하늘의 상이 있습니다.

 오늘의 기도

주님, 상받는 것을 심을 수 있게 하여 주옵소서, 예수님의 이름으로 기도드립니다.

아멘

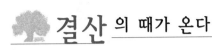 **결산**의 때가 온다

신)찬 210장	제 52 주							눅16:2
구)찬 245장	월	화	수	목	금	토		

본문에 나오는 불의한 청지기의 비유의 이야기는 결산의 중요성을 깨닫게 해주는 내용이 포함되어 있습니다. 길고도 짧았던 한해를 마무리해야 하는 시점에서 어떻게 지난 한 해를 마무리 해야 하는지 생각해 보아야 합니다. 불의한 청지기는 지나온 과거에 옳지 못한 일들로 인해 주위 사람들로부터 비난을 받았습니다. 그것이 그가 주인으로부터 해고 통보를 받은 이유입니다. 그는 이런 결산의 때가 올 줄 몰랐던 것입니다. 하나님의 자녀인 성도들은 이런 어리석은 행동은 피해야 합니다. 그러므로 한해를 뒤돌아보며 잘못된 것은 청산하고 남은 날들을 위한 보다 소망있는 계획들을 세워야 합니다.

첫째, 반드시 결산의 때가 옵니다.

불의한 청지기는 자신의 옳지 못한 행동이 주인으로부터 어떤 결과를 가져올지 생각지 못했습니다. 만일 그가 알았다면 그의 옳지 못한 행동을 진작 청산했을 것입니다. 왜냐하면 청지기의 자리는 자신의 인생에서 중요한 자리였기 때문입니다. 그러나 그의 실수는 주인이 자신의 그릇된 행동을 알지 못한다고 생각한 것입니다. 이는 결산의 때를 생각지 못한 것이라고 볼 수 있습니다. 그러나 우리이 옳지 못한 행실은 본문의 불의한 청지기 처럼 반드시 주인이 알게 될 날이 올 것이며 결산의 때가 올 것입니다.

둘째, 칭찬받는 청지기가 되어야 합니다.

마25장의 달란트의 비유처럼 성도는 하나님이 결산하시는 때에 칭찬받는 청지기가 되어야 합니다. 주인의 맡긴 것을 잘 관리하고 지혜롭고 의롭게 잘 관리하였다면 이는 반드시 하나님께서 인정하시고 칭찬하실 것입니다. 마지막 결산의 때에 칭찬 받지 못하고 주인으로부터 책망을 받는 다면 그때는 아무도 돌이킬 수 없습니다. 쫓겨나서 울며 통곡해야 합니다. 그러므로 성도는 기회가 주어졌을 때 청지기로서 선한 사명을 감당하여 칭찬받는 청지기가 되도록 하여야 합니다.

오늘의 기도

주님, 결산할 것이 있는 성도가 되게하여 주옵소서, 예수님의 이름으로 기도드립니다. 아멘

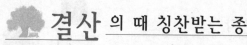

결산 의 때 칭찬받는 종

"그 주인이 이르되 잘 하였도다 착하고
충성된 종아 네가 작은 일에 충성하였..."

신)찬 286장	제 52 주							
구)찬 218장	월	화	수	목	금	토	마25:21

　달란트의 비유에 등장하는 종들은 세사람이 등장합니다. 주인으로부터 받은 달란트를 중심으로 구분하여 볼 수 있습니다. 세 사람의 종들은 저마다 달란트를 받았지만 그것을 받은 후 행동은 서로 달랐습니다. 그러던 어느날 마침내 주인이 돌아왔습니다. 주인이 돌아 왔을 때 그 주인은 종들에게 주었던 달란트를 셈 하였습니다. 이때 주인의 달란트를 남긴 종들에게는 칭찬이 주어졌습니다. "잘 하였도다 착하고 충성된 종아" 이것이 주인의 칭찬이었습니다. 때가 이르면 하나님의 자녀인 우리도 받은 것을 가지고 셈을 해야 될 날이 올 것입니다. 그때 우리가 들을 수 있는 칭찬이 무엇일까요? 남긴 자에게 주는 칭찬을 받아야 합니다.

첫째, 작은 일에 충성하였을 때 칭찬받을 수 있습니다.

　한 달란트 받은 종이 주인으로부터 책망받고 있는 것도 빼앗기고 주인으로부터 쫓겨난 이유는 그가 작은 일에 충성하지 못한 것에 대한 결과였습니다. 하나님은 작은 일에 충성하기를 원하십니다. 왜냐하면 작은 일에 충성된 사람이 큰 일에도 충성할 수 있기 때문입니다. 그리고 작은 것에 충성된 사람은 적어도 진실되고 충직한 사람이라고 할 수 있습니다. 작은 일을 무시하지말고 충성된 마음으로 주신 일을 잘 감당하는 성도가 되어야 합니다.

둘째, 주인은 충성된 일꾼을 원하십니다.

　본문에서 주인이 종들을 불러 그들을 칭찬한 이유는 그들이 충성된 일꾼들이었기 때문입니다. 자기들의 것이 아니었지만 주인의 것을 자신들의 것처럼 최선을 다한 종들이야 말로 주인의 마음을 기쁘게 하는 사람들이었습니다. 주인은 종들이 충성스럽게 일하여 주인의 것을 남기기를 원하십니다. 땅의 모든 것은 다 하나님의 것입니다. 그러므로 성도가 어떤 일이든 각자의 분야에서 최선을 다할 때 하나님의 맡기신 것을 남길 수 있습니다. 이와 같은 삶이 자세가 주인이 기뻐하시는 종의 자세입니다.

오늘의 기도

주님, 부지런히 충성하여 남긴 것을 드리게 하여 주옵소서, 예수님의 이름으로 기도드립니다. 아멘

소유 의 중요성을 깨닫는 사람

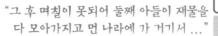

(신)찬 189장	제 52 주						
(구)찬 181장	월	화	수	목	금	토	눅15:13

사람이 붙잡을 수 없는 것 가운데 하나는 시간입니다. '세월'이라고도 말할 수 있습니다. 세월의 중요성은 있을 때 최선을 다해야 한다는 것입니다. 이는 소유의 중요성과도 연결이 됩니다. 본문에 나오는 둘째 아들은 이 두가지 모두를 효율적으로 관리하지 못했습니다. 세월은 허송세월을 보내었고 물질은 과소비로 일관했습니다. 막상 자신의 소유가 다 없어졌을때 남은 것이라곤 후회와 궁핍 뿐 이었습니다. 이제 한해를 정리하면서 세월의 중요성과 소유의 유익을 다시한번 돌이켜 보아야 합니다.

첫째, 성도는 소유의 중요성을 알아야 합니다.

나라에서 국가의 경쟁력을 떨어뜨리는 것은 국민들의 과소비 문화입니다. 로마가 망하는데 기여한 것 가운데 하나도 과소비입니다. 과소비는 개인이나 교회나 국가에도 좋은 영향을 미치지 못합니다. 과소비나 낭비는 소유의 중요성을 알지 못하는데서 오는 것입니다. 모든 소유는 하나님의 것입니다. 사람이 소유하고 있는 것은 엄밀히 말하면 하나님께서 맡기신 것입니다. 그러므로 하나님이 주신 소유를 귀하게 여기고 그것을 감사히 여기며 사용해야 합니다. 그렇지 않으면 언젠가는 자신의 소유가 바람같이 없어진 날이 옵니다.

둘째, 하나님이 주신 소유를 관리할 수 있는 능력을 구하여야 합니다.

본문에 나오는 둘째 아들의 잘못 가운데 하나는 소유를 관리하지 못하는데서 오는 무능력입니다. 비록 아버지로부터 많은 재산을 물려 받았지만 그것을 귀히여기지 못하고 방탕하게 함부로 사용했습니다. 그에게는 소유를 관리할 능력이 없었던 것입니다. 그러므로 성도는 하나님이 주신 소유를 지혜롭게 관리할 수 있는 능력을 구하여야 합니다.

오늘의 기도

주님, 하나님이 주신 소유를 헛되이 낭비 않게 하여 주옵소서, 예수님의 이름으로 기도드립니다. 아멘

올바른 송구영신

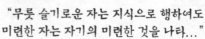

"무릇 슬기로운 자는 지식으로 행하여도
미련한 자는 자기의 미련한 것을 나타..."

(신)찬 550장	제 52 주						
(구)찬 248장	월	화	수	목	금	토	잠13:16

사람의 모든 일에는 결과가 따르기 마련입니다. 본문에서처럼 미련하게 행한 사람들에게는 미련함에 대한 댓가가 따를 것이며, 슬기롭게 행한 사람은 그에 맞는 열매가 있을 것입니다. 지나간 한해를 돌아보면서 지금 옳지 못한 결과들이 있다면 그것은 다른 누구의 책임이 아니라 바로 내 책임이라는 것을 알아야 합니다. 그리고 다시는 그와 같은 일들을 되풀이 하지 않도록 바른 결심, 바른행함을 가져야 합니다. 이것이 성도의 올바른 송구영신에 대한 자세입니다.

첫째, 지난날에 대한 감사가 있어야 합니다.

하나님이 사람에게 허락하신 것 가운데 하나가 시간입니다. 시간은 하나님이 인간에게 주신 선물입니다. 이말은 '기회'라는 의미로도 사용할 수 있습니다. 하나님이 주신 시간에 대하여 사람은 모름지기 감사를 할 줄 알아야 합니다. 지난 날에 대한 감사가 없는 사람은 하나님께 대한 감사가 없는 사람과도 마찬가지입니다. 한해를 마무리 하면서 하나님이 주신 날들에 대한 감사를 드리는 것은 성도의 마땅한 도리입니다.

둘째, 새해에 대한 바른 결심을 가져야 합니다.

사람들은 해마다 신년이 되면 계획이나 목표를 세웁니다. 어떤 목표나 계획을 세우느냐 하는 것은 중요한 문제입니다. 작심삼일이 되지 않도록 새해에 대한 계획을 잘 세울 필요가 있습니다. 특히 하나님의 자녀인 성도들은 하나님 보시기에 지난 날을 거울 삼아 바른 결심을 해야 합니다. 바른결심이 바른행함을 하는 바탕이 됩니다. 항상 결과는 자신이 뿌린 것에 대한 결과이기 때문입니다.

오늘의 기도

주님, 올바른 송구영신의 자세를 갖고 신앙생활하게 하여 주옵소서, 예수님의 이름으로 기도드립니다. 아멘

추도예배

부록:추도예배 설교, 추도예배 순서

〈추도예배 순서및 참고사항〉

[참고]

1. 가족 중에서 사회자를 선택합니다. 예배인도 경험이 있는 사람 일수록 좋습니다.
2. 기도자를 미리 알려 줍니다.
3. 가족중 믿지 않는 사람이 있을 경우 강권하지는 않되 추도예배와 제사의 차이를 잘 설명하여 납득할수 있도록 설득합니다. 다툼이나 분열은 피해야 합니다.
4. 고인의 약력이나 사진, 신앙적 유언으로 녹음한 것이 있으면 미리 순서에 넣고 준비해 둡니다.

[추도예배 순서]

지금부터 고   의(직분이 있을 경우 직분을 불러줌) 주기 추모 추도예배를 하나님께 드리겠습니다.

신 앙 고 백	사도신경	다 같 이
찬 송	222장(새235장) 보아라 즐거운 우리집	다 같 이
기 도		맡 은 이
성 경 봉 독	(준비된 본문)	사 회 자
설 교	(설교제목)	설 교 자
약 력 소 개		맡 은 이

(약력,행적,유훈 등을 고인에 인상 깊었던 일 등을 말하여 줄수 있는 사람을 가족중에서 미리 준비하여 진행할수 있도록 한다)

찬 송	370장(새330장) 어둔밤 쉬 되리니	다 같 이
주 기 도 문		다 같 이

할아버지 (모든 사람이 가는 길)

"다윗이 죽을 날이 임박하매 그 아들 솔로몬에게
명하여 가로되 내가 이제 세상 모든 사람의 가는 길로
가게 되었노니 너는 힘써 대장부가 되고 네 하나님…"

신)찬 301장	신)찬 456장	
구)찬 460장	구)찬 509장	왕상2:1-3

　　일반적으로 사람들은 내세에 대한 다양한 시각을 가지고 있습니다. 어떤 사람들은 사람이 죽으면 그걸로 끝이라고 말하는 사람들이 있습니다. 또 어떤 사람들은 다시 태어난다고 생각합니다. '윤회설' 사상을 믿는 사람들입니다. 두가지 사실중 공통점으로는 본문에 나오는 다윗의 고백처럼 누구나 다 가게 되는 세상 모든 사람들이 피해갈수 없는 길이 바로 '죽음' 이라는 것입니다.

　　인간에게 죽음은 준비하지 않은 시간에 다가 옵니다. 어느날 갑자기 다가오는 것이 바로 죽음입니다. 성경 누가복음16장에 나오는 부자는 음부에서 아브라함에게 한가지 요청을 합니다. 아직 살아있는 자신의 가족들이 자신과 같이 음부에 오지 않도록 나사로를 보내어 달라고 하는 것이었습니다. 그들에게도 언젠가 예기치 않은 때에 죽음이 찾아올 것을 암시하는 내용입니다. 그러나 언제인지는 알수 없으나 '죽음' 이 문제가 되지 않는 사람들이 있습니다. 다윗과 같이 하나님의 말씀과 명령을 지키고 하나님의 율례대로 행한 사람들입니다. 이런 사람들은 조금도 죽음에 대해 두려워하거나 염려할 필요가 없습니다. 왜냐하면 하나님께서는 이런 사람들을 위하여는 준비한 상급이 있기 때문입니다. 故000 조부님을 생각하면서 이시간 우리가 함께 다짐하며 생각할 것은 하나님의 말씀을 지키며 살자는 다짐을 하는 것입니다.

　　하나님의 말씀대로 사는 사람에게는 장래에 대한 소망이 있습니다. 세상에는 지켜야 될 일이 많이 있지만 특히 하나님의 말씀을 지키기를 힘쓰는 일이 중요함을 잊지 말아야 합니다.

추도예배 할머니 (하늘에 있는 영원한 집)

"만일 땅에 있는 우리의 장막집이 무너지면
하나님께서 지으신 집 곧 손으로 지은 것이 아니요
하늘에 있는 영원한 집이 우리에게 있는 줄 아나니..."

신)찬 304장	신)찬 235장	
구)찬 404장	구)찬 222장	고후5:1-5

사람에게 의식주(衣食住)는 중요한 삶의 문제입니다. 입는 것과, 먹을것, 거주의 문제는 가장 기초적인 인간의 삶의 문제이기도 하지만 가장 중요한 삶의 문제이기도 합니다. 한국적 문화에서는 성인이 되어서 결혼후 10년정도는 집(장막)을 장만하기 위해서 일을 한다고 합니다. 이제는 무엇을 입느냐, 먹느냐 보다 어디에 사느냐가 중요한 시대가 되었습니다. 이것이 장막의 문제가 중요한 이유입니다. 성경에서는 이와 같은 장막의 문제에 대하여 무너질 때에 대해 말씀하고 있습니다. 성경에서 의미하는 장막의 의미는 두가지입니다. 첫째는 사람의 육신이 거하는 거주지로서의 장막입니다. 두 번째는 육신을 가리키는 것입니다. 분명한 사실은 이 두가지 모두 무너질 때가 있다는 것입니다.

첫째, 땅에 있는 장막은 무너질 때가 옵니다.
이미 고인이 되신 故000 조모님은 이미 육신의 모든 장막을 벗어 버리셨습니다. 누구도 땅에서는 영원히 거주 할수 없습니다. 이것이 자연의 이치요 창조의 섭리입니다. 故000 조모님은 이와 같은 섭리에 따라 육신의 장막을 벗어버린 것입니다. 이것은 누구에게나 다 일어날 수 있는 일입니다. 이때를 생각지 못하는 사람은 실로 어리석은 사람입니다. 이런 일은 우리 가족들 모두에게도 일어날 수 있는 일이라는 것을 이 시간을 통해 우리는 분명히 기억해야 합니다.

둘째, 하늘에 있는 장막을 예비해야 합니다.
하나님은 무너질 땅의 장막을 대비하여 영원한 하늘의 장막을 예비해 주셨습니다. 이 장막은 믿는 자들에게 주어질 하나님의 선물입니다. 우리는 땅에 있는 장막보다 하늘에 있는 영원한 장막에 소망을 두고 살아야 합니다. 하늘에 있는 장막은 그리스도로 말미암아 준비된 사람에게만 주어집니다. 그러므로 우리는 오늘 이 추도예배를 통해 하늘에 예비된 장막이 있는 사람인지 먼저 점검해 보아야 합니다.

추도예배 아버지 (하나님의 위로가 있는 집)

> "아브라함이 가로되 얘 너는 살았을 때에 네 좋은 것을
> 받았고 나사로는 고난을 받았으니 이것을 기억하라
> 이제 저는 여기서 위로를 받고 너는 고민을 받느니라"

신)찬 360장	신)찬 488장	
구)찬 400장	구)찬 539장	눅16:25

 사람이 슬픈일을 만나면 제일 필요한 것이 무엇일까요? 그것은 위로입니다. 그러나 사람이 극심한 슬픔을 격게 되면 무슨 말로도 위로가 되지 않는 것을 경험할때가 있습니다. 이것은 사람의 위로에는 한계가 있다는 것을 의미입니다. 그러나 성경에서는 참된 위로가 있는 곳을 소개하고 있습니다. 그 곳이 바로 '아브라함의 품' 입니다. '아브라함의 품' 이라는 것은 낙원(천국)을 뜻합니다. 이 낙원에서는 하나님의 참된 위로가 있습니다.

왜 하나님의 위로가 중요한 것일까요?

 '그리움' 이라는 감정을 위로 받을수 있기 때문입니다. 인간이라면 누구나 '그리움' 이라는 감정을 가지게 마련입니다. 상대가 누구냐에 따라 그리움의 크기는 다릅니다. 이미 고인이 되신 고000 집사님(고인의 생전 직분을 부른다)은 우리의 아버지요, 생전에 많은 사랑과 정을 자녀들에 주셨던 분입니다. 그러므로 자녀된 도리로 그 그리움은 말로 표현할수 없습니다. 그러나 만물의 창조주이신 하나님으로 부터 위로받는 곳에 계신다면 이 얼마나 우리에게 위로가 되겠습니까?

(계21:4)은 " 모든 눈물을 그 눈에서 씻기시매 다시 사망이 없고 애통하는 것이나 곡하는 것이나 아픈 것이 다시 있지 아니하리니 처음 것들이 다 지나갔음이러라"라고 하였습니다.

 모든 눈물을 씻기실 수 있는 분은 오직 하나님 한 분 이십니다. 생전에 당한 많은 아픔과 고생과 수고를 하나님으로 부터 위로 받는다고 생각하면 오늘 우리는 소망중에 즐거워하여야 할 것입니다.

추도 예배 어머니 (기념할 것을 기억하자)

"의인을 기념할 때에는 칭찬하거니와
악인의 이름은 썩으리라"

(신)찬 579장	(신)찬 205장	
(구)찬 304장	(구)찬 236장	잠10:7

　지구상에서 무언가를 잊지 않고 기억하며 기념하는 동물은 사람밖에 없습니다. 미국에서는 9.11테러로 숨진 사람들을 위해 잊지 않고 매년 추모행사를 가지고 있습니다. 세계무역센터가 무너진 자리에는 추모공원이 건립되고 있습니다. 안타깝게 희생된 사람들과 테러의 아픔을 잊지 않기 위해서입니다. 모름지기 사람은 잊어버려야 할 것과 잊지 말아야 할 것을 분별할 줄 알아야 합니다. 잊어버려야 할 것은 빨리 잊어버릴수록 좋습니다. 그러나 잊어버리지 말아야 할 것은 절대 잊어버려서는 안됩니다.

　잊어버리지 말아야 할 것 가운데 자녀된 도리로 마땅히 기억하며 기념해야 될 것이 있습니다. 그것이 바로 부모님의 헌신과 사랑입니다. 성경 (마7:11)은 "너희가 악한 자라도 좋은 것으로 자식에게 줄 줄 알거든"이라고 하였습니다. 악한 사람들도 자녀에 대한 사랑은 본능적으로 다 가지고 있습니다. 부모는 자녀를 위해 모든 것을 아낌없이 다 내어주는 '아낌없이 주는 나무 (쉘 실버스타인의 동화)'처럼 자녀들을 위해서 희생하는 것을 조금도 아까워하지 않습니다. 우리의 부모님들도 마찬가지입니다. 고000(어머니의 이름)께서는 우리 자녀들을 위해 많은 헌신과 사랑을 아끼지 않으셨습니다. 지난 날들을 돌아보면 그동안 잊어버리고 있었던 많은 희생과 헌신들이 있었음을 깨닫습니다. 그러나 오늘 추도예배를 통해 우리가 잊어버리고 살았던 어머니의 사랑과 헌신을 다시 한번 기억하기 원합니다. 가장 귀한 사랑을 받았음에도 그 귀한 것을 기억하지 못한다면 이는 하나님께서 기뻐하지 않는 삶의 모습일 것입니다. 이미 고인이신 故000집사님(생전의 직분을 불러준다)을 추억하며 베풀었던 사랑과 희생과 섬김을 다시 한번 기억하며 감사합시다.

추도예배 설 (복의 가문을 일으키자!)

"여호와께서 아브람에게 이르시되 너는 너의 본토
친척 아비집을 떠나 내가 네게 지시할 땅으로 가라
내가 너로 큰 민족을 이루고 네게 복을 주어 네 이름..."

신)찬 288장	신)찬 370장	
구)찬 204장	구)찬 455장	창12;1-4

구약성경에서 가장 복있는 가문으로는 아브라함 가문을 꼽을수 있습니다. 왜 아브라함이 가장 복있는 가문의 대표입니까? 그 이유는 선택받기 힘든 가문에서 자랐기 때문입니다. 아브라함은 밧단아람에서 출생했지만 '우르'에서 성장했습니다. 이곳은 달신을 섬기는 많은 신전들이 있던 지역입니다. 하나님을 섬기는 신앙과는 거리가 먼 곳에서 성장하고 자랐습니다. 그러나 하나님은 아브라함을 찾아가셨습니다. 그리고 그를 선택하셨고 그를 그 땅에서 불러내셨습니다. 이때 아브라함은 하나님의 말씀과 명령을 온전히 순종하는 모습을 보여줍니다. 순종에는 대가가 있었습니다. 그 대가가 바로 복의 가문으로 일으켜 주시겠다는 것이었습니다.

(2절) "내가 너로 큰 민족을 이루고 네게 복을 주어 네 이름을 창대케 하리니 너는 복의 근원이 될지라"

큰 민족을 이루겠다는 하나님의 말씀은 아브라함을 통해 그의 가문을 일으켜 주시고 그 가문이 복의 중심이 되게 해 주시겠다는 말씀입니다. 순종의 대가로 하나님은 가문을 일으켜 주시는 축복을 약속해 주셨습니다. 오늘 함께 모인 우리 가족들은 이 말씀을 기억해야 합니다. 우리 가문이 복의 가문이 되느냐 못되느냐 하는 것은 전적으로 우리의 결단에 달려 있습니다. 아브라함 처럼 하나님의 말씀에 순종하고 하나님의 명령을 따라 살면 분명 하나님은 우리의 가문을 놀랍도록 일으켜 주실 것입니다. 위에서부터 아래의 모든 자녀들에 이르기 까지 하나님의 말씀을 순종하기를 결단합시다. 순종에는 분명 하나님의 축복이 뒤따를 것입니다.

추석 (부모를 공경하자!)

추도예배

> "네 부모를 공경하라 그리하면
> 네 하나님 여호와가 네게 준 땅에서 네 생명이 길리라"

신)찬 235장	신)찬 330장	
구)찬 222장	구)찬 370장	출20:12

2007년 11월에 개봉된 '어거스트 러쉬'라는 영화가 있습니다. 이 영화에서는 밴드의 보컬인 남자와 첼리스트 여성이 만나 사랑을 나누다 음악의 천재적 재능을 가진 '어거스트'를 낳게 됩니다. 그러나 이 둘은 곧 헤어지게 되고 어거스트는 외할아버지 때문에 한 고아원에 맡겨지게 됩니다. 그러나 그후 어거스트의 어머니는 아들을 찾아 나섭니다. 이 영화가 명작은 아니라고 할지라도 영화에서 자식을 찾아 나서는 어머니의 모성을 통해서 진한 부모 사랑을 느낄수 있습니다.

하나님은 가정에서 부모를 귀히 여기십니다. 그래서 본문에도 하나님은 십계명을 통해서 "네 부모를 공경하라"라고 말씀하고 있습니다. 성경에서 뿐 아니라 우리 나라도 부모공경 사상은 각별 합니다. 그러나 하나님의 말씀대로 부모를 공경할 때 하나님은 한가지 약속을 주셨습니다. 땅에서 장수하는 복을 주시겠다는 약속입니다. 사람들은 땅에서 장수하기 위해서 몸에 좋다는 것은 다 취하여 먹습니다. 몸에 조금만 이상이 와도 병원에 가서 진찰을 받습니다. 건강을 위해서는 못하는 일이 없을 정도입니다. 그러나 성경은 분명히 말씀하고 있습니다. 부모를 공경하는 것이 땅에서 잘되고 장수하는 길이라고 말씀하고 있습니다. 부모 공경은 하나님의 명령이요, 가정에서 자녀가 땅에서 잘되고 복있는 사람으로 사는 방법임을 분명히 기억하여야 합니다. 하나님은 왜 부모를 공경하라고 하셨을까요? 중요하기 때문입니다. 가정에서 부모는 너무나 중요한 존재입니다. 특히 자녀에게는 없어서 안되는 존재가 부모입니다. 그런 부모를 자녀가 마땅히 섬기고 공경하는 것은 하나님 보시기에 지극히 합당한 자녀로서의 삶이라는 것을 반드시 기억합시다.

날마다 하나님께 나아가는
365일 가정예배

지 은 이 ■ 이상철
펴 낸 이 ■ 채주희
펴 낸 날 ■ 2008. 1월 초판 발행

펴 낸 곳 ■ 엘맨

등록번호 ■ 제10-1562호 (1985. 10. 29)
등록된곳 ■ 서울시 마포구 합정동 433-62
전   화 ■ (02) 323-4060
팩   스 ■ (02) 323-6416
이 메 일 ■ elman1985@hanmail.net

값 12,000원

잘못된 책은 바꾸어 드립니다.